U0110576

古典文獻研究輯刊

十六編

潘美月・杜潔祥 主編

第3冊

經典釋文周易音義疏證（上）

〔唐〕陸德明撰／蔡飛舟疏

國家圖書館出版品預行編目資料

經典釋文周易音義疏證（上）／〔唐〕陸德明撰／蔡飛舟疏
— 初版 — 新北市：花木蘭文化出版社，2013〔民102〕
序 2+ 目 4+264 面；19×26 公分
（古典文獻研究輯刊 十六編：第 3 冊）
ISBN：978-986-322-154-8（精裝）
1. 易經　2. 研究考訂
011.08　　　　　　　　　　　　　　　102002351

ISBN-978-986-322-154-8

9 789863 221548

古典文獻研究輯刊
十六編　第三冊　　　　　ISBN：978-986-322-154-8

經典釋文周易音義疏證（上）

作　　者　〔唐〕陸德明撰／蔡飛舟疏
主　　編　潘美月　杜潔祥
總 編 輯　杜潔祥
企劃出版　北京大學文化資源研究中心
出　　版　花木蘭文化出版社
發 行 所　花木蘭文化出版社
發 行 人　高小娟
聯絡地址　235 新北市中和區中安街七二號十三樓
　　　　　電話：02-2923-1455／傳眞：02-2923-1452
網　　址　http://www.huamulan.tw 信箱 sut81518@gmail.com
印　　刷　普羅文化出版廣告事業
初　　版　2013 年 3 月
定　　價　十六編 30 冊（精裝）新台幣 50,000 元
版權所有·請勿翻印

經典釋文周易音義疏證（上）

〔唐〕陸德明撰／蔡飛舟疏

作者簡介

蔡飛舟，一九八八年生，泉州晉江東石人。本科、碩士就讀福建師範大學文學院。從張善文先生學《易》、治經。工書。能詩詞。

提　要

　　《四庫全書總目》云：「《經典釋文》三十卷，唐陸元朗撰，元朗字德明，以字行。」是書「撰集五典、《孝經》、《論語》及《老》、《莊》、《爾雅》等音，古今並錄，經注畢詳，訓義兼辯，示傳一家之學。」「所採漢魏六朝音切凡二百六十餘家，又兼載諸儒之訓詁，證各本之異同。後來得以考見古義者，注疏以外，惟賴此書之存真，所謂殘膏剩馥，沾溉無窮者也。」《經典釋文》為解經而作，四庫入「五經總義類」，卷帙絲重，前人論說亦侈。昔者吳檢齋先生嘗撰《經典釋文序錄疏證》，辨章學術，攷鏡源流，於先唐經學史用力頗深。其學實開疏注《釋文》之風。某聿脩厥業，迺為第二卷〈周易音義〉作疏證。

　　先唐《易》注，傳世者尟。唐陸德明〈周易音義〉尚可闚觀一二，亦可謂吉光片羽。是書所採凡子夏、京房、荀爽、鄭玄等四十餘家音義。後儒藉之足以考見古義，輔佐掌經。清江藩曰：「六朝經學之書，散佚畧盡，惟《經典釋文》巋然獨存。」「其中〈周易音義〉最為精博。」故為〈周易音義〉作疏證，其義大焉。

　　疏證體例，要而言之，有如下數端：一、於《釋文》每條音義之下慎採前人校勘，以佐參省。二、《釋文》音讀，多存漢魏六朝之音，每一反切，疏證皆與中古比較，於語音之變遷、音義之關係，多有辨理。三、《釋文》異文，涉異體、古今、通假、譌誤等，疏證參覈傳世經典及出土材料，詳加考證，一一擘析。四、《釋文》訓釋，多為放失舊聞，疏證皆旁引典籍訓詁以昭其義，竝兼採歷代《易》注明之，《易》學分象數、義理二派，疏證不存門戶之見，凡於《釋文》之義可資佐證者，則慎採之。

　　疏證之作，若能有補益於學界，則庶幾矣。

序

張善文

　　蔡生飛舟撰《經典釋文周易音義疏證》六十餘萬言成，攜稿以示，余粲
然喜曰：「觀斯文，乃知東南之美，非徒漳泉之水仙及壽山之瑰石也。」

　　初，余課《易》諸生，見蔡生卓爾秀出，凡經史子集，詩詞歌賦，琴棋
書畫，皆頗有所涉，而日以學業爲事，精勤刻苦，余乃深愛之，每以名山事
業勉諭之。既而彼大學卒業，考入碩士班攻修古代漢語專業，歷二載，即述
爲是書，以爲文學碩士學位論文。知者咸謂：近世後生有若此特出，研學若
此精專者，實未多見，允屬仲尼所稱「可畏」者也。

　　余覽是書，依循唐陸德明《經典釋文》卷二〈周易音義〉編次，凡陸氏
之摘詞、釋語，逐一爲之疏通證明，或考字原，或析音讀，或訓義詁，莫不
窮溯舊說，博引旁徵，條分節解，而先儒之崇蘊乃彰明無遺。書首〈前言〉
舉清人江藩云：「六朝經學之書，散佚罄盡，惟《經典釋文》歸然獨存」，「其
中〈周易音義〉最爲精博」。是則蔡生「疏證」創述營爲之意義所在。復稱〈周
易音義〉之可觀者有三：曰存漢魏六朝異讀，曰存先唐經注異文，曰存唐前
諸家易解。是則蔡生「疏證」研討歸納之諦當所在。余嘗謂治經者，不可不
讀《釋文》。惟其書行世千餘載，未有詳注精疏之作，學者憾焉。至民國二十
二年（1933），歙吳檢齋承仕先生始就《釋文》首卷〈序錄〉爲之爬梳考訂，
著《經典釋文序錄疏證》一書，章太炎先生稱其「引據詳確」，實足以津逮後
學。今蔡生之述，蓋仰承吳先生偉志，步趨規矩以效之，遂有〈周易音義〉
之疏證也。雖視吳先生之作有未能臻其淵邃者，然其繼學前哲，遞補空白之
功，誠宜嘉予焉。且以丰致韶齡，奮志如斯，苟假以時日，續就《釋文》三
十卷各作甄論辯理，條貫古今，通爲鉅帙，厥功將若何哉？余欲以此責蔡生，

不知堪叶其意否？

　　曩讀蔡生〈詠懷五百字步韻杜詩〉，有云：「絃歌臨翰墨，緗縑照螢雪。攜編曾入夢，耽嗜若饞渴。脩名恐不立，荏苒歲云卒。」足知其貞高志趣。余深願其齊志勿移，乾乾不息，以古之君子爲儀型，以天下學術爲己任，則其遠大成就，宜可待矣。

公元二零一二年夏正壬辰冬至前二日

長樂質之張善文記於福州

目
次

下　冊

陸德明像

（取自明代王圻輯，萬曆刻《三才圖會》）

燉煌石室唐寫本
〈周易釋文〉殘卷

宋刻宋元遞修本
《經典釋文》

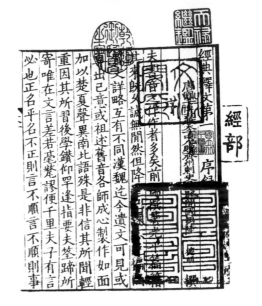

（伯二六一七）

清刻通志堂本《經典釋文》

前　言

　　《四庫全書總目》云：「《經典釋文》三十卷，唐陸元朗撰，元朗字德明，以字行。吳人。貞觀中，官國子博士兼太子中允。事迹具《唐書》本傳。」是書「撰集五典、《孝經》、《論語》及《老》、《莊》、《爾雅》等音，古今並錄，經注畢詳，訓義兼辯，示傳一家之學。」「所採漢魏六朝音切凡一百六十餘家，又兼載諸儒之訓詁，證各本之異同。後來得以考見古義者，注疏以外，惟賴此書之存眞，所謂殘膏剩馥，沾漑無窮者也。」〔註1〕《經典釋文》爲解經而作，四庫入「五經總義類」，卷帙縣重，前人論說亦侈。〔註2〕昔者吳檢齋先生嘗撰《經典釋文序錄疏證》，辨章學術，攷鏡源流，於先唐經學史用力頗深。其學實開疏注《釋文》之風。某聿脩厥業，迺爲第二卷〈周易音義〉作疏證。

　　先唐《易》注，傳世者尟。唐陸德明〈周易音義〉、李鼎祚《周易集解》〔註3〕、孔穎達《周易正義》、史徵《周易口訣義》〔註4〕、宋李衡《周易義海

〔註1〕〔清〕永瑢等撰：《四庫全書總目》，北京：中華書局，景印浙江杭州刊本，1965 年版，第 270 頁。

〔註2〕前人研究《經典釋文》之概況，萬獻初〈經典釋文研究總論〉（古籍整理研究學刊，2005 年 1 月，第 1 期）總結甚詳。要而言之，成就有二：其一爲源流版本、校勘考據、唐寫本《釋文》殘卷、《釋文》所引資料之原書原著者等文獻學研究。其二爲語言材料考證、語音系統、《釋文》所引諸家音系、破讀材料、異文之考證等語言學研究。又萬氏《經典釋文音切類目研究・緒論》中〈釋文研究的概況〉一文，與該文大同，可資參考。

〔註3〕《周易集解》所採凡子夏、孟喜、焦贛、京房、馬融、荀爽、鄭玄、劉表、何晏、宋衷、虞翻、陸績、干寶、王肅、王弼、姚信、王廙、張璠、向秀、王凱沖、侯果、蜀才、翟玄、韓康伯、劉巘、何妥、崔憬、沈驎士、盧氏、崔覲、伏曼容、孔穎達、姚規、朱仰之、蔡景君等三十五家之説。

撮要》〔註5〕乃至《詩》、《禮》、《春秋》注疏、《史》、《漢》、《後漢書》、《文選注》諸書尚可闚觀一二，亦可謂吉光片羽。蓋河東之篋不復，斯文之存者，獨託於茲也。陸氏〈周易音義〉所採凡子夏、京房、荀爽、鄭玄、劉表、宋衷、虞翻、陸績、董遇、王肅、王弼、姚信、王廙、張璠、干寶、黃穎、蜀才、「九家」、韓伯、桓玄、卞伯玉、荀柔之、明僧紹、劉瓛等諸家《易》注及王肅、李軌、徐邈等諸氏《易》音，共計四十餘家。後儒藉之足以考見古義，輔佐挐經。清江藩曰：「六朝經學之書，散佚罄盡，惟《經典釋文》巋然獨存。」「其中〈周易音義〉最爲精博。」〔註6〕故爲〈周易音義〉作疏證，意義重大。概言之，〈周易音義〉可觀者有三，異讀、異文、《易》解。下分述之。

一、〈周易音義〉存漢魏六朝異讀

《釋文》音讀，多存漢魏六朝之音。就〈周易音義〉一卷陸氏音切而論，其首音自有其審音之標準，然與中古音韻又有若干不同。因僅就此卷音切作出比較，故所得多細碎而無統系。〔註7〕然而以小窺大，似能略見其間音變之

〔註4〕《四庫全書總目·周易口訣義》：「諸家原書今併亡佚，惟孔疏及李鼎祚《周易集解》間存其說。是書所引則多出二家所載之外。」又云：「蓋唐去六朝未遠，《隋志》所載諸家之書猶有存者，故猶得以旁蒐博引。今閱年數百，舊籍多亡。則遺文緒論，無一非吉光片羽矣。」見〔清〕永瑢等撰：《四庫全書總目》，北京：中華書局，景印浙江杭州刊本，1965年版，第4頁。

〔註5〕《四庫全書總目·周易義海撮要》：「自唐以來，唯李鼎祚《周易集解》合漢以後三十五家之說罝稱該備，繼之者審權《義海》而已。然《宋史·藝文志》但有衡書，而無審權書。陳振孫《書錄解題》亦惟載殘本四卷。豈卷帙重大當時即已散佚，抑衡書出而審權書遂廢歟？然則採擷精華，使古書不沒於後世，衡亦可謂有功矣。」見〔清〕永瑢等撰：《四庫全書總目》，北京：中華書局，景印浙江杭州刊本，1965年版，第12頁。

〔註6〕〔清〕江藩撰：《經解入門·南北經術流派》，天津：天津市古籍書店，1990年版，第71頁。

〔註7〕自〈周易音義〉一卷，可見諸多特例，皆語音變遷之痕跡也。如〈說卦〉「爲驚」《釋文》卑列反，《廣韻》并列切，此幫並相轉之例也。〈夬〉「惕」《釋文》勑歷反，《廣韻》他歷切；此徹透相轉之例也。〈比〉「有他」《釋文》敕多反，《廣韻》託何切；〈大過〉「橈」《釋文》乃教反，《廣韻》奴教切；此泥娘相轉之例也。〈咸〉「脢」《釋文》武杯反，《廣韻》莫杯切；此微明相轉之例也。〈訟〉「訟」《釋文》才用反，《廣韻》似用切，此從邪相轉之例也。〈睽〉「挈」下《釋文》注「摯」之世反，《廣韻》時制切，此章禪相轉之例也。〈繫辭上〉「揲」《釋文》時設反，《廣韻》時列切，此船禪相轉之例也。〈家人〉「嘻嘻」《廣韻》許其切，《釋文》喜悲反；《周易罝例》「隆墀」《釋文》直其反，《廣

概況。如：〈訟〉「歸而逋其邑」陸氏於「逋」下云：「補吳反。徐方吳反。」案逋《廣韻》博孤切，幫紐字。《釋文》補吳反音同。徐音方吳反者，方唐宋屬非紐字，逋、方上古則皆爲幫紐字，陸氏特錄徐音，疑陸氏之時脣音已有分化之端倪。《易・損》「懲忿窒欲」陸氏於「窒欲」下云：「珍栗反。徐得悉反。」案窒《廣韻》二讀，一爲陟栗切，知紐質韻開口三等入聲臻攝。一爲丁結切，端紐屑韻開口四等入聲山攝。音異而義同，窒塞也。《釋文》首音珍栗反與《廣韻》陟栗切音同。徐氏得悉反，端紐，類隔。陸氏特錄徐氏音，蓋其時「窒」已有變爲舌上音之趨向。

　　留心音讀細微之處，進而排比《釋文》相關例證，可得規律若干。如：陸氏於〈觀〉「所鑒」下注「古暫反」。鑒《廣韻》格懺切，見紐鑑韻開口二等去聲咸攝。《釋文》古暫反，上字見紐，下字闞韻開口一等。考乎《釋文》，見紐闞韻開口一等字至《廣韻》時入見紐鑑韻開口二等。如鑑，《廣韻》格懺切，《禮記・郊特牲》「陰鑑」《釋文》：「古暫反」。〔註8〕監，《廣韻》格懺切，《書・太甲上》「監」《釋文》：「工暫反」。〔註9〕皆是也。又如陸氏於〈履〉「跛」下注「波我反」。案跛《廣韻》二讀，作跛足解時音布火切，幫紐果韻合口一等上聲果攝。《釋文》波我反，反切上字幫紐戈韻合口一等平聲果攝，下字曉紐哿韻開口一等上聲果攝。「波我切」見於《廣韻》跛字「彼義切」下注釋：「偏任，又波我切。」〔註10〕此蓋《廣韻》據《釋文》而來也。然《廣

韻》直尼切，此之脂相轉之例也。〈咸〉「羸」《釋文》律悲反，《廣韻》力爲切，此脂支相轉之例。〈鼎〉「否」《釋文》悲巳反，《集韻》補美切，此止旨相轉之例也。〈屯〉「四雖比五」《釋文》毗志反，《廣韻》毗至切；〈履〉「不愬」《廣韻》許記切，《釋文》需備反；〈序卦〉「之稺」《釋文》直吏反，《廣韻》直利切；〈頤〉「則稺」《釋文》直吏反，《廣韻》直利切；此志至相轉之例也。〈大有〉「斯數」《釋文》色助反，《廣韻》色句反，此遇御相轉之例也。〈漸〉「磐」《釋文》畔干反，《廣韻》薄官切，此寒桓相轉之例也。〈夬〉「莧」《釋文》閑辯反，《廣韻》侯襇切，此獮襇相轉之例也。〈歸妹〉「跛」《釋文》波我反，《廣韻》布火切，此哿果相轉之例也。〈繫辭上〉「稱極」《釋文》尺證反，《廣韻》處陵切，此清蒸相轉之例也。〈離〉「警」《釋文》京領反，《廣韻》居影切；〈萃〉「之省」《釋文》生領反，《廣韻》所景切；此靜梗相轉之例也。〈姤〉「蹢」《釋文》直戟反，《廣韻》直炙切，此陌昔相轉之例也。
〔註8〕〔唐〕陸德明撰：《經典釋文》，北京：中華書局，景印徐乾學通志堂刻本，1983年版，第185頁。
〔註9〕〔唐〕陸德明撰：《經典釋文》，北京：中華書局，景印徐乾學通志堂刻本，1983年版，第42頁。
〔註10〕〔宋〕陳彭年，丘雍撰：《廣韻》，北京：中國書店，景印張氏澤存堂本，1982

韻》智韻未收「跛」字。詳其所由，蓋波我一切與宋時之讀音相牴牾，故《廣韻》於注中存異，而韻則未收也。考乎《廣韻》，無一例反切上字爲脣音而下字爲智韻者，是波我一切，宋人已不能讀，此類字宋時悉歸入臨近之音布火切。《書·仲虺之誥》「簸」《釋文》：「簸，波我反。」〔註11〕而簸《廣韻》布火切。《釋文》於《禮記·文王世子》「播詩」下注「播」之反切爲波我反，〔註12〕而播《集韻》有補火切。皆此類也。進而可推測，《釋文》歌、智、箇三韻之脣音字，至《廣韻》時入戈、果、過三韻。

　　然疏證之作，但在〈周易音義〉一卷，非縱觀《釋文》全書，則不能得陸氏及其所引諸家音切於其時代之特點。陸氏《釋文》爲解經而作，故疏證於音義一事，雖有考音，然重在明義。是以疏證之作，旨歸在於訓詁，而非音韻。若不能辨析諸讀音義之關係，則經義之不明可知之矣。疏證比較《釋文》音切與《廣韻》、《集韻》及歷代重要音書讀音乃至排比《釋文》書中音切，從而歸納考證具體條目之音義關係。現舉二例。

　　《釋文》於「子曰：上下无常，非爲邪也。進退无恒，非離羣也。」下注「上下」二字云：「並如字。王肅上音時掌反。」案「上」《廣韻》二讀：一爲上聲時掌切，登也，升也。一爲去聲時亮切，君也，猶天子也。下《廣韻》亦有二讀：一爲上聲胡雅切，賤也，去也，後也，底也，降也。一爲去聲胡駕切，行下。《羣經音辨·卷六》云：「居高定體曰上，時亮切。自下而升曰上，時掌切。居卑定體曰下，胡賈切。自上而降曰下，胡嫁切。」〔註13〕由此，《釋文》「上」、「下」並如字，則「上」爲去聲、「下」爲上聲。「上」、「下」訓爲物體之上下，亦即此處〈乾〉卦九四爻之上下二爻。至若王肅「上」音「時掌反」者，則訓「上」爲上升。此處當依王肅爲是。「上下无常」與下文「進退无恒」對文，當是動詞，即上升、下降之義。則此處「上」音上聲、「下」音去聲。孔穎達疏云：「『君子進德脩業，欲及時』者，『進德』則欲上、欲進也。『脩業』則欲下、欲退也。」〔註14〕是孔氏亦以「上」、「下」爲動詞。

　　　　　年版，第 327 頁。
〔註11〕 〔唐〕陸德明撰：《經典釋文》，北京：中華書局，景印徐乾學通志堂刻本，1983 年版，第 42 頁。
〔註12〕 〔唐〕陸德明撰：《經典釋文》，北京：中華書局，景印徐乾學通志堂刻本，1983 年版，第 181 頁。
〔註13〕 〔宋〕賈昌朝撰：《羣經音辨》（叢書集成初編語文學類第 1208 冊），上海：商務印書館，景印畿輔叢書本，1939 年版，第 149 頁。
〔註14〕 〔魏〕王弼、韓康伯注，〔唐〕孔穎達等正義：《周易正義》，北京：中華書局

故此處音依王肅更佳。

　　《釋文》於〈否〉「休否」下注云：「虛虯反，美也。又許求反，息也。注同。〔註15〕」案：休《廣韻》許尤切，《釋文》又音同。《釋文》首音虛虯反者，虯《廣韻》幽部開口三等字。休此處分爲二音，則陸氏之時，休虛虯反者訓美，許求反者訓息，後世則混而無別。查《釋文》一書，休讀虛虯反者，則訓爲美義，如於《詩·豳風·破斧》「之休」下曰：「虛虯反，美也。」〔註16〕於《詩·小雅·菁菁者莪》「則休」下曰：「虛虯反，美也。」〔註17〕而音許求反者，則訓爲息義，如於《莊子·刻意第十五》「人休」下曰：「虛求反，息也。下及注同。」〔註18〕然《釋文》於《禮記·月令第六》「休其」下曰「許收、許虯二反，美也。」〔註19〕由此可見其時二讀似有混同之端倪矣。休訓爲美者，《爾雅·釋詁下》：「休，美也。」〔註20〕《正義》：「休，美也。」〔註21〕是孔亦訓休爲美也。休訓爲息者，休之本義也。《說文·木部》：「休，息止也。从人依木。」〔註22〕《爾雅·釋詁下》：「休，息也。」〔註23〕《周易口義·卷三》曰：「休，息也。夫以柔順之道，婉遜以承其上，而獲小人之吉者，六二是也。以剛健中正之德，而履至尊之位，憂天下之所宜憂，泰天下之所未泰，消去天下之小人，而休息天下之否道者，惟九五，大人行

景印阮刻本，1980 年版，第 4 頁。

〔註15〕　《經典釋文彙校》：「據《廣韻》，『虯』屬幽部，『求』在尤部，故『休』分作兩音。」見黃焯撰：《經典釋文彙校》，北京：中華書局，1980 年版，第 12 頁。

〔註16〕　〔唐〕陸德明撰：《經典釋文》，北京：中華書局，景印徐乾學通志堂刻本，1983 年版，第 74 頁。

〔註17〕　〔唐〕陸德明撰：《經典釋文》，北京：中華書局，景印徐乾學通志堂刻本，1983 年版，第 77 頁。

〔註18〕　〔唐〕陸德明撰：《經典釋文》，北京：中華書局，景印徐乾學通志堂刻本，1983 年版，第 381 頁。

〔註19〕　〔唐〕陸德明撰：《經典釋文》，北京：中華書局，景印徐乾學通志堂刻本，1983 年版，第 175 頁。

〔註20〕　〔晉〕郭璞注，〔宋〕邢昺疏：《爾雅注疏》，北京：中華書局景印阮刻本，1980 年版，第 7 頁。

〔註21〕　〔魏〕王弼、韓康伯注，〔唐〕孔穎達等正義：《周易正義》，北京：中華書局景印阮刻本，1980 年版，第 17 頁。

〔註22〕　〔漢〕許慎撰：《說文解字》，北京：中華書局，景印同治十二年陳昌治刻本，1963 年版，第 125 頁。

〔註23〕　〔晉〕郭璞注，〔宋〕邢昺疏：《爾雅注疏》，北京：中華書局景印阮刻本，1980 年版，第 10 頁。

之而獲吉也，故曰休否大人吉。」〔註 24〕《周易口義》訓休爲息，義爲休息
於天下之否道，亦通。

　　上述二例，僅是冰山一角，《釋文》異讀繁多，而又無一不關乎訓詁。故
於音義之辯亦不可不愼也。下舉《釋文》音切之誤二例明之。陸氏於〈泰〉
「后以財成天地之道」之「財成」二字下注云：「音才。徐才載反。」案：財
《廣韻》昨哉切，《釋文》首音同。財《說文・貝部》：「財，人所寶也。」
〔註 25〕財之本義爲財物。此處財成之「財」或訓作財物者。《集解》引虞翻
曰：「坤富稱財，守位以人，聚人以財。」〔註 26〕《周易集解纂疏》：「地生萬
物，故『坤富稱財』。」〔註 27〕徐音才載反者，從紐代韻開口一等去聲蟹攝，
則此讀爲去聲「裁」也。財、裁古今字，惠棟《九經古義・周易下》：「〈泰・
象〉『財成』。古裁字。」〔註 28〕又李富孫《易經異文釋》於《易・泰》「后以
財成天地之道」下曰：「財、裁古今字，《史》、《漢》二字並通。」〔註 29〕裁
字有平、去二聲，清胡鳴玉於《訂譌雜錄》辨之甚明，其卷四曰：「裁一讀在。
《後漢書・李膺傳》『獨持風裁』，注：音才代反，又『范滂清裁』，注：音才
載反。賈氏《音辨》平聲制也，去聲體制合宜。故風裁、體裁、品裁竝音在。
韻書隸仄聲。又《公羊傳》『辯而裁』、《史記・張儀傳》『裁如嬰兒』、《文選》
『豐約之裁』、『綜覈精裁』凡此類，皆與裁度、裁成平聲不同。以上數字音
義，俗不盡知也。」〔註 30〕依胡氏考訂，此處「裁」不當依徐邈作去聲明矣。
此是一例。又如：《釋文》於「君子以振民育德」之「以振」下注云：「舊之
愼反，濟也。師讀音眞。振振，仁厚也。」案：振《廣韻》二讀，一爲職鄰

〔註 24〕〔宋〕胡瑗撰，倪天隱述：《周易口義》，臺灣：商務印書館，景印文淵閣四
　　　　庫全書本第 8 冊，1983 年版，第 246 頁。
〔註 25〕〔漢〕許愼撰：《說文解字》，北京：中華書局，景印同治十二年陳昌治刻本，
　　　　1963 年版，第 130 頁。
〔註 26〕〔唐〕李鼎祚撰：《周易集解》，北京：中國書店，景印嘉慶三年姑蘇喜墨齋
　　　　張遇堯局鐫本，1987 年版，卷四，第 1～2 頁。
〔註 27〕〔清〕李道平撰，潘雨廷點校：《周易集解纂疏》，北京：中華書局，1994 年
　　　　版，第 166 頁。
〔註 28〕〔清〕惠棟撰：《九經古義》（叢書集成初編總類第 254～255 冊），上海：商
　　　　務印書館，據貸園叢書本排印，1937 年版，第 21 頁。
〔註 29〕〔清〕李富孫撰：《易經異文釋》（續四庫經部易類第 27 冊），上海：上海古
　　　　籍出版社，景印南菁書院續經解本，2002 年版，第 670 頁。
〔註 30〕〔清〕胡鳴玉撰：《訂譌雜錄》（叢書集成初編總類第 350 冊），上海：商務印
　　　　書館，據湖海樓叢書本排印，1936 年版，第 46 頁。

切，一爲章刃切。《釋文》首音同《廣韻》去聲。訓「濟也」者，《說文・手部》：「振，舉救也。」〔註 31〕是振有救濟之義也。《國語・周語下》「以振救民」〔註 32〕，即此義也。師讀音眞者，《廣韻》「振」之平聲音同。「振振，仁厚也」者，振振有厚盛之義，《左傳・僖公五年》「均服振振」杜預注：「振振，盛貌。」〔註 33〕引申而有仁厚之義，《詩・周南・螽斯》「振振兮」毛《傳》：「振振，仁厚也。」〔註 34〕又《後漢書・章帝八王傳贊》「振振子孫」李賢注：「振振，仁厚貌也。」〔註 35〕師讀音眞，則振民義爲使民風仁厚也。然考乎振振用例，均以疊字，師讀音眞者，蓋非。

二、〈周易音義〉存先唐經注異文

　　《釋文》收錄異文極多，〈周易音義〉亦然。僅以〈乾〉、〈坤〉二卦爲例，即可得異文如下：〈乾〉「所處」一本作「可處」；「不謬」本或作「繆」；「者邪」或作「耶」；「反復」本亦作「反覆」；「大人造」劉歆父子作「聚」；「體仁」京房、荀爽、董遇本作「體信」；「利物」孟喜、京、荀、陸績作「利之」；「不成名」一本作「不成乎名」；「能全」一本作「能令」；「聖人作」馬融作「起」；「揮」木亦作「輝」；「聖人乎」王肅木作「愚人」；〈坤〉「坤」木又作「巛」；「无疆」或作「壇」；「施愼」本或作「順」；「之飾」本或作「餝」；「坤至柔」本或有「文言曰」者；「臣弒」本或作「殺」；「由變」苟作「變」；「直方大不習无不利則不疑其所行」張璠本此上有「易曰」，眾家皆無。「陰疑」荀、虞、姚信、蜀才作「凝」；「嫌」鄭作「謙」、荀、虞、陸、董作「嗛」。僅此亦足窺〈周易音義〉異文之多。

　　〈周易音義〉所收異文有多至五六個者。如〈大壯〉「羸」王肅作「縲」，鄭、虞作「纍」，蜀作「累」，張作「虆」。〈睽〉「掣」鄭作「挈」，《說文》作

〔註31〕〔漢〕許慎撰：《說文解字》，北京：中華書局，景印同治十二年陳昌治刻本，1963 年版，第 254 頁。

〔註32〕〔吳〕韋昭注，〔清〕董增齡正義：《國語正義》（續四庫史部雜史類第 422 冊），上海：上海古籍出版社，景印光緒庚辰會稽章氏式訓堂刊本，2002 年版，第 71 頁。

〔註33〕〔晉〕杜預注，〔唐〕孔穎達等正義：《春秋左傳正義》，北京：中華書局景印阮刻本，1980 年版，第 93 頁。

〔註34〕〔漢〕毛公傳、鄭玄箋，〔唐〕孔穎達等正義：《毛詩正義》，北京：中華書局景印阮刻本，1980 年版，第 11 頁。

〔註35〕〔南朝宋〕范曄撰：《後漢書》（四部備要本），上海：中華書局，據武英殿本校刊，1936 年版，第 741 頁。

「觢」，子夏作「邦」，荀作「觭」。〈姤〉「杞」《說文》作「櫸」，王肅作「抳」，子夏作「鑈」，蜀才作「尼」。〈中孚〉「爾靡」本又作「縻」，〔註36〕《埤蒼》作「靡」，陸作「縻」，京作「劘」。異文之辨析，關乎經義之異同。下舉〈豫〉「簪」條明之，《釋文》於「簪」下注云：「徐側林反，《子夏傳》同，疾也。鄭云：速也。《埤蒼》同。王肅又祖感反。古文作『貸』。京作『撍』。馬作『臧』。荀作『宗』。虞作『戠』，戠，叢合也。蜀才本依京，義從鄭。」案：簪《廣韻》二讀，一音作含切，精紐覃韻開口一等平聲咸攝。一音側吟切，莊紐侵韻開口三等平聲深攝。音異義同。《釋文》引徐氏側林反者，與《廣韻》側吟切音同。《子夏傳》云「疾也」者，《說文·兂部》：「兂，首笄也。从人，匕象簪形。凡兂之屬皆从兂。簪，俗兂。从竹从朁。」〔註37〕段注：「古經無簪字。惟《易·豫·九四》：朋盍簪。鄭云：速也。實疌之假借字。」〔註38〕故簪本義爲頭笄，此處假借爲疌。疌《爾雅·釋詁下》：「疌，速也。」〔註39〕《詩·鄭風·遵大路》「不疌故也」毛《傳》：「疌，速也。」〔註40〕按，所在經文「朋盍簪」馬王堆漢墓帛書《周易》作「傰甲讒」，傰从朋得聲，假爲朋。古音盍在匣紐葉部，甲在見紐葉部。盍、甲音近可通，甲假借爲盍。讒者，蓋與疌通，古音讒屬談部，疌屬葉部，陰陽對轉。「傰甲讒」義爲朋合速，當與段注義同。京房作「撍」者，撍《玉篇·手部》：「撍，急也，疾也。」〔註41〕《經義述聞·易·朋盍簪》：「撍之言疌也。」〔註42〕故訓同子夏、鄭

〔註36〕通志堂本作「靡」，依盧本改作「靡」。《經典釋文彙校》：「『靡』，盧改作『靡』。《考證》云：下《埤蒼》作『靡』。則此必不作『靡』。案盧改是也。寫本、宋本、葉鈔並作『靡』。」見黃焯撰：《經典釋文彙校》，北京：中華書局，1980年版，第20頁。

〔註37〕〔漢〕許慎撰：《說文解字》，北京：中華書局，景印同治十二年陳昌治刻本，1963年版，第177頁。

〔註38〕〔清〕段玉裁撰：《說文解字注》，上海：上海古籍出版社，景印嘉慶二十年經韻樓本，1988年版，第405～406頁。

〔註39〕〔晉〕郭璞注，〔宋〕邢昺疏：《爾雅注疏》，北京：中華書局景印阮刻本，1980年版，第8頁。

〔註40〕〔漢〕毛公傳、鄭玄箋，〔唐〕孔穎達等正義：《毛詩正義》，北京：中華書局景印阮刻本，1980年版，第72頁。

〔註41〕〔梁〕顧野王撰：《宋本玉篇》，北京：中國書店，景印張氏澤存堂本，1983年版，第122頁。

〔註42〕〔清〕王引之撰：《經義述聞》（續四庫經部羣經總義類第174～175冊），上海：上海古籍出版社，景印道光七年王氏京師刻本，2002年版，第174冊，第264冊。

玄。王肅又祖感反者，此處蓋依本字讀之，疐《廣韻》子感切，精紐感韻開口一等上聲咸攝，音與王肅同。又以王肅「祖感反」為「祖咸反」之譌者，毛居正《六經正誤》云：「王肅又祖咸反，『咸』訛作『感』，非。」〔註43〕據此則王肅之音為精紐咸韻開口二等平聲咸攝，亦稍異於諸家之音。古文作「貣」，馬作「臧」，虞作「戠」，疑本同字，因形譌而為三也。此處經文費解，諸說未知孰是。虞作「戠」者，集解本依之，李鼎祚引虞翻曰：「戠，聚會也。」〔註44〕又云：「戠，舊讀作撍，作宗也。」〔註45〕據此，京作撍、荀作宗者，古音俱在侵部，蓋與戠音同也，然戠之本義今實已微眇，故《說文·戈部》曰：「戠，闕。从戈从音。」〔註46〕依《集解》虞翻訓戠為「聚會」，而《釋文》引虞翻注作「叢合」，《周易集解纂疏》於此疏曰：「『盍』與『闔』同，『闔戶謂之坤』故『坤為盍』。坤盍，故云『戠，聚合也』。《釋文》作『藂合』，是以坎為藂棘也。坤廣為眾。眾陰竝應于一陽，且坤曰『得朋』，故曰『朋盍戠』。」〔註47〕《纂疏》於此依卦象言之，分釋戠為聚會、叢合之象。按聚會、叢合二義實同。《纂疏》又曰：「戠同埴。《說文》『埴，黏土也』。《集韻》小訓戠為黏土。鄭本〈禹貢〉曰『厥土赤戠墳』今本作『赤埴』。〈考工記〉『用土為瓦，謂搏埴之工』。搏埴，以水合土之義也。坤為土，坎為水。一陽倡而眾陰應，若水土之相黏著，故云『朋盍戠』。」〔註48〕李氏之說可從。惠棟《周易述·卷三》經文亦作「戠」，彼疏曰：「《易》作戠，《書》作埴，〈考工〉作樴訓為膱，字異而音義皆同。」〔註49〕又《釋名·釋地》「上黃而細密曰埴。埴，膱也，黏昵如脂之膱也」畢沅《疏證》：「膱字從戠，戠

〔註43〕　〔宋〕毛居正撰：《六經正誤》，揚州：江蘇廣陵古籍刻印社，景印通志堂經解本第十六冊，1996 年版，第 571 頁。

〔註44〕　〔唐〕李鼎祚撰：《周易集解》，北京：中國書店，景印嘉慶三年姑蘇喜墨齋張遇堯局鐫本，1987 年版，卷四，第 14 頁。

〔註45〕　〔唐〕李鼎祚撰：《周易集解》，北京：中國書店，景印嘉慶三年姑蘇喜墨齋張遇堯局鐫本，1987 年版，卷四，第 14 頁。

〔註46〕　〔漢〕許慎撰：《說文解字》，北京：中華書局，景印同治十二年陳昌治刻本，1963 年版，第 266 頁。

〔註47〕　〔清〕李道平撰，潘雨廷點校：《周易集解纂疏》，北京：中華書局，1994 年版，第 207 頁。

〔註48〕　〔清〕李道平撰，潘雨廷點校：《周易集解纂疏》，北京：中華書局，1994 年版，第 207 頁。

〔註49〕　〔清〕惠棟撰：《周易述》（四部備要本），上海：中華書局，據學海堂經解本校刊，1936 年版，第 18 頁。

亦黏也。」〔註50〕故哉、埴、膱古通，皆訓黏合，是以盍、哉二字同義連用也。

〈周易音義〉所存異文，涉版本、異體、古今、通假、譌誤諸端。《釋文》云「一本作」、「某本作」、「本亦作」、「本又作」、「本或作」、「本或有」〔註51〕者，如〈乾〉「所處」一本作「可處」，〈乾〉「體仁」京房、荀爽、董遇本作「體信」，〈乾〉「揮」本亦作「輝」，〈坤〉「坤」本又作「巛」，〈坤〉「施慎」本或作「順」，〈坤〉「坤至柔」本或有「文言曰」者，此皆版本之異也。〈坤〉「无疆」或作「壃」，〈訟〉「鞏」亦作「帶」〔註52〕，〈履〉「愬愬」馬本作「虩虩」〔註53〕，〈泰〉「彙」古文作「𦳍」者〔註54〕，此皆異體之例也。〈乾〉「竭

〔註50〕 〔漢〕劉熙撰，〔清〕畢沅疏證，王先謙補：《釋名疏證補》（漢小學四種本），成都：巴蜀書社，景印光緒二十二年刊本，2001年版，第1470頁。

〔註51〕 《經典釋文彙校》：「凡云『一本作』，『某本作』、『本亦作』、『本又作』、『本或作』、『本或有』、『字亦作』、『字又作』、『字或作』、『又作』者，皆陸氏之詞，惟此中亦有區別，其云『本作』、『某本作』者，是陸親見有此本，其云『字又作』、『或作』者，原無此本，特陸氏以意所知說之也。至所云『本今作』、『今經無此字』、『注無此字』、『一作某某反』者，皆宋人以其所見本校陸氏《釋文》之詞。此例盧氏、阮氏已略發其端。黃季剛侃先生則詳言其義。又〈穀梁釋文・隱四年〉『弒』其條注云：『音試，《釋》舊作殺。』〈文五年〉『歸含』條注云：『戶暗反，《釋》舊作唅。』或不解此文。黃云：《釋》舊作殺』、『作唅』者，《釋文》舊本『作殺』、『作唅』云爾。此皆宋時校者之詞，非陸氏本文。」見黃焯撰：《經典釋文彙校》，北京：中華書局，1980年版，第10頁。

〔註52〕 帶，《說文・巾部》小篆作帶，曰：「象繫佩之形。佩必有巾，从巾。」（〔漢〕許慎撰：《說文解字》，北京：中華書局，景印同治十二年陳昌治刻本，1963年版，第158頁。）「帶」字甲骨作𢃐（合二八〇三五）、𢃏（合二〇五〇二），（劉釗等編：《新甲骨文編》，福州：福建人民出版社，2009年版，第450頁。）戰國楚簡作𢃐（周易，上博竹書三）、𢃐（容成氏，上博竹書二），（李守奎等編：《上海博物館藏楚竹書（一至五冊）文字編》，北京：作家出版社2007年版，第382頁。）漢印作帶（帶方令印）、帶（許帶）（羅福頤撰：《漢印文字徵》，北京：文物出版社景印，1978年版，卷七，第22頁。），均未見「鞏」體，「鞏」體始見漢隸，蓋隸變之異體也。《隸辨・泰韻》收「帶」，見《堯廟碑》「雍徒帶眾」，顧氏於其下按語云：「《五經文字》云：帶，《禮記》作帶。《張壽碑》『爲冠帶禮義之宗』亦作帶。」（〔清〕顧藹吉撰：《隸辨》，北京：中華書局，景印康熙五十七年項絪玉淵堂刊本，1986年版，第136頁。）《釋文》音帶者，明二字異體也。世傳《周易》多作「帶」，惠氏好古異，故《周易述》作「帶」。

〔註53〕 虩爲愬之異體，訓同。愬古音心紐鐸部，虩曉紐鐸部，二字疊韻，於古可通。故《集韻・麥韻》曰：「愬，或作虩、虩」（〔宋〕丁度撰：《集韻》，北京：中華書局，景印北京圖書館藏宋刻本，1988年版，第212頁。）

知」陸氏云「音智」,〈需〉「則辟」陸氏云「音避」,〈師〉「有禽」徐本作「擒」,
〈履〉「說而」陸氏云「音悅」,此皆古今字之例也。〈坤〉「陰疑」荀、虞、
姚信、蜀才本作「凝」,〈坤〉「嫌」鄭作「謙」,荀、虞、陸、董作「嗛」,〈蒙〉
「用說」陸氏云:「吐活反」,此皆假借之例也。〈乾〉「體仁」京房、荀爽、
董遇本作「體信」,〔註55〕〈泰〉「彙」董作「夤」,〔註56〕〈泰〉「包荒」本
作「充」,〈泰〉「女處」本亦作「爻處」,〔註57〕此皆譌誤之例也。

　　出土文獻於異文之考辯亦裨益頗多。今出土之《易》類材料有馬王堆
漢墓帛書《周易》、上海博物館藏戰國楚竹書《周易》、阜陽漢簡《周易》
等。比對〈周易音義〉所存異文,可兩相發明。如:〈訟〉「有孚,窒惕,中
吉。」《釋文》:「馬作『咥』,云:讀為躓,猶止也。鄭云:咥,覺悔貌。」
鄭玄之義未聞。案:咥《說文·口部》:「咥,大笑也。」〔註58〕本無止義,
馬氏言「猶止也」者,當是假借為躓也,躓《說文·足部》:「躓,跲也。」
〔註59〕引申之,則有滯礙不行之義,故馬云「猶止也」。鄭玄云「咥,覺悔
貌」者,《後漢書·馬融傳》云:「融才高博洽,為世通儒,教養諸生,常有
千數。涿郡盧植、北海鄭玄,皆其徒也。」〔註60〕是知鄭玄與馬融同作「咥」
字,蓋師承故也。然鄭玄訓為覺悔貌,則於典墳無考。咥或訓為笑,見《說
文》;或訓為齧嚙,如《易·履》「不咥人亨」陸德明《釋文》「咥,齧也。」

〔註54〕馬王堆漢墓帛書〈否〉卦即作「夤」字,而帛書〈泰〉作「胃」,蓋亦假作「夤」
　　　　也。夤為夤之異體字。夤《說文》小篆作夤,《說文·米部》:「夤,艸木夤孛
　　　　之皃。从米,舁聲。」(〔漢〕許慎撰:《說文解字》,北京:中華書局,景印
　　　　同治十二年陳昌治刻本,1963年版,第127頁。)段注云:「當作夤字艸木之
　　　　皃。《周易》:『拔茅茹以其彙,征吉。』《釋文》云:『彙古文作夤』。按夤即
　　　　夤字之異者。彙則假借字也。」(〔清〕段玉裁撰:《說文解字注》,上海:上
　　　　海古籍出版社,景印嘉慶二十年經韻樓本,1988年版,第273頁。)
〔註55〕京房、荀爽、董遇本作「體信」者,蓋「仁」字之譌也。信《說文》古文作仁,
　　　　隸定作「伈」,則易與「仁」字相淆亂也。
〔註56〕疑即「夤」字之譌也。夤《說文》小篆作夤,籀文作夤,與夤(篆作夤)形
　　　　近易譌。
〔註57〕本亦作「爻處」者,女、爻形近譌淆故也。今注疏本作「女」,依孔疏亦是作
　　　　「女」。
〔註58〕〔漢〕許慎撰:《說文解字》,北京:中華書局,景印同治十二年陳昌治刻本,
　　　　1963年版,第32頁。
〔註59〕〔漢〕許慎撰:《說文解字》,北京:中華書局,景印同治十二年陳昌治刻本,
　　　　1963年版,第47頁。
〔註60〕〔南朝宋〕范曄撰:《後漢書》(四部備要本),上海:中華書局,據武英殿本
　　　　校刊,1936年版,第788頁。

〔註 61〕是皆無覺悔之義也。今考戰國楚簡《周易》作「懂悥中吉」，〔註 62〕乃知鄭玄假「咥」爲「懂」也。懂，《玉篇·心部》：「懂，恨也。」〔註 63〕鄭玄訓爲覺悔貌，義則近之。又如：〈訟〉「三錫」鄭本作「賜」。戰國楚簡《周易》同。又如：〈臨〉「臨」陸氏引〈序卦〉云：「大也。」案阜陽漢簡《周易》作「林」。〔註 64〕《爾雅·釋詁上》：「林，君也」郝懿行《義疏》云：「林，亦盛大之詞，與悉同意。」〔註 65〕故林亦訓大也，與〈序卦〉義合。又如：〈頤〉「拂經于丘頤」陸氏云《子夏傳》作「弗」。阜陽漢簡《周易》同。〔註 66〕又如：〈睽〉「後說之弧」《釋文》：「本亦作『壺』。京、馬、鄭、王肅、翟子玄作『壺』。」王弼本作「後說之弧」。〔註 67〕集解本作「壺」。〔註 68〕馬王堆漢墓帛書《周易》亦作「壺」。〔註 69〕阜陽漢簡《周易》作「壷」，〔註 70〕蓋亦「壺」之異體也。

三、〈周易音義〉存先唐各家《易》解

《釋文》訓釋，多爲放失舊聞。據計，〈周易音義〉引《易》說、《易》音計四十四家，其中引子夏四十二次、九師十五次、孟喜二十次、京房四十九次、馬融一百六十二次、荀爽六十五次、鄭玄二百四十四次、薛虞十次、

〔註 61〕 〔唐〕陸德明撰：《經典釋文》，北京：中華書局，景印徐乾學通志堂刻本，1983 年版，第 21 頁。

〔註 62〕 馬承源主編：《上海博物館藏戰國楚竹書（三）》，上海：上海古籍出版社，2003 年版，第 219 頁。

〔註 63〕 〔梁〕顧野王撰：《宋本玉篇》，北京：中國書店，景印張氏澤存堂本，1983 年版，第 156 頁。

〔註 64〕 韓自強撰：《阜陽漢簡周易研究·阜陽漢簡周易釋文》，上海：上海古籍出版社，2004 年版，第 55 頁。

〔註 65〕 〔清〕郝懿行撰：《爾雅義疏》（漢小學四種本），成都：巴蜀書社，景印同治四年郝氏家刻本，2001 年版，第 889～890 頁。

〔註 66〕 韓自強撰：《阜陽漢簡周易研究·阜陽漢簡周易釋文》，上海：上海古籍出版社，2004 年版，第 60 頁。

〔註 67〕 〔魏〕王弼、韓康伯注，〔唐〕孔穎達等正義：《周易正義》，北京：中華書局景印阮刻本，1980 年版，第 39 頁。

〔註 68〕 〔唐〕李鼎祚撰：《周易集解》，北京：中國書店，景印嘉慶三年姑蘇喜墨齋張遇堯局鐫本，1987 年版，卷八，第 5 頁。

〔註 69〕 廖名春釋文：《馬王堆帛書周易經傳釋文》（續四庫經部易類第 1 冊），上海：上海古籍出版社，2002 年版，第 12 頁。

〔註 70〕 韓自強撰：《阜陽漢簡周易研究·阜陽漢簡周易釋文》，上海：上海古籍出版社，2004 年版，第 65 頁。

服虔二次、劉表十九次、宋衷七次、伏曼容一次、虞翻四十次、陸績四十八次、董遇二十一次、王肅一百四十七次、王弼二次、王嗣宗三次、周宏正四次、向秀八次、姚信三十二次、翟子玄七次、傅氏注三次、王廙二十次、張璠十一次、張軌一次、張晏二次、干寶十二次、鄒湛二次、黃穎九次、蜀才三十次、「九家」八次、韓伯十六次、桓玄三次、卞伯玉一次、荀柔之三次、顧懽二次、明僧紹三次、劉瓛一次、劉昞一次、江氏音一次、蘇林一次、李軌八次、呂忱二次、三家音一次、徐邈一百二十四次。〔註71〕由此觀之，〈周易音義〉一卷，保存大量舊說，宋王應麟輯《周易鄭康成注》、呂祖謙撰《古易音訓》、馮椅撰《厚齋易學・易輯注》、毛居正撰《六經正誤》、魏了翁撰《周易要義》、元董眞卿撰《周易會通》、明姚士粦輯《陸績周易注》、清惠棟撰《九經古義》、翟均廉撰《周易章句證異》、李富孫撰《易經異文釋》云云，實多參攷陸氏之書。〈周易音義〉於研究先唐易學作用頗多。古義不傳，藉之存世。然而古義若無注疏，則不能探索其賾隱。故需假以大量典籍通其訓詁，援以歷代《易》解明其經義。卜舉四例。

　　〈乾〉「飛龍在天，大人造也」陸氏云：「鄭徂早反，爲也。王肅七到反，就也，至也。劉歆父子作『聚』。」此處於「大人造也」異解有三。案：造《廣韻》二讀，訓爲作，昨早切。訓爲至，七到切。《釋文》所引鄭氏徂早切，音同《廣韻》昨早切，訓爲作、爲。而王肅音義亦與《廣韻》七到切同。孔穎達訓同鄭氏。疏云：「『飛龍在天，大人造』者，此亦人事言之。『飛龍在天』，猶聖人之在王位。造，爲也。唯大人能爲之而成就也。姚信、陸績之屬，皆以『造』爲造至之『造』。今案：〈象〉辭皆上下爲韻，則姚信之義，其讀非也。」〔註72〕由此，則姚信、陸績訓解與王肅同。訓作、至於文義皆可通。

〔註71〕 此外，〈周易音義〉引非《易》類書及他說計三十有九種，其中引虞翻注《參同契》一次、《稽覽圖》一次、王弼《畧例》一次、《書》一次、《韓詩》一次、毛傳《詩》一次、《毛詩草木鳥獸疏》三次、鄭注禮書三次、《左傳》二次、何休注《公羊傳》一次、《爾雅》五次、《蒼頡篇》二次、《方言》四次、《釋名》一次、郭璞二次、《說文》六十次、《廣雅》二十九次、《廣蒼》一次、《埤蒼》二次、《小爾雅》一次、《字林》十九次、《字書》五次、《世本》二次、《周書》一次、《史記》一次、李斐注《漢書》一次、韋昭三次、賈逵注《周語》一次、《老子》一次、《莊子》一次、《本草》一次、《鴻範五行傳》一次、《淮南子》一次、《論衡》一次、劉向一次、劉歆父子一次、梁武帝四次、應劭二次、虞喜《志林》二次。
〔註72〕 〔魏〕王弼、韓康伯注，〔唐〕孔穎達等正義：《周易正義》，北京：中華書局景印阮刻本，1980 年版，第 3 頁。

孔氏以爲姚信之義於韻不諧，似可商榷。造與咎、久押韻。孔氏韻蓋以中古音考覈之。咎《廣韻》其九切。久，舉有切。咎、久二字中古同在上聲有韻開口三等。而造（作）在上聲皓韻開口一等，造（至）在去聲号韻開口一等。有、皓同爲上聲，故孔疏訓造爲作。若依古音，咎羣紐幽部，久見紐之部。造（作）從紐幽部，造（至）清紐幽部。之幽旁轉可押，則作、至二訓皆可。故《橫渠易說·卷一》云：「九五大人造也，造成就也。或謂造爲至，義亦可。」〔註73〕孔氏不明古音，無足怪者。然就文句讀之，訓「爲」更勝。後之注家亦多訓造爲爲，即制作、作爲之義，如《周易集解》「飛龍在天，大人造也」下李鼎祚引荀爽曰：「飛者，喻无所拘。天者，首事。造，制。大人造法見居天位，聖人作而萬物覩是其義也。」〔註74〕《周易口義·卷一》云：「大人造也者，言九五之爻正當陽氣極盛之時，生成萬物，而萬物各遂其性，猶聖人有大中之德，又居聖人之位，故當興利除害，扶教樹化，鋤姦進賢，以至經營萬事，設爲仁義之道，使一民一物，无不被其澤，无不遂其性，故言飛龍在天，是大人營造興制之時，故曰大人造也。」〔註75〕《溫公易說·卷一》云：「大人造也，大人之所宜爲也。」〔註76〕《伊川易傳·卷一》云：「大人之爲聖人之事也。」〔註77〕《周易本義》：「造，猶作也。」〔註78〕劉歆父子作「聚」者，聚古音從紐侯部，與之、幽二部可通。聚者，會集也。「造」作「聚」，見劉向〈條災異封事〉，其文曰：「故賢人在上位，則引其類而聚之于朝，《易》曰：飛龍在天，大人聚也。在下位則思與其類俱進，《易》曰：拔茅茹，以其彙，征吉。」師古注云：「此乾卦九五象辭也，言聖王正位，臨馭萬方，則賢人君子皆來見也。」〔註79〕宋呂祖謙《古周易》引晁說之曰：「若

〔註73〕〔宋〕張載撰：《橫渠先生易說》，揚州：江蘇廣陵古籍刻印社，景印通志堂經解本第一冊，1996 年版，第 66 頁。

〔註74〕〔唐〕李鼎祚撰：《周易集解》，北京：中國書店，景印嘉慶三年姑蘇喜墨齋張遇堯局鐫本，1987 年版，卷一，第 4 頁。

〔註75〕〔宋〕胡瑗撰，倪天隱述：《周易口義》，臺灣：商務印書館，景印文淵閣四庫全書本第 8 冊，1983 年版，第 181～182 頁。

〔註76〕〔宋〕司馬光撰：《易說》（叢書集成初編哲學類第 391 冊），上海：商務印書館，據聚珍版叢書本排印，1936 年版，第 3 頁。

〔註77〕〔宋〕程頤撰：《伊川易傳》（叢書集成三編哲學類第 9 冊），臺灣：新文豐出版公司，景印中華書局聚珍倣宋版印二程全書本，1997 年版，第 61 頁。

〔註78〕〔宋〕朱熹撰：《周易本義》（四書五經本），北京：中國書店，據世界書局本景印，1985 年版，第 2 頁。

〔註79〕〔漢〕班固撰：《前漢書》（四部備要本），上海：中華書局，據武英殿本校刊，

夫文字之傳，始有齊、楚之異音，卒有科斗、籀、篆、隸書之四變，因而訛謬者多矣。劉向嘗以中古文《易》經校施、孟、梁丘經，至蜀李譔又嘗著古文《易》，則今之所傳者，皆非古文也。」〔註80〕劉歆父子作「聚」者，蓋即古文《易》也。

〈坤〉「陰疑於陽必戰」陸氏於「疑」下注云：「如字。荀、虞、姚信、蜀才本作『凝』。」案：「如字」者，陸氏不作假借讀之，則訓爲疑惑，《說文·子部》：「疑，惑也。」〔註81〕僞《子夏易傳》云：「陰之盛，陽憚而疑，故戰也。」〔註82〕王弼注云：「辯之不早，疑盛乃動，故『必戰』。」〔註83〕孔穎達疏云：「『陰疑於陽，必戰』者，陰盛爲陽所疑，陽乃發動，欲除去此陰，陰既強盛，不肯退避，故『必戰』也。」〔註84〕皆訓疑爲惑。荀、虞、姚、蜀作「凝」者，疑、凝古通，朱駿聲《說文通訓定聲》云：「疑，叚借爲冰，即凝也。」〔註85〕《爾雅·釋詁下》「蠱，疑也」郝懿行《義疏》：「疑，通作凝。」〔註86〕《楚辭·九章·涉江》「淹回水而疑滯」舊校口：「疑，一作凝。」〔註87〕《荀子·解蔽》「而無所疑止之」楊倞注：「疑，或爲凝。」

1936 年版，第 648 頁。

〔註80〕　〔宋〕呂祖謙撰：《古周易》，揚州：江蘇廣陵古籍刻印社，景印通志堂經解木第一冊，1996 年版，第 487 頁。

〔註81〕　〔漢〕許慎撰：《說文解字》，北京：中華書局，景印同治十二年陳昌治刻本，1963 年版，第 310 頁。

〔註82〕　舊題〔周〕卜商撰：《子夏易傳》，揚州：江蘇廣陵古籍刻印社，景印通志堂經解本第一冊，1996 年版，第 8 頁。按《子夏易傳》蓋屬後人僞託，疏證所引，但存一家之說耳。《四庫全書總目提要》云：「《子夏易傳》十一卷，舊本題卜子夏撰。案說《易》之家最古者，莫若是書。其僞中生僞，至一至再而未已者，亦莫若是書。」又云今本「不但非子夏書，亦並非張弧書矣。流傳既久，姑存以備一家云爾。」〔清〕永瑢等撰：《四庫全書總目》，北京：中華書局，景印浙江杭州刊本，1965 年版，第 1 頁。疏證引此書處，均稱「僞《子夏易傳》」。

〔註83〕　〔魏〕王弼、韓康伯注，〔唐〕孔穎達等正義：《周易正義》，北京：中華書局景印阮刻本，1980 年版，第 7 頁。

〔註84〕　〔魏〕王弼、韓康伯注，〔唐〕孔穎達等正義：《周易正義》，北京：中華書局景印阮刻本，1980 年版，第 7 頁。

〔註85〕　〔清〕朱駿聲撰：《說文通訓定聲》（續四庫經部小學類第 220～221 冊），上海：上海古籍出版社，景印道光二十八年刻本，2002 年版，第 220 冊，第 252 頁。

〔註86〕　〔清〕郝懿行撰：《爾雅義疏》（漢小學四種本），成都：巴蜀書社，景印同治四年郝氏家刻本，2001 年版，第 948 頁。

〔註87〕　〔宋〕洪興祖撰：《楚辭補注》（叢書集成初編文學類第 1812～1816 冊），上

〔註 88〕荀、虞、姚、蜀本爲「陰凝於陽必戰」，凝者，凝冱也。《周易述‧卷十八》於「陰凝於陽必戰」下注云：「初始凝陽，至十月而與乾接。」彼疏云：「陰凝陽自午始，故象曰履霜堅冰，陰始凝也。戰者，接也。建亥之月，乾之本位，故十月而與乾接也。今本『疑於陽』，荀、虞、姚、蜀才本皆作『凝』，故從之。」〔註 89〕惠氏以消息言之，訓凝爲凝結，於義可通。按此處歷來訓解不一，除訓爲惑外，多訓爲似、均敵者，如《周易集解》引孟喜曰：「陰乃上薄，疑似于陽，必與陽戰也。」〔註 90〕疑似者，近似也。《東坡易傳‧卷一》：「嫌也、疑也，皆似之謂也，陰盛似陽必戰。」〔註 91〕《周易本義》云：「疑謂鈞敵而无小大之差也。」〔註 92〕《周易集說‧文言傳》云：「疑謂似也，坤至上六陰盛而與陽相似也。陰當從陽也，盛極則不能降以相從也，不相從則與陽爲敵，故曰陰疑於陽必戰。」〔註 93〕疑、儗、擬音近可通，故有比、敵之義。

〈謙〉「裒多益寡」下陸氏云：「蒲侯反。鄭、荀、董、蜀才作『捊』，云：取也。《字書》作『捊』。《廣雅》云：捊，減。」〔註 94〕案：裒《廣韻》薄侯切，並紐侯韻開口一等平聲流攝。《釋文》音同。《爾雅‧釋詁下》：「裒，聚也。」〔註 95〕《易‧謙‧象傳》「君子以裒多益寡」李鼎祚《集解》引侯注：

海：商務印書館，據惜陰軒叢書本排印，1939 年版，第 100 頁。

〔註 88〕〔唐〕楊倞注，〔清〕王先謙集解：《荀子集解》，上海：上海書店，景印諸子集成本，1986 年版，第 270 頁。

〔註 89〕〔清〕惠棟撰：《周易述》（四部備要本），上海：中華書局，據學海堂經解本校刊，1936 年版，第 124～125 頁。

〔註 90〕〔唐〕李鼎祚撰：《周易集解》，北京：中國書店，景印嘉慶三年姑蘇喜墨齋張遇堯局鐫本，1987 年版，卷二，第 6 頁。

〔註 91〕〔宋〕蘇軾撰：《蘇氏易傳》（叢書集成初編哲學類第 392～393 冊），上海：商務印書館，據學津討原本排印，1936 年版，第 11 頁。

〔註 92〕〔宋〕朱熹撰：《周易本義》（四書五經本），北京：中國書店，據世界書局本景印，1985 年版，第 7 頁。

〔註 93〕〔宋〕俞琰撰：《周易集說》，揚州：江蘇廣陵古籍刻印社，景印通志堂經解本第三冊，1996 年版，第 431 頁。

〔註 94〕《經典釋文彙校》：「〈釋詁〉：裒，聚也。《釋文》云：古字作『襃』，本或作『捊』。案唐石經、南宋石經『裒』皆作『襃』，《說文》作『襃』，從衣，保省聲，『采』與『孚』同，是『襃』與『捊』通。《藝文類聚‧卷二十一》引《詩》『原隰襃矣』，《玉篇》、《說文繫傳》引作『捊矣』，此『襃』與『捊』通之證。」見黃焯撰：《經典釋文彙校》，北京：中華書局，1980 年版，第 12 頁。

〔註 95〕〔晉〕郭璞注，〔宋〕邢昺疏：《爾雅注疏》，北京：中華書局景印阮刻本，1980

「裒，聚也。」〔註96〕《詩‧小雅‧常棣》「原隰裒矣」毛《傳》：「裒，聚也。」〔註97〕鄭、荀、董、蜀才作「捊」者，「捊」蓋「裒」之本字也。《說文‧手部》：「捊，引取也。」〔註98〕《正義》曰：「『裒多』者，君子若能用此謙道，則裒益其多，言多者得謙，物更裒聚，彌益多也。」〔註99〕段注本《說文》改作「引埾也」，其注曰：「埾各本作取。今正。〈詩釋文〉作埾。今本譌爲取土二字，非也。埾義同聚。引埾者，引使聚也。」〔註100〕又云：「〈常棣〉『原隰裒矣』《傳》云：裒，聚也。此重聚不重引，故不言引但言聚也。裒者，捊之俗。《易》『君子以裒多益寡』鄭、荀、董、蜀才作『捊』。云『取也』。此重引，故但言取也。」〔註101〕故段氏以「裒」爲「捊」之俗體，鄭、荀、董、蜀才作「捊」而訓取者，亦因捊引聚之義而來。今之集解本同作「捊」字，《集解》引虞翻曰：「捊，取也。」〔註102〕是虞氏與鄭、荀同。《字書》作「掊」者，《說文‧手部》：「掊，把也。」〔註103〕朱駿聲《說文通訓定聲》曰：「掊，字亦作刨、作抔、作𥝦，謂五指杷之。」〔註104〕故掊亦有取義，是與裒義同也。《資治通鑑‧魏紀七》「願君侯裒多益寡」胡三省注：裒，「與掊同。取也。」〔註105〕《爾雅‧釋詁上》「裒，聚也」郝懿行《義疏》曰：「裒，又通作掊。」

年版，第 8 頁。

〔註96〕〔唐〕李鼎祚撰：《周易集解》，北京：中國書店，景印嘉慶三年姑蘇喜墨齋張遇堯局鐫本，1987 年版，卷四，第 11 頁。

〔註97〕〔漢〕毛公傳、鄭玄箋，〔唐〕孔穎達等正義：《毛詩正義》，北京：中華書局景印阮刻本，1980 年版，第 140 頁。

〔註98〕〔漢〕許慎撰：《說文解字》，北京：中華書局，景印同治十二年陳昌治刻本，1963 年版，第 253 頁。

〔註99〕〔魏〕王弼、韓康伯注，〔唐〕孔穎達等正義：《周易正義》，北京：中華書局景印阮刻本，1980 年版，第 19 頁。

〔註100〕〔清〕段玉裁撰：《說文解字注》，上海：上海古籍出版社，景印嘉慶二十年經韻樓本，1988 年版，第 600 頁。

〔註101〕〔清〕段玉裁撰：《說文解字注》，上海：上海古籍出版社，景印嘉慶二十年經韻樓本，1988 年版，第 600 頁。

〔註102〕〔唐〕李鼎祚撰：《周易集解》，北京：中國書店，景印嘉慶三年姑蘇喜墨齋張遇堯局鐫本，1987 年版，卷四，第 11 頁。

〔註103〕〔漢〕許慎撰：《說文解字》，北京：中華書局，景印同治十二年陳昌治刻本，1963 年版，第 252 頁。

〔註104〕〔清〕朱駿聲撰：《說文通訓定聲》（續四庫經部小學類第 220～221 冊），上海：上海古籍出版社，景印道光二十八年刻本，2002 年版，第 220 冊，第 294 頁。

〔註105〕〔宋〕司馬光編著，〔元〕胡三省音注：《資治通鑑》，北京：中華書局排印，

〔註106〕《廣雅》云「掊，減」者，見《廣雅‧釋詁二》。又《資治通鑒‧唐紀四十一》云：「掊多益寡，上下有敘。」〔註107〕《玉篇‧手部》引《易》亦作「掊」，曰：「掊，《易》曰：君子以掊多益寡。掊，猶減也。」〔註108〕是皆用掊字也。掊訓爲減，則「掊多益寡」義爲減損多者而增益寡者，於義亦通。毛奇齡《仲氏易》曰：「《字書》引《易》『掊多益寡』。掊者，尅也，即剝也。上從〈剝〉來，是裒多也。益者，愈也，不虧也。下從〈復〉往，是益寡也。損益備則施予平矣。」〔註109〕是以毛氏亦訓掊爲減損也。「裒多益寡」者，多、寡對文，疑「裒」之本字當作「掊」，訓減爲是。

〈剝〉「剝牀以膚」陸氏云：「京作『簋』，謂祭器。」案：京作「簋」者，《仲氏易》云：「不可解。」〔註110〕此處蓋假借爲膚也。朱駿聲《說文通訓定聲》：「簋，又借爲膚。」〔註111〕又有以簋讀之者，宋王應麟《困學紀聞‧卷一》云：「京氏《易》剝牀以簋，謂祭器。澹庵云：《易》於剝坎取象簋簋，以精意寓焉。」〔註112〕黃宗炎《周易象辭‧卷八》云：「愚嘗讀《儀禮》，知虛文之盛，莫甚于饗禮，極其貢餙，然後成饗，一饗以後，籩豆撓亂，品物委棄而不問，故曰致餙然後饗則盡矣。致餙者，極其文餙也，盡者遺落无餘也。剝牀以膚正既饗則盡之謂，先儒誤讀燕亨之亨爲元亨之亨，此義茫然矣。觀京氏《易》作『剝牀以簋』，其義益明。」〔註113〕黃氏以爲簋爲牀上之陳設，

1956 年版，第 2375 頁。

〔註106〕〔清〕郝懿行撰：《爾雅義疏》（漢小學四種本），成都：巴蜀書社，景印同治四年郝氏家刻本，2001 年版，第 921 頁。

〔註107〕〔宋〕司馬光編著，〔元〕胡三省音注：《資治通鑒》，北京：中華書局排印，1956 年版，第 7246 頁。

〔註108〕〔梁〕顧野王撰：《宋本玉篇》，北京：中國書店，景印張氏澤存堂本，1983 年版，第 116 頁。

〔註109〕〔清〕毛奇齡撰：《仲氏易》（皇清經解本），上海：上海書店，景印清經解本第一冊，1988 年版，第 506 頁。

〔註110〕〔清〕毛奇齡撰：《仲氏易》（皇清經解本），上海：上海書店，景印清經解本第一冊，1988 年版，第 513 頁。

〔註111〕〔清〕朱駿聲撰：《說文通訓定聲》（續四庫經部小學類第 220～221 冊），上海：上海古籍出版社，景印道光二十八年刻本，2002 年版，第 220 冊，第 489 頁。

〔註112〕〔宋〕王應麟撰，〔清〕翁元圻注：《困學紀聞注》（續四庫子部雜家類第 1142～1143 冊），上海：上海古籍出版社，景印道光乙酉年餘姚守福堂刊本，2002 年版，1142 冊，第 431 頁。

〔註113〕〔清〕黃宗炎撰：《周易象辭》，臺灣：商務印書館，景印文淵閣四庫全書本第 40 冊，1983 年版，第 358 頁。

饗禮後委棄，故云剝牀以簟。世傳本多作「膚」，或訓爲牀笫，或訓爲膚體。《周易章句證異・卷一》：「虞翻諸儒如字，虞云：辨上稱膚。崔憬謂薦席。陸希聲云茵席。王弼、孔穎達謂人之膚體，朱、程同。」〔註114〕

　　上述四例可知，〈周易音義〉存各家經義多歧，且多非顯文露書，不通其訓詁則不能明其得失，不引以歷代易家之言，則不能考其理趣所在。疏證之作，以此爲旨歸。庶能便於觀者參研。〈周易音義〉除卻著錄各家經義之別，亦存各家句讀之異。如〈需〉「光」下陸氏云：「師讀絕句。」「亨貞吉」下云：「一句。馬、鄭摠爲一句。」《釋文》曰「一句」者，蓋即九師之舊。惠棟《周易述・卷一》斷句如之，其於「亨貞吉」下注曰：「坎爲雲，雲須時欲降，乾須時當升，三陽既上，二位天位，故亨貞吉。」〔註115〕「馬、鄭摠爲一句」者，即「有孚光亨貞吉」爲一句。案，依孔疏，注疏本斷句亦爲「有孚，光亨貞吉。」〔註116〕又如〈訟〉「吉」下陸氏云：「有孚窒一句。惕中吉一句。」〈師〉「貞丈人」下陸氏云：「絕句。」此則陸氏之句讀也。句讀異同，關乎各家經意分合，亦當存意。

　　〈周易音義〉一卷，錄漢魏六朝《周易》音讀、異文及各家《易》注。治《易》者不可不觀玩焉。然而厥代湮沒，斯文隳頹。斷紙餘墨，無異片羽吉光。疏證之作，冀得略明〈周易音義〉一卷所存舊注之梗概，縱不能昭然炳煥於今，亦不至遽然彫滅於後也。於其所不知，則闕如以俟來哲。

　　某於碩士研究生二年級下學期伊始艸刱是篇，歷半載而藏事。拙撰初作爲「《周易》研究」課期末論文呈教於恩師　張善文先生。後作爲碩士畢業論文提交學校。疏證之作，若能有補益於學界，則庶幾矣。

　　壬辰年孟夏碩士畢業前夕泉州晉江蔡飛舟書。

〔註114〕〔清〕翟均廉撰：《周易章句證異》，臺灣：商務印書館，景印文淵閣四庫全書本第 53 冊，1983 年版，第 693 頁。

〔註115〕〔清〕惠棟撰：《周易述》（四部備要本），上海：中華書局，據學海堂經解本校刊，1936 年版，第 5 頁。

〔註116〕〔魏〕王弼、韓康伯注，〔唐〕孔穎達等正義：《周易正義》，北京：中華書局景印阮刻本，1980 年版，第 11 頁。

凡　例

一、唐陸德明《經典釋文》爲治唐前經學之要籍。惜其卷帙浩繁，向無詳注。吳檢齋先生撰《經典釋文序錄疏證》肇啓其功。是書纘紹其業，爲《釋文》第二卷〈周易音義〉作疏證。

二、《經典釋文》存漢魏古注極多。後儒藉之足以攷見古義，輔佐掌綍。清江藩曰：「六朝經學之書，散佚殆盡，惟《經典釋文》巋然獨存。」「其中〈周易音義〉最爲精博。」〔註1〕故爲〈周易音義〉作疏證，意義重大。

三、《經典釋文》今傳版本其類有三：一爲全書合刻本，如通志堂本、抱經堂本與宋刻宋元遞修本。二爲附各經注疏本，以阮刻《十三經注疏》本《釋文》附經最爲通行〔註2〕。三爲各經音義單行刊本。疏證所用《釋文》底本爲中華書局景印徐乾學通志堂刻本。

四、陸氏採摭經注文字而作音義，經注文字單行大字，音義雙行小字夾注，今改夾注爲單行大字，以「｜」與經注文字隔開。《釋文》原書「以墨書經本，朱字辯注」，〔註3〕即經注文字以墨書，而陸氏音義以朱書。今之疏證並作墨書。

五、〈周易音義〉每條音義之下，疏證愼採前人校勘，以佐參省。所引校語

〔註1〕　〔清〕江藩撰：《經解入門・南北經術流派》，天津：天津市古籍書店，1990年版，第71頁。

〔註2〕　《十三經注疏》中《孟子》無釋文，《儀禮》、《孝經》、《論語》未附釋文，〈周易音義〉全篇附注疏之末，其餘八經《釋文》散附於注後疏前。

〔註3〕　〔唐〕陸德明撰：《經典釋文》，北京：中華書局，景印徐乾學通志堂刻本，1983年版，第1頁。

多摘黃焯《經典釋文彙校》一書,《彙校》未備者,則兼採黃侃、吳承仕、盧文弨、阮元諸家之說明之。

六、《經典釋文》摘字爲音義,疏證悉注出其所在經注。版本主要爲阮元校刻注疏本,或有引用集解本者,皆隨文說明。疏證中經與《十翼》統稱「經文」,王、韓注稱「注文」。

七、〈周易音義〉異文,涉異體、古今、通假、譌誤諸端,疏證參覈傳世經典及出土材料,詳加攷證,一一擘析。

八、〈周易音義〉音讀,多存漢魏六朝之音,每一反切,疏證皆與中古比較,於語音之變遷、音義之關係,多有辨理。音韻地位均詳標中古聲、韻、開合、等、四聲、攝。文涉上古音者,用王力古音學體系。

九、《經典釋文》爲音義之書,本爲解經而作,故疏證於音義一事,雖有攷音,然重在明義。

十、〈周易音義〉引子夏、九師、孟喜、京房、馬融、荀爽、鄭玄、薛虞、服虔、劉表、宋衷、伏曼容、虞翻、陸績、董遇、王肅、王弼、王嗣宗、周宏正、向秀、姚信、翟子玄、傅氏、王廙、張璠、張軌、張晏、干寶、鄒湛、黃穎、蜀才、「九家」、韓伯、桓玄、卞伯玉、荀柔之、顧懽、明僧紹、劉瓛、劉昞、江氏、蘇林、李軌、呂忱、三家音、徐邈等《易》說、《易》音計四十有四家。所引多爲放失舊聞,疏證皆旁引典籍訓詁以昭其義,竝兼採歷代《易》注明之。《易》學分象數、義理二派,疏證不存門戶之見,於《釋文》之義可資佐證者,則愼採之。

經典釋文周易音義疏證〔註1〕

唐國子博士兼太子中允贈齊州刺史吳縣開國男陸德明撰

泉州晉江蔡飛舟疏

〔註 1〕 黃焯《經典釋文彙校》於篇題「周易音義」下出校曰：「惠云：《直齋書目》
曰：《周易釋文》一卷，多後漢魏以前諸家說，蓋唐初諸書皆在也，卦首注某
宮某世，用京房說。焯按：惠引陳說，意謂陸氏書成於入唐以後，殊未允。」
見黃焯撰：《經典釋文彙校》，北京：中華書局，1980 年版，第 10 頁。按：《經
典釋文》今傳版本其類有三：一爲全書合刻本，如通志堂本、抱經堂本與宋
刻宋元遞修本。二爲附各經注疏本，以阮刻《十三經注疏》本《釋文》附經
最爲通行，《十三經注疏》中《孟子》無釋文，《儀禮》、《孝經》、《論語》未
附釋文，〈周易音義〉全篇附注疏之末，其餘八經《釋文》散附於注後疏前。
三爲各經音義單行刊本，虞萬里撰〈經典釋文單刊單行考略〉攷索詳密，可
資參看。本《疏證》所用《釋文》底本爲中華書局景印徐乾學通志堂刻本。
明末葉林宗據錢謙益絳雲樓藏本影鈔《經典釋文》，清人徐乾學據以刻成通志
堂經解本。徐本出，清儒或依葉鈔，或對照宋刻經傳注疏，對徐本精細校勘，
改正頗多。校勘者有何煌、惠棟、江聲、葉萬、段玉裁、臧庸堂、顧之遠、
顧廣圻、江沅、管慶祺、潘錫爵、孫星衍、鈕樹玉、黃丕烈、袁廷檮、陳奐、
王筠、袁芳瑛、莊世驥、葉德輝、翁方綱、陳壽祺等，盧文弨所刻抱經堂本
《經典釋文》三十卷亦出自葉林宗影鈔本，盧氏並撰《經典釋文考證》三十
卷，此後有錢馥《盧本經典釋文校記》一卷與《經典釋文考證筍記》一卷補
盧氏刻本與《考證》之不足。阮元撰《經典釋文校勘記》二十七卷，有單行
本，又隨各經釋文附《十三經注疏》各經注疏之後。今人黃焯《經典釋文彙
校》三十卷，以宋刻宋元遞修本對校徐乾學通知堂本，旁及唐石經、敦煌出
土唐寫本、影宋本，並採錄近人黃侃、吳承仕之說，又及盧氏《考證》、阮氏
《校勘記》，考校精備。此後又有黃坤堯、鄧仕樑《新校索引經典釋文》，編
校、逐錄《彙校》於通志堂本當條之眉端，以便查檢，又新作部份補校以補
《彙校》缺漏。《釋文》之版本源流可參看萬獻初〈經典釋文研究總論〉（古
籍整理研究學刊，2005 年 1 月，第 1 期）。疏證所引校語多摘黃焯《經典釋文
彙校》一書，《彙校》未備者，則兼採黃、吳、盧、阮諸家之說。

周易上經乾傳第一

周｜ 代名也。周，至也，遍也，備也。今名書，義取周普。

【疏】周有二義：一為代名，一為周普。周訓為代名，如陸氏《經典釋文》於《詩‧周南‧序》篇題下云：「周者，代名。」〔註2〕又於《尚書‧序》「至於夏商周之書」下云：「周，文王武王有天下號也。」〔註3〕又《白虎通‧號》云：「夏殷周者，有天下之大號也。」〔註4〕而訓為至者，《廣雅‧釋詁一》：「周，至也。」〔註5〕訓為遍者，《詩‧大雅‧崧高》「周邦咸喜」鄭玄《箋》：「周，徧也。」〔註6〕按，徧與遍同。《左傳‧隱公十一年》「周麾而呼」杜預注云：「周，徧也。」〔註7〕《法言‧序》「遐言於天地」李軌注曰：「周，遍也。」〔註8〕訓為備者，《左傳‧文公三年》「舉人之周也」杜預注曰：「周，備也。」〔註9〕《史記‧秦本紀》「秦繆公之與人周也」裴駰《集解》引服虔曰：「周，備也。」〔註10〕此處至、遍、備三義近，引申之有周普之義。故陸氏云：「今名書，義取周普。」周易之周訓解各異，與「三易」之說有關。〔註11〕《釋文》釋「周」為二義，蓋承前人之說。然自孔穎達《周易正義》

〔註2〕 〔唐〕陸德明撰：《經典釋文》，北京：中華書局，景印徐乾學通志堂刻本，1983年版，第53頁。

〔註3〕 〔唐〕陸德明撰：《經典釋文》，北京：中華書局，景印徐乾學通志堂刻本，1983年版，第36頁。

〔註4〕 〔漢〕班固撰，〔清〕陳立疏證：《白虎通疏證》（續四庫子部雜家類第1142冊），上海：上海古籍出版社，景印光緒元年春淮南書局刊本，2002年版，第222頁。

〔註5〕 〔清〕王念孫撰：《廣雅疏證》，北京：中華書局，景印嘉慶年間王氏家刻本，1983年版，第8頁。

〔註6〕 〔漢〕毛公傳、鄭玄箋，〔唐〕孔穎達等正義：《毛詩正義》，北京：中華書局景印阮刻本，1980年版，第299頁。

〔註7〕 〔晉〕杜預注，〔唐〕孔穎達等正義：《春秋左傳正義》，北京：中華書局景印阮刻本，1980年版，第34頁。

〔註8〕 〔漢〕楊雄著，李軌注：《法言》，上海：上海書店，景印諸子集成本，1986年版，第44頁。

〔註9〕 〔晉〕杜預注，〔唐〕孔穎達等正義：《春秋左傳正義》，北京：中華書局景印阮刻本，1980年版，第138頁。

〔註10〕 〔漢〕司馬遷撰：《史記》（四部備要本），上海：中華書局，據武英殿本校刊，1936年版，第87頁。

〔註11〕 《周易注疏》卷首〈第三論三代易名〉云：「案《周禮‧太卜》『三易』云：『一曰《連山》，二曰《歸藏》，三曰《周易》。』」杜子春云：『《連山》，伏犧。《歸

出，後之注《易》者，多釋「周」爲代名。如朱熹《周易本義》云：「周，代名也。易，書名也。」〔註12〕宋俞琰《周易集說・周易上下經說》云：「周，代名。易，書名。猶《周書》題周以別於夏殷也。」〔註13〕元胡炳文《周易本義通釋・卷一》云：「解易者或以周字爲普徧之義，或以卦爲文王所重，必子朱子《本義》出然後其說始定，蓋《周禮》三易：夏曰連山，商曰歸藏，文王之易命之曰周，以別夏、商也。故《本義》斷然以周爲代名。」〔註14〕明蔡清撰《易經蒙引・卷　上》云：「周，代名也。本國名，在雍州境內岐山之陽。蓋周始祖后稷封於邰，曾孫公劉遷邠，至十三世孫太王乃遷於岐，所謂岐周。太王傳子王季孫文王，至曾孫武王，遂克商而有天下，因用其國之故名以爲一代之名。」〔註15〕

易丨 盈隻反。此經名也。虞翻注《參同契》云：字從日下月。〔註16〕

藏》，黃帝。」鄭玄〈易贊〉及〈易論〉云：『夏曰《連山》，殷曰《歸藏》，周曰《周易》。』鄭玄又釋云：『《連山》者，象山之出雲，連連不絕；《歸藏》者，萬物莫不歸藏於其中；《周易》者，言易道周普，无所不備。』鄭玄雖有此釋，更无所據之文。先儒因此遂爲文質之義，皆煩而無用，今所不取。案《世譜》等羣書，神農一曰連山氏，亦曰列山氏，黃帝一曰歸藏氏。既連山、歸藏竝是代號，則《周易》稱周，取岐陽地名。《毛詩》云『周原膴膴』是也。又文王作《易》之時，正在羑里，周德未興，猶是殷世也，故題周，別於殷。以此文王所演，故謂之《周易》，其猶《周書》、《周禮》題「周」以別餘代。故《易緯》云『因代以題周』是也。先儒又兼取鄭說云：『既指周代之名，亦是普徧之義。』雖欲无所遐棄，亦恐未可盡通。其《易》題周，因代以稱周，是先儒更不別解，唯皇甫謐云：『文王在羑里演六十四卦，著七八九六之爻，謂之《周易》。』以此文王安『周』字。其〈繫辭〉之文，《連山》、《歸藏》无以言也。」見〔魏〕王弼、韓康伯注，〔唐〕孔穎達等正義：《周易正義》，北京：中華書局景印阮刻本，1980 年版，卷首，第3～4頁。

〔註12〕〔宋〕朱熹撰：《周易本義》（四書五經本），北京：中國書店，據世界書局本景印，1985 年版，第 1 頁。

〔註13〕〔宋〕俞琰撰：《周易集說》，揚州：江蘇廣陵古籍刻印社，景印通志堂經解本第三冊，1996 年版，第 306 頁。

〔註14〕〔元〕胡炳文撰：《周易本義通釋》，揚州：江蘇廣陵古籍刻印社，景印通志堂經解本第三冊，1996 年版，第 558 頁。

〔註15〕〔明〕蔡清撰：《易經蒙引》，臺灣：商務印書館，景印文淵閣四庫全書本第29 冊，1983 年版，第 2 頁。

〔註16〕盧文弨《經典釋文攷證》據明錢求赤影宋本補「說者以勿爲日之光彩」。見〔清〕盧文弨《經典釋文攷證・周易音義攷證》（抱經堂叢書本），北京直隸書局，景印常州龍城書院開雕本，1923 年版，第 1 頁。按：此說雖有臆測之嫌，然今人之說與之或有契同。黃振華〈論日出爲易〉一文，即以「易」之三斜線

【疏】易《廣韻》二讀，周易之易讀羊益切，以昔開三入梗。〔註17〕《釋文》音同。虞翻注《參同契》「字從日下月」之說蓋爲漢字譌體所致。「易」小篆作易，《說文》云：「易，蜥易，蝘蜓，守宮也。象形。《祕書》說：日月爲易，象陰陽也。一曰从勿。」〔註18〕《說文》「蜥易」之說與甲骨、金文不合。按「易」甲骨作𝌆（鐵一六二・一）、𝌆（前七・三一一・三）〔註19〕，金文作𝌆（毛公厝鼎）、𝌆（不娶簋）、𝌆（德鼎）、𝌆（弔德簋）〔註20〕，戰國文字作𝌆（郭店・尊德六）、𝌆（郭店・語叢二・二十四），〔註21〕隸書作易（楊震碑）、易（孔龢碑）。〔註22〕由此可略窺「易」字之演變：𝌆（甲骨）→𝌆（金文）→𝌆（戰國）→易（漢隸）。「易」之造字本義蓋已微渺，〔註23〕然

解爲日之光彩。（參見《哲學年刊》第五輯，1968年11月臺灣商務印書館印行。轉引自黃壽祺、張善文先生撰：《周易譯注》，上海：上海古籍出版社，2001年版，第16頁。）又《經典釋文彙校》：「宋本、朱鈔作『字從日月』，無『下』字。『月』下有『正从日勿』四字。盧據明錢求赤影宋本補此四字，惟『从』作『從』。」見黃焯撰：《經典釋文彙校》，北京：中華書局，1980年版，第10頁。

〔註17〕按：「以昔開三入梗」爲「以紐、昔韻、開口、三等、入聲、梗攝」之省，下放此。疏證中，考察反切，多與《廣韻》比較，《廣韻》無者，間採《集韻》音切。音韻地位均詳注聲、韻、開合、等、四聲、攝。聲紐分幫、滂、並、明，非、敷、奉、微；端、透、定、泥、娘、來；精、清、從、心、邪；知、徹、澄；莊、初、崇、生，章、昌、船、書、禪；見、溪、羣、疑；曉、匣、影、云、以。聲紐《廣韻》反切上字幫組與非組不分，疏證依《集韻》分，照、穿、牀、審、喻諸紐亦依陳澧所考分爲兩類。按，《廣韻》反切採用版本爲中國書店1982年據張氏澤存堂本景印本。若有採用別本處，均予說明。案，疏證於《釋文》反切，以中古音系爲參照，從而自微觀考察〈周易音義〉一卷之音義。《釋文》音切較之《廣韻》，聲母輕重脣不分，舌頭舌上混用，匣云（喻三）不分趨勢明顯。然疏證均詳標其音韻地位，以便參省。古韻用王力音系。

〔註18〕〔漢〕許慎撰：《說文解字》，北京：中華書局，景印同治十二年陳昌治刻本，1963年版，第198頁。

〔註19〕中國科學院考古研究所編輯：《甲骨文編》（考古學專刊本，乙種第十四號），北京：中華書局，1965年版，第1150頁。

〔註20〕容庚編著，張振林、馬國權摹補：《金文編》，北京：中華書局，1985年版，第670～673頁。

〔註21〕湯餘惠主編：《戰國文字編》，福州：福建人民出版社，2001年版，第648頁。

〔註22〕〔清〕顧藹吉撰：《隸辨》，北京：中華書局，景印康熙五十七年項絪玉淵堂刊本，1986年版，第182～183頁。

〔註23〕郭沫若以爲「字在金文或作𝌆，可以看出『易』字是『益』字的簡化。但『易』字在殷虛卜辭及殷彝銘中已通用，其結構甚奇，當爲象意，迄不知所象何意。」（郭沫若撰：〈由周初四德器的考釋談到殷代已在進行文字簡化〉，見《文物》1957年第7期1頁，轉引自于省吾主編：《甲骨文字詁林》，北京：中華書局，

可確定者，虞翻「從日下月」之論顯與古文不符，蓋因字譌附會所致。又
《說文》引《秘書》語與虞注同。「秘書」者，段玉裁注云：「祕書謂緯書。」
〔註24〕又云：「《參同契》曰：日月爲易，剛柔相當。陸氏德明引虞翻注《參
同契》云：字從日下月。」〔註25〕按：《參同契》爲丹書，當屬秘書。清惠棟
《九經古義・周易上》云：「《參同契》曰：易謂坎離。又曰：日月爲易。所
謂秘書者，《參同》之類也。」〔註26〕段注又云：「謂上從日象陽，下從月象
陰。緯書說字多言形而非其義，此雖近理，要非六書之本，然下體亦非月
也。」〔註27〕虞翻所言「從日下月」，細考甲、金文字，「日」、「月」二符均
不合於古。然此言妙在附會陰陽之說，宋馮椅《厚齋易學・卷五・易輯傳第
一》云：「日月爲易，陰陽相代之義也。」〔註28〕宋朱鑑輯《文公易說・卷二
十》云：「日月爲易，易便是陰陽。」〔註29〕又元胡一桂《周易發明啓蒙翼傳》
依「日月爲易」一語，臆造「易」字爲「暑」，於此說亦多有發明，可資參看。
〔註30〕按，易一名而含三義，《周易正義・第一論易之三名》引《易緯乾鑿度》

1996 年版，第 3384 頁。）張桂光云：「Ｘ正象盤中盛水自上向下傾注之形，
會易予之義。」（張桂光撰：〈古文字考釋四則〉，華南師院學報 1982 第 4 期
88 頁，轉引自于省吾主編：《甲骨文字詁林》，北京：中華書局，1996 年版，
第 3390 頁。）此說與郭氏之說大類。蓋以夕爲器皿與水會意之字。李孝定駁
郭氏曰：「許君並舉三說正見其無所適從。契文金文見下均不象蜥易之形，亦
與日月若勿字絕遠，郭氏謂爲益今溢字之簡體，以所舉暑字之形及音言之，
其說或是，然易益二字之義又相去懸遠了不相涉。其契文益字多見，除郭氏
所舉暑字一文外，餘均從Ｙ，未見與夕契文夕金文形近者，此字之初形朔誼
蓋已蒙昧難求矣。」（李孝定撰：《甲骨文字集釋》3027 頁，轉引自于省吾主
編：《甲骨文字詁林》，北京：中華書局，1996 年版，第 3386 頁。）此外，於
「易」之造字形象尚有異說若干。爲慎重見，依李孝定說，暫以闕如視之。
〔註24〕〔清〕段玉裁撰：《說文解字注》，上海：上海古籍出版社，景印嘉慶二十年
經韻樓本，1988 年版，第 459 頁。
〔註25〕〔清〕段玉裁撰：《說文解字注》，上海：上海古籍出版社，景印嘉慶二十年
經韻樓本，1988 年版，第 459 頁。
〔註26〕〔清〕惠棟撰：《九經古義》（叢書集成初編總類第 254～255 冊），上海：商
務印書館，據貸園叢書本排印，1937 年版，第 1 頁。
〔註27〕〔清〕段玉裁撰：《說文解字注》，上海：上海古籍出版社，景印嘉慶二十年
經韻樓本，1988 年版，第 459 頁。
〔註28〕〔宋〕馮椅撰：《厚齋易學》，臺灣：商務印書館，景印文淵閣四庫全書本第
16 冊，1983 年版，第 90 頁。
〔註29〕〔宋〕朱鑑輯：《晦庵先生朱文公易說》，揚州：江蘇廣陵古籍刻印社，景印
通志堂經解本第二冊，1996 年版，第 363 頁。
〔註30〕胡一桂云：「《易大傳》曰：『日月運行，一寒一暑。』『陰陽之義配日月。』『懸
象著明，莫大乎日月。』『日月之道，貞明者也。』『日往則月來，月往則日

云：「易一名而含三義，所謂易也，變易也，不易也。」又云：「易者，其德也。光明四通，簡易立節，天以爛明，日月星辰，布設張列，通精無門，藏神無穴，不煩不擾，澹泊不失，此其易也。變易者，其氣也。天地不變，不能通氣，五行迭終，四時更廢，君臣取象，變節相移，能消者息，必專者敗，此其變易也。不易者，其位也。天在上，地在下，君南面，臣北面，父坐子伏，此其不易也。」〔註31〕又引〈鄭氏周易贊〉云：「易之爲名也，一言而含三義，簡易一也，變易二也，不易三也。」〔註32〕日月爲易之說，則與變易之義畧近。

上經| 上者，對下立名。經者，常也，法也，徑也，由也。

【疏】「上者，對下立名」者，《易》分上下經也。經者，《說文·糸部》云：「經，織也。从糸巠聲。」段注本據《太平御覽》改作「織從經」者，可從。則經本義爲絲之縱經，引申之，則爲徑、由，由猶道也。進而有常、法之義。此言《經》乃常法，可爲徑道而行之也。

乾| 卦名。

傳| 直戀反。以傳述爲義，謂夫子《十翼》也，解見發題。

【疏】傳《廣韻》三讀，訓爲轉，直攣切，澄仙合三平山。訓爲訓，直戀切，澄線合三去山。訓爲郵馬，知戀切，知線合三去山。《羣經音辨·卷六》云：「傳，授也，直專切。記所授曰傳，直戀切。」〔註33〕《釋文》音同《廣韻》直戀切。「以傳述爲義」者，陸德明《經典釋文》於《書·堯典》篇題下

來，日月相推而明生焉。寒往則暑來，暑往則寒來，寒暑相推而歲成焉。』太虛中，天、地、山、澤、雷、風、水、火、飛、潛、動、植，何莫非易之呈露，豈但日月？圖書特日月繼照，眞天地自然之易，圖書迭出，眞天地自然之數，作易之原，雖肇於圖書，而易之爲義，尤著明於日月，故揭以爲首。」其下引鄭厚、陸秉、徐氏、《參同契》之說明之。詳參〔元〕胡一桂撰：《周易發明啓蒙易傳》，揚州：江蘇廣陵古籍刻印社，景印通志堂經解本第三冊，1996 年版，第 490～491 頁。

〔註31〕〔魏〕王弼、韓康伯注，〔唐〕孔穎達等正義：《周易正義》，北京：中華書局景印阮刻本，1980 年版，卷首，第 1 頁。

〔註32〕〔魏〕王弼、韓康伯注，〔唐〕孔穎達等正義：《周易正義》，北京：中華書局景印阮刻本，1980 年版，卷首，第 1 頁。

〔註33〕〔宋〕賈昌朝撰：《羣經音辨》（叢書集成初編語文學類第 1208 冊），上海：商務印書館，景印畿輔叢書本，1939 年版，第 144 頁。

「孔氏傳」云:「傳即注也,以傳述爲義。舊說漢以前稱傳。」〔註34〕《漢書・儒林傳》「而爲之傳」顏師古注云:「傳,謂〈彖〉、〈象〉、〈繫辭〉、〈文言〉、〈說卦〉之屬。」〔註35〕《穀梁傳・隱公第一》篇題下楊士勛疏云:「仲尼所脩謂之經。經者,常也。聖人大典可常遵用,故謂之經。穀梁所脩謂之傳。不敢與聖人同稱,直取傳示於人而已,故謂之傳。」〔註36〕「夫子十翼」者,《漢書・藝文志》:「孔氏爲之〈彖〉、〈象〉、〈繫辭〉、〈文言〉、〈序卦〉之屬十篇。」〔註37〕又孔穎達《周易正義》「論夫子十翼」云:「上〈彖〉一、下〈彖〉二、上〈象〉三、下〈象〉四、上〈繫〉五、下〈繫〉六、〈文言〉七、〈說卦〉八、〈序卦〉九、〈雜卦〉十。鄭學之徒,並同此說。」〔註38〕

第一丨 亦作「弟」。

【疏】弟、第,古今字。大徐本《說文》無「第」字,「弟」字《說文・弟部》云:「弟,韋束之次弟也。從古字之象。凡弟之屬皆從弟。」〔註39〕段注云:「以韋束物,如輈五束、衡三束之類,束之不一,則有次第也。引申之,爲凡次弟之弟,爲兄弟之弟,爲豈弟之弟。《詩正義》引《說文》有第字。」〔註40〕《廣韻・霽韻》:「次第,《說文》本作『弟』,韋束之次弟也,今爲兄

〔註34〕 〔唐〕陸德明撰:《經典釋文》,北京:中華書局,景印徐乾學通志堂刻本,1983年版,第36頁。
〔註35〕 〔漢〕班固撰:《前漢書》(四部備要本),上海:中華書局,據武英殿木校刊,1936年版,第1179頁。
〔註36〕 〔晉〕范甯注,〔唐〕楊士勛疏:《春秋穀梁傳》,北京:中華書局景印阮刻本,1980年版,第1頁。
〔註37〕 《漢書・藝文志》云:「《易》曰:宓戲氏仰觀象於天,俯觀法於地。觀鳥獸之文,與地之宜。近取諸身,遠取諸物,於是始作八卦,以通神明之德,以類萬物之情。至于殷周之際,紂在上位,逆天暴物,文王以諸侯順命,而行道,天人之占,可得而效,於是重易六爻,作上下篇。孔氏爲之〈彖〉、〈象〉、〈繫辭〉、〈文言〉、〈序卦〉之屬十篇,故曰:易道深矣,人更三聖,世歷三古。」見〔漢〕班固撰:《前漢書》(四部備要本),上海:中華書局,據武英殿本校刊,1936年版,第573頁。按:「十翼」作者,漢儒以爲孔子所作,宋歐陽修撰《易童子問》,始疑此說。至清姚際恒《易傳通論》、康有爲《新學僞經考》,均以易傳非夫子所作。康氏斷言爲漢儒僞作。今人多以《易傳》成於眾手,約作於春秋戰國間。
〔註38〕 〔魏〕王弼、韓康伯注,〔唐〕孔穎達等正義:《周易正義》,北京:中華書局景印阮刻本,1980年版,卷首,第5頁。
〔註39〕 〔漢〕許慎撰:《說文解字》,北京:中華書局,景印同治十二年陳昌治刻本,1963年版,第113頁。
〔註40〕 〔清〕段玉裁撰:《說文解字注》,上海:上海古籍出版社,景印嘉慶二十年

弟字。」〔註41〕弟爲次弟字之本字，後作兄弟字用，乃以第爲次弟字。

王弼注｜ 本亦作「王輔嗣註」，音張具反。今本或無「注」字，師說：無者非。

【疏】陸德明《釋文》於〈序錄〉「王弼注七卷」下云：「字輔嗣。山陽高平人，魏尚書郎。年二十四卒。注《易》上下經六卷，作《易畧例》一卷，又注《老子》。《七志》云：注《易》十卷。」〔註 42〕按，王弼事蹟具《三國志》本傳。注《廣韻》之戍切，章遇合三去遇。《釋文》張具反，知遇合三去遇，《集韻》增有株遇切，〔註43〕音同。師說者，當是淮南九師易說也。或云師爲姓氏，當是師氏易說者，存備一說。或云師爲陸氏之師者，非，以《易》外《詩》、《書》等音義未見師說例也。

☰乾｜ 竭然反，依字作乾下乙。乾從旦㫃，㫃音偃。〔註44〕〈說卦〉云：乾，健也。此八純卦，象天。

【疏】乾《廣韻》二讀，乾溼古寒切，見寒開一平山。乾卦渠焉切，羣仙開重紐三平山，《釋文》音同。「依字作乾下乙」者，當改作「依字作倝下乙」，《說文・乙部》：「乾，上出也。从乙，乙，物之達也；倝聲。，籒文乾。」〔註45〕陸氏蓋引許說。段注云：「此乾字之本義也。自有文字以後。乃用爲卦名。而孔子釋之曰：健也。健之義生於上出。上出爲乾，下注則爲溼，故乾與溼相對。俗別其音，古無是也。釋从乙之恉，物達則上出矣。倝者，

經韻樓本，1988 年版，第 236 頁。

〔註 41〕〔宋〕陳彭年，丘雍撰：《宋本廣韻》，南京：江蘇教育出版社，景印南宋巾箱本，2008 年版，第 107 頁。

〔註 42〕〔唐〕陸德明撰：《經典釋文》，北京：中華書局，景印徐乾學通志堂刻本，1983 年版，第 6 頁。

〔註 43〕《集韻》所用版本爲：〔宋〕丁度撰：《集韻》，北京：中國書店，據揚州使院重刻本景印，1983 年版。疏證引用他本者，均予說明。

〔註 44〕《經典釋文彙校》：「宋本、葉鈔、朱鈔『乾下』之『乾』作『倝』，『乙乾』作『乾』，雅雨堂本〈易釋文〉同。盧本皆作『倝』，是也。阮元《周易釋文校勘記》謂宋本『乾』並作『倝』，蓋依盧所據錢求赤影宋本爲言也。又宋本每卦載卦體，與今本同，葉鈔、朱鈔皆不載。」見黃焯撰：《經典釋文彙校》，北京：中華書局，1980 年版，第 10 頁。依校，當訂爲「依字作倝下乙。倝從旦㫃，㫃音偃。」

〔註 45〕〔漢〕許愼撰：《說文解字》，北京：中華書局，景印同治十二年陳昌治刻本，1963 年版，第 308 頁。

日始出光倝倝也。然則形聲中有會意焉。」〔註46〕「倝從旦放」者，《說文·旦部》：「𠦝，日始出，光倝倝也。从旦放聲。凡倝之屬皆从倝。」〔註47〕放音偃者，放、偃《廣韻》音同，皆於巘切，影阮開三上山。〈說卦〉云者，今本同。「此八純卦，象天」者，上下卦同者謂之純卦，八純卦者，乾、坤、震、巽、坎、離、艮、兌也。象取天、地、雷、風、水、火、山、澤。

元亨| 許庚反。卦德也。訓通也，餘放此。

【疏】所在經文爲「元亨利貞」。〔註48〕亨《廣韻》三讀，訓爲亨通，許庚切，曉庚開二平梗。訓爲烹飪，撫庚切，滂庚開二平梗。訓爲享獻，許兩切，曉養開三上宕。《釋文》音同《廣韻》許庚切。「訓通也」者，蓋引舊說。《易·乾》「元亨利貞」孔穎達疏引《子夏傳》云：「亨，通也。」〔註49〕《廣雅·釋詁一》：「亨，通也。」〔註50〕又《國語·晉語四》「元亨利貞」韋昭注〔註51〕、《後漢書·班固傳》「品物咸亨」李賢注〔註52〕亦然。陸氏於〈大有〉「公用亨于天子」、〈隨〉「王用亨于西山」、〈升〉「王用亨于岐山」之音義皆同，故云「餘放此」。

潛| 捷鹽反。

【疏】所在經文爲「潛龍勿用」。〔註53〕潛，《廣韻》昨鹽切，從鹽開二

〔註46〕〔清〕段玉裁撰：《說文解字注》，上海：上海古籍出版社，景印嘉慶二十年經韻樓本，1988年版，第740頁。

〔註47〕〔漢〕許慎撰：《說文解字》，北京：中華書局，景印同治十二年陳昌治刻本，1963年版，第140頁。

〔註48〕〔魏〕王弼、韓康伯注，〔唐〕孔穎達等正義：《周易正義》，北京：中華書局景印阮刻本，1980年版，第1頁。按：《經典釋文》摘字爲音義，本疏證悉注出其所在經注。版本主要爲阮元校刻注疏本，或有引用集解本者，皆隨文說明之。疏證中經與《十翼》統稱「經文」，王、韓注稱「注文」。

〔註49〕〔魏〕王弼、韓康伯注，〔唐〕孔穎達等正義：《周易正義》，北京：中華書局景印阮刻本，1980年版，第1頁。

〔註50〕〔清〕王念孫撰：《廣雅疏證》，北京：中華書局，景印嘉慶年間王氏家刻本，1983年版，第14頁。

〔註51〕〔吳〕韋昭注，〔清〕董增齡正義：《國語正義》（續四庫史部雜史類第422冊），上海：上海古籍出版社，景印光緒庚辰會稽章氏式訓堂刊本，2002年版，第199頁。

〔註52〕〔南朝宋〕范曄撰：《後漢書》（四部備要本），上海：中華書局，據武英殿本校刊，1936年版，第603頁。

〔註53〕〔魏〕王弼、韓康伯注，〔唐〕孔穎達等正義：《周易正義》，北京：中華書局景印阮刻本，1980年版，第1頁。

平咸。《釋文》音同。

龍｜ 喻陽氣及聖人。

【疏】「喻陽氣及聖人」者，《周易集解》於「潛龍勿用」下引《子夏傳》曰：「龍所以象陽也。」又引馬融曰：「物莫大於龍，故借龍以喻天之陽氣也。」又引沈驎士曰：「稱龍者，假象也，天地之氣有升降，君子之道有行藏，龍之爲物能飛能潛，故借龍以比君子之德也。」〔註54〕《說文・龍部》云：「龍，鱗蟲之長。能幽，能明，能細，能巨，能短，能長；春分而登天，秋分而潛淵。」〔註55〕《論衡・訂鬼篇》：「龍，陽物也，故時變化。」〔註56〕《呂氏春秋・介立》「有龍于飛」高誘注云：「龍，君也。」〔註57〕《史記・秦始皇本紀》「今年祖龍死」裴駰《集解》引蘇林曰：「龍，人君象。」〔註58〕又《後漢書・五行志五》「雒陽男子夜龍以弓箭射北闕」劉昭注引應劭曰：「龍者，陽類，君之象也。」〔註59〕龍以象陽，可比於君子、人君之象，故陸氏云龍「喻陽氣及聖人」也。

見龍｜ 賢遍反，示也。注及下「見龍」皆同。

【疏】所在經文爲「見龍在田」。〔註60〕見《廣韻》二讀，訓爲視，古電切，見霰開四去山。訓爲露，胡甸切，匣霰開四去山。《釋文》音同《廣韻》胡匣切。「示也」者，顯示也。《廣雅・釋詁四》云：「見，示也。」〔註61〕《漢書・婁敬傳》「比宜夸矜見所長」顏師古注云：「見，示也。」〔註62〕《莊子・

〔註54〕 三家之說，俱見〔唐〕李鼎祚撰：《周易集解》，北京：中國書店，景印嘉慶三年姑蘇喜墨齋張遇堯局鐫本，1987年版，卷一，第1頁。

〔註55〕 〔漢〕許慎撰：《說文解字》，北京：中華書局，景印同治十二年陳昌治刻本，1963年版，第245頁。

〔註56〕 〔漢〕王充撰：《論衡》，上海：上海書店，景印諸子集成本，1986年版，第221頁。

〔註57〕 〔漢〕高誘注：《呂氏春秋》，上海：上海書店，景印諸子集成本，1986年版，第117頁。

〔註58〕 〔漢〕司馬遷撰：《史記》（四部備要本），上海：中華書局，據武英殿本校刊，1936年版，第109頁。

〔註59〕 〔南朝宋〕范曄撰：《後漢書》（四部備要本），上海：中華書局，據武英殿本校刊，1936年版，第241頁。

〔註60〕 〔魏〕王弼、韓康伯注，〔唐〕孔穎達等正義：《周易正義》，北京：中華書局景印阮刻本，1980年版，第1頁。

〔註61〕 〔清〕王念孫撰：《廣雅疏證》，北京：中華書局，景印嘉慶年間王氏家刻本，1983年版，第131頁。

〔註62〕 〔漢〕班固撰：《前漢書》（四部備要本），上海：中華書局，據武英殿本校刊，

則陽》「蠃法得其兩見」成玄英疏云：「見，顯也。」〔註63〕又《易·乾》「見龍在田」王弼注云：「出潛離隱，故曰見龍。」〔註64〕亦是顯現之義。「注及下『見龍』皆同」者，王弼注中「見龍」之音及〈乾卦·文言〉「見龍」音與之同。下放此。

利見｜ 如字，下皆同。

【疏】所在經文爲「利見大人」。〔註65〕「如字」者，讀如《廣韻》古電切，見霰開四去山。訓爲視也。李鼎祚《周易集解》於〈乾〉九五「利見大人」下引虞翻曰：「天下之所利見也。」〔註66〕則虞翻「利見」音當與陸氏同。

大人｜ 王肅云：聖人在位之目。

【疏】王肅「聖人在位之目」蓋注〈乾〉九二爻也。〔註67〕

離隱｜ 力智反。

【疏】所在注文爲「出潛離隱」。〔註68〕離《廣韻》三讀，訓爲離別，呂

1936 年版，第 707 頁。

〔註63〕 〔清〕郭慶藩輯：《莊子集釋》，上海：上海書店，景印諸子集成本，1986 年版，第 383 頁。

〔註64〕 〔魏〕王弼、韓康伯注，〔唐〕孔穎達等正義：《周易正義》，北京：中華書局景印阮刻本，1980 年版，第 1 頁。

〔註65〕 〔魏〕王弼、韓康伯注，〔唐〕孔穎達等正義：《周易正義》，北京：中華書局景印阮刻本，1980 年版，第 1 頁。

〔註66〕 〔唐〕李鼎祚撰：《周易集解》，北京：中國書店，景印嘉慶三年姑蘇喜墨齋張遇堯局鐫本，1987 年版，卷一，第 2 頁。

〔註67〕 此解典籍中僅此一見，清惠棟以荀爽之義釋《易》，間引此語，可資參考。惠棟《周易述·卷一》於「九二，見龍在田，利見大人」下自注云「坤爲田，大人謂天子，二升坤，五下體离，离爲見，故曰見龍在田，羣陰應之故曰利見大人。」彼疏云：「此荀爽義也，與坤旁通，坤土稱田，〈釋言〉曰：土，田也。《太玄》曰：觸地而田之。故曰坤爲田也。許慎《五經異義》曰：《易》孟京說有君人五號：帝天稱也，王美稱也，天子爵號三也，大君者與上行異四也，大人者聖明德備五也，其說本《乾鑿度》，是大人與天子同在五號之中，故云大人謂天子，王肅謂聖人在位之目，義亦同也。九二陽不正，故當升坤五，五降二體离。〈說卦〉曰相見乎离，故离爲見，二升坤田，故見龍在田，坤羣陰應之，故利見大人也。」參看〔清〕惠棟撰：《周易述》（四部備要本），上海：中華書局，據學海堂經解本校刊，1936 年版，第 1 頁。按，此說引《乾鑿度》語，旨在言明大人聖明德備，乃君人之號也。

〔註68〕 〔魏〕王弼、韓康伯注，〔唐〕孔穎達等正義：《周易正義》，北京：中華書局景印阮刻本，1980 年版，第 1 頁。

支切，來支開三平止。訓爲去，力智切，來眞開三去止。訓爲麗著，郎計切，來霽開四去蟹。呂支、力智二切音義有別，《羣經音辨·卷六》云：「離，兩也，力支切。兩之曰離，力智切。」〔註69〕離破讀爲去聲，則有使動之意也。《釋文》音同《廣韻》力智切，訓爲去，有棄去之義。《禮記·中庸》「道也者，不可須臾離也」〔註70〕、《莊子·大宗師》「墮肢體，黜聰明，離形去知」〔註71〕是也。

處於｜ 昌呂反。衆經不音者，放此。

【疏】所在注文爲「處於地上」。〔註72〕處《廣韻》二讀，居處昌與切，昌語合三上遇。處所昌據切，昌御合三去遇。《釋文》音同《廣韻》上聲。

德施｜ 始豉反，與也。

【疏】所在注文爲「德施周普」。〔註73〕施《廣韻》二讀，施設式支切，書支開三平止。施與施智切，書眞開三去止。《釋文》音同《廣韻》去聲。「與也」者，《楚辭·天問》「其位安施」蔣驥注：「施，與也。」〔註74〕《漢書·武帝紀》「遭天地況施」顏師古注引應劭曰：「施，與也。」〔註75〕

不偏｜ 音篇。

【疏】所在注文爲：「居中不偏」。〔註76〕偏《廣韻》二讀，芳連切，滂仙重紐四平山。匹戰切，滂線開重紐四去山。音異義同，不正也。《釋文》音同《廣韻》平聲。

〔註69〕 〔宋〕賈昌朝撰：《羣經音辨》（叢書集成初編語文學類第 1208 冊），上海：商務印書館，景印畿輔叢書本，1939 年版，第 137 頁。

〔註70〕 〔漢〕鄭玄注，〔唐〕孔穎達等正義：《禮記正義》，北京：中華書局景印阮刻本，1980 年版，第 397 頁。

〔註71〕 〔清〕郭慶藩輯：《莊子集釋》，上海：上海書店，景印諸子集成本，1986 年版，第 128 頁。

〔註72〕 〔魏〕王弼、韓康伯注，〔唐〕孔穎達等正義：《周易正義》，北京：中華書局景印阮刻本，1980 年版，第 1 頁。

〔註73〕 〔魏〕王弼、韓康伯注，〔唐〕孔穎達等正義：《周易正義》，北京：中華書局景印阮刻本，1980 年版，第 1 頁。

〔註74〕 〔清〕蔣驥撰：《山帶閣註楚辭》，上海：上海古籍出版社，1958 年版，第 99 頁。

〔註75〕 〔漢〕班固撰：《前漢書》（四部備要本），上海：中華書局，據武英殿本校刊，1936 年版，第 71 頁。

〔註76〕 〔魏〕王弼、韓康伯注，〔唐〕孔穎達等正義：《周易正義》，北京：中華書局景印阮刻本，1980 年版，第 1 頁。

則過| 古臥反。諸經內皆同。

【疏】所在注文爲「上則過亢」。〔註77〕過《廣韻》二讀，古臥切，見過合一去果。古禾切，見戈合一平果。《羣經音辨·卷六》云：「過，逾也，古禾切。既逾曰過，古臥切。」〔註78〕《釋文》音同《廣韻》去聲。

夕惕| 他曆反。怵惕也。鄭玄云：懼也。《廣雅》同。〔註79〕

【疏】所在經文爲「夕惕若厲」。〔註80〕惕《廣韻》他歷切，透錫開四入梗。《釋文》音同。「怵惕也」者，《易·乾·文言》「因其時而惕」王弼注云：「惕，怵惕之謂也。」〔註81〕怵、惕皆有恐懼之義，《說文·心部》：「惕，敬也。」〔註82〕又《說文·心部》：「怵，恐也。」〔註83〕《廣雅·釋詁二》：「怵，懼也。」〔註84〕《玉篇·心部》：「怵，悚懼也。」〔註85〕《國語·周語上》：「猶曰怵惕，懼怨之來也」韋昭注云：「怵惕，恐懼也。」〔註86〕鄭玄云「懼也」者，義同。《廣雅》同者，見《廣雅·釋詁二》。

若厲| 力世反，危也。

【疏】厲《廣韻》力制切，來祭開三去蟹。《釋文》音同。「危也」者，《廣

〔註77〕 〔魏〕王弼、韓康伯注，〔唐〕孔穎達等正義：《周易正義》，北京：中華書局景印阮刻本，1980 年版，第 1 頁。

〔註78〕 〔宋〕賈昌朝撰：《羣經音辨》（叢書集成初編語文學類第 1208 冊），上海：商務印書館，景印畿輔叢書本，1939 年版，第 138 頁。

〔註79〕 《經典釋文彙校》：「盧本『曆』作『歷』，與諸韻切語合。」見黃焯撰：《經典釋文彙校》，北京：中華書局，1980 年版，第 10 頁。

〔註80〕 〔魏〕王弼、韓康伯注，〔唐〕孔穎達等正義：《周易正義》，北京：中華書局景印阮刻本，1980 年版，第 1 頁。

〔註81〕 〔魏〕王弼、韓康伯注，〔唐〕孔穎達等正義：《周易正義》，北京：中華書局景印阮刻本，1980 年版，第 4 頁。

〔註82〕 〔漢〕許慎撰：《說文解字》，北京：中華書局，景印同治十二年陳昌治刻本，1963 年版，第 233 頁。

〔註83〕 〔漢〕許慎撰：《說文解字》，北京：中華書局，景印同治十二年陳昌治刻本，1963 年版，第 223 頁。

〔註84〕 〔清〕王念孫撰：《廣雅疏證》，北京：中華書局，景印嘉慶年間王氏家刻本，1983 年版，第 62 頁。

〔註85〕 〔梁〕顧野王撰：《宋本玉篇》，北京：中國書店，景印張氏澤存堂本，1983 年版，第 153 頁。

〔註86〕 〔吳〕韋昭注，〔清〕董增齡正義：《國語正義》（續四庫史部雜史類第 422 冊），上海：上海古籍出版社，景印光緒庚辰會稽章氏式訓堂刊本，2002 年版，第 16 頁。

雅·釋詁一》：「厲，危也。」〔註87〕

无丨 音無。《易》內皆作此字。《說文》云：奇字無也。通於无者，虛无道也。王述說：天屈西北為无。〔註88〕

【疏】所在經文為「无咎」。〔註89〕《說文·亡部》：「𣞣，亡也。从亡無聲。兲，奇字无，通於元者。王育說：天屈西北為无。」〔註90〕按，「无」字晚出〔註91〕，當出自緯家臆造，其造字法當如《說文》所言「通於元者」。《說

〔註87〕 〔清〕王念孫撰：《廣雅疏證》，北京：中華書局，景印嘉慶年間王氏家刻本，1983年版，第29頁。

〔註88〕 《經典釋文彙校》：「宋本同。盧依雅雨堂本改『通於无』爲『通於元』，又據《説文》改『述』爲『育』。」見黃焯撰：《經典釋文彙校》，北京：中華書局，1980年版，第10頁。

〔註89〕 〔魏〕王弼、韓康伯注，〔唐〕孔穎達等正義：《周易正義》，北京：中華書局景印阮刻本，1980年版，第1頁。

〔註90〕 〔漢〕許慎撰：《説文解字》，北京：中華書局，景印同治十二年陳昌治刻本，1963年版，第267頁。

〔註91〕 「无」之造字本義，前人多有探討，馬敘倫《説文解字六書疏證》總結甚詳，茲引如下：「兲，鈕樹玉曰：《韻會》引作『虛於元者，虛无道也。』〈易釋文〉引作『通於无者，虛无道也。』竝有譌。《六書故》引作『通於元者，虛无道也。』王育〈易釋文〉引作王述，蓋誤，『爲禿女』下竝作『王育』。嚴可均曰：雅雨堂本〈易釋文〉引作『奇字無也，通於元者，虛无道也。』《六書故》、《韻會》亦引作『通於元』。《禮運疏》引《孝經緯》：『上通元莫』，與許語合。王育〈易釋文〉引作王述，據《通釋》云，如王述説，則小徐亦是『述』字，王育、王述當是兩人。惠棟曰：奇字，古奇字衛宏譔。王育，章帝時人，注《史篇》，王述未詳。桂馥曰：奇字無者，本〈書敘〉，及亡新居攝，時有六書。二曰奇字，即古文而異者也。孔廣居曰：二象地也。人死而葬，則無矣，故從人在地下。戚學標曰：《經典釋文》云：『通於元者，虛無道也』，下接王育説，不云本《説文》。眾經音義，『無』或作『无』。《説文》奇字『無』也。《聲類》：『虛無道也』，無王育説，蓋《説文》只有『奇字無』三字，後人據《聲類》增。王育説又一解，亦後增，傳錄竝有譌。徐灝曰：无字《周易》用之，未詳其旨。王育謬説，不足辨也。林義光曰：通『元』屈『天』，其説皆鑿，『无』從人、二者，厚之象。擁蔽之，使無所見也，無所見則謂之『無』矣。李杲曰：《禮運正義》云『上通元莫』者，《孝經緯》文，疑此爲緯家肑造之字，而後人據以改《易》及《説文》。又傷王育之説，非許舊也。石經作『亡』，《漢書》多以『亡』爲『無』，皆足證也。倫按：《周易》唯王弼本用此『无』字。《荀子》、《淮南》、《風俗通》、《羣書治要》引《易》皆作『無』。他經記無作『无』字者，則无字晚出矣。」參看馬敘倫撰：《説文解字六書疏證·卷二十四》，轉引自李圃主編：《古文字詁林》，上海：上海世紀出版集團、上海教育出版社，1999年版，第九冊，第1012頁。按，戰國楚簡《周易》作「亡」，馬王堆漢墓帛書《周易》作「无」，亦可見「无」字後起。

文·一部》：「元，始也。从一从兀。徐鍇曰：元者，善之長也，故从一。」
〔註92〕「元」甲骨作𐅣（乙二六一）、𐅣（乙一三七六）〔註93〕，金文作𐅣（兀
作父戊卣）〔註94〕，「元」本義爲人首，後引申之而有始意。《易·乾》「元亨
利貞」孔穎達疏引《子夏傳》云：「元，始也。」〔註95〕《易·乾·文言》「元
者，善之長也」孔穎達疏曰：「元是物始。」〔註96〕《易·乾·象傳》「大哉
乾元」李鼎祚《集解》引《九家易》曰：「元者，氣之始也。」〔註97〕《易·
乾》「元亨利貞」《古經解鉤沉·卷二》引魏徵義云：「始萬物爲元。」〔註98〕
由此觀之，元有初始之義，廣言之，則抽象爲萬物之初。所謂「通於元」者，
蓋「元」字「一」與「兀」之間有筆劃相通連，乃是「無」之境界。現引《列
子》語略論之。《列子·天瑞》：「有太易，有太初，有太始，有太素。太易
者，未見氣也。太初者，氣之始也。太始者，形之始也。太素者，質之始
也。」〔註99〕太初、太始、太素爲氣、形、質之始，一言蔽之，元也。元之
先乃有太易，張湛注云：「易者不窮滯之稱，凝寂於太虛之域，將何所見耶？
如《易·繫》之太極，老氏之渾成也。」〔註100〕人易者，原始盧無，《易·繫
辭》所謂「神无方而易无體」〔註101〕也。「无」字後起，蓋哲人之巧構。至若
「天屈西北爲无」之論亦妙。茲引前人說申論之，《厚齋易學·卷一·易輯注
第 ·》：「『无』，今『無』，天傾西北，故以天屈西北。」〔註102〕《鶴林玉露·

〔註92〕〔漢〕許慎撰：《說文解字》，北京：中華書局，景印同治十二年陳昌治刻本，
　　　　1963年版，第7頁。
〔註93〕中國科學院考古研究所編輯：《甲骨文編》（考古學專刊本，乙種第十四號），
　　　　北京：中華書局，1965年版，第1頁。
〔註94〕容庚編著，張振林、馬國權摹補：《金文編》，北京：中華書局，1985年版，
　　　　第1頁。
〔註95〕〔魏〕王弼、韓康伯注，〔唐〕孔穎達等正義：《周易正義》，北京：中華書局
　　　　景印阮刻本，1980年版，第1頁。
〔註96〕〔魏〕王弼、韓康伯注，〔唐〕孔穎達等正義：《周易正義》，北京：中華書局
　　　　景印阮刻本，1980年版，第3頁。
〔註97〕〔唐〕李鼎祚撰：《周易集解》，北京：中國書店，景印嘉慶三年姑蘇喜墨齋
　　　　張遇堯局鐫本，1987年版，卷一，第3頁。
〔註98〕〔清〕余蕭客撰：《古經解鉤沉》，臺灣：商務印書館，景印文淵閣四庫全書
　　　　本第194冊，1983年版，第386頁。
〔註99〕〔晉〕張湛注：《列子》，上海：上海書店，景印諸子集成本，1986年版，第2頁。
〔註100〕〔晉〕張湛注：《列子》，上海：上海書店，景印諸子集成本，1986年版，第2頁。
〔註101〕〔魏〕王弼、韓康伯注，〔唐〕孔穎達等正義：《周易正義》，北京：中華書局
　　　　景印阮刻本，1980年版，第65頁。
〔註102〕〔宋〕馮椅撰：《厚齋易學》，臺灣：商務印書館，景印文淵閣四庫全書本第

乙編·卷四》：「《周易》『無』皆作『无』，王述曰：『天屈西北爲无』，蓋東南爲春夏，陽之伸也，故萬物敷榮，西北爲秋冬，陽之屈也，故萬物老死，老死則無矣。此字說之有意味者也。」〔註103〕按，古多以左爲東，右爲西，前爲南，後爲北，先後天八卦方位圖是也，則天之西北乃是其末筆捺，屈伸之則得无字。《六藝之一錄·卷二百四》云：「无，微夫切，對『有』之稱。天屈西北，從天而屈其西北，會意，隸通用『炗』，乃蕃炗字。」〔註104〕此說徑定「无」爲會意字，可備參考。

咎| 其久反，《易》內同。

【疏】无咎之咎《廣韻》其九切，羣有開三上流。《釋文》音同。

重剛| 直龍反，下同。

【疏】所在注文爲「履重剛之險」。〔註105〕重《廣韻》三讀，其中重複之重直容切，澄鍾合三平通。《釋文》音同。王弼注：「處下體之極，居上體之下，在不中之位，履重剛之險。」〔註106〕重，重複也。此言〈乾〉卦九三下履二陽爻也。

竭知| 音智。

【疏】所在注文爲「故竭知力而後免於咎」。〔註107〕「音智」者，知、智，古今字也。

或躍| 羊灼反。《廣雅》云：上也。上音時掌反。

【疏】所在經文爲「或躍在淵」。〔註108〕躍《廣韻》以灼切，以藥開三入

16 冊，1983 年版，第 8 頁。
〔註103〕〔宋〕羅大經著，王瑞來點校：《鶴林玉露》，北京：中華書局，1983 年版，第 172 頁。
〔註104〕〔清〕倪濤撰：《六藝之一錄》，臺灣：商務印書館，景印文淵閣四庫全書本第 834 冊，1983 年版，第 423 頁。
〔註105〕〔魏〕王弼、韓康伯注，〔唐〕孔穎達等正義：《周易正義》，北京：中華書局景印阮刻本，1980 年版，第 1 頁。
〔註106〕〔魏〕王弼、韓康伯注，〔唐〕孔穎達等正義：《周易正義》，北京：中華書局景印阮刻本，1980 年版，第 1 頁。
〔註107〕〔魏〕王弼、韓康伯注，〔唐〕孔穎達等正義：《周易正義》，北京：中華書局景印阮刻本，1980 年版，第 1 頁。
〔註108〕〔魏〕王弼、韓康伯注，〔唐〕孔穎達等正義：《周易正義》，北京：中華書局景印阮刻本，1980 年版，第 1 頁。

宕。《釋文》音同。《廣雅》云者，見《廣雅·釋詁一》。又《廣韻·藥部》：「躍，跳躍也，止也，進也。」〔註109〕《廣韻》「止也」當是「上也」之譌。上音「時掌反」者，讀上爲上升義。上《廣韻》二讀，訓爲名詞時亮切，禪漾開三去宕。訓爲動詞時掌切，禪養開三上宕。《羣經音辨·卷六》：「居高定體曰上，時亮切。自下而升曰上，時掌切。」〔註110〕參看〈乾〉「上下」條。

所處｜ 一本作「可處」〔註111〕。

　　【疏】所在注文爲「所處斯誠進退无常之時也」。〔註112〕一本作「可處」者，「可」蓋因「所」字形譌所致。〔註113〕依文句讀之，「所」是。孔疏云：「『所處』也，斯誠進退无常之時者。」〔註114〕是孔所見王注同。

近乎｜ 附近之近。

〔註109〕〔宋〕陳彭年，丘雍撰：《宋本廣韻》，南京：江蘇教育出版社，景印南宋巾箱本，2008 年版，第 148 頁。

〔註110〕〔宋〕賈昌朝撰：《羣經音辨》（叢書集成初編語文學類第 1208 冊），上海：商務印書館，景印畿輔叢書本，1939 年版，第 149 頁。

〔註111〕《經典釋文彙校》：「凡云『一本作』，『某本作』、『本亦作』、『本又作』、『本或作』、『本或有』、『字亦作』、『字又作』、『字或作』、『又作』者，皆陸氏之詞，惟此中亦有區別，其云『本作』、『某本作』者，是陸親見有此本，其云『字又作』、『或作』者，原無此本，特陸氏以意所知說之也。至所云『本今作』、『今經無此字』、『注無此字』、『一作某某反』者，皆宋人以其所見本校陸氏《釋文》之詞。此例盧氏、阮氏已略發其端。黃季剛侃先生則詳言其義。又《穀梁釋文·隱四年》『弒』其條注云：『音試，《釋》舊作殺。』〈文五年〉『歸含』條注云：『戶暗反，《釋》舊作唅。』或不解此文。黃云：『《釋》舊作殺』、『作唅』者，《釋文》舊本『作殺』、『作唅』云爾。此皆宋時校者之詞，非陸氏本文。」見黃焯撰：《經典釋文彙校》，北京：中華書局，1980 年版，第 10 頁。

〔註112〕〔魏〕王弼、韓康伯注，〔唐〕孔穎達等正義：《周易正義》，北京：中華書局景印阮刻本，1980 年版，第 1 頁。

〔註113〕按：「所」字，晉隋時書作 （東晉王羲之〈蘭亭敘〉）、 （東晉王羲之〈澄清堂帖〉）、 （東晉王羲之〈十七帖〉）、所（隋智永〈眞草千字文〉）。「可」字其時行草多作此形： （東晉王羲之〈大觀帖〉）。若界於眞行之間則如：可（王羲之〈大觀帖〉）、 （王羲之〈澄清堂帖〉），故易與「所」相淆。「所」字字例見藍燈文化事業股份有限公司編輯部編：《歷代書法字源》，臺灣：藍燈文化事業公司印行，2006 年版，第 633～635 頁。「可」字字例見該書第 226～227 頁。

〔註114〕〔魏〕王弼、韓康伯注，〔唐〕孔穎達等正義：《周易正義》，北京：中華書局景印阮刻本，1980 年版，第 1 頁。

【疏】所在注文爲「近乎尊位，欲進其道。」〔註115〕中古「近」有三讀，義亦有別：訓爲不遠、迫、庶幾，其謹切，羣隱開三上臻，見《廣韻》；訓爲附近，巨靳切，羣焮開三去臻，見《廣韻》；訓爲已也、辭也，居吏切，見志開三去止，見《集韻》。依陸氏，此處近字音當讀去聲巨靳切，義爲附近。《說文·辵部》：「近，附也。从辵，斤聲。」〔註116〕《書·禹貢》「三邦底貢厥名」孔《傳》「近澤三國常致貢之」陸氏《釋文》：「近，附近之近。」〔註117〕《漢書·季布傳》「使酒難近」顏師古注：「近者，謂附近。」〔註118〕此處「附近」爲動詞，義爲依附，接近。〈書序〉：「序所以爲作者之意，昭然義見，宜相附近。」孔穎達疏：「既義見由序，宜各與其本篇相從附近，不宜聚於一處。」〔註119〕《三國志·魏志·明帝紀》「朗引軍還」裴松之注引三國魏魚豢《魏略》：「四方雖知朗無能爲益，猶以附近至尊，多賂遺之，富均公侯。」〔註120〕皆此類也。故九四爻「近乎尊位」義爲九四爻接近於九五爻也。又毛居正《六經正誤》云：「凡指遠近定體則皆上聲，離而遠之、附而近之則皆去聲。後準此。」〔註121〕是亦以「附近」爲動詞也。

猶| 以救反。

【疏】所在注文爲「持疑猶豫」。〔註122〕猶字《廣韻》三讀，一爲以周切，以尤開三平流，《廣韻·尤韻》：「猷，猶謀也，已也，圖也，若也，道也。《說文》曰玃屬，一曰隴西謂犬子爲猷。以周切。猶，上同，又尚也，似也。」

〔註115〕〔魏〕王弼、韓康伯注，〔唐〕孔穎達等正義：《周易正義》，北京：中華書局景印阮刻本，1980 年版，第 1 頁。
〔註116〕〔漢〕許慎撰：《說文解字》，北京：中華書局，景印同治十二年陳昌治刻本，1963 年版，第 41 頁。
〔註117〕〔唐〕陸德明撰：《經典釋文》，北京：中華書局，景印徐乾學通志堂刻本，1983 年版，第 40 頁。
〔註118〕〔漢〕班固撰：《前漢書》（四部備要本），上海：中華書局，據武英殿本校刊，1936 年版，第 659 頁。
〔註119〕〔漢〕孔安國傳，〔唐〕孔穎達等正義：《尚書正義》，北京：中華書局景印阮刻本，1980 年版，第 1 頁。
〔註120〕〔晉〕陳壽撰，〔南朝宋〕裴松之注：《三國志》（四部備要本），上海：中華書局，據武英殿本校刊，1936 年版，第 46 頁。
〔註121〕〔宋〕毛居正撰：《六經正誤》，揚州：江蘇廣陵古籍刻印社，景印通志堂經解本第十六冊，1996 年版，第 570 頁。
〔註122〕〔魏〕王弼、韓康伯注，〔唐〕孔穎達等正義：《周易正義》，北京：中華書局景印阮刻本，1980 年版，第 1 頁。

一爲居祐切，見宥開三去流，《廣韻・宥韻》：「《爾雅》云：猶如麂，善登木。又音由、音柚。」一爲余救切，以宥開三去流，《廣韻・宥韻》：「猶，獸似麂，善登木。」〔註123〕「猶」於《廣韻》所載居祐、余救二切下義同，蓋「猶」字本有異讀也。猶豫之「猶」或讀爲平聲者，《集韻・尤韻》：「猶，獸名。《說文》：玃屬，一曰隴西謂犬子爲猶，一曰似麂，居山中聞人聲，豫登木，無人乃下，世謂不決曰猶豫，或从豸一曰猶若也可止之辭也。」〔註124〕《集韻》亦收居又、余救二切，義同《廣韻》。則《集韻》以爲猶豫之「猶」有三讀也。《釋文》以救切，音同《廣韻》余救切。「猶豫」釋爲獸名，蓋屬附會。「猶豫」實爲連緜字，義爲不定之貌。《玉篇・犬部》：「猶豫，不定也。」〔註125〕《易・豫》「由豫」陸德明《釋文》：「馬作猶。云：猶豫，疑也。」〔註126〕《義府・猶豫》：「猶豫，猶容與也。容與者，閒適之貌。猶豫者，遲疑之情。字本無義，以聲取之爾。俗人妄生解說，爲獸性多疑，此何異以蹲鴟爲怪鳥哉？」〔註127〕「猶豫」本爲連緜字，以聲狀意，本無一定之字。妄解獸名者，非。猶豫又作猶與、由與、尤與、猶夷等。

與｜ 音預。

【疏】所在注文注疏本作「持疑猶豫」。〔註128〕與「音預」者義爲參與，此處蓋假借其音，與「豫」字同，皆「本無其字，依聲託事」耳。參見上條。

不謬｜ 靡救反。本或作「繆」，音同。

【疏】所在注文爲「不謬於果」。〔註129〕《廣韻》謬、繆二字皆作靡幼

〔註123〕〔宋〕陳彭年，丘雍撰：《宋本廣韻》，南京：江蘇教育出版社，景印南宋巾箱本，2008 年版，第 56、126、127 頁。

〔註124〕〔宋〕丁度撰：《集韻》，北京：中華書局，景印北京圖書館藏宋刻本，1988年版，第 75 頁。

〔註125〕〔梁〕顧野王撰：《宋本玉篇》，北京：中國書店，景印張氏澤存堂本，1983年版，第 433 頁。

〔註126〕〔唐〕陸德明撰：《經典釋文》，北京：中華書局，景印徐乾學通志堂刻本，1983 年版，第 22 頁。

〔註127〕〔清〕黃生撰：《義府》（叢書集成本），上海：商務印書館，據指海本排印，1936 年版，第 65 頁。

〔註128〕〔魏〕王弼、韓康伯注，〔唐〕孔穎達等正義：《周易正義》，北京：中華書局景印阮刻本，1980 年版，第 1 頁。

〔註129〕〔魏〕王弼、韓康伯注，〔唐〕孔穎達等正義：《周易正義》，北京：中華書局

切，明幼開三去流。音同《釋文》。孔穎達疏云：「『疑以爲慮，不謬於果』者，謬謂謬錯，果謂果敢。若不思慮，苟欲求進，當錯謬於果敢之事而致敗亡。若疑惑以爲思慮，則不錯謬於果敢之事。」〔註130〕孔疏訓謬爲錯謬。《說文・言部》：「謬，狂者之妄言也。」〔註131〕引申之，則有錯謬、舛誤之義。如《玉篇・言部》：「謬，亂也。」〔註132〕《廣雅・釋詁三》：「謬，誤也。」〔註133〕本或作「繆」者，此處繆與謬音同義同。皆有錯謬義。《漢書・于定國傳》「何以錯繆至是」顏師古注：「繆，違也。」〔註134〕按：謬、繆二字古通。《墨子・非儒下》「則本與此相反謬也」孫詒讓《閒詁》：「『謬』，吳鈔本作『繆』。」〔註135〕《莊子・庚桑楚》「解心之謬」陸氏《釋文》：「『謬』，一本作『繆』。」〔註136〕郭璞〈爾雅序〉「竝多紛謬」陸氏《釋文》：「『謬』，本或作『繆』。」〔註137〕

夫位｜ 音符。下皆同。

【疏】所在注文爲「夫位以德興」。〔註138〕夫《廣韻》二讀，其中訓爲語辭，防無切，奉虞合三平遇。《釋文》音同。《左傳・僖公二十四年》「夫袪猶在」孔穎達疏云：「夫，辭也。」〔註139〕《孟子・盡心上》「夫舜惡得而禁

　　　景印阮刻本，1980 年版，第 1 頁。
〔註130〕〔魏〕王弼、韓康伯注，〔唐〕孔穎達等正義：《周易正義》，北京：中華書局景印阮刻本，1980 年版，第 2 頁。
〔註131〕〔漢〕許慎撰：《說文解字》，北京：中華書局，景印同治十二年陳昌治刻本，1963 年版，第 56 頁。
〔註132〕〔梁〕顧野王撰：《宋本玉篇》，北京：中國書店，景印張氏澤存堂本，1983 年版，第 168 頁。
〔註133〕〔清〕王念孫撰：《廣雅疏證》，北京：中華書局，景印嘉慶年間王氏家刻本，1983 年版，第 107 頁。
〔註134〕〔漢〕班固撰：《前漢書》（四部備要本），上海：中華書局，據武英殿本校刊，1936 年版，第 997 頁。
〔註135〕〔清〕孫詒讓撰：《墨子閒詁》，上海：上海書店，景印諸子集成本，1986 年版，第 184 頁。
〔註136〕〔唐〕陸德明撰：《經典釋文》，北京：中華書局，景印徐乾學通志堂刻本，1983 年版，第 391 頁。
〔註137〕〔唐〕陸德明撰：《經典釋文》，北京：中華書局，景印徐乾學通志堂刻本，1983 年版，第 407 頁。
〔註138〕〔魏〕王弼、韓康伯注，〔唐〕孔穎達等正義：《周易正義》，北京：中華書局景印阮刻本，1980 年版，第 2 頁。
〔註139〕〔晉〕杜預注，〔唐〕孔穎達等正義：《春秋左傳正義》，北京：中華書局景印

之」趙岐注：「夫，辭也。」〔註140〕

亢|　苦浪反。《子夏傳》云：極也。《廣雅》云：高也。

【疏】所在經文爲「亢龍有悔」。〔註141〕亢《廣韻》二讀，高亢之亢苦浪切，溪宕開一去宕。《釋文》音同。訓爲高極也。《子夏傳》云「極也」者，《左傳・宣公三年》「可以亢寵」杜預注：「亢，極也。」〔註142〕《易・乾》「見龍在田，利見大人」王弼注「上則過亢」孔穎達疏：「亢，謂亢極。」〔註143〕《左傳・昭公二十二年》「無亢不衷」孔穎達疏：「亢，高也。」〔註144〕《莊子・人間世》「故解之以牛之白顙者與豚之亢鼻者」陸德明《釋文》引司馬云：「亢，高也。」〔註145〕《易・乾》「亢龍有悔」李鼎祚《集解》引干寶曰：「亢，過也。」〔註146〕皆是高極過亢之義。《廣雅》云者，見《廣雅・釋詁四》。

則佞|　乃定反・

【疏】所在注文爲「以柔順而爲不正，則佞邪之道也」。〔註147〕佞《廣韻》乃定切，泥徑開四去梗。《釋文》音同。佞邪，奸邪也。《說文・女部》：「佞，巧讇高材也。」〔註148〕引申之，則有邪惡之義。《論語・衛靈公》「遠

　　　　阮刻本，1980年版，第114頁。
〔註140〕〔漢〕趙岐注，〔宋〕孫奭疏：《孟子注疏》，北京：中華書局景印阮刻本，1980年版，第105頁。
〔註141〕〔魏〕王弼、韓康伯注，〔唐〕孔穎達等正義：《周易正義》，北京：中華書局景印阮刻本，1980年版，第2頁。
〔註142〕〔晉〕杜預注，〔唐〕孔穎達等正義：《春秋左傳正義》，北京：中華書局景印阮刻本，1980年版，第167頁。
〔註143〕〔魏〕王弼、韓康伯注，〔唐〕孔穎達等正義：《周易正義》，北京：中華書局景印阮刻本，1980年版，第1頁。
〔註144〕〔晉〕杜預注，〔唐〕孔穎達等正義：《春秋左傳正義》，北京：中華書局景印阮刻本，1980年版，第397頁。
〔註145〕〔唐〕陸德明撰：《經典釋文》，北京：中華書局，景印徐乾學通志堂刻本，1983年版，第367頁。
〔註146〕〔唐〕李鼎祚撰：《周易集解》，北京：中國書店，景印嘉慶三年姑蘇喜墨齋張遇堯局鐫本，1987年版，卷一，第2頁。
〔註147〕〔魏〕王弼、韓康伯注，〔唐〕孔穎達等正義：《周易正義》，北京：中華書局景印阮刻本，1980年版，第2頁。
〔註148〕〔漢〕許慎撰：《說文解字》，北京：中華書局，景印同治十二年陳昌治刻本，1963年版，第263頁。

佞人」皇侃疏:「佞人,惡人也。」〔註149〕《論衡‧答佞篇》「佞人,小人也。」〔註150〕佞邪義與之同。

邪| 字又作「耶」,似嗟反。

　　【疏】邪惡之邪《廣韻》似嗟切,邪麻開三平假。《釋文》音同。義爲邪惡。《禮記‧祭義》「雖有奇邪而不治者」孔穎達疏:「邪,謂邪惡。」〔註151〕《孟子‧公孫丑上》「邪辭知其所離」朱熹《集注》:「邪,邪僻也。」〔註152〕字又作「耶」者,蓋因音形相近,譌誤所致,非。毛居正《六經正誤》:「邪僻之『邪』音似嗟反,字不作『耶』,疑辭之『邪』音餘嗟反,字亦作『耶』,耶字無似嗟反音。今『邪』字注云『字又作耶,似嗟反』,誤也。下者『邪』注『或作耶,同餘嗟反』是也。『閑邪』似嗟反,亦是。」〔註153〕

彖| 吐亂反,斷也。斷,音都亂反。

　　【疏】所在經文爲「〈彖〉曰:大哉乾元,萬物資始,乃統天。」〔註154〕彖《廣韻》通貫切,透換合一去山。《釋文》音同。「斷也」者,《史記‧孔子世家》「序〈彖〉、〈繫〉、〈象〉、〈說卦〉、〈文言〉」張守節《正義》引莊氏云:「彖,斷也。」〔註155〕《易‧乾‧彖傳》「彖曰:大哉乾元」孔穎達疏引褚氏、莊氏云:「彖,斷也,斷定一卦之義,所以名爲彖也。」〔註156〕李鼎祚《集解》引劉瓛曰:「彖者,斷也,斷一卦之才也。」〔註157〕又段玉裁《說文解字注》

〔註149〕〔魏〕何晏解,〔梁〕皇侃疏:《論語集解義疏》(叢書集成初編哲學類第481～484冊),上海:商務印書館,1937年版,第218頁。

〔註150〕〔漢〕王充撰:《論衡》,上海:上海書店,景印諸子集成本,1986年版,第115頁。

〔註151〕〔漢〕鄭玄注,〔唐〕孔穎達等正義:《禮記正義》,北京:中華書局景印阮刻本,1980年版,第367頁。

〔註152〕〔宋〕朱熹注:《孟子集注》(四書五經本),北京:中國書店,據世界書局本景印,1985年版,第22頁。

〔註153〕〔宋〕毛居正撰:《六經正誤》,揚州:江蘇廣陵古籍刻印社,景印通志堂經解本第十六冊,1996年版,第570頁。

〔註154〕〔魏〕王弼、韓康伯注,〔唐〕孔穎達等正義:《周易正義》,北京:中華書局景印阮刻本,1980年版,第2頁。

〔註155〕〔漢〕司馬遷撰:《史記》(四部備要本),上海:中華書局,據武英殿本校刊,1936年版,第666頁。

〔註156〕〔魏〕王弼、韓康伯注,〔唐〕孔穎達等正義:《周易正義》,北京:中華書局景印阮刻本,1980年版,第2頁。

〔註157〕〔唐〕李鼎祚撰:《周易集解》,北京:中國書店,景印嘉慶三年姑蘇喜墨齋

於「掾」字下云：「《易》卦辭曰象。謂文王緣卦以得其義，然則象者，掾之叚借字與？」〔註158〕《說文·手部》：「掾，緣也。」〔註159〕按：象、斷、掾、緣上古同在元部可通。概而言之，象有緣卦取斷之義。斷音「都亂反」者，斷《廣韻》三讀，都管切，端緩合一上山。徒管切，定緩合一上山。丁貫切，端換合一去山。音異義同，斷絕也。《釋文》音同《廣韻》丁貫切。

資始｜ 鄭云：資，取也。

【疏】鄭云「資，取也」者，孔穎達疏云：「『萬物資始』者，釋其乾元稱大之義，以萬象之物皆資取乾元而各得始生，以其至健而爲物始，不失其宜所以稱大也。」〔註160〕是亦以資訓爲取。資訓爲取，常訓也。《儀禮·喪服傳》「不足則資之宗」鄭玄注：「資，取也。」〔註161〕《國語·越語上》「夏則資皮」韋昭注：「資，取也。」〔註162〕《老子·二十七章》「善人之資」王弼注：「資，取也。」〔註163〕

乃統｜ 鄭云：統，本也。

【疏】鄭云「統，本也」者，《書·周官》「統百官」孔穎達引馬融云：「統，本也。」〔註164〕《逸周書·周月》「以垂三統」朱右曾《集訓校釋》：「統，本也。」〔註165〕《尚書大傳·卷三》「天有三統」鄭玄注：「統，本也。」〔註166〕

張遇堯局鐫本，1987 年版，卷一，第 3 頁。

〔註158〕〔清〕段玉裁撰：《說文解字注》，上海：上海古籍出版社，景印嘉慶二十年經韻樓本，1988 年版，第 598 頁。

〔註159〕〔漢〕許慎撰：《說文解字》，北京：中華書局，景印同治十二年陳昌治刻本，1963 年版，第 252 頁。

〔註160〕〔魏〕王弼、韓康伯注，〔唐〕孔穎達等正義：《周易正義》，北京：中華書局景印阮刻本，1980 年版，第 2 頁。

〔註161〕〔漢〕鄭玄注，〔唐〕賈公彥疏：《儀禮注疏》，北京：中華書局景印阮刻本，1980 年版，第 161 頁。

〔註162〕〔吳〕韋昭注，〔清〕董增齡正義：《國語正義》（續四庫史部雜史類第 422 冊），上海：上海古籍出版社，景印光緒庚辰會稽章氏式訓堂刊本，2002 年版，第 319 頁。

〔註163〕〔晉〕王弼注：《老子道德經》，上海：上海書店，景印諸子集成本，1986 年版，第 16 頁。

〔註164〕〔漢〕孔安國傳，〔唐〕孔穎達等正義：《尚書正義》，北京：中華書局景印阮刻本，1980 年版，第 123 頁。

〔註165〕〔清〕朱右曾撰：《逸周書集訓校釋》（續四庫史部別史類第 301 冊），上海：上海古籍出版社，景印光緒三年湖北崇文書局刊本，2002 年版，第 147 頁。

統有本義，「乃統天」義爲乃本於天。孔穎達疏云：「『乃統天』者，以其至健而爲物始，以此乃能統領於天，天是有形之物，以其至健，能總統有形，是乾元之德也。」〔註 167〕孔疏訓「統」爲統領，義與「本」同，皆有統領、本宗之義。

雲行｜ 如字。

【疏】所在經文：「雲行雨施」。〔註 168〕如字者，讀如《廣韻》戶庚切。流行也。

雨施｜ 始豉反。卦內皆同。

【疏】參看〈乾〉「德施」條。

之累｜ 劣僞反。

【疏】所在注文爲「夫形也者，物之累也」。〔註 169〕累《廣韻》二讀，訓爲增，力委切，來紙合三上止。訓爲緣坐，良僞切，來寘合三去止。《釋文》音同。孔穎達疏云：「夫形也者，物之累也。凡有形之物，以形爲累，是含生之屬，各憂性命。而天地雖復有形，常能永保无虧，爲物之首，豈非統用之者至極健哉。若非至健，何能使天形无累？見其无累，則知『至健』也。」〔註 170〕細揣孔疏文義，此處「累」當訓爲憂患。《廣韻·寘韻》於「良僞切」下云：「累，緣坐也。」〔註 171〕緣坐者，連坐也，因牽連而獲罪也。《北史·齊紀下·後主》：「諸家緣坐配流者，所在令還。」〔註 172〕宋范仲淹《唐狄

〔註 166〕〔漢〕伏勝撰，〔漢〕鄭玄注，〔清〕陳壽祺輯校並撰序錄辨譌：《尚書大傳》（叢書集成初編史地類第 3569 冊），上海：商務印書館，據古經解彙函本排印，1937 年版，第 127 頁。

〔註 167〕〔魏〕王弼、韓康伯注，〔唐〕孔穎達等正義：《周易正義》，北京：中華書局景印阮刻本，1980 年版，第 2 頁。

〔註 168〕〔魏〕王弼、韓康伯注，〔唐〕孔穎達等正義：《周易正義》，北京：中華書局景印阮刻本，1980 年版，第 2 頁。

〔註 169〕〔魏〕王弼、韓康伯注，〔唐〕孔穎達等正義：《周易正義》，北京：中華書局景印阮刻本，1980 年版，第 2 頁。

〔註 170〕〔魏〕王弼、韓康伯注，〔唐〕孔穎達等正義：《周易正義》，北京：中華書局景印阮刻本，1980 年版，第 2 頁。

〔註 171〕〔宋〕陳彭年，丘雍撰：《宋本廣韻》，南京：江蘇教育出版社，景印南宋巾箱本，2008 年版，第 99 頁。

〔註 172〕〔唐〕李延壽撰：《北史》，北京：中華書局排印，1974 年版，第 290 頁。

梁公碑》：「會越王亂後，緣坐七百人，籍沒者五千口。」〔註173〕引申之，則有憂患之義。《莊子·胠篋》「則天下不累矣」成玄英疏：「累，憂患也。」〔註174〕《荀子·王制》「累多而功少」楊倞注：「累，憂累也。」〔註175〕《戰國策·秦策一》「此國累也」高誘注：「累，憂也。」〔註176〕此訓爲憂患，故孔疏云「含生之屬，各憂性命」〔註177〕是也。

者邪丨 或作「耶」，同。餘嗟反。後協句辭皆放此。

【疏】所在注文爲「豈非正性命之情者邪」。〔註178〕或作「耶」者，邪、耶並語辭，音義同。邪《廣韻》以遮切，以麻開三平假。《釋文》音同。

象丨 翔丈反。精象，擬象也。

【疏】所在經文爲「〈象〉曰：天行健，君子以自強不息。」〔註179〕象《廣韻》徐兩切，邪養開三上宕。《釋文》音同。「精象」者，精微之象也。王弼《周易略例·明象》：丨夫象者，出意者也。言者，明象者也。盡意莫若象，盡象莫若言，言主於象，故可尋言以觀象，象主於意，故可尋象以觀意，意以象盡，象以言著。」〔註180〕是以「精象」者，藉卦以闡微者也。「擬象」者，比擬之象也。《易·繫辭下》：「象也者，像也。」〔註181〕《易·乾》「象

〔註173〕〔宋〕范仲淹撰：《范文正公文集》（續四庫集部別集類第1313冊），上海：上海古籍出版社，景印古逸叢書三編景印北宋刻本，2002年版，第346～347頁。

〔註174〕〔清〕郭慶藩輯：《莊子集釋》，上海：上海書店，景印諸子集成本，1986年版，第161頁。

〔註175〕〔唐〕楊倞注，〔清〕王先謙集解：《荀子集解》，上海：上海書店，景印諸子集成本，1986年版，第98頁。

〔註176〕〔漢〕高誘注：《戰國策》（叢書集成初編史地類第3684～3687冊），上海：商務印書館，據士禮居景宋本排印，1937年版，第3684冊，第24頁。

〔註177〕〔魏〕王弼、韓康伯注，〔唐〕孔穎達等正義：《周易正義》，北京：中華書局景印阮刻本，1980年版，第2頁。

〔註178〕〔魏〕王弼、韓康伯注，〔唐〕孔穎達等正義：《周易正義》，北京：中華書局景印阮刻本，1980年版，第2頁。

〔註179〕〔魏〕王弼、韓康伯注，〔唐〕孔穎達等正義：《周易正義》，北京：中華書局景印阮刻本，1980年版，第2頁。

〔註180〕〔晉〕王弼著，〔唐〕邢璹註，〔明〕范欽訂：《周易略例》，嘉靖四年范氏天一閣刊本，卷一，第11頁。

〔註181〕〔魏〕王弼、韓康伯注，〔唐〕孔穎達等正義：《周易正義》，北京：中華書局景印阮刻本，1980年版，第75頁。

曰，天行健」李鼎祚《集解》：「象者，象也。取其法象卦爻之德。」〔註182〕孔穎達疏云：「此〈大象〉也。《十翼》之中第三翼，總象一卦，故謂之『大象』。但萬物之體，自然各有形象，聖人設卦以寫萬物之象。今夫子釋此卦之所象，故言『〈象〉曰』。」〔註183〕《伊川易傳・卷一》：「卦下象解一卦之象，爻下象解一爻之象，諸卦皆取象以爲法。」〔註184〕是以「擬象」者，畫卦以狀物者也。

自強｜ 其良反。

【疏】強，本字作彊。《廣韻》巨良切，羣陽開三平宕。《釋文》音同。《小爾雅・廣詁》「強，益也」宋翔鳳《訓纂》：「強，字當作彊。《說文》：彊，弓有力，从弓畺聲。強，蚚也，从虫弘聲。經典通用叚借字也。」〔註185〕

反復｜ 芳服反。注同。本亦作「覆」。

【疏】所在經文爲「終日乾乾，反復道也。」〔註186〕復《廣韻》二讀，房六切，奉屋合三入流。扶富切，奉宥開三去流。《羣經音辨・卷一》云：「復，返也，房六切。復，白也，甫六切。復，再也，扶又切。」〔註187〕《釋文》音服同《廣韻》入聲。本亦作「覆」者，李富孫《易經異文釋》云：「『反復道也』，《白虎通・天地》引作『覆』。」〔註188〕此處「反復」，王弼注：「反覆皆道也」孔穎達疏：「此亦以人事言之，君子終日乾乾，自彊不息，故反之與覆，皆合其道。反謂進，反在上也，處下卦之上，能不驕逸，是反能合道也。覆謂從上，倒覆而下，居上卦之下，能不憂懼，是覆能

〔註182〕〔唐〕李鼎祚撰：《周易集解》，北京：中國書店，景印嘉慶三年姑蘇喜墨齋張遇堯局鐫本，1987年版，卷一，第3頁。

〔註183〕〔魏〕王弼、韓康伯注，〔唐〕孔穎達等正義：《周易正義》，北京：中華書局景印阮刻本，1980年版，第2頁。

〔註184〕〔宋〕程頤撰：《伊川易傳》（叢書集成三編哲學類第9冊），臺灣：新文豐出版公司，景印中華書局聚珍倣宋版印二程全書本，1997年版，第61頁。

〔註185〕〔清〕宋翔鳳撰：《小爾雅訓纂》（續四庫經部小學類第189冊），上海：上海古籍出版社，景印嘉慶年間浮溪精舍叢書本，2002年版，第484頁。

〔註186〕〔魏〕王弼、韓康伯注，〔唐〕孔穎達等正義：《周易正義》，北京：中華書局景印阮刻本，1980年版，第3頁。

〔註187〕〔宋〕賈昌朝撰：《羣經音辨》（叢書集成初編語文學類第1208冊），上海：商務印書館，景印畿輔叢書本，1939年版，第17頁。

〔註188〕〔清〕李富孫撰：《易經異文釋》（續四庫經部易類第27冊），上海：上海古籍出版社，景印南菁書院續經解本，2002年版，第661頁。

合道也。」〔註189〕按《說文·彳部》:「復,往來也。从彳,复聲。」〔註190〕「復」本義爲往而仍來,與「复」字無別,訓爲往返。如《義府·古樂之義》:「《禮記·樂記》:弦匏笙簧,合守柎鼓。始奏以文,復亂以武。復,謂往復。」〔註191〕而「覆」字,《說文·襾部》:「覆,覂也。一曰蓋也。从襾復聲。」〔註192〕《玉篇·襾部》云:「覆,反覆。」〔註193〕則「覆」有傾覆、覆蓋之義。由此觀之,「反復」就前後言,「反覆」就上下言,引申之,義同。

大人造 | 鄭徂早反,為也。王肅七到反,就也,至也。劉歆父子作「聚」。

【疏】所在經文爲「飛龍在天,大人造也。」〔註194〕造《廣韻》二讀,訓爲作,昨早切,從皓開一上效。訓爲至,七到切,清號開一去效。《釋文》所引鄭氏徂早切,音同《廣韻》昨早切,訓爲作、爲。而王肅音義亦與《廣韻》七到切同。孔穎達訓同鄭氏。疏云:「『飛龍在天,大人造』者,此亦人事言之。『飛龍在天』,猶聖人之在王位。造,爲也。唯大人能爲之而成就也。姚信、陸績之屬,皆以『造』爲造至之『造』。今案:〈象〉辭皆上卜爲韻,則姚信之義,其讀非也。」〔註195〕由此,則姚信、陸績訓解與王肅同。訓作、至於文義皆可通。孔氏以爲姚信之義於韻不諧,似可商榷。造與咎、久押韻。孔氏韻蓋以中古音考覈之。咎《廣韻》其九切,羣有開三上流。久,舉有切,見有開三上流。咎、久二字中古同在上聲有韻開口三等。而造(作)在上聲皓韻開口一等,造(至)在去聲号韻開口一等。有、皓同爲上聲,故孔疏訓

〔註189〕〔魏〕王弼、韓康伯注,〔唐〕孔穎達等正義:《周易正義》,北京:中華書局景印阮刻本,1980 年版,第 3 頁。

〔註190〕〔漢〕許慎撰:《說文解字》,北京:中華書局,景印同治十二年陳昌治刻本,1963 年版,第 43 頁。

〔註191〕〔清〕黃生撰:《義府》(叢書集成本),上海:商務印書館,據指海本排印,1936 年版,第 39 頁。

〔註192〕〔漢〕許慎撰:《說文解字》,北京:中華書局,景印同治十二年陳昌治刻本,1963 年版,第 158 頁。

〔註193〕〔梁〕顧野王撰:《宋本玉篇》,北京:中國書店,景印張氏澤存堂本,1983 年版,第 297 頁。

〔註194〕〔魏〕王弼、韓康伯注,〔唐〕孔穎達等正義:《周易正義》,北京:中華書局景印阮刻本,1980 年版,第 3 頁。

〔註195〕〔魏〕王弼、韓康伯注,〔唐〕孔穎達等正義:《周易正義》,北京:中華書局景印阮刻本,1980 年版,第 3 頁。

造爲作。若依古音，咎羣紐幽部，久見紐之部。造（作）從紐幽部，造（至）清紐幽部。之幽旁轉可押，則作、至二訓皆可。故《橫渠易說·卷一》云：「九五大人造也，造成就也。或謂造爲至，義亦可。」〔註196〕孔氏不明古音，無足怪者。然就文句讀之，訓「爲」更勝。後之注家亦多訓造爲爲，即制作、作爲之義，如《周易集解》「飛龍在天，大人造也」下李鼎祚引荀爽曰：「飛者，喻无所拘。天者，首事。造，制。大人造法見居天位，聖人作而萬物覩是其義也。」〔註197〕《周易口義·卷一》云：「大人造也者，言九五之爻正當陽氣極盛之時，生成萬物，而萬物各遂其性，猶聖人有大中之德，又居聖人之位，故當興利除害，扶教樹化，鋤姦進賢，以至經營萬事，設爲仁義之道，使一民一物，无不被其澤，无不遂其性，故言飛龍在天，是大人營造興制之時，故曰大人造也。」〔註198〕《溫公易說·卷一》云：「大人造也，大人之所宜爲也。」〔註199〕《伊川易傳·卷一》云：「大人之爲聖人之事也。」〔註200〕《周易本義》：「造，猶作也。」〔註201〕劉歆父子作「聚」者，聚古音從紐侯部，與之、幽二部可通。聚者，會集也。「造」作「聚」，見劉向〈條災異封事〉，其文曰：「故賢人在上位，則引其類而聚之于朝，《易》曰：飛龍在天，大人聚也。在下位則思與其類俱進，《易》曰：拔茅茹，以其彙，征吉。」師古注云：「此乾卦九五象辭也，言聖王正位，臨馭萬方，則賢人君子皆來見也。」〔註202〕宋呂祖謙《古周易》引晁說之曰：「若夫文字之傳，始有齊、楚之異音，卒有科斗、籀、篆、隸書之四變，因而訛謬者多矣。劉向嘗以中古文《易》經校施、孟、梁丘經，至蜀李譔又嘗著古文《易》，則今之所傳者，皆非古文

〔註196〕〔宋〕張載撰：《橫渠先生易說》，揚州：江蘇廣陵古籍刻印社，景印通志堂經解本第一冊，1996年版，第66頁。

〔註197〕〔唐〕李鼎祚撰：《周易集解》，北京：中國書店，景印嘉慶三年姑蘇喜墨齋張遇堯局鐫本，1987年版，卷一，第4頁。

〔註198〕〔宋〕胡瑗撰，倪天隱述：《周易口義》，臺灣：商務印書館，景印文淵閣四庫全書本第8冊，1983年版，第181～182頁。

〔註199〕〔宋〕司馬光撰：《易說》（叢書集成初編哲學類第391冊），上海：商務印書館，據聚珍版叢書本排印，1936年版，第3頁。

〔註200〕〔宋〕程頤撰：《伊川易傳》（叢書集成三編哲學類第9冊），臺灣：新文豐出版公司，景印中華書局聚珍倣宋版印二程全書本，1997年版，第61頁。

〔註201〕〔宋〕朱熹撰：《周易本義》（四書五經本），北京：中國書店，據世界書局本景印，1985年版，第2頁。

〔註202〕〔漢〕班固撰：《前漢書》（四部備要本），上海：中華書局，據武英殿本校刊，1936年版，第648頁。

也。」〔註 203〕劉歆父子作「聚」者，蓋即古文《易》也。

文言| 文飾卦下之言也。夫子之《十翼》。梁武帝云：〈文言〉是文王所制。

【疏】所在經文爲「〈文言〉曰」。〔註 204〕「文飾卦下之言」者，孔穎達疏云：「〈文言〉者，是夫子第七翼也。以乾、坤其《易》之門戶邪，其餘諸卦及爻，皆從乾、坤而出，義理深奧，故特作〈文言〉以開釋之。莊氏云：『文謂文飾，以乾、坤德大，故特文飾，以爲〈文言〉。』今謂夫子但贊明易道，申說義理，非是文飾華彩，當謂釋二卦之經文，故稱〈文言〉。」〔註 205〕又《周易集解》引姚信曰：「乾坤爲門戶，文說乾坤，六十二卦皆放焉。」〔註 206〕又引劉瓛曰：「依文而言其理，故曰文言。」〔註 207〕《釋文》與莊氏、姚信二家之說相類，皆以「文」作文飾解。劉瓛、孔氏說同，皆以「文言」爲依經文解釋之言。梁武帝云「〈文言〉是文王所制」者，蓋訓文爲文王也。《周易集說・周易文言傳說》云：「陸德明《釋文》：梁武帝云〈文言〉是文王所制。梁武之說必有所據，但『制』字未瑩耳。或曰『文言』，文王言，即象辭爻辭。孔子傳述文王所言之意而推廣之，故曰『文言傳』。愚觀其反覆發明乾坤二卦象辭、爻辭之意，則知古《易》題曰『文言傳』良是矣。分明象辭、爻辭皆文王之言，而孔子傳述之也。」〔註 208〕俞琰修正梁武之說，以爲〈文言〉者，即是象辭、爻辭，乃文王所作，〈文言傳〉爲孔子傳述。可備一說。

之長| 張丈反〔註 209〕。

〔註 203〕 〔宋〕呂祖謙撰：《古周易》，揚州：江蘇廣陵古籍刻印社，景印通志堂經解本第一冊，1996 年版，第 487 頁。

〔註 204〕 〔魏〕王弼、韓康伯注，〔唐〕孔穎達等正義：《周易正義》，北京：中華書局景印阮刻本，1980 年版，第 3 頁。

〔註 205〕 〔魏〕王弼、韓康伯注，〔唐〕孔穎達等正義：《周易正義》，北京：中華書局景印阮刻本，1980 年版，第 3 頁。

〔註 206〕 〔唐〕李鼎祚撰：《周易集解》，北京：中國書店，景印嘉慶三年姑蘇喜墨齋張遇堯局鐫本，1987 年版，卷一，第 4 頁。

〔註 207〕 〔唐〕李鼎祚撰：《周易集解》，北京：中國書店，景印嘉慶三年姑蘇喜墨齋張遇堯局鐫本，1987 年版，卷一，第 4 頁。

〔註 208〕 〔宋〕俞琰撰：《周易集說》，揚州：江蘇廣陵古籍刻印社，景印通志堂經解本第三冊，1996 年版，第 425 頁。

〔註 209〕 《經典釋文彙校》：「盧云：書內多作丁丈反。毛居正云：作丁丈反者，吳音也。然則此書內凡張丈反皆疑出宋人所改。焯案張在今知紐，丁在端紐，六

【疏】所在經文爲「元者，善之長也」。〔註210〕長《廣韻》三讀，訓爲久，直良切，澄陽開三平宕。訓爲大，知丈切，知養開三上宕。訓爲多，直亮切，澄漾開三去宕。《釋文》音同《廣韻》知丈切。訓爲尊長也，孔穎達疏引莊氏云「元爲施生之宗」〔註211〕，義亦得之。

之幹｜ 古旦反。

【疏】所在經文爲「貞者，事之幹也」。〔註212〕幹《廣韻》古案切，見翰開一去山。《釋文》音同。《易·乾·文言》「貞者，事之幹也」焦循《章句》：「幹者，築牆立於旁者也。」〔註213〕《說文·木部》：「榦，築牆耑木也。」〔註214〕段玉裁注：「榦，俗作幹。」〔註215〕幹即榦之變體。《周禮·考工記序》「荊之幹」孫詒讓《正義》：「幹，即榦之隸變。」〔註216〕則焦循訓「幹」爲築牆之版。又《周易集解》引荀爽曰：「陰陽正而位當，則可以幹舉萬事。」〔註217〕孔穎達疏引莊氏云：「『貞者，事之幹』者，言天能以中正之氣，成就萬物，使物皆得幹濟。」〔註218〕荀爽、孔疏訓幹爲幹濟、幹了。又《廣韻·翰韻》：「幹，莖幹。」〔註219〕朱熹《周易本義》：「貞者，生物之成，實理具

朝以前舌頭舌上多溷用不分，故以丁切長。毛狃於當時之音，以丁丈爲吳音，固非。而盧以張丈反出宋人所改，焉知六朝以前不讀張爲舌頭音耶？此特《釋文》反語用字不一，不足疑也。」見黃焯撰：《經典釋文彙校》，北京：中華書局，1980 年版，第 10 頁。

〔註210〕 〔魏〕王弼、韓康伯注，〔唐〕孔穎達等正義：《周易正義》，北京：中華書局景印阮刻本，1980 年版，第 3 頁。

〔註211〕 〔魏〕王弼、韓康伯注，〔唐〕孔穎達等正義：《周易正義》，北京：中華書局景印阮刻本，1980 年版，第 3 頁。

〔註212〕 〔魏〕王弼、韓康伯注，〔唐〕孔穎達等正義：《周易正義》，北京：中華書局景印阮刻本，1980 年版，第 3 頁。

〔註213〕 〔清〕焦循撰：《易章句》，嘉慶年間雕菰樓刊本，卷九，第 1 頁。

〔註214〕 〔漢〕許愼撰：《說文解字》，北京：中華書局，景印同治十二年陳昌治刻本，1963 年版，第 120 頁。

〔註215〕 〔清〕段玉裁撰：《說文解字注》，上海：上海古籍出版社，景印嘉慶二十年經韻樓本，1988 年版，第 253 頁。

〔註216〕 〔清〕孫詒讓撰：《周禮正義》（四部備要本），上海：中華書局，據清光緒乙巳本校刊，1368 年版，第 819 頁。

〔註217〕 〔唐〕李鼎祚撰：《周易集解》，北京：中國書店，景印嘉慶三年姑蘇喜墨齋張遇堯局鐫本，1987 年版，卷一，第 4 頁。

〔註218〕 〔魏〕王弼、韓康伯注，〔唐〕孔穎達等正義：《周易正義》，北京：中華書局景印阮刻本，1980 年版，第 3 頁。

〔註219〕 〔宋〕陳彭年，丘雍撰：《宋本廣韻》，南京：江蘇教育出版社，景印南宋巾

備，隨在各足，故於時爲多，於人則爲智，而爲眾事之幹。幹，木之身，枝葉所依以立者也。」〔註220〕朱熹訓幹爲莖幹、主幹，亦即根本。諸說中，朱熹更勝。

體仁| 如字。京房、荀爽、董遇本作「體信」。

【疏】所在經文爲「君子體仁足以長人」。〔註221〕「如字」者，辨字形也，意即通行版本作「體仁」，當以「體仁」爲是。京房、荀爽、董遇本作「體信」者，蓋「仁」字之譌也。信《說文》古文作𦖋，隸定作「伩」，則易與「仁」字相淆亂也。

利物| 孟喜、京、荀、陸績作「利之」。

【疏】所在經文爲「利物足以和義」。〔註222〕孟喜、京、荀、陸績作「利之」者，非。

不成名| 一本作「不成乎名」。

【疏】所在經文注疏本作「不成乎名」。〔註223〕與《釋文》一本同。

遯世| 徒頓反。

【疏】所在經文爲「遯世无悶」。〔註224〕遯《廣韻》二讀，徒困切，定慁合一去臻。徒損切，定混合一上臻。音異義同。《釋文》音同《廣韻》去聲。孔穎達疏：「『遯世无悶』者，謂逃遯避世，雖逢无道，心無所悶。」〔註225〕《說文·辵部》：「遯，逃也。」〔註226〕《周易·雜卦》：「遯則退也。」〔註227〕

箱本，2008年版，第116頁。

〔註220〕 〔宋〕朱熹撰：《周易本義》（四書五經本），北京：中國書店，據世界書局本景印，1985年版，第2頁。

〔註221〕 〔魏〕王弼、韓康伯注，〔唐〕孔穎達等正義：《周易正義》，北京：中華書局景印阮刻本，1980年版，第3頁。

〔註222〕 〔魏〕王弼、韓康伯注，〔唐〕孔穎達等正義：《周易正義》，北京：中華書局景印阮刻本，1980年版，第3頁。

〔註223〕 〔魏〕王弼、韓康伯注，〔唐〕孔穎達等正義：《周易正義》，北京：中華書局景印阮刻本，1980年版，第3頁。

〔註224〕 〔魏〕王弼、韓康伯注，〔唐〕孔穎達等正義：《周易正義》，北京：中華書局景印阮刻本，1980年版，第3頁。

〔註225〕 〔魏〕王弼、韓康伯注，〔唐〕孔穎達等正義：《周易正義》，北京：中華書局景印阮刻本，1980年版，第3頁。

〔註226〕 〔漢〕許慎撰：《說文解字》，北京：中華書局，景印同治十二年陳昌治刻本，

《周易・序卦》:「遯者,退也。」〔註228〕《易・遯》「遯亨」《集解》引鄭玄注云:「遯,逃去之名也。」〔註229〕皆訓「遯」爲逃避之義也。

无悶| 門遜反〔註230〕。

【疏】悶《廣韻》莫困切,明慁合一去臻。《釋文》音同。

樂則| 音洛。

【疏】所在經文爲「樂則行之,憂則違之」。〔註231〕樂《廣韻》二讀,喜樂之樂盧各切,來鐸開一入宕。《釋文》音同。《論語・學而》「不亦樂乎」劉寶楠《正義》引《倉頡篇》:「樂,喜也。」〔註232〕

確乎〔註233〕**| 苦學反,鄭云:堅高之貌。《說文》云:高至。**

【疏】所在經文爲「確乎其不可拔,『潛龍』也。」〔註234〕確《廣韻》苦角切,溪覺開二入江。《釋文》音同。鄭云「堅高之貌」者,《莊子・應帝王》「確乎能其事者而已矣」陸德明《釋文》引李云:「確,堅貌也。」〔註235〕《易・乾・文言》「確乎其不可拔」李鼎祚《集解》引虞翻曰:「確,剛貌也。」

1963 年版,第 41 頁。

〔註227〕 〔魏〕王弼、韓康伯注,〔唐〕孔穎達等正義:《周易正義》,北京:中華書局景印阮刻本,1980 年版,第 84 頁。

〔註228〕 〔魏〕王弼、韓康伯注,〔唐〕孔穎達等正義:《周易正義》,北京:中華書局景印阮刻本,1980 年版,第 84 頁。

〔註229〕 〔唐〕李鼎祚撰:《周易集解》,北京:中國書店,景印嘉慶三年姑蘇喜墨齋張遇堯局鐫本,1987 年版,卷七,第 5 頁。

〔註230〕 《經典釋文彙校》:「宋本、葉鈔、十行本同,汲古閣本〈易釋文〉『遯』作『遁』,盧所見明神廟十四年注疏本附《釋文》、阮所見閩監本並同。」見黃焯撰:《經典釋文彙校》,北京:中華書局,1980 年版,第 10 頁。

〔註231〕 〔魏〕王弼、韓康伯注,〔唐〕孔穎達等正義:《周易正義》,北京:中華書局景印阮刻本,1980 年版,第 3 頁。

〔註232〕 〔清〕劉寶楠撰:《論語正義》(四部備要本),上海:中華書局,據南菁書院續經解本校刊,1936 年版,第 3 頁。

〔註233〕 《經典釋文彙校》:「《說文》『確』作『隺』,宋本『貌』作『皃』,全書皆然,後不更出。」見黃焯撰:《經典釋文彙校》,北京:中華書局,1980 年版,第 10 頁。

〔註234〕 〔魏〕王弼、韓康伯注,〔唐〕孔穎達等正義:《周易正義》,北京:中華書局景印阮刻本,1980 年版,第 3 頁。

〔註235〕 〔唐〕陸德明撰:《經典釋文》,北京:中華書局,景印徐乾學通志堂刻本,1983 年版,第 372 頁。

〔註236〕《易·繫辭下》「確然示人易矣」焦循《章句》：「確，堅也。」〔註237〕
又確《說文》作「寉」，《說文·门部》：「寉，高至也。从隹上欲出门。《易》
曰：夫乾寉然。」〔註238〕段注云：「見〈繫辭〉。今《易》作『確』。」〔註239〕
由此，「確」有堅剛高至之義，即鄭氏所謂「堅高之貌」也。

可拔｜ 蒲八反。鄭云：移也。《廣雅》云：出也。

【疏】拔《廣韻》三讀，訓爲龍葛，房越切，奉月合三入山。迴拔浦撥
切，並末合一入山。拔擢蒲八切，並黠開二入山。《釋文》音同《廣韻》蒲八
切。鄭云「移也」者，《說文·手部》：「拔，擢也。」〔註240〕引申之，則有移
出之義。《廣雅》云「出也」者，見《廣雅·釋詁一》。《文選·木華〈海賦〉》
「掎拔五嶽」李善注：「拔，出也。」〔註241〕《文選·李稚珪〈北山移文〉》
「夫以耿介拔俗之標」劉良注：「拔，出也。」〔註242〕

庸行｜ 下孟反。

【疏】所在經文爲「庸行之謹」。〔註243〕行《廣韻》四讀，行伍胡郎切，
匣唐開一平宕。行步戶庚切，匣庚開二平梗。訓爲次第，下浪切，匣宕開一
去宕。訓爲事，下更切，匣映開二去梗。《釋文》音同《廣韻》下更切。《廣
韻·映韻》：「行，事也。」〔註244〕則行訓爲行跡，亦即事也。行與言對，似

〔註236〕〔唐〕李鼎祚撰：《周易集解》，北京：中國書店，景印嘉慶三年姑蘇喜墨齋
　　　　張遇堯局鐫本，1987 年版，卷一，第 5 頁。
〔註237〕〔清〕焦循撰：《易章句》，嘉慶年間雕菰樓刊本，卷八，第 1 頁。
〔註238〕〔漢〕許慎撰：《說文解字》，北京：中華書局，景印同治十二年陳昌治刻本，
　　　　1963 年版，第 110 頁。
〔註239〕〔清〕段玉裁撰：《說文解字注》，上海：上海古籍出版社，景印嘉慶二十年
　　　　經韻樓本，1988 年版，第 228 頁。
〔註240〕〔漢〕許慎撰：《說文解字》，北京：中華書局，景印同治十二年陳昌治刻本，
　　　　1963 年版，第 255 頁。
〔註241〕〔梁〕蕭統編，〔唐〕李善注：《文選》（四部精要本第十六冊），上海：上
　　　　海古籍出版社，景印嘉慶十四年胡克家仿宋淳熙刊本，1992 年版，第 511
　　　　頁。
〔註242〕〔梁〕蕭統編，〔唐〕李善、呂延濟、劉良、張銑、呂向、李周翰注：《六臣
　　　　注文選》，北京：中華書局，景印涵芬樓藏宋刊本，1987 年版，第 817 頁。
〔註243〕〔魏〕王弼、韓康伯注，〔唐〕孔穎達等正義：《周易正義》，北京：中華書局
　　　　景印阮刻本，1980 年版，第 3 頁。
〔註244〕〔宋〕陳彭年，丘雍撰：《宋本廣韻》，南京：江蘇教育出版社，景印南宋巾
　　　　箱本，2008 年版，第 125 頁。

《漢書·藝文志》「左史記言，右史記事」〔註245〕例。

閑邪| 似嗟反。下同。

【疏】所在經文爲「閑邪存其誠」。〔註246〕參看本卦「邪」條。

幾| 既依反。注同。理初始微名幾。

【疏】所在經文爲「可與幾也」。〔註247〕幾《廣韻》四讀，訓作近音渠希切，羣微開三平止。訓作庶幾音居依切，見微開三平止。訓作幾何音居狶切，見尾開三上止。訓作未已音其既切，羣未開三去止。《釋文》音同《廣韻》居依切。《易·繫辭下》「幾者，動之微。」〔註248〕《說文·丝部》：「幾，微也。」〔註249〕《後漢書·邳肜傳》「謀幾初者」李賢注：「幾者，事之先見者也。」〔註250〕「理初始微名幾」者，「理」當訓爲事，《玉篇·玉部》：「理，事也。」〔註251〕《禮記·樂記》「禮也者，理之不可易者也」鄭玄注：「理，猶事也。」〔註252〕「理初始微」即李賢所謂「事之先見」者也。

能全| 一本作「能令」。

【疏】所在注文爲「處終而能全其終」。〔註253〕一本作「能令」者，「令」蓋爲「全」字之誤也。

〔註245〕〔漢〕班固撰：《前漢書》（四部備要本），上海：中華書局，據武英殿本校刊，1936 年版，第 576 頁。

〔註246〕〔魏〕王弼、韓康伯注，〔唐〕孔穎達等正義：《周易正義》，北京：中華書局景印阮刻本，1980 年版，第 3 頁。

〔註247〕〔魏〕王弼、韓康伯注，〔唐〕孔穎達等正義：《周易正義》，北京：中華書局景印阮刻本，1980 年版，第 3 頁。

〔註248〕〔魏〕王弼、韓康伯注，〔唐〕孔穎達等正義：《周易正義》，北京：中華書局景印阮刻本，1980 年版，第 76 頁。

〔註249〕〔漢〕許慎撰：《說文解字》，北京：中華書局，景印同治十二年陳昌治刻本，1963 年版，第 84 頁。

〔註250〕〔南朝宋〕范曄撰：《後漢書》（四部備要本），上海：中華書局，據武英殿本校刊，1936 年版，第 417 頁。

〔註251〕〔梁〕顧野王撰：《宋本玉篇》，北京：中國書店，景印張氏澤存堂本，1983 年版，第 18 頁。

〔註252〕〔漢〕鄭玄注，〔唐〕孔穎達等正義：《禮記正義》，北京：中華書局景印阮刻本，1980 年版，第 309 頁。

〔註253〕〔魏〕王弼、韓康伯注，〔唐〕孔穎達等正義：《周易正義》，北京：中華書局景印阮刻本，1980 年版，第 3 頁。

尟克｜ 今亦作「鮮」，〔註254〕同仙善反。少也。

【疏】所在注文為「故靡不有初，鮮克有終」。〔註255〕《說文·是部》：「尟，是少也。尟俱存也。从是、少，賈侍中說。」〔註256〕《易·繫辭下》「尟不及也」惠棟《周易述》疏云：「尟，亦作尟」，又云：「俗作鮮。」〔註257〕按《說文·魚部》云：「鮮，魚名。出貉國。从魚，羴省聲。」〔註258〕則「鮮」義作鮮有解者當屬假借。經典多作「鮮」。桂馥《說文解字義證》於「尟」字下曰「尟，經典借鮮字」〔註259〕是也。尟《廣韻》息淺切，心獮開三上山。《釋文》音同。「少也」者，「尟」之常訓也。如《易·繫辭下》「尟不及矣」李鼎祚《集解》引虞翻曰：「尟，少也。」〔註260〕

怵｜ 敕律反。〔註261〕

【疏】所在注文為「怵惕之謂也」。〔註262〕敕，敕之譌字也。《正字通·支部》：「敕，敕字之譌。」〔註263〕則當依葉鈔本作「敕」為是。盧依《集韻》改作「勑」者，按勑同敕。《集韻·職部》：「敕，或作勑。」〔註264〕盧氏所改

〔註254〕《經典釋文彙校》：「宋本『今』作『本』，汲古本、雅雨本並同。」見黃焯撰：《經典釋文彙校》，北京：中華書局，1980年版，第10頁。

〔註255〕〔魏〕王弼、韓康伯注，〔唐〕孔穎達等正義：《周易正義》，北京：中華書局景印阮刻本，1980年版，第3頁。

〔註256〕〔漢〕許慎撰：《說文解字》，北京：中華書局，景印同治十二年陳昌治刻本，1963年版，第39頁。

〔註257〕〔清〕惠棟撰：《周易述》（四部備要本），上海：中華書局，據學海堂經解本校刊，1936年版，第110頁。

〔註258〕〔漢〕許慎撰：《說文解字》，北京：中華書局，景印同治十二年陳昌治刻本，1963年版，第244頁。

〔註259〕〔清〕桂馥撰：《說文解字義證》（續四庫經部小學類第209～210冊），上海：上海古籍出版社，景印清咸豐二年楊氏連筠簃單刊本，2002年版，209冊第149頁。

〔註260〕〔唐〕李鼎祚撰：《周易集解》，北京：中國書店，景印嘉慶三年姑蘇喜墨齋張遇堯局鐫本，1987年版，卷十五，第9頁。

〔註261〕《經典釋文彙校》：「『敕』，宋本同。臧依葉鈔校作『敕』，十行本、閩監本、汲古本、雅雨本並同。盧依《集韻》改作『勑』。」見黃焯撰：《經典釋文彙校》，北京：中華書局，1980年版，第10頁。

〔註262〕〔魏〕王弼、韓康伯注，〔唐〕孔穎達等正義：《周易正義》，北京：中華書局景印阮刻本，1980年版，第4頁。

〔註263〕〔明〕張自烈撰：《正字通》，清康熙清畏堂刊本，卯集下，支部，第15頁。

〔註264〕〔宋〕丁度撰：《集韻》，北京：中華書局，景印北京圖書館藏宋刻本，1988年版，第218頁。

亦不甚可取。怵《廣韻》丑律切，徹術合三入臻。《釋文》音同。參看〈乾〉「夕惕」條。

解怠｜ 佳賣反。〔註265〕

【疏】所在注文爲「懈怠則曠」。〔註266〕解《廣韻》四讀，訓爲懈怠，古隘切，見卦開二去蟹。《釋文》音同。解，通懈。《說文通訓定聲》：「解，假借爲懈。」〔註267〕《詩・大雅・烝民》「夙夜匪解」王先謙《詩三家義集疏》：「魯、韓解作懈。」〔註268〕

上下｜ 並如字。王肅上音時掌反。

【疏】所在經文爲「子曰：上下无常，非爲邪也。進退无恒，非離羣也。」〔註269〕上《廣韻》二讀：一爲上聲時掌切，禪養開三上宕，登也，升也。一爲去聲時亮切，禪漾開三去宕，君也，猶天子也。下《廣韻》亦有二讀：一爲上聲胡雅切，匣馬開二上假，賤也，去也，後也，底也，降也。一爲去聲胡駕切，匣禡開二去假，行下。《羣經音辨・卷六》云：「居高定體曰上，時亮切。自下而升曰上，時掌切。居卑定體曰下，胡賈切。自上而降曰下，胡嫁切。」〔註270〕由此，《釋文》「上」、「下」並如字，則「上」爲去聲、「下」爲上聲。「上」、「下」訓爲物體之上下，亦即此處〈乾〉卦九四爻之上下二爻。至若王肅上音「時掌反」者，則訓「上」爲上升。按，此處依王肅爲是。「上下无常」與下文「進退无恒」對文，當是動詞，即上升、下降之義。則此處「上」音上聲、「下」音去聲。孔穎達疏云：「『君子進德脩業，欲及時』者，

〔註265〕《經典釋文彙校》：「宋本、十行本、閩本同。盧所見神廟本『佳』作『諧』，明監本同。阮云：諧賣反乃『邂逅』之『邂』，監本非。」見黃焯撰：《經典釋文彙校》，北京：中華書局，1980 年版，第 10 頁。）按，阮說是。

〔註266〕〔魏〕王弼、韓康伯注，〔唐〕孔穎達等正義：《周易正義》，北京：中華書局景印阮刻本，1980 年版，第 4 頁。

〔註267〕〔清〕朱駿聲撰：《說文通訓定聲》（續四庫經部小學類第 220～221 冊），上海：上海古籍出版社，景印道光二十八年刻本，2002 年版，第 220 冊，第 617 頁。

〔註268〕〔清〕王先謙撰：《詩三家義集疏》（續四庫經部詩類第 77 冊），上海：上海古籍出版社，景印民國四年盧受堂刊本，2002 年版，第 709 頁。

〔註269〕〔魏〕王弼、韓康伯注，〔唐〕孔穎達等正義：《周易正義》，北京：中華書局景印阮刻本，1980 年版，第 4 頁。

〔註270〕〔宋〕賈昌朝撰：《羣經音辨》（叢書集成初編語文學類第 1208 冊），上海：商務印書館，景印畿輔叢書本，1939 年版，第 149 頁。

『進德』則欲上、欲進也。『脩業』則欲下、欲退也。」〔註271〕是孔氏亦以「上」、「下」爲動詞。故此處音依王肅更佳。

非離 | 力智反。

【疏】參看〈乾〉「離隱」條。

相應 | 應對之應。《易》內不出者並同。

【疏】所在經文爲「同聲相應，同氣相求。」〔註272〕「應對之應」者，釋其音義。此處應音爲去聲，讀如《廣韻》於證切，影證開三去曾。《廣韻‧證韻》：「應，物相應也。《說文》作應，當也。於證切。」〔註273〕同聲相應之「應」訓爲應對，即物相應也。毛居正《六經正誤》：「《釋文》六經中『相應』字皆云『應對之應』，凡應對之『應』皆是去聲，感應之『應』亦同。」〔註274〕

流濕 | 中入反〔註275〕。

【疏】所在經文爲「水流濕，火就燥，雲從龍，風從虎，聖人作而萬物覩。」〔註276〕《經典釋文彙校》引嚴可均《唐石經校文》云：「『溼』作『濕』，隸借。『濕』本他市反，即今『漯』字，《說文》：溼，幽溼也。濕水出東郡，誼別。漢碑『幽溼』字多借『濕』、『漯』爲之，故經典相承皆以『濕』爲『溼』。」〔註277〕按幽濕《廣韻》失入切，書緝開三入深。《釋文》音同。依

〔註271〕〔魏〕王弼、韓康伯注，〔唐〕孔穎達等正義：《周易正義》，北京：中華書局景印阮刻本，1980 年版，第 4 頁。

〔註272〕〔魏〕王弼、韓康伯注，〔唐〕孔穎達等正義：《周易正義》，北京：中華書局景印阮刻本，1980 年版，第 4 頁。

〔註273〕〔宋〕陳彭年，丘雍撰：《宋本廣韻》，南京：江蘇教育出版社，景印南宋巾箱本，2008 年版，第 126 頁。

〔註274〕〔宋〕毛居正撰：《六經正誤》，揚州：江蘇廣陵古籍刻印社，景印通志堂經解本第十六冊，1996 年版，第 570 頁。

〔註275〕《經典釋文彙校》：「嚴可均《唐石經校文》云：『溼』作『濕』，隸借。『濕』本他市反，即今『漯』字，《說文》：溼，幽溼也。濕水出東郡，誼別。漢碑『幽溼』字多借『濕』、『漯』爲之，故經典相承皆以『濕』爲『溼』。」見黃焯撰：《經典釋文彙校》，北京：中華書局，1980 年版，第 10 頁。

〔註276〕〔魏〕王弼、韓康伯注，〔唐〕孔穎達等正義：《周易正義》，北京：中華書局景印阮刻本，1980 年版，第 4 頁。

〔註277〕黃焯撰：《經典釋文彙校》，北京：中華書局，1980 年版，第 10 頁。

嚴可均唐《石經》校語，濕借爲淫。又《周禮・地官・大司徒》「辨其山林川澤丘陵墳衍原濕之名物」鄭玄注「下濕曰隰」孫詒讓《正義》云：「漢以後典籍通借濕爲淫。」〔註278〕濕本「他币反」者，音同《廣韻》他合切，透合開一入咸。《說文・水部》云：「濕，水。出東郡東武陽，入海。」〔註279〕桂馥《說文解字義證》云：「濕，經典相承以爲燥淫之『淫』，別以『㴠』爲此字。」〔註280〕《說文・水部》云：「淫，幽淫也。」〔註281〕此處濕借淫，義爲幽淫之地。

就燥| 蘇早、先卓二反。〔註282〕

【疏】燥《廣韻》蘇老切，心皓開一上效。《釋文》兩切語音同，但用字異耳。

聖人作| 如字。鄭云：起也。馬融作「起」。

【疏】作，如字。讀如《廣韻》則落切，精鐸開一入宕。《廣韻・鐸韻》於是「則洛切」下曰：「作，爲也，起也，行也，役也，始也，生也，又姓。又則邏、臧路二切。」〔註283〕至於《廣韻・箇韻》「則个切」下云：「作，造

〔註278〕〔清〕孫詒讓撰：《周禮正義》（四部備要本），上海：中華書局，據清光緒乙巳本校刊，1368 年版，第 181 頁。

〔註279〕〔漢〕許慎撰：《說文解字》，北京：中華書局，景印同治十二年陳昌治刻本，1963 年版，第 227 頁。

〔註280〕〔清〕桂馥撰：《說文解字義證》（續四庫經部小學類第 209～210 冊），上海：上海古籍出版社，景印清咸豐二年楊氏連筠簃單刊本，2002 年版，210 冊第 321 頁。

〔註281〕〔漢〕許慎撰：《說文解字》，北京：中華書局，景印同治十二年陳昌治刻本，1963 年版，第 235 頁。

〔註282〕《經典釋文彙校》：「宋本『卓』作『皀』，『卓』、『皀』皆後出字，『皀』又『卓』之變，本當作『草』。汲古本作『告』，與明監本同。」見黃焯撰：《經典釋文彙校》，北京：中華書局，1980 年版，第 10 頁。《彙校》云宋本卓作「皀」者，音同。「卓皀皆後出字，皀又卓之變，本當作草」者，《玉篇・白部》：「皀，同卓。」（見〔梁〕顧野王撰：《宋本玉篇》，北京：中國書店，景印張氏澤存堂本，1983 年版，第 371 頁。）《詩・小雅・大田》「既方既卓」馬瑞辰《傳箋通釋》：「卓，即草字之俗。」（見〔清〕馬瑞辰撰：《毛詩傳箋通釋》（四部備要本），上海：中華書局，據南菁書院續經解本校刊，1936 年版，第 235 頁。）汲古、明監本作「告」者，則汲古、明監本音爲先告切，心到開一去效。《集韻・号韻》有先到切，音同先告切，亦訓爲乾也。

〔註283〕〔宋〕陳彭年，丘雍撰：《宋本廣韻》，南京：江蘇教育出版社，景印南宋巾箱本，2008 年版，第 149 頁。

也，本臧洛切。」〔註284〕又《廣韻·暮部》：「作，造也。臧祚切。」〔註285〕
鄭云「起也」者，常訓也。《易·離·象傳》「明兩作離」《釋文》引鄭玄注：
「作，起也。」〔註286〕《易·繫辭下》「神農氏作」李鼎祚《集解》引虞翻曰：
「作，起也。」〔註287〕《孟子·公孫丑上》「賢聖之君六七作」朱熹《集注》：
「作，起也。」〔註288〕馬融作「起」者，字異義同。《釋文》此處定爲如字，
則訓「作」爲起也。此處或訓「作」爲造作者，則不依如字讀之。如《周易
集解》於「聖人作而萬物覩」下引虞翻云：「覩，見也，聖人則庖犧，合德乾
五，造作八卦，以通神明之德，以類萬物之情，五動成離，日出照物皆相見，
故聖人作而萬物覩也。」〔註289〕虞翻訓「作」爲造作，讀如《廣韻》則个切。
此則異於《釋文》者也。

而當｜ 都浪反。《易》內皆同。有異者別出。

【疏】所在注文爲「賢人雖在下而當位，不爲之助。」〔註290〕當《廣韻》
一讀，訓作敵、直、主、值、州、姓時都郎切，端唐開一平宕。訓作上當，
抵丁浪切，端宕開一去宕。《釋文》音同《廣韻》去聲。《禮記·樂記》：「古
者天地順而四時當，民有德而五穀昌。」孔穎達疏：「當，謂不失其所。」
〔註291〕陸德明《釋文》於此注云：「當，丁浪反。」〔註292〕則「當位」者，
義爲不失其位也。

〔註284〕〔宋〕陳彭年，丘雍撰：《宋本廣韻》，南京：江蘇教育出版社，景印南宋巾
　　　　箱本，2008年版，第122頁。
〔註285〕〔宋〕陳彭年，丘雍撰：《宋本廣韻》，南京：江蘇教育出版社，景印南宋巾
　　　　箱本，2008年版，第106頁。
〔註286〕〔唐〕陸德明撰：《經典釋文》，北京：中華書局，景印徐乾學通志堂刻本，
　　　　1983年版，第24頁。
〔註287〕〔唐〕李鼎祚撰：《周易集解》，北京：中國書店，景印嘉慶三年姑蘇喜墨齋
　　　　張遇堯局鐫本，1987年版，卷十五，第3頁。
〔註288〕〔宋〕朱熹注：《孟子集注》（四書五經本），北京：中國書店，據世界書局本
　　　　景印，1985年版，第18～19頁。
〔註289〕〔唐〕李鼎祚撰：《周易集解》，北京：中國書店，景印嘉慶三年姑蘇喜墨齋
　　　　張遇堯局鐫本，1987年版，卷一，第7頁。
〔註290〕〔魏〕王弼、韓康伯注，〔唐〕孔穎達等正義：《周易正義》，北京：中華書局
　　　　景印阮刻本，1980年版，第4頁。
〔註291〕〔漢〕鄭玄注，〔唐〕孔穎達等正義：《禮記正義》，北京：中華書局景印阮刻
　　　　本，1980年版，第312頁。
〔註292〕〔唐〕陸德明撰：《經典釋文》，北京：中華書局，景印徐乾學通志堂刻本，
　　　　1983年版，第197頁。

故盡| 津忍反。

【疏】所在注文爲「故盡陳其闕也」。〔註 293〕盡《廣韻》二讀，一爲慈忍切，從軫開三上臻，義爲竭。又即忍切，精軫開三上臻，〈曲禮〉曰「虛坐盡前」。《釋文》音同《廣韻》即忍切。按「盡」作即忍切者，今作「儘」。《禮記・曲禮上》云：「虛坐盡後，食坐盡前。」〔註 294〕劉淇《助字辨略・卷三》云：「按〈曲禮〉『虛坐盡後，食坐盡前』，此『盡』字當讀即忍切，今作『儘』也。儘前、儘後者，言極至於前，極至於後，不容餘地，今俗云『儘讓』是也。」〔註 295〕則「盡陳其闕」義爲極陳其闕也。

當其| 如字。

【疏】所在注文爲「明以君子當其象矣。」〔註 296〕「如字」者，讀如《廣韻》都郎切，端唐開一平宕。此處訓爲合也。

上治| 直吏反。下及注同。

【疏】所在經文爲「上治也」。〔註 297〕治《廣韻》三讀，一爲直之切，澄之開三平止，水名，出東萊，亦理也。一爲去聲直利切，澄至開三去止，理也。又去聲直吏切，澄志開三去止，亦訓爲理也。平去別義。《釋文》於《尚書・畢命》「治正」下曰：「上直吏反。一本作『治政』，則依字讀。」〔註 298〕由此觀之，治作動詞解時音平聲，餘則依去聲讀之。《增修互註禮部韻略・卷一》分辨甚明，曰：「凡未治而攻之者則平聲，凡經、史『治天下』、《左傳》『治絲』、『大禹治水』、『治玉曰琢』、『治兵』、『治獄』之類是也。爲理與功效則去聲，《孝經》『聖人之治』、《唐史》『致治之美』、經、史稱『天下治』、

〔註 293〕〔魏〕王弼、韓康伯注，〔唐〕孔穎達等正義：《周易正義》，北京：中華書局景印阮刻本，1980 年版，第 4 頁。

〔註 294〕〔漢〕鄭玄注，〔唐〕孔穎達等正義：《禮記正義》，北京：中華書局景印阮刻本，1980 年版，第 12 頁。

〔註 295〕〔清〕劉淇撰：《助字辨略》（續四庫經部小學類第 195 冊），上海：上海古籍出版社，景印康熙五十年海城盧承琰刻本，2002 年版，第 439 頁。

〔註 296〕〔魏〕王弼、韓康伯注，〔唐〕孔穎達等正義：《周易正義》，北京：中華書局景印阮刻本，1980 年版，第 4 頁。

〔註 297〕〔魏〕王弼、韓康伯注，〔唐〕孔穎達等正義：《周易正義》，北京：中華書局景印阮刻本，1980 年版，第 4 頁。

〔註 298〕〔唐〕陸德明撰：《經典釋文》，北京：中華書局，景印徐乾學通志堂刻本，1983 年版，第 50 頁。

《莊子》『天下既已治矣』、《書》『期于予治』、又曰『同歸于治』之類是也。經史釋音自可辨，或無明音亦准此推之。」〔註299〕此處《釋文》直吏反，音同《廣韻》直吏切。而《廣韻》直利切者，至、志二韻音近，其義殆同。《釋文》直吏反，音去聲，強調其治效也。孔穎達疏：「『飛龍在天，上治』者，言聖人居上位而治理也。」〔註300〕即訓治爲理。

放遠| 于萬反。

【疏】所在注文爲「放遠善柔」。〔註301〕遠《廣韻》二讀：訓爲遠，雲阮切，云阮合三上山。訓爲離，于願切，云願合三去山。故作名詞爲遙遠，音上聲。作動詞爲離，破讀爲去聲。《漢書・五行志上》「遠四佞而放諸巒」顏師古注：「遠，離也。」〔註302〕《資治通鑑・周紀二》「王曰此小人也，遠之」胡三省注：「遠，推而遠之。」〔註303〕此處「放遠善柔」，義爲使善柔之人離去也。

見而| 賢遍反。

【疏】所在注文爲「見而在田」。〔註304〕參看〈乾〉「見龍」條。

粹| 雖遂反。

【疏】所在經文爲「純粹精也」。〔註305〕《廣韻》雖遂切，心至合三去止。音同《釋文》。《說文・米部》：「粹，不雜也。」〔註306〕《文選・屈原〈離

〔註299〕〔宋〕毛晃增注，毛居正重增：《增修互注禮部韻略》，臺灣：商務印書館，景印文淵閣四庫全書本第237冊，1983年版，第350頁。
〔註300〕〔魏〕王弼、韓康伯注，〔唐〕孔穎達等正義：《周易正義》，北京：中華書局景印阮刻本，1980年版，第4頁。
〔註301〕〔魏〕王弼、韓康伯注，〔唐〕孔穎達等正義：《周易正義》，北京：中華書局景印阮刻本，1980年版，第4頁。
〔註302〕〔漢〕班固撰：《前漢書》（四部備要本），上海：中華書局，據武英殿本校刊，1936年版，第462頁。
〔註303〕〔宋〕司馬光編著，〔元〕胡三省音注：《資治通鑑》，北京：中華書局排印，1956年版，第53頁。
〔註304〕〔魏〕王弼、韓康伯注，〔唐〕孔穎達等正義：《周易正義》，北京：中華書局景印阮刻本，1980年版，第4頁。
〔註305〕〔魏〕王弼、韓康伯注，〔唐〕孔穎達等正義：《周易正義》，北京：中華書局景印阮刻本，1980年版，第5頁。
〔註306〕〔漢〕許慎撰：《說文解字》，北京：中華書局，景印同治十二年陳昌治刻本，1963年版，第148頁。

騷經〉》「昔三后之純粹兮」張銑注：「粹，不雜也。」〔註307〕《周易集解》引崔覲曰：「不雜曰純，不變曰粹，言乾是純粹之精，故有剛健中正之四德也。」〔註308〕孔穎達疏：「純粹不雜，是精靈」，〔註309〕亦訓粹爲不雜之義也。

揮| 音輝。《廣雅》云：動也。王肅云：散也。本亦作「輝」，義取光輝。

【疏】所在經文爲「六爻發揮，旁通情也。」〔註310〕揮《廣韻》許歸切，曉微合三平止。《釋文》音同。《廣雅》云者，見《廣雅・釋詁一》。《易・乾・文言》「六爻發揮」焦循《章句》：「揮，動也。」〔註311〕王肅云「散也」者，《易・說卦》「發揮于剛柔」陸德明《釋文》引王廙云：「揮，散也。」〔註312〕又孔疏云：「發謂發越也，揮謂揮散也，言六爻發越揮散，旁通萬物之情也。」〔註313〕亦訓揮爲散也。本亦作「輝」者，義取光輝，於文亦通。

爲行| 下孟反。下「之行」、「行而」，皆同。

【疏】所在經文爲「君子以成德爲行」。〔註314〕參見〈乾〉「庸行」條。

日可| 人實反。

【疏】所在經文爲「日可見之行也」。〔註315〕日《廣韻》人質切，日質開三入臻。《釋文》音同。「日」義爲每日、日日。

〔註307〕 〔梁〕蕭統編，〔唐〕李善、呂延濟、劉良、張銑、呂向、李周翰注：《六臣注文選》，北京：中華書局，景印涵芬樓藏宋刊本，1987年版，第605頁。

〔註308〕 〔唐〕李鼎祚撰：《周易集解》，北京：中國書店，景印嘉慶三年姑蘇喜墨齋張遇堯局鐫本，1987年版，卷一，第9頁。

〔註309〕 〔魏〕王弼、韓康伯注，〔唐〕孔穎達等正義：《周易正義》，北京：中華書局景印阮刻本，1980年版，第5頁。

〔註310〕 〔魏〕王弼、韓康伯注，〔唐〕孔穎達等正義：《周易正義》，北京：中華書局景印阮刻本，1980年版，第5頁。

〔註311〕 〔清〕焦循撰：《易章句》，嘉慶年間雕菰樓刊本，卷九，第4頁。

〔註312〕 〔唐〕陸德明撰：《經典釋文》，北京：中華書局，景印徐乾學通志堂刻本，1983年版，第33頁。

〔註313〕 〔魏〕王弼、韓康伯注，〔唐〕孔穎達等正義：《周易正義》，北京：中華書局景印阮刻本，1980年版，第5頁。

〔註314〕 〔魏〕王弼、韓康伯注，〔唐〕孔穎達等正義：《周易正義》，北京：中華書局景印阮刻本，1980年版，第5頁。

〔註315〕 〔魏〕王弼、韓康伯注，〔唐〕孔穎達等正義：《周易正義》，北京：中華書局景印阮刻本，1980年版，第5頁。

未見| 賢遍反。

　　【疏】所在經文爲「隱而未見」。〔註316〕參看〈乾〉「見龍」條。

以辯| 如字。徐扶免反。〔註317〕

　　【疏】所在經文爲「問以辯之」。〔註318〕辯如字者，讀如《廣韻》符蹇切，並獮開重紐三上山。徐扶免反，奉獮開重紐三上山，奉紐古同並紐。

重剛| 直龍反。下同。

　　【疏】重《廣韻》三讀，其中重複之重直容切，澄鍾合三平通。《釋文》音同。

夫大人| 音符，發端之字皆放此。

　　【疏】所在經文爲「重剛而不中」。〔註319〕夫《廣韻》二讀，其中訓爲語辭，防無切，奉虞合三平遇。《釋文》音同。參看〈乾〉「夫位」條。

先天| 悉薦反。

　　【疏】所在經文爲「先天而天弗違」。〔註320〕先《廣韻》二讀：蘇前切，心先開四平山。蘇佃切，心霰開四去山。《羣經音辨・卷六》云：「先，前也，思天切，對後之稱。前之曰先，思見切，《詩傳》『相導前後曰先後』。」〔註321〕《釋文》音同《廣韻》去聲。由此，「先天」乃先於天時而行事之義也。孔疏云：「『先天而天弗違』者，若在天時之先行事，天乃在後不違，是

〔註316〕〔魏〕王弼、韓康伯注，〔唐〕孔穎達等正義：《周易正義》，北京：中華書局景印阮刻本，1980年版，第5頁。

〔註317〕《經典釋文彙校》：「宋本同。阮云：十行本、閩監本『扶』作『便』，『便免』即《集韻》之『平免』，『扶』字非也。焯案以『扶』切『辯』，宋人稱爲類隔取音，在六朝以前，固屬音和也。『扶』與『便』特反語用字之異，《釋文》反語與《集韻》不同者多矣，阮說未諦。」見黃焯撰：《經典釋文彙校》，北京：中華書局，1980年版，第10頁。

〔註318〕〔魏〕王弼、韓康伯注，〔唐〕孔穎達等正義：《周易正義》，北京：中華書局景印阮刻本，1980年版，第5頁。

〔註319〕〔魏〕王弼、韓康伯注，〔唐〕孔穎達等正義：《周易正義》，北京：中華書局景印阮刻本，1980年版，第5頁。

〔註320〕〔魏〕王弼、韓康伯注，〔唐〕孔穎達等正義：《周易正義》，北京：中華書局景印阮刻本，1980年版，第5頁。

〔註321〕〔宋〕賈昌朝撰：《羣經音辨》（叢書集成初編語文學類第1208冊），上海：商務印書館，景印畿輔叢書本，1939年版，第137頁。

天合大人也。」〔註322〕《素問‧五常政大論》「陽勝者先天」王冰注：「先天，謂先天時也。」〔註323〕

後天｜ 胡豆反。

【疏】所在經文爲「後天而奉天時」。〔註324〕後《廣韻》二讀：胡口切，匣厚開一上流。胡遘切，匣候開一去流。《羣經音辨‧卷六》云：「居其後曰後，胡茍切。從其後曰後，胡姤切。」〔註325〕《釋文》音同《廣韻》去聲。由此，「後天」乃後於天時而行事之義。孔疏云：「『後天而奉天時』者，若在天時之後行事，能奉順上天，是大人合天也。」〔註326〕《素問‧五常政大論》「陰勝者後天」王冰注：「後天，謂後天時也。」〔註327〕

知喪｜ 息浪反。

【疏】所在經文爲「知得而不知喪」。〔註328〕喪《廣韻》二讀，訓爲死亡，息郎切，心唐開一平宕。訓爲失亡，蘇浪切，心宕開一去宕。《釋文》音同《廣韻》去聲，喪失也。又「知得而不知喪」中「得」、「喪」相對，亦可知「喪」訓爲失也。

其唯聖人乎｜ 王肅本作「愚人」，後結始作「聖人」。

【疏】所在經文爲「亢之爲言也，知進而不知退，知存而不知亡，知得而不知喪。其唯聖人乎，知進退存亡，而不失其正者，其唯聖人乎。」

〔註322〕〔魏〕王弼、韓康伯注，〔唐〕孔穎達等正義：《周易正義》，北京：中華書局景印阮刻本，1980 年版，第 5 頁。

〔註323〕〔唐〕王冰注，〔宋〕林億等校正，孫兆重改誤：《補注黃帝內經素問》（二十二子本），上海：上海古籍出版社，景印光緒初年浙江書局輯刊本，1986 年版，第 962 頁。

〔註324〕〔魏〕王弼、韓康伯注，〔唐〕孔穎達等正義：《周易正義》，北京：中華書局景印阮刻本，1980 年版，第 5 頁。

〔註325〕〔宋〕賈昌朝撰：《羣經音辨》（叢書集成初編語文學類第 1208 冊），上海：商務印書館，景印畿輔叢書本，1939 年版，第 149 頁。

〔註326〕〔魏〕王弼、韓康伯注，〔唐〕孔穎達等正義：《周易正義》，北京：中華書局景印阮刻本，1980 年版，第 5 頁。

〔註327〕〔唐〕王冰注，〔宋〕林億等校正，孫兆重改誤：《補注黃帝內經素問》（二十二子本），上海：上海古籍出版社，景印光緒初年浙江書局輯刊本，1986 年版，第 962 頁。

〔註328〕〔魏〕王弼、韓康伯注，〔唐〕孔穎達等正義：《周易正義》，北京：中華書局景印阮刻本，1980 年版，第 5 頁。

〔註329〕王肅本作「愚人」則「其唯愚人乎」當屬上。《合訂刪補大易集義粹言‧卷四》云：「王肅本兩箇『其唯聖人乎』一作『其唯愚人乎』，此必是他自改，所以亂說。」〔註330〕納喇性德之說可資參閱。

☷坤‖ 本又作「巛」，巛今字也。同困魂反。〈說卦〉云：順也。八純卦，象地。

【疏】《周易註疏‧卷二考證》曰：「〈坤音義〉坤本又作巛，巛今字也。毛居正曰：二巛字皆譌，作川。按巛字三畫作六，段巛乃偏旁川字也。古字乾作三，坤作巛，各象其卦，陸氏以巛為今字誤矣。臣照按《音義》『巛今字也』，句當作『坤今字也』，陸德明之意蓋謂巛古坤字也，今書坤者乃今字也，無以巛為今字之理。」〔註331〕《經義述聞‧易‧巛》：「〈坤釋文〉：坤，本又作『巛』。巛，今字也。」王引之曰：「作巛者，乃是借用川字。」「坤、順、川聲並近，故借川為坤。」〔註332〕俞樾《羣經平議‧周易一》云：「巛即川字，非坤字也。疑巛當讀為順，故坤卦謂之順矣。此作巛者乃順之叚字，順從巛聲，古文以聲為主，故順或作川。」〔註333〕又，馬王堆漢墓帛書《周易‧坤卦》「坤」作「川」。〔註334〕《說文‧土部》：「坤，地也。《易》之卦也。从土从申。土位在申。」〔註335〕木作巛者，即川之隸定。川小篆作巛，《說文‧川部》：「川，貫穿通流水也。」〔註336〕川，古音昌紐文部，坤，古音溪紐文

〔註329〕〔魏〕王弼、韓康伯注，〔唐〕孔穎達等正義：《周易正義》，北京：中華書局景印阮刻本，1980 年版，第 5 頁。

〔註330〕〔清〕納蘭性德撰：《合訂刪補大易集義粹言》，揚州：江蘇廣陵古籍刻印社，景印通志堂經解本第四、五冊，1996 年版，第四冊，第 479 頁。

〔註331〕〔清〕王清植、張照等撰：《周易注疏考證》（文淵閣四庫全書本《周易正義》附），臺灣：商務印書館，景印文淵閣四庫全書本第 7 冊，1983 年版，第 346 頁。

〔註332〕〔清〕王引之撰：《經義述聞》（續四庫經部羣經總義類第 174～175 冊），上海：上海古籍出版社，景印道光七年王氏京師刻本，2002 年版，第 174 冊，第 253 冊。

〔註333〕〔清〕俞樾撰：《羣經平議》（續四庫經部羣經總義類第 178 冊），上海：上海古籍出版社，景印清光緒二十五年刻春在堂全書本，2002 年版，第 5 頁。

〔註334〕廖名春釋文：《馬王堆帛書周易經傳釋文》（續四庫經部易類第 1 冊），上海：上海古籍出版社，2002 年版，第 8 頁。

〔註335〕〔漢〕許慎撰：《說文解字》，北京：中華書局，景印同治十二年陳昌治刻本，1963 年版，第 286 頁。

〔註336〕〔漢〕許慎撰：《說文解字》，北京：中華書局，景印同治十二年陳昌治刻本，1963 年版，第 239 頁。

部，二字疊韻可通。巛本象水形，《考證》以巛當作六畫以合坤三陰之象蓋屬附會。依馬王堆漢墓帛書，〈坤〉卦名作「川」，巛爲流水，有順義，故巛訓爲順，故〈說卦〉云「順也」。疑坤字後起。《釋文》「巛今字」者，當依《考證》訂爲「坤今字」。坤《廣韻》苦昆切，溪魂合一平臻。《釋文》音同。

利牝｜ 頻忍反。徐邈扶忍反。又扶死反。〔註 337〕

【疏】所在經文爲「利牝馬之貞」。〔註 338〕牝《廣韻》二讀，毗忍切，並軫開重紐四上臻。扶履切，並旨開重紐四上止。《釋文》首音音同《廣韻》毗忍切。徐邈扶忍反，奉紐軫韻。古無輕脣音，徐音於古亦與毗忍無異。又扶死反者，音同《廣韻》扶履切。毛居正《六經正誤》：「利牝，頻忍反。徐邈扶忍反。又扶死反。蓋吳音呼扶爲蒲，蒲忍反，與頻忍反同。蒲死反與〈否〉卦否字音同。」〔註 339〕毛氏之說可備一解。

有攸｜ 音由。所也。

【疏】所在經文爲「君子有攸往」。〔註 340〕攸《廣韻》以周切，以尤開三平流。《釋文》音同。「所也」者，常訓也。《書·大禹謨》「嘉言罔攸伏」孔安國《傳》：「攸，所也。」〔註 341〕《詩·小雅·蓼蕭》「萬福攸同」鄭玄《箋》：「攸，所也。」〔註 342〕

喪朋｜ 息浪反。馬云：失也。下及注並同。〔註 343〕

〔註 337〕《經典釋文彙校》：「宋本同，十行本閩本亦同。明監本、汲古本『死』作『允』，誤。」見黃焯撰：《經典釋文彙校》，北京：中華書局，1980 年版，第 10 頁。

〔註 338〕〔魏〕王弼、韓康伯注，〔唐〕孔穎達等正義：《周易正義》，北京：中華書局景印阮刻本，1980 年版，第 5 頁。

〔註 339〕〔宋〕毛居正撰：《六經正誤》，揚州：江蘇廣陵古籍刻印社，景印通志堂經解本第十六冊，1996 年版，第 570 頁。

〔註 340〕〔魏〕王弼、韓康伯注，〔唐〕孔穎達等正義：《周易正義》，北京：中華書局景印阮刻本，1980 年版，第 5 頁。

〔註 341〕〔漢〕孔安國傳，〔唐〕孔穎達等正義：《尚書正義》，北京：中華書局景印阮刻本，1980 年版，第 22 頁。

〔註 342〕〔漢〕毛公傳、鄭玄箋，〔唐〕孔穎達等正義：《毛詩正義》，北京：中華書局景印阮刻本，1980 年版，第 152 頁。

〔註 343〕《經典釋文彙校》：「盧改『喪』作『喪』，宋本『并』作『竝』。」見黃焯撰：《經典釋文彙校》，北京：中華書局，1980 年版，第 10 頁。

【疏】所在經文爲「東北喪朋」。〔註344〕參看〈乾〉「知喪」條。

必離| 力智反。

【疏】所在注文爲「陰之爲物,必離其黨」。〔註345〕參看〈乾〉「離隱」
條。

无疆| 或作「壃」,同居良反。下及注同。

【疏】所在經文爲「行地无疆」。〔註346〕或作「壃」者,壃爲疆之異體。
疆,《說文·畕部》云:「畺,界也。从畕,三,其界畫也。疆,畺或从彊、
土。」〔註347〕《龍龕手鑑·土部》:「疆、壃,居良反。界也,垂也,境也,
當也。」〔註348〕《玉篇·土部》:「壃,同疆。」〔註349〕《廣韻·陽韻》:「畺,
《說文》:界也。疆,上同。壃,俗。」〔註350〕《正字通·土部》:「壃,同疆。
本作畺。」〔註351〕按,畺爲疆之本字,典籍通作疆,壃爲疆之俗字。疆《廣
韻》居良切,見陽開三平宕。《釋文》音同。

必爭| 爭鬭之爭。

【疏】所在注文爲「夫用雄必爭,二主必危。」〔註352〕「爭鬭之爭」者,
注音兼釋義也。又毛居正《六經正誤》云:「凡爭鬭之爭皆平聲,諫爭之爭皆

〔註344〕〔魏〕王弼、韓康伯注,〔唐〕孔穎達等正義:《周易正義》,北京:中華書局
景印阮刻本,1980年版,第5頁。
〔註345〕〔魏〕王弼、韓康伯注,〔唐〕孔穎達等正義:《周易正義》,北京:中華書局
景印阮刻本,1980年版,第5頁。
〔註346〕〔魏〕王弼、韓康伯注,〔唐〕孔穎達等正義:《周易正義》,北京:中華書局
景印阮刻本,1980年版,第6頁。
〔註347〕〔漢〕許慎撰:《說文解字》,北京:中華書局,景印同治十二年陳昌治刻本,
1963年版,第291頁。
〔註348〕〔遼〕僧行均撰:《龍龕手鑑》(四部叢刊續編經部),上海:商務印書館,景
印上海涵芬樓景印江安傅氏雙鑑樓藏宋刊本,卷二,第21頁。
〔註349〕〔梁〕顧野王撰:《宋本玉篇》,北京:中國書店,景印張氏澤存堂本,1983
年版,第29頁。
〔註350〕〔宋〕陳彭年,丘雍撰:《宋本廣韻》,南京:江蘇教育出版社,景印南宋巾
箱本,2008年版,第49頁。
〔註351〕〔明〕張自烈撰:《正字通》,清康熙清畏堂刊本,丑集中,土部,第45頁。
〔註352〕〔魏〕王弼、韓康伯注,〔唐〕孔穎達等正義:《周易正義》,北京:中華書局
景印阮刻本,1980年版,第6頁。阮元《校勘記》補云:「岳本、監本毛本
『用』作『兩』,是也。」見〔魏〕王弼、韓康伯注,〔唐〕孔穎達等正義:《周
易正義》,北京:中華書局景印阮刻本,1980年版,第10頁。

去聲。」〔註353〕

履霜|　如字。鄭讀履為禮。

【疏】所在經文爲「履霜，堅冰至」。〔註354〕「如字」者，讀如《廣韻》力几切，來旨開三上止。鄭玄讀履爲禮，來薺開四上蟹。《集韻》「里弟切」下據增收「履」字，其字下云：「踐也。《易》『履霜堅冰』，鄭康成讀。」〔註355〕按鄭氏之讀蓋有所據，履、禮二字上古同在來紐脂部，音近可通。二字通假，古亦常見。又馬王堆漢墓帛書《周易》即作「禮」。〔註356〕《易·履》「履虎尾」陸德明《釋文》：「履，禮也。」〔註357〕《詩·齊風·東方之日》「履我即兮」毛《傳》：「履，禮也。」〔註358〕《爾雅·釋言》：「履，禮也。」〔註359〕二字至中古分屬二韻，鄭氏之讀，其古音耶？

積著|　張慮反。眾經不音者皆同。

【疏】所在注文爲「陰之爲道，本於卑弱而後積著者也。」〔註360〕著《廣韻》載有數音，張慮反與《廣韻》去聲陟慮切音同，知御合三去遇。《廣韻·御部》：「著，明也，處也，立也，補也，成也，定也。」〔註361〕「積著」者，積累顯明也。

〔註353〕〔宋〕毛居正撰：《六經正誤》，揚州：江蘇廣陵古籍刻印社，景印通志堂經解本第十六冊，1996 年版，第 570～571 頁。

〔註354〕〔魏〕王弼、韓康伯注，〔唐〕孔穎達等正義：《周易正義》，北京：中華書局景印阮刻本，1980 年版，第 6 頁。

〔註355〕〔宋〕丁度撰：《集韻》，北京：中華書局，景印北京圖書館藏宋刻本，1988 年版，第 100 頁。

〔註356〕廖名春釋文：《馬王堆帛書周易經傳釋文》（續四庫經部易類第 1 冊），上海：上海古籍出版社，2002 年版，第 8 頁。

〔註357〕〔唐〕陸德明撰：《經典釋文》，北京：中華書局，景印徐乾學通志堂刻本，1983 年版，第 21 頁。

〔註358〕〔漢〕毛公傳、鄭玄箋，〔唐〕孔穎達等正義：《毛詩正義》，北京：中華書局景印阮刻本，1980 年版，第 82 頁。

〔註359〕〔晉〕郭璞注，〔宋〕邢昺疏：《爾雅注疏》，北京：中華書局景印阮刻本，1980 年版，第 16 頁。

〔註360〕〔魏〕王弼、韓康伯注，〔唐〕孔穎達等正義：《周易正義》，北京：中華書局景印阮刻本，1980 年版，第 6 頁。

〔註361〕〔宋〕陳彭年，丘雍撰：《宋本廣韻》，南京：江蘇教育出版社，景印南宋巾箱本，2008 年版，第 104 頁。

始凝｜ 魚冰反。

【疏】凝《廣韻》魚陵切，疑蒸開三平曾。《釋文》音同。

馴｜ 似遵反。向秀云：從也。徐音訓。此依鄭義。〔註362〕

【疏】所在經文爲「馴致其道，至『堅冰』也。」〔註363〕馴《廣韻》詳遵切，邪諄合三平臻。《釋文》首音同。向秀云「從也」者，馴《說文·馬部》：「馴，馬順也。」〔註364〕引申之，則有順從之義。《易·坤·象傳》「馴致其道」李鼎祚《集解》引《九家易》曰：「馴，猶順也。」〔註365〕《資治通鑒·晉紀二十四》「非可馴之物」胡三省注：馴，「從也，順也。」〔註366〕徐音「訓」者，《廣韻》「馴」唯平聲一音。《集韻》據徐氏音於吁運切下增收「馴」字，見《集韻·焮部》。「此依鄭義」者，似未明，疑與向秀同訓。故《增補鄭氏周易·卷上》於「馴致其道」下逕引《釋文》曰：「馴，從也」。〔註367〕

任其｜ 而鴆反，眾經皆同。

【疏】所在注文爲「任其自然而物自生。」〔註368〕任《廣韻》二讀，一

〔註362〕《經典釋文彙校》：「惠云：訓與馴通。」見黃焯撰：《經典釋文彙校》，北京：中華書局，1980 年版，第 10〜11 頁。按：「惠云訓與馴通」者，《說文·馬部》段玉裁注：「古馴、訓、順三字互相叚借。」（見〔清〕段玉裁撰：《說文解字注》，上海：上海古籍出版社，景印嘉慶二十年經韻樓本，1988 年版，第 467 頁。）如《史記·萬石張叔列傳》「皆以馴行孝謹」裴駰《集解》引徐廣云：「馴，一作訓。」（見〔漢〕司馬遷撰：《史記》（四部備要本），上海：中華書局，據武英殿本校刊，1936 年版，第 987 頁。）《墨子·兼愛中》「教馴其臣」孫詒讓《閒詁》：「馴，讀爲訓。」（見〔清〕孫詒讓撰：《墨子閒詁》，上海：上海書店，景印諸子集成本，1986 年版，第 66 頁。）
〔註363〕〔魏〕王弼、韓康伯注，〔唐〕孔穎達等正義：《周易正義》，北京：中華書局景印阮刻本，1980 年版，第 6 頁。
〔註364〕〔漢〕許慎撰：《說文解字》，北京：中華書局，景印同治十二年陳昌治刻本，1963 年版，第 201 頁。
〔註365〕〔唐〕李鼎祚撰：《周易集解》，北京：中國書店，景印嘉慶三年姑蘇喜墨齋張遇堯局鐫本，1987 年版，卷二，第 3 頁。
〔註366〕〔宋〕司馬光編著，〔元〕胡三省音注：《資治通鑒》，北京：中華書局排印，1956 年版，第 3223 頁。
〔註367〕〔漢〕鄭玄撰，〔宋〕王應麟輯，〔清〕惠棟增補，孫堂重校並輯補遺：《鄭氏周易注》（叢書集成初編哲學類第 383 冊），上海：商務印書館，據古經解彙函本排印，1939 年版，第 3 頁。
〔註368〕〔魏〕王弼、韓康伯注，〔唐〕孔穎達等正義：《周易正義》，北京：中華書局景印阮刻本，1980 年版，第 6 頁。

爲如林切，日侵開三平深。一爲汝鴆切，日沁開三去深。其於「汝鴆切」下無釋義，言又音壬，則《廣韻》中任雖兩讀，義則無別也。《釋文》音同《廣韻》汝鴆切。任，因也、用也。《文選‧謝惠連〈雪賦〉》「任地班形」李善注：「任，猶因也。」〔註369〕《呂氏春秋‧察今》「此任物，亦必悖矣」高誘注：「任，用也。」〔註370〕則「任其自然」義爲因藉其自然。且「任其自然而物自生」與下句「不假修營而功自成」對文，任、假皆有因藉、假借之義。下文「任其質也」同。

知光｜ 音智，注同。

【疏】所在經文爲「『或從王事』，知光大也。」〔註371〕知讀去聲，通智。

不擅｜ 善戰反，專也。

【疏】所在注文爲「故不擅其美」。〔註372〕擅《廣韻》時戰切，禪線開三去山。《釋文》音同。「專也」者，常訓也。《莊子‧秋水》「且夫擅一壑之水」陸德明《釋文》云：「擅，專也。」〔註373〕《呂氏春秋‧貴生》「不得擅行」高誘注：「擅，專也。」〔註374〕

括｜ 古活反，結也。《方言》云：閉也。《廣雅》云：塞也。

【疏】所在經文爲「括囊，无咎无譽」。〔註375〕括《廣韻》古活切，見末合一入山。《釋文》音同。《廣韻‧末韻》：「括，檢也，結也。」則音義與

〔註369〕〔梁〕蕭統編，〔唐〕李善注：《文選》（四部精要本第十六冊），上海：上海古籍出版社，景印嘉慶十四年胡克家仿宋淳熙刊本，1992年版，第518頁。

〔註370〕〔漢〕高誘注：《呂氏春秋》，上海：上海書店，景印諸子集成本，1986年版，第178頁。

〔註371〕〔魏〕王弼、韓康伯注，〔唐〕孔穎達等正義：《周易正義》，北京：中華書局景印阮刻本，1980年版，第6頁。

〔註372〕〔魏〕王弼、韓康伯注，〔唐〕孔穎達等正義：《周易正義》，北京：中華書局景印阮刻本，1980年版，第6頁。

〔註373〕〔唐〕陸德明撰：《經典釋文》，北京：中華書局，景印徐乾學通志堂刻本，1983年版，第383頁。

〔註374〕〔漢〕高誘注：《呂氏春秋》，上海：上海書店，景印諸子集成本，1986年版，第14頁。

〔註375〕〔魏〕王弼、韓康伯注，〔唐〕孔穎達等正義：《周易正義》，北京：中華書局景印阮刻本，1980年版，第6頁。

《釋文》同。又《易‧坤》「括囊无咎无譽」李鼎祚《集解》引虞翻曰：「括，結也。」〔註376〕孔穎達疏：「括，結也。」〔註377〕《方言》、《廣雅》訓爲閉、塞，於義則同。《方言》云者，見《方言‧卷十二》。《廣雅》云者，見《廣雅‧釋詁三》。

囊｜ 乃剛反。

【疏】囊《廣韻》奴當切，泥唐開一平宕。《釋文》音同。《易‧坤》「括囊无咎无譽」焦循《章句》：「有底曰囊。」〔註378〕王夫之《周易稗疏》：「有底曰囊。囊之口在中，兩頭著底，今之被帒也。」〔註379〕孔穎達疏：「囊所以貯物。」〔註380〕

无譽｜ 音餘，又音預。

【疏】譽《廣韻》二讀，以諸切，以魚合三平遇。羊洳切，以御合三去遇。《廣韻‧魚韻》：「譽，稱也。又音預。」〔註381〕《廣韻‧御韻》：「譽，稱美也。又姓，《晉書》有平原太守譽粹。又音余。」〔註382〕據此，「譽」作稱譽解時兩讀皆可。故毛居正《六經正誤》云：「凡聲譽、毀譽皆有平去二音，合通用。」〔註383〕《說文‧言部》：「譽，偁也。」〔註384〕《詩‧周頌‧振鷺》「以永終譽」鄭玄注：「譽，聲美也。」〔註385〕

〔註376〕 〔唐〕李鼎祚撰：《周易集解》，北京：中國書店，景印嘉慶三年姑蘇喜墨齋張遇堯局鑴本，1987年版，卷二，第3頁。
〔註377〕 〔魏〕王弼、韓康伯注，〔唐〕孔穎達等正義：《周易正義》，北京：中華書局景印阮刻本，1980年版，第6頁。
〔註378〕 〔清〕焦循撰：《易章句》，嘉慶年間雕菰樓刊本，卷一，第2頁。
〔註379〕 〔清〕王夫之撰：《周易稗疏》（叢書集成續編哲學類第28冊），臺灣：新文豐出版公司，景印道光年間沈氏世楷堂刻昭代叢書本，1988年版，第412頁。
〔註380〕 〔魏〕王弼、韓康伯注，〔唐〕孔穎達等正義：《周易正義》，北京：中華書局景印阮刻本，1980年版，第6頁。
〔註381〕 〔宋〕陳彭年，丘雍撰：《宋本廣韻》，南京：江蘇教育出版社，景印南宋巾箱本，2008年版，第17頁。
〔註382〕 〔宋〕陳彭年，丘雍撰：《宋本廣韻》，南京：江蘇教育出版社，景印南宋巾箱本，2008年版，第104頁。
〔註383〕 〔宋〕毛居正撰：《六經正誤》，揚州：江蘇廣陵古籍刻印社，景印通志堂經解本第十六冊，1996年版，第571頁。
〔註384〕 〔漢〕許慎撰：《說文解字》，北京：中華書局，景印同治十二年陳昌治刻本，1963年版，第53頁。
〔註385〕 〔漢〕毛公傳、鄭玄箋，〔唐〕孔穎達等正義：《毛詩正義》，北京：中華書局

不造｜ 七到反，又曹早反。

【疏】所在注文爲「不造陽事，无『含章』之美。」〔註386〕造《廣韻》二讀，訓爲至，七到切，清號開一去效。訓爲作，昨早切，從皓開一上效。《釋文》首音與《廣韻》七到切音同，訓爲至也。其又音曹早切，音同《廣韻》昨早切，訓爲作、爲。「不造陽事」造訓至、作皆通。孔疏云：「六三以陰居陽位，是造爲陽事，但不爲事始，待唱乃行，是陽事猶在，故云『含章』，章即陽之美也。」〔註387〕孔氏訓造爲造爲，則孔氏音同曹早反。然魏晉古音微渺，《釋文》二切，或異讀而同義亦未可知也。參看〈乾〉「大人造」條。

否｜ 皮鄙反。

【疏】所在注文爲「括結否閉」。〔註388〕否《廣韻》二讀，一爲符鄙切，奉旨開重紐三上止，塞也。又方久切，非有開三上流，《說文》「不」也。《釋文》皮鄙反，並紐，《廣韻》符鄙切古音亦爲重脣。訓爲閉塞也。《易·否》「否之匪人」陸德明《釋文》：「否，閉也。」〔註389〕李鼎祚《集解》引崔憬曰：「否，不通也。」〔註390〕

閉｜ 心計反。《字林》方結反，云：闔也。〔註391〕

　　　景印阮刻本，1980 年版，第 326 頁。
〔註386〕〔魏〕王弼、韓康伯注，〔唐〕孔穎達等正義：《周易正義》，北京：中華書局景印阮刻本，1980 年版，第 6 頁。
〔註387〕〔魏〕王弼、韓康伯注，〔唐〕孔穎達等正義：《周易正義》，北京：中華書局景印阮刻本，1980 年版，第 6 頁。
〔註388〕〔魏〕王弼、韓康伯注，〔唐〕孔穎達等正義：《周易正義》，北京：中華書局景印阮刻本，1980 年版，第 6 頁。
〔註389〕〔唐〕陸德明撰：《經典釋文》，北京：中華書局，景印徐乾學通志堂刻本，1983 年版，第 21 頁。
〔註390〕〔唐〕李鼎祚撰：《周易集解》，北京：中國書店，景印嘉慶三年姑蘇喜墨齋張遇堯局鐫本，1987 年版，卷四，第 4 頁。
〔註391〕《經典釋文彙校》：「『心』字誤，宋本、十行本、閩本作『必』。方結反，宋本同，汲古本『方』作『兵』。吳承仕《經籍舊音辨證》云：《四庫全書考證》曰：《字林》『兵結反』，刊本『兵』譌『方』。據注疏本改。案『方結反』是也。《左氏·桓五年傳釋文》引《字林》『方結反』，與此引同，作『兵』者乃後人改之。」見黃焯撰：《經典釋文彙校》，北京：中華書局，1980 年版，第 11 頁。按：《字林》作「方結反」者，據黃氏《彙校》，作「兵」乃後人所改。方屬非紐，兵屬幫紐，於古則皆重脣音也，故《字林》當作「方結反」爲是。

【疏】閉《廣韻》二讀，博計切，幫霽開四去蟹。方結切，非屑開四入山。義同。《釋文》首音當作「必計反」，音同《廣韻》博計切。《字林》方結反，音同《廣韻》入聲。「闔也」者，《說文·門部》：「閉，闔門也。」〔註392〕《楚辭·九章·橘頌》「閉心自慎」洪興祖《補注》：「閉，闔也。」〔註393〕

施慎｜　並如字。慎謹也。〈象〉詞同。本或作「順」，非。

【疏】所在注文爲「施慎則可，非泰之道。」〔註394〕此處「如字」者，「施」字辨音，「慎」字辨形。施《廣韻》有式支、施智等切語。音義之別可參看〈乾〉「德施」條。施「如字」者，依式支切讀之，與雲行雨施之施音異。此處讀平聲，有施行之義，《論語·爲政》：「施於有政」劉寶楠《正義》引包咸注云：「施，行也。」〔註395〕《大戴禮記·曾子疾病》「故君子思其不復者而先施焉」王聘珍《解詁》：「施，行也。」〔註396〕慎「如字」者，定其字形當作「慎」，不作「順」也。〈象〉詞同者，亦就慎字言。慎與順譌，蓋因二字音近義通所致，慎，古音禪紐眞部，順古音船紐義部。《廿二史考異·漢書一·古今人表》：「王愼，《孟子》作王順。」〔註397〕《經籍籑詁·震韻》：「《史記·孔子世家》：子愼，《漢書·孔光傳》作子順。〈古今人表〉：魯愼公，《左氏·文十六年疏》作順公。」〔註398〕以此證之，二字典籍可相轉寫。孔疏云：「唯施謹愼則可，非通泰之道也。」〔註399〕則孔氏所見王注亦作

〔註392〕〔漢〕許慎撰：《說文解字》，北京：中華書局，景印同治十二年陳昌治刻本，1963年版，第248頁。

〔註393〕〔宋〕洪興祖撰：《楚辭補注》（叢書集成初編文學類第1812～1816冊），上海：商務印書館，據惜陰軒叢書本排印，1939年版，第119頁。

〔註394〕〔魏〕王弼、韓康伯注，〔唐〕孔穎達等正義：《周易正義》，北京：中華書局景印阮刻本，1980年版，第6頁。

〔註395〕〔清〕劉寶楠撰：《論語正義》（四部備要本），上海：中華書局，據南菁書院續經解本校刊，1936年版，第20頁。

〔註396〕〔清〕王聘珍撰：《大戴禮記解詁》（續四庫經部禮類第107冊），上海：上海古籍出版社，景印清咸豐元年王氏刻本，2002年版，第438頁。

〔註397〕〔清〕錢大昕撰：《廿二史考異》（續四庫史部史評類第454冊），上海：上海古籍出版社，景印清乾隆四十五年刻本，2002年版，第75頁。

〔註398〕〔清〕阮元撰：《經籍籑詁》（續四庫經部小學類第198～200冊），上海：上海古籍出版社，景印嘉慶年間阮氏琅嬛僊館刊本，2002年版，第200冊，第60頁。

〔註399〕〔魏〕王弼、韓康伯注，〔唐〕孔穎達等正義：《周易正義》，北京：中華書局景印阮刻本，1980年版，第6頁。

「愼」字也。

之餝| 申職反。本或作「餝」，俗字。〔註400〕

【疏】所在注文爲「裳，下之餝也。」〔註401〕餝《廣韻》賞職切，書職開三入曾。《釋文》音同。本或作「餝」者，《玉篇・食部》：「餝，同餝，俗。」〔註402〕《干祿字書・入聲》：「餝、餝，並上俗下正。」〔註403〕《隸辨・卷五》云：「餝或作餝；餝或作餝；餝即餝之異文。餝與餝兩字不同。《說文》餝從巾，餝從力，篆文力作力，與巾相似，乃譌餝爲餝，非餝餝本可通也。」〔註404〕《集韻》以餝爲餝之異文，餝、餝形近相淆，故以餝爲餝之俗字也。

坤至柔| 本或有「文言曰」者。

【疏】所在經文今注疏本作「〈文言〉曰：坤至柔而動也剛」。〔註405〕

爲邪| 似嗟反。

【疏】所在注文爲「動之方直，不爲邪也」。〔註406〕參看〈乾〉「邪」條。

餘殃| 於良反。鄭云：禍惡也。《說文》云：凶也。

【疏】所在經文爲「積不善之家，必有餘殃」。〔註407〕殃《廣韻》於良切，影陽開三平宕。《釋文》音同。鄭云「禍惡也」者，蓋鄭玄之常訓，《禮

〔註400〕《經典釋文彙校》：「『餝』，宋本同。臧依葉鈔本校作『餝』，盧云：亦俗。朱鈔作『餝』。」見黃焯撰：《經典釋文彙校》，北京：中華書局，1980年版，第11頁。

〔註401〕〔魏〕王弼、韓康伯注，〔唐〕孔穎達等正義：《周易正義》，北京：中華書局景印阮刻本，1980年版，第6頁。

〔註402〕〔梁〕顧野王撰：《宋本玉篇》，北京：中國書店，景印張氏澤存堂本，1983年版，第184頁。

〔註403〕〔唐〕顏元孫撰，〔清〕顧炎武等考證：《干祿字書》（四庫存目叢書經部0187冊），齊魯書社，景印清乾隆六年朱振祖抄本，1997年版，第257頁。

〔註404〕〔清〕顧藹吉撰：《隸辨》，北京：中華書局，景印康熙五十七年項絪玉淵堂刊本，1986年版，第187～188頁。

〔註405〕〔魏〕王弼、韓康伯注，〔唐〕孔穎達等正義：《周易正義》，北京：中華書局景印阮刻本，1980年版，第6頁。

〔註406〕〔魏〕王弼、韓康伯注，〔唐〕孔穎達等正義：《周易正義》，北京：中華書局景印阮刻本，1980年版，第6頁。

〔註407〕〔魏〕王弼、韓康伯注，〔唐〕孔穎達等正義：《周易正義》，北京：中華書局景印阮刻本，1980年版，第7頁。

記‧禮運》「眾以爲殃」鄭玄注：「殃，猶禍惡也。」〔註408〕又《說文‧歺部》：
「殃，咎也。」〔註409〕《釋文》所引「凶也」與今本《說文》異。

臣弑│ 式志反。本或作「殺」，音同，下同。

【疏】所在經文爲「臣弑其君」。〔註410〕弑《廣韻》式吏切，書志開三
去止。《釋文》音同。本或作「殺」者，假殺作弑也。《漢書‧高帝紀上》「放
殺其主」顏師古注：「殺讀曰弑。」〔註411〕《爾雅‧釋詁上》「劉，殺也」郝
懿行《義疏》：「殺，通作弑。」〔註412〕

由辯│ 如字。馬云：別也。荀作「變」。

【疏】所在經文爲「由辯之不早辯也」。〔註413〕「如字」者，辨其字形
當作「辯」，不當如荀氏作「變」也。馬云「別也」者，常訓也。《易‧履‧
象傳》「君子以辯上下」李鼎祚《集解》引虞翻曰：「辯，別也。」〔註414〕《周
禮‧秋官‧鄉士》「辯其獄頌」賈公彥疏：「辯，別也。」〔註415〕郭璞〈爾雅
序〉「辯同實而殊號者也」邢昺疏：「辯，謂辯別。」〔註416〕荀作「變」者，
辯、變古通。《潛夫論‧志氏姓》「《易》曰：君子以類族辯物」汪繼培《箋》：
「辯，〈敘錄〉作變。」〔註417〕《莊子‧逍遙遊》「而御六氣之辯」陸德明《釋

〔註408〕〔漢〕鄭玄注，〔唐〕孔穎達等正義：《禮記正義》，北京：中華書局景印阮刻
本，1980 年版，第 186 頁。
〔註409〕〔漢〕許慎撰：《說文解字》，北京：中華書局，景印同治十二年陳昌治刻本，
1963 年版，第 85 頁。
〔註410〕〔魏〕王弼、韓康伯注，〔唐〕孔穎達等正義：《周易正義》，北京：中華書局
景印阮刻本，1980 年版，第 7 頁。
〔註411〕〔漢〕班固撰：《前漢書》（四部備要本），上海：中華書局，據武英殿本校刊，
1936 年版，第 20 頁。
〔註412〕〔清〕郝懿行撰：《爾雅義疏》（漢小學四種本），成都：巴蜀書社，景印同治
四年郝氏家刻本，2001 年版，第 911 頁。
〔註413〕〔魏〕王弼、韓康伯注，〔唐〕孔穎達等正義：《周易正義》，北京：中華書局
景印阮刻本，1980 年版，第 7 頁。
〔註414〕〔唐〕李鼎祚撰：《周易集解》，北京：中國書店，景印嘉慶三年姑蘇喜墨齋
張遇堯局鐫本，1987 年版，卷三，第 11 頁。
〔註415〕〔漢〕鄭玄注，〔唐〕賈公彥疏：《周禮注疏》，北京：中華書局景印阮刻本，
1980 年版，第 237～238 頁。
〔註416〕〔晉〕郭璞注，〔宋〕邢昺疏：《爾雅注疏》，北京：中華書局景印阮刻本，1980
年版，第 1 頁。
〔註417〕〔漢〕王符著，〔清〕汪繼培箋：《潛夫論》，上海：上海書店，景印諸子集成

文》：「辯，變也。」〔註418〕《廣雅・釋言》：「辯，變也。」〔註419〕荀作「變」，則其經文作「由變之不早辯也」，變訓爲變化，於義亦通。

言順｜ 如字。

【疏】所在經文爲「蓋言順也。」〔註420〕順《廣韻》唯食閏切一音。「如字」者，蓋明此處無假借。順字典籍中或假爲馴，如《諸子平議・莊子三》「已之大順」俞樾按：「順，讀爲馴。」〔註421〕或假爲訓，如《爾雅・釋詁上》「順，敘也」郝懿行《義疏》云：「順，又通作訓。」〔註422〕或假作愼，如《大戴禮記・哀公問五義》「言既順之」王聘珍《解詁》：「順，讀曰愼。」〔註423〕此處「如字」，則依順之音義讀之，訓爲順從。《周易集解》引虞翻曰：「霜者，乾之命令，坤下有伏乾。履霜堅冰，蓋言順也。乾氣加之，性而堅，象臣順君命而成之。」〔註424〕則虞翻訓順爲順從。孔氏注解稍異，其疏云：「『蓋言順』者，言此『履霜堅冰至』，蓋言順習陰惡之道，積微而不已，乃致此弑害。」〔註425〕又孔氏於「馴致其道，至堅冰也」下疏云：「馴猶狎順也。若鳥獸馴狎然。言順其陰柔之道，習而不已，乃至『堅冰』也。」〔註426〕則孔氏順訓爲順從、順隨。虞以霜爲乾之命令，孔以霜爲陰惡之道，此其異也。至若訓順

本，1986 年版，第 192 頁。

〔註418〕〔唐〕陸德明撰：《經典釋文》，北京：中華書局，景印徐乾學通志堂刻本，1983 年版，第 361 頁。

〔註419〕〔清〕王念孫撰：《廣雅疏證》，北京：中華書局，景印嘉慶年間王氏家刻本，1983 年版，第 171 頁。

〔註420〕〔魏〕王弼、韓康伯注，〔唐〕孔穎達等正義：《周易正義》，北京：中華書局景印阮刻本，1980 年版，第 7 頁。

〔註421〕〔清〕俞樾撰：《諸子平議》（續四庫子部雜家類第 1161～1162 冊），上海：上海古籍出版社，景印同治丙寅春在堂刊本，2002 年版，第 1162 冊，第 100 頁。

〔註422〕〔清〕郝懿行撰：《爾雅義疏》（漢小學四種本），成都：巴蜀書社，景印同治四年郝氏家刻本，2001 年版，第 896 頁。

〔註423〕〔清〕王聘珍撰：《大戴禮記解詁》（續四庫經部禮類第 107 冊），上海：上海古籍出版社，景印清咸豐元年王氏刻本，2002 年版，第 400 頁。

〔註424〕〔唐〕李鼎祚撰：《周易集解》，北京：中國書店，景印嘉慶三年姑蘇喜墨齋張遇堯局鐫本，1987 年版，卷二，第 5 頁。

〔註425〕〔魏〕王弼、韓康伯注，〔唐〕孔穎達等正義：《周易正義》，北京：中華書局景印阮刻本，1980 年版，第 6 頁。

〔註426〕〔魏〕王弼、韓康伯注，〔唐〕孔穎達等正義：《周易正義》，北京：中華書局景印阮刻本，1980 年版，第 6 頁。

爲從則同。孔疏蓋言順從陰惡之道以致弑害之至。又《周易本義》云：「古字順、慎通用，按此當作慎，言當辯之於微也。」〔註427〕朱子假順爲慎，義亦可通，然於陸、虞、孔諸氏則異。

直方大，不習无不利，則不疑其所行。｜ 張璠本此上有「易曰」，眾家皆無。

【疏】《坤·文言》唯此處引易無「易曰」二字，疑挩。張璠本可從。

木蕃｜ 伐袁反。

【疏】所在經文爲「天地變化，草木蕃，天地閉，賢人隱。」〔註428〕蕃《廣韻》二讀，一爲附袁切，奉元合三平山，茂也，息也，滋也；一爲甫煩切，非元合三平山，蕃屏也。《釋文》音同《廣韻》附袁切。《說文·艸部》：「蕃，艸茂也。」〔註429〕

而暢｜ 勑亮反。

【疏】所在經文爲「而暢於四支，發於事業。」〔註430〕暢《廣韻》丑亮切，徹漾開三去宕。《釋文》音同。暢，通達也。《漢書·武帝紀》「物不暢茂」顏師古注：「暢，通也。」〔註431〕《淮南子·俶眞》「相與優游競暢于宇宙之閒」高誘注：「暢，達也。」〔註432〕

陰疑｜ 如字。茍、虞、姚信、蜀才本作「凝」。

【疏】所在經文爲「陰疑於陽必戰。」〔註433〕「如字」者，陸氏不作假

〔註427〕〔宋〕朱熹撰：《周易本義》（四書五經本），北京：中國書店，據世界書局本景印，1985年版，第6頁。

〔註428〕〔魏〕王弼、韓康伯注，〔唐〕孔穎達等正義：《周易正義》，北京：中華書局景印阮刻本，1980年版，第7頁。

〔註429〕〔漢〕許愼撰：《說文解字》，北京：中華書局，景印同治十二年陳昌治刻本，1963年版，第27頁。

〔註430〕〔魏〕王弼、韓康伯注，〔唐〕孔穎達等正義：《周易正義》，北京：中華書局景印阮刻本，1980年版，第7頁。

〔註431〕〔漢〕班固撰：《前漢書》（四部備要本），上海：中華書局，據武英殿本校刊，1936年版，第66頁。

〔註432〕〔漢〕劉安著，高誘注：《淮南子》，上海：上海書店，景印諸子集成本，1986年版，第19頁。

〔註433〕〔魏〕王弼、韓康伯注，〔唐〕孔穎達等正義：《周易正義》，北京：中華書局景印阮刻本，1980年版，第7頁。

借讀之，則訓爲疑惑，《說文・子部》：「疑，惑也。」〔註434〕僞《子夏易傳》云：「陰之盛，陽憚而疑，故戰也。」〔註435〕王弼注云：「辯之不早，疑盛乃動，故『必戰』。」〔註436〕孔穎達疏云：「『陰疑於陽，必戰』者，陰盛爲陽所疑，陽乃發動，欲除去此陰，陰既強盛，不肯退避，故『必戰』也。」〔註437〕皆訓疑爲惑。荀、虞、姚、蜀作「凝」者，疑、凝古通，朱駿聲《說文通訓定聲》云：「疑，叚借爲冰，即凝也。」〔註438〕《爾雅・釋詁下》「蠱，疑也」郝懿行《義疏》：「疑，通作凝。」〔註439〕《楚辭・九章・涉江》「淹回水而疑滯」舊校曰：「疑，一作凝。」〔註440〕《荀子・解蔽》「而無所疑止之」楊倞注：「疑，或爲凝。」〔註441〕荀、虞、姚、蜀本爲「陰凝於陽必戰」，凝者，凝冱也。《周易述・卷十八》於「陰凝於陽必戰」下注云：「初始凝陽，至十月而與乾接。」彼疏云：「陰凝陽自午始，故象曰履霜堅冰，陰始凝也。戰者，接也。建亥之月，乾之本位，故十月而與乾接也。今本『疑於陽』，荀、虞、姚、蜀才本皆作『凝』，故從之。」〔註442〕惠氏以消息言之，訓凝爲凝結，於義可通。按此處歷來訓解不一，除訓爲惑外，多訓爲似、均敵者，如《周易集解》引孟喜曰：「陰乃上薄，疑似于陽，必與陽戰也。」〔註443〕疑似

〔註434〕〔漢〕許慎撰：《說文解字》，北京：中華書局，景印同治十二年陳昌治刻本，1963 年版，第 310 頁。

〔註435〕舊題〔周〕卜商撰：《子夏易傳》，揚州：江蘇廣陵古籍刻印社，景印通志堂經解本第一冊，1996 年版，第 8 頁。

〔註436〕〔魏〕王弼、韓康伯注，〔唐〕孔穎達等正義：《周易正義》，北京：中華書局景印阮刻本，1980 年版，第 7 頁。

〔註437〕〔魏〕王弼、韓康伯注，〔唐〕孔穎達等正義：《周易正義》，北京：中華書局景印阮刻本，1980 年版，第 7 頁。

〔註438〕〔清〕朱駿聲撰：《說文通訓定聲》（續四庫經部小學類第 220～221 冊），上海：上海古籍出版社，景印道光二十八年刻本，2002 年版，第 220 冊，第 252 頁。

〔註439〕〔清〕郝懿行撰：《爾雅義疏》（漢小學四種本），成都：巴蜀書社，景印同治四年郝氏家刻本，2001 年版，第 948 頁。

〔註440〕〔宋〕洪興祖撰：《楚辭補注》（叢書集成初編文學類第 1812～1816 冊），上海：商務印書館，據惜陰軒叢書本排印，1939 年版，第 100 頁。

〔註441〕〔唐〕楊倞注，〔清〕王先謙集解：《荀子集解》，上海：上海書店，景印諸子集成本，1986 年版，第 270 頁。

〔註442〕〔清〕惠棟撰：《周易述》（四部備要本），上海：中華書局，據學海堂經解本校刊，1936 年版，第 124～125 頁。

〔註443〕〔唐〕李鼎祚撰：《周易集解》，北京：中國書店，景印嘉慶三年姑蘇喜墨齋張遇堯局鐫本，1987 年版，卷二，第 6 頁。

者，近似也。《東坡易傳‧卷一》：「嫌也、疑也，皆似之謂也，陰盛似陽必戰。」〔註444〕《周易本義》云：「疑謂鈞敵而无小大之差也。」〔註445〕《周易集說‧文言傳》云：「疑謂似也，坤至上六陰盛而與陽相似也。陰當從陽也，盛極則不能降以相從也，不相從則與陽爲敵，故曰陰疑於陽必戰。」〔註446〕疑、儗、擬音近可通，故有比、敵之義。

為其| 于偽反，注「為其」同。〔註447〕

【疏】所在經文爲「爲其嫌於无陽也，故稱『龍』焉。」〔註448〕爲《廣韻》薳支切，云支合三平止。于僞切，云寘合三去止。《羣經音辨‧卷六》：「爲，造也，委支切。造而有所徇曰爲，于僞切。」〔註449〕《釋文》音同《廣韻》去聲，表原因。

嫌| 戶謙反，注同。鄭作「謙」，荀、虞、陸、董作「嗛」。〔註450〕

【疏】嫌《廣韻》戶兼切，匣添開四平咸。《釋文》音同。嫌訓爲疑，《說文‧女部》：「嫌，不平於心也。一曰疑也。」〔註451〕《漢書‧杜鄴傳》

〔註444〕〔宋〕蘇軾撰：《蘇氏易傳》（叢書集成初編哲學類第392～393冊），上海：商務印書館，據學津討原本排印，1936年版，第11頁。
〔註445〕〔宋〕朱熹撰：《周易本義》（四書五經本），北京：中國書店，據世界書局木景印，1985年版，第7頁。
〔註446〕〔宋〕俞琰撰：《周易集說》，揚州：江蘇廣陵古籍刻印社，景印通志堂經解本第三冊，1996年版，第431頁。
〔註447〕《經典釋文彙校》：「宋本『于』作『胡』。案于紐字六朝以前多讀入匣，如熊，《廣韻》『羽弓切』，而《集韻》作『胡弓』，羽『王矩切』，而《類篇》又作『後五』，與宋本以『胡爲』爲之反語正同，蓋《集韻》、《類篇》所載多六代前舊音也。後人乃疑此『胡』字爲非，而改作『于』字，由不知當時讀爲入匣紐耳，此宋本之所以可貴也。」見黃焯撰：《經典釋文彙校》，北京：中華書局，1980年版，第11頁。
〔註448〕〔魏〕王弼、韓康伯注，〔唐〕孔穎達等正義：《周易正義》，北京：中華書局景印阮刻本，1980年版，第7頁。
〔註449〕〔宋〕賈昌朝撰：《羣經音辨》（叢書集成初編語文學類第1208冊），上海：商務印書館，景印畿輔叢書本，1939年版，第145頁。
〔註450〕《經典釋文彙校》：「十行本、閩監本同，宋本『嗛』作『兼』。惠云：朱震云，古文作『兼於陽』，盧本『謙』改『溓』。」見黃焯撰：《經典釋文彙校》，北京：中華書局，1980年版，第11頁。
〔註451〕〔漢〕許慎撰：《說文解字》，北京：中華書局，景印同治十二年陳昌治刻本，1963年版，第263頁。

「禎祥福祿，何嫌不報」顏師古注：「嫌，疑也。」〔註452〕《禮記·坊記》「使民無嫌」鄭玄注：「嫌，嫌疑也。」〔註453〕又王弼注：「爲其嫌於非陽而戰。」〔註454〕孔穎達疏：「上六陰盛，似陽，爲嫌純陰非陽，故稱『龍』以明之。」〔註455〕《伊川易傳·卷一》：「卦雖純陰，恐疑无陽，故稱龍。」〔註456〕此諸家訓嫌爲疑者也。或訓嫌爲似者，《東坡易傳·卷一》：「嫌也、疑也，皆似之謂也。」〔註457〕東坡訓爲似，即近似之義，《呂氏春秋·貴直》「固嫌於危」高誘注：「嫌，猶近也。」〔註458〕《大戴禮記·少閒》「則嫌於死」王聘珍《解詁》引高注《呂覽》云：「嫌，猶近也。」〔註459〕鄭作「謙」，荀、虞、陸、董作「嗛」者，謙、嗛古同。《易·謙》「謙，亨」陸德明《釋文》：「子夏作『嗛』，云：嗛，謙也。」〔註460〕《易·謙》「謙謙君子」、「鳴謙」、「勞謙」、「撝謙」馬王堆漢墓帛書《周易》皆作「嗛」。《漢書·司馬相如傳下》「陛下嗛讓而弗發也」顏師古注：「嗛，古謙字。」〔註461〕《讀書雜志·荀子第二·仲尼》「則謹愼而嗛」王念孫引王引之曰：「嗛，與謙同。」〔註462〕依《彙校》，宋本作「兼」，此處當依宋本，謙、嗛、㦑古與兼通。《讀書雜志·墨子第三·

〔註452〕〔漢〕班固撰：《前漢書》（四部備要本），上海：中華書局，據武英殿本校刊，1936年版，第1142頁。

〔註453〕〔漢〕鄭玄注，〔唐〕孔穎達等正義：《禮記正義》，北京：中華書局景印阮刻本，1980年版，第394頁。

〔註454〕〔魏〕王弼、韓康伯注，〔唐〕孔穎達等正義：《周易正義》，北京：中華書局景印阮刻本，1980年版，第7頁。

〔註455〕〔魏〕王弼、韓康伯注，〔唐〕孔穎達等正義：《周易正義》，北京：中華書局景印阮刻本，1980年版，第7頁。

〔註456〕〔宋〕程頤撰：《伊川易傳》（叢書集成三編哲學類第9冊），臺灣：新文豐出版公司，景印中華書局聚珍倣宋版印二程全書本，1997年版，第66頁。

〔註457〕〔宋〕蘇軾撰：《蘇氏易傳》（叢書集成初編哲學類第392～393冊），上海：商務印書館，據學津討原本排印，1936年版，第11頁。

〔註458〕〔漢〕高誘注：《呂氏春秋》，上海：上海書店，景印諸子集成本，1986年版，第297頁。

〔註459〕〔清〕王聘珍撰：《大戴禮記解詁》（續四庫經部禮類第107冊），上海：上海古籍出版社，景印清咸豐元年王氏刻本，2002年版，第489頁。

〔註460〕〔唐〕陸德明撰：《經典釋文》，北京：中華書局，景印徐乾學通志堂刻本，1983年版，第21頁。

〔註461〕〔漢〕班固撰：《前漢書》（四部備要本），上海：中華書局，據武英殿本校刊，1936年版，第858頁。

〔註462〕〔清〕王念孫撰：《讀書雜志》（續四庫子部雜家類第1152～1153冊），上海：上海古籍出版社，景印道光十二年刻本，2002年版，第1153冊，第335頁。

明鬼下》「齊君由嫌殺之」王念孫按：「嫌，與兼同。」〔註463〕朱駿聲《說文通訓定聲》：「溓，假借爲兼。」〔註464〕又《周易集解》即作「兼」，李鼎祚引《九家易》曰：「陰陽合居，故曰兼陽，謂上六坤行，至亥下有伏乾。陽者變化，以喻龍焉。」〔註465〕惠棟《周易述・卷十九》：「爲其兼於陽也，故稱龍焉。」其注云：「陰陽合居，故曰兼陽。《爾雅》曰十月爲陽。俗作嫌於无陽，今從古。」其疏云：「消息坤在亥，亥乾之位也，故曰陰陽合居，此荀義也。《爾雅》者，〈釋天〉文。《詩・杕杜》曰日月陽止，亦謂十月爲陽月，俗作謂王弼作也。荀、鄭、虞、陸、董皆云兼於陽。鄭本費氏，故云古也。」〔註466〕故古《周易》似當作「兼」，訓爲并、合也。

未離丨 力智反。

【疏】所在經文爲「猶未離其類也」。〔註467〕參看〈乾〉「離隱」條。

☷ 屯丨 張倫反，難也，盈也。坎宮二世卦。

【疏】屯《廣韻》二讀：訓爲難，陟綸切，知諄合三平臻。訓爲聚，徙渾切，定魂合一平臻。《釋文》音同《廣韻》陟綸切。「難也」者《說文・屮部》：「屯，難也。象艸木之初生。屯然而難。从屮貫一。一，地也。尾曲。《易》曰：『屯，剛柔始交而難生。』」〔註468〕又「屯」甲骨文作 （甲二八一五）、 （乙三四四二反），〔註469〕金文作 （頌鼎）、 （克鼎）。〔註470〕依古文

〔註463〕〔清〕王念孫撰：《讀書雜志》（續四庫子部雜家類第 1152～1153 冊），上海：上海古籍出版社，景印道光十二年刻本，2002 年版，第 1153 冊，第 261 頁。

〔註464〕〔清〕朱駿聲撰：《說文通訓定聲》（續四庫經部小學類第 220～221 冊），上海：上海古籍出版社，景印道光二十八年刻本，2002 年版，第 220 冊，第 209 頁。

〔註465〕〔唐〕李鼎祚撰：《周易集解》，北京：中國書店，景印嘉慶三年姑蘇喜墨齋張遇堯局鐫本，1987 年版，卷二，第 6 頁。

〔註466〕〔清〕惠棟撰：《周易述》（四部備要本），上海：中華書局，據學海堂經解本校刊，1936 年版，第 124～125 頁。

〔註467〕〔魏〕王弼、韓康伯注，〔唐〕孔穎達等正義：《周易正義》，北京：中華書局景印阮刻本，1980 年版，第 7 頁。

〔註468〕〔漢〕許慎撰：《說文解字》，北京：中華書局，景印同治十二年陳昌治刻本，1963 年版，第 15 頁。

〔註469〕中國科學院考古研究所編輯：《甲骨文編》（考古學專刊本，乙種第十四號），北京：中華書局，1965 年版，第 18 頁。

〔註470〕容庚編著，張振林、馬國權摹補：《金文編》，北京：中華書局，1985 年版，

字字形，「屯」字當如《說文》，象艸木初生時艱難而生，訓爲難也。《易・屯》「屯，元亨」孔穎達疏：「屯，難也。」〔註471〕《易・大有》「艱則无咎」李鼎祚《集解》引虞翻曰：「屯，難也。」〔註472〕「盈也」者，即盈滿之義。《易・序卦》曰：「有天地然後萬物生焉，盈天地之間者唯萬物，故受之以屯。屯者，盈也。屯者，萬物之始生也。」〔註473〕《易・比》「有孚盈缶」李鼎祚《集解》引虞翻曰：「屯者，盈也。」〔註474〕《廣雅・釋詁一》：「屯，滿也。」〔註475〕《國語・晉語四》：「厚之至也，故曰屯」韋昭注：「屯，厚也。」〔註476〕「坎宮二世卦」者，用京房之說。其說以八卦分八宮，每宮一純卦，統七變卦，詳見《京氏易傳》上、中二卷。京氏八宮順序，《周易啓蒙翼傳・外篇・京氏易傳》總結云：「上卷首乾宮八卦：〈乾〉、〈姤〉、〈遯〉、〈否〉、〈觀〉、〈剝〉、〈晉〉、〈大有〉；次震宮八卦：〈震〉、〈豫〉、〈解〉、〈恒〉、〈升〉、〈井〉、〈大過〉、〈隨〉；次坎宮八卦：〈坎〉、〈節〉、〈屯〉、〈既濟〉、〈革〉、〈豐〉、〈明夷〉、〈師〉；次艮宮八卦：〈艮〉、〈賁〉、〈大畜〉、〈損〉、〈睽〉、〈履〉、〈中孚〉、〈漸〉；中卷首坤宮八卦：〈坤〉、〈復〉、〈臨〉、〈泰〉、〈大壯〉、〈夬〉、〈師〉、〈比〉；次巽宮八卦：〈巽〉、〈小畜〉、〈家人〉、〈益〉、〈无妄〉、〈噬嗑〉、〈頤〉、〈蠱〉；次離宮八卦：〈離〉、〈旅〉、〈鼎〉、〈未濟〉、〈蒙〉、〈渙〉、〈訟〉、〈同人〉；次兌宮八卦：〈兌〉、〈困〉、〈萃〉、〈咸〉、〈蹇〉、〈謙〉、〈小過〉、〈歸妹〉。蓋專主八純卦變六十四卦也。」〔註477〕京氏宮序爲：乾、震、坎、艮、坤、巽、離、兌，此序依文王八卦次序。又《京氏易傳・卷下》云：「八卦之上，乃生

第 31 頁。

〔註471〕 〔魏〕王弼、韓康伯注，〔唐〕孔穎達等正義：《周易正義》，北京：中華書局景印阮刻本，1980 年版，第 7 頁。

〔註472〕 〔唐〕李鼎祚撰：《周易集解》，北京：中國書店，景印嘉慶三年姑蘇喜墨齋張遇堯局鐫本，1987 年版，卷四，第 5 頁。

〔註473〕 〔魏〕王弼、韓康伯注，〔唐〕孔穎達等正義：《周易正義》，北京：中華書局景印阮刻本，1980 年版，第 83 頁。

〔註474〕 〔唐〕李鼎祚撰：《周易集解》，北京：中國書店，景印嘉慶三年姑蘇喜墨齋張遇堯局鐫本，1987 年版，卷三，第 7 頁。

〔註475〕 〔清〕王念孫撰：《廣雅疏證》，北京：中華書局，景印嘉慶年間王氏家刻本，1983 年版，第 12 頁。

〔註476〕 〔吳〕韋昭注，〔清〕董增齡正義：《國語正義》（續四庫史部雜史類第 422 冊），上海：上海古籍出版社，景印光緒庚辰會稽章氏式訓堂刊本，2002 年版，第 199 頁。

〔註477〕 〔元〕胡一桂撰：《周易發明啓蒙翼傳》，揚州：江蘇廣陵古籍刻印社，景印通志堂經解本第三冊，1996 年版，第 539 頁。

一世之初。初一世之五位，乃分而爲五世之位，其五世之上，乃爲游魂之世。五世之初，乃爲歸魂之世。而歸魂之初，乃生後卦之初。」〔註478〕由此，則京氏每宮除本宮卦外七變卦名目自下而上爲一世、二世、三世、四世、五世、游魂、歸魂。又朱熹《周易本義》卷首載有〈分宮卦象次序〉歌，標上下象於卦名前，頗便記誦。然其宮序與京房異，其序爲乾、坎、艮、震、巽、離、坤、兌，此序蓋依文王八卦方位。現依京房宮序，採朱子卦歌，重編分宮卦象圖表如下。〔註479〕

宮次	本宮卦	一世卦	二世卦	三世卦	四世卦	五世卦	游魂卦	歸魂卦
乾宮	乾爲天	天風姤	天山遯	天地否	風地觀	山地剝	火地晉	火天大有
震宮	震爲雷	雷地豫	雷水解	雷風恒	地風升	水風井	澤風大過	澤雷隨
坎宮	坎爲水	水澤節	水雷屯	水火既濟	澤火革	雷火豐	地火明夷	地水師
艮宮	艮爲山	山火賁	山天大畜	山澤損	火澤睽	天澤履	風澤中孚	風山漸
坤宮	坤爲地	地雷復	地澤臨	地天泰	雷天大壯	澤天夬	水天需	水地比
巽宮	巽爲風	風天小畜	風火家人	風雷益	天雷无妄	火雷噬嗑	山雷頤	山風蠱
離宮	離爲火	火山旅	火風鼎	火水未濟	山水蒙	風水渙	天水訟	天火同人
兌宮	兌爲澤	澤水困	澤地萃	澤山咸	水山蹇	地山謙	雷山小過	雷澤歸妹

則否｜ 備鄙反。

【疏】所在注文爲「不交則否」。〔註480〕否《廣韻》二讀，一爲符鄙切，

〔註478〕〔吳〕陸績注：《京氏易傳》，明毛晉汲古閣刻津逮秘書本，卷下，第7頁。

〔註479〕黃壽祺、張善文先生於《周易譯注·讀易要例·八宮卦圖》所重編之圖表依朱子《周易本義》宮序。（參看黃壽祺、張善文先生撰：《周易譯注》，上海：上海古籍出版社，2001年版，第63～64頁。）今改依京房八宮次序。

〔註480〕〔魏〕王弼、韓康伯注，〔唐〕孔穎達等正義：《周易正義》，北京：中華書局景印阮刻本，1980年版，第7頁。

奉旨開重紐三上止，塞也。又方久切，非有開三上流，《說文》「不」也。《釋文》皮鄙反，並紐，《廣韻》符鄙切古音亦爲重脣。訓爲閉塞也。

得主則定丨 本亦作「則寧」。

【疏】所在注文爲「得王則定」。[註481] 阮元《校勘記》云：「得王則定：『王』，『主』之誤。岳本、閩監本、毛本不誤。《釋文》『則定』本亦作『寧』。古本下有『也』字。」[註482] 本亦作「寧」者，義同。按：本亦作「寧」者，疑受後〈象〉文影響所致，〈象〉曰：「宜建侯而不寧。」[註483]

而難丨 乃旦反，卦內除六二注「難可」，餘並同。賈逵注〈周語〉云：畏憚也。

【疏】所在經文爲「剛柔始交而難生」。[註484] 難《廣韻》二讀，艱難那干切，泥寒開一平山。患難奴案切，泥翰開一去山。《釋文》音同《廣韻》去聲。此處訓爲患難，危難。六二注「難可」所在句爲「正道未通，涉遠而行，難可以進。」難可以進者，義爲難以前進，故讀平聲。賈逵注〈周語〉云「畏憚也」者，亦患難之引申義。因患難而生畏憚之心也。《釋名·釋言語》「難，憚也，人所忌憚也。」[註485] 《文選·李陵〈答蘇武書〉》「陵不難刺心以自明」劉良注：「難，憚也。」[註486]

天造丨 徂早反，注同。

【疏】所在經文爲「天造草昧」。[註487] 音徂早反，則訓爲作，此處有

〔註481〕〔魏〕王弼、韓康伯注，〔唐〕孔穎達等正義：《周易正義》，北京：中華書局景印阮刻本，1980 年版，第 7 頁。
〔註482〕〔魏〕王弼、韓康伯注，〔唐〕孔穎達等正義：《周易正義》，北京：中華書局景印阮刻本，1980 年版，第 11 頁。
〔註483〕〔魏〕王弼、韓康伯注，〔唐〕孔穎達等正義：《周易正義》，北京：中華書局景印阮刻本，1980 年版，第 7 頁。
〔註484〕〔魏〕王弼、韓康伯注，〔唐〕孔穎達等正義：《周易正義》，北京：中華書局景印阮刻本，1980 年版，第 7 頁。
〔註485〕〔漢〕劉熙撰，〔清〕畢沅疏證，王先謙補：《釋名疏證補》（漢小學四種本），成都：巴蜀書社，景印光緒二十二年刊本，2001 年版，第 1504 頁。
〔註486〕〔梁〕蕭統編，〔唐〕李善、呂延濟、劉良、張銑、呂向、李周翰注：《六臣注文選》，北京：中華書局，景印涵芬樓藏宋刊本，1987 年版，第 760 頁。
〔註487〕〔魏〕王弼、韓康伯注，〔唐〕孔穎達等正義：《周易正義》，北京：中華書局景印阮刻本，1980 年版，第 7 頁。

製造之義。《周易集解》引荀爽曰：「謂陽動在下，造生萬物於冥昧之中也。」〔註488〕王注、孔疏亦以造爲創造義。造之音義可參看〈乾〉「大人造」條。

草昧| 音妹。《廣雅》云：草，造也。董云：草昧，微物。

【疏】昧《廣韻》二讀，一爲莫佩切，明隊合一去蟹，暗昧也。一爲莫撥切，明末合一入山，星也。《釋文》音同《廣韻》莫佩切，草昧之「昧」當訓爲暗昧，孔穎達疏：「昧謂冥昧」。「昧」字《說文・日部》云：「昧，爽，旦明也。」〔註489〕朱駿聲《說文通訓定聲》：「昧，將明尚暗之時也。」〔註490〕疑此處昧當訓爲暗，爽者，明也，《書・仲虺之誥》「用爽厥師」孔安國《傳》：「爽，明也。」〔註491〕《書・盤庚中》「故有爽德」孔穎達疏：「訓爽爲明」，〔註492〕昧爽者，暗昧將去，光明且臨之時也。因昧有陰暗義，故曰入之地名爲昧谷，《書・堯典》「宅西，曰昧谷」孔安國《傳》：「昧，冥也。」〔註493〕《廣雅》云「草，造也」者，亦即草創之義，見《廣雅・釋言》。《資治通鑑・晉紀十二》「江東草創」胡三省注即引《廣雅》釋之。又《法言・先知》「載使之草律」李軌注云：「草，创也。」〔註494〕《易・屯・象傳》「天造草昧」李鼎祚《集解》引虞翻曰：「草，草創物也。」〔註495〕孔穎達疏云：「草，謂草創。」〔註496〕董云「草昧，微物」者，幽隱蒙昧之物也，亦即事物草創暗

〔註488〕〔唐〕李鼎祚撰：《周易集解》，北京：中國書店，景印嘉慶三年姑蘇喜墨齋張遇堯局鐫本，1987年版，卷二，第7頁。

〔註489〕〔漢〕許慎撰：《說文解字》，北京：中華書局，景印同治十二年陳昌治刻本，1963年版，第137頁。

〔註490〕〔清〕朱駿聲撰：《說文通訓定聲》（續四庫經部小學類第220～221冊），上海：上海古籍出版社，景印道光二十八年刻本，2002年版，第221冊，第12頁。

〔註491〕〔漢〕孔安國傳，〔唐〕孔穎達等正義：《尚書正義》，北京：中華書局景印阮刻本，1980年版，第49頁。

〔註492〕〔漢〕孔安國傳，〔唐〕孔穎達等正義：《尚書正義》，北京：中華書局景印阮刻本，1980年版，第59頁。

〔註493〕〔漢〕孔安國傳，〔唐〕孔穎達等正義：《尚書正義》，北京：中華書局景印阮刻本，1980年版，第7頁。

〔註494〕〔漢〕楊雄著，李軌注：《法言》，上海：上海書店，景印諸子集成本，1986年版，第27頁。

〔註495〕〔唐〕李鼎祚撰：《周易集解》，北京：中國書店，景印嘉慶三年姑蘇喜墨齋張遇堯局鐫本，1987年版，卷二，第7頁。

〔註496〕〔魏〕王弼、韓康伯注，〔唐〕孔穎達等正義：《周易正義》，北京：中華書局景印阮刻本，1980年版，第7頁。

昧之初。《文選·范雲〈爲范尙書讓吏部封侯第一表〉》「締構草昧」呂向注：「草昧，謂初也。」〔註497〕

而不寧｜ 而，辭也。鄭讀而曰能，能猶安也。

【疏】所在經文爲「宜建侯而不寧」。〔註498〕「而，辭也」者，表轉折，孔穎達疏：「于此草昧之時，王者當法此屯卦，宜建立諸侯以撫恤萬方之物，而不得安居于事。」〔註499〕「鄭讀而曰能」者，而、能古通。《墨子·尙賢下》「上可而利天」孫詒讓《閒詁》引畢云：「而，同能。」〔註500〕《戰國策·齊策四》「而治可爲管商職師」黃丕烈按：「《呂氏春秋》作能，而、能同字。」〔註501〕又而曰紐之部，能泥紐之部。曰泥二紐古近，而、能蓋一聲之轉也。「能猶安也」者，《詩·大雅·民勞》「柔遠能邇」下馬瑞辰《毛詩傳箋通釋》云：「能，亦安也，善也。」〔註502〕依鄭氏，此處「而不寧」即「能不寧」，能訓作安，義與柔遠能邇之「能」略同，有使不寧安定之義。於義可通，可備一說。

經論｜ 音倫。鄭如字，謂論撰書禮樂施政事。黃穎云：經論，匡濟也。本亦作「綸」。

【疏】所在經文注疏本作「〈象〉曰：云雷屯，君子以經綸。」〔註503〕集解本作「論」〔註504〕，與《釋文》同。論《廣韻》三讀：一爲力迍切，來

〔註497〕〔梁〕蕭統編，〔唐〕李善、呂延濟、劉良、張銑、呂向、李周翰注：《六臣注文選》，北京：中華書局，景印涵芬樓藏宋刊本，1987 年版，第 715 頁。

〔註498〕〔魏〕王弼、韓康伯注，〔唐〕孔穎達等正義：《周易正義》，北京：中華書局景印阮刻本，1980 年版，第 7 頁。

〔註499〕〔魏〕王弼、韓康伯注，〔唐〕孔穎達等正義：《周易正義》，北京：中華書局景印阮刻本，1980 年版，第 7 頁。

〔註500〕〔清〕孫詒讓撰：《墨子閒詁》，上海：上海書店，景印諸子集成本，1986 年版，第 41 頁。

〔註501〕〔清〕黃丕烈撰：《重刻剡川姚氏本戰國策札記》（叢書集成初編本第 3687 冊《戰國策》附錄），上海：商務印書館，1937 年版，第 20 頁。

〔註502〕〔清〕馬瑞辰撰：《毛詩傳箋通釋》（四部備要本），上海：中華書局，據南菁書院續經解本校刊，1936 年版，第 302 頁。

〔註503〕〔魏〕王弼、韓康伯注，〔唐〕孔穎達等正義：《周易正義》，北京：中華書局景印阮刻本，1980 年版，第 7 頁。

〔註504〕〔唐〕李鼎祚撰：《周易集解》，北京：中國書店，景印嘉慶三年姑蘇喜墨齋張遇堯局鑴本，1987 年版，卷二，第 8 頁。

諄合三平臻，有言理，出《字書》。一爲慮昆切，來魂合一平臻，論說文義也，思也。一爲盧困切，來慁合一去臻，論議也。《釋文》此處「音倫」者，既注其音，疑亦有假借之義。論「音倫」者，有言理也。从侖得聲之字，多有理義。《說文・龠部》於「侖」字下云：「侖，理也。」〔註505〕故論者，依理成言也。倫者，依理序輩也。綸者，依理治絲也。所謂「經論」，實與王弼本「經綸」同，皆有經理之義，亦即《釋文》所引黃穎「匡濟」也。《周易集解》引荀爽曰：「屯難之代，萬事失正。經者，常也。論者，理也。君子以經綸，不失常道也。」〔註506〕引姚信曰：「經，緯也。時在屯難，是天地經論之日，故君子法之，須經論艱難也。」〔註507〕孔穎達疏：「『經』謂經緯，『綸』謂綱綸，言君子法此屯象有爲之時，以經綸天下，約束於物，故云『君子以經綸』也。」〔註508〕荀爽、姚信、孔氏字有論、綸之別，於義則同，皆有經理匡濟之義。至若鄭玄「如字」者，依《廣韻》則音爲盧困切，有論議義，故鄭云「謂論撰書禮樂施政事」也，引申之，是亦有匡濟之義。然經論、綷綸爲成詞，此處訓作經濟治理爲佳。按：論或平聲、或去聲。《說文・言部》段玉裁注：「凡言語循其理得其宜謂之論，故孔門師弟子之言謂之論語。皇侃依俗分去聲平聲異其解，不知古無異議，亦無平去之別也。」〔註509〕又孔穎達疏云：「劉表、鄭玄云『以綸爲淪字』。」〔註510〕淪者，《說文・水部》徐鍇《繫傳》：「淪，有倫理也。」〔註511〕朱駿聲《通訓定聲》：「淪，叚借爲倫。」〔註512〕此假爲

〔註505〕〔漢〕許慎撰：《說文解字》，北京：中華書局，景印同治十二年陳昌治刻本，1963 年版，第 48 頁。

〔註506〕〔唐〕李鼎祚撰：《周易集解》，北京：中國書店，景印嘉慶三年姑蘇喜墨齋張遇堯局鐫本，1987 年版，卷二，第 8 頁。

〔註507〕〔唐〕李鼎祚撰：《周易集解》，北京：中國書店，景印嘉慶三年姑蘇喜墨齋張遇堯局鐫本，1987 年版，卷二，第 8 頁。

〔註508〕〔魏〕王弼、韓康伯注，〔唐〕孔穎達等正義：《周易正義》，北京：中華書局景印阮刻本，1980 年版，第 7 頁。

〔註509〕〔清〕段玉裁撰：《說文解字注》，上海：上海古籍出版社，景印嘉慶二十年經韻樓本，1988 年版，第 92 頁。

〔註510〕〔魏〕王弼、韓康伯注，〔唐〕孔穎達等正義：《周易正義》，北京：中華書局景印阮刻本，1980 年版，第 7 頁。

〔註511〕〔南唐〕徐鍇撰：《說文解字繫傳》，北京：中華書局，景印道光年間祁雋藻刻本，1987 年版，第 220 頁。

〔註512〕〔清〕朱駿聲撰：《說文通訓定聲》（續四庫經部小學類第 220～221 冊），上海：上海古籍出版社，景印道光二十八年刻本，2002 年版，第 221 冊，第 258 頁。

倫，義與經綸同。

磐｜ 本亦作「盤」，又作「槃」。步干反。〔註513〕

【疏】所在經文爲「磐桓，利居貞，利建侯。」〔註514〕集解本作「盤桓」。
〔註515〕又阜陽漢簡《周易》作「般」。〔註516〕「磐桓」爲連緜字，寫法不一，
唯記其音耳。《別雅‧卷一》云：「泮桓、槃桓、般桓、磐桓、畔桓，盤桓也。」
〔註517〕呂祖謙《古易音訓》引晁說之曰：「案，古文作般，三皆通。」〔註518〕
磐《廣韻》薄官切，並桓合一平山。《釋文》步干反，反切下字「干」爲寒韻
開口一等字，然被切字爲合口字。何哉？考乎《釋文》反切上字「步」，爲並
紐暮韻合口一等，則「步干」一切，其韻母之介音，取自切上字也。故《釋
文》音實與《廣韻》音同。

桓｜ 馬云：槃桓，旋也。

【疏】磐桓，孔穎達疏：「磐桓，不進之貌。處屯之初，動即難生，故『磐
桓』也。」〔註519〕《周易集解》引虞翻曰：「震起艮止，動乎險中，故盤桓。」
〔註520〕《周易集解纂疏》疏云：「內震爲起，互艮爲止，外坎爲險。震陽動乎
險中，初剛難拔，觸艮而止，故有盤桓難進之象。」〔註521〕虞翻以卦象言之，

〔註513〕 《經典釋文彙校》：「《爾雅釋文》引此文作『般桓』。般，正字。盤、槃，假
　　　　借字。磐，後出字。」見黃焯撰：《經典釋文彙校》，北京：中華書局，1980
　　　　年版，第 11 頁。

〔註514〕 〔魏〕王弼、韓康伯注，〔唐〕孔穎達等正義：《周易正義》，北京：中華書局
　　　　景印阮刻本，1980 年版，第 7 頁。

〔註515〕 〔唐〕李鼎祚撰：《周易集解》，北京：中國書店，景印嘉慶三年姑蘇喜墨齋
　　　　張遇堯局鐫本，1987 年版，卷二，第 8 頁。

〔註516〕 韓自強撰：《阜陽漢簡周易研究‧阜陽漢簡周易釋文》，上海：上海古籍出版
　　　　社，2004 年版，第 47 頁。

〔註517〕 〔清〕吳玉搢撰：《別雅》，光緒丁亥年莪林山房刻益雅堂叢書本，卷一，第
　　　　53 頁。

〔註518〕 〔宋〕呂祖謙撰，〔清〕宋咸熙輯：《古易音訓》（續四庫經部易類第 2 冊），
　　　　上海：上海古籍出版社，景印清嘉慶七年刻本，2002 年版，第 32 頁。

〔註519〕 〔魏〕王弼、韓康伯注，〔唐〕孔穎達等正義：《周易正義》，北京：中華書局
　　　　景印阮刻本，1980 年版，第 7 頁。

〔註520〕 〔唐〕李鼎祚撰：《周易集解》，北京：中國書店，景印嘉慶三年姑蘇喜墨齋
　　　　張遇堯局鐫本，1987 年版，卷二，第 8 頁。

〔註521〕 〔清〕李道平撰，潘雨廷點校：《周易集解纂疏》，北京：中華書局，1994 年
　　　　版，第 99 頁。

其盤桓有難進之義。馬云「槃桓，旋也」者，旋，還也。還古音匣紐元部，旋邪紐元部，二字音近可通，義亦同。《易·履》「其旋元吉」惠棟《周易述》：「旋，反也。」〔註522〕盤桓訓旋反義者，《周易集解》於「象曰：雖盤桓，志行正也」下引荀爽曰：「盤桓者，動而退也，謂陽從二動而退居初，雖盤桓，得其正也。」〔註523〕《周易集解纂疏》疏云：「『動而退』者，盤桓之象也。謂坎陽從二爻動而退居于初，雖有盤桓難進之象，然所居實得其正。」〔註524〕荀爽「動而退」，與馬氏義同。

晏安｜ 本又作「宴」，各依字。晏一諫反，宴一見反。

【疏】所在注文爲「非爲宴安棄成務也」。〔註525〕晏、宴義同，安也。晏，《說文·日部》：「晏，天清也。从日安聲。」〔註526〕宴，《說文·宀部》：「宴，安也。从宀晏聲。」〔註527〕宴本義爲安，晏本義爲天清，引申之，亦可訓爲安。如：《易·需·象傳》「君子以飲食宴樂」陸德明《釋文》云：「宴，安也。」〔註528〕《莊子·知北遊》「今日晏閒」成玄英疏：「晏，安也。」〔註529〕晏《廣韻》二讀，一爲烏旰切，影翰開一去山，晚也。一爲烏澗切，影諫開二去山，柔也，天清也，又晚也，又姓。《釋文》一諫反音同《廣韻》烏澗切。宴《廣韻》二音，於殄切，影銑開四上山，安也。一爲於甸切，影霰開四去山，安也，息也。《釋文》一見反音同《廣韻》於甸切。

〔註522〕〔清〕惠棟撰：《周易述》（四部備要本），上海：中華書局，據學海堂經解本校刊，1936 年版，第 12 頁。

〔註523〕〔唐〕李鼎祚撰：《周易集解》，北京：中國書店，景印嘉慶三年姑蘇喜墨齋張遇堯局鐫本，1987 年版，卷二，第 8 頁。

〔註524〕〔清〕李道平撰，潘雨廷點校：《周易集解纂疏》，北京：中華書局，1994 年版，第 99 頁。

〔註525〕〔魏〕王弼、韓康伯注，〔唐〕孔穎達等正義：《周易正義》，北京：中華書局景印阮刻本，1980 年版，第 7 頁。

〔註526〕〔漢〕許慎撰：《說文解字》，北京：中華書局，景印同治十二年陳昌治刻本，1963 年版，第 138 頁。

〔註527〕〔漢〕許慎撰：《說文解字》，北京：中華書局，景印同治十二年陳昌治刻本，1963 年版，第 150 頁。

〔註528〕〔唐〕陸德明撰：《經典釋文》，北京：中華書局，景印徐乾學通志堂刻本，1983 年版，第 20 頁。

〔註529〕〔清〕郭慶藩輯：《莊子集釋》，上海：上海書店，景印諸子集成本，1986 年版，第 323 頁。

下賤│ 遐嫁反。

【疏】所在經文爲「以貴下賤，大得民也。」〔註530〕「上」、「下」上去二聲別義，參看〈乾〉卦「上下」條。「上」上聲時爲動詞，義爲上升；去聲時爲名詞，義爲下面。「下」上聲時爲名詞，義爲下面；去聲時爲動詞，義爲下降。此處遐嫁反，音同《廣韻》去聲胡駕切，匣禡開二去假。此處爲動詞，訓爲下降。《周易集解》引荀爽曰：「陽貴而陰賤，陽從二來，是以貴下賤，所以得民也。」〔註531〕李道平《周易集解纂疏》云：「陽從坎二來居于初，是『以貴下賤』也。」〔註532〕「以貴下賤」，義爲以貴下居于賤下也。

屯如│ 《子夏傳》云：如，辭也。

【疏】所在經文爲「屯如邅如」。〔註533〕「如，辭也」者，《易·小畜》「有孚攣如」孔穎達疏：「如，語辭。」〔註534〕《論語·八佾》「始作，翕如也；從之，純如也，皦如也，繹如也。」邢昺疏：「如，皆語辭。」〔註535〕《羣經平議·周易一》：「厥孚交如」俞樾曰：「凡言如者，若乘馬班如、泣血漣如之類，大率皆形容之詞。」〔註536〕孔穎達疏：「『屯如邅如』者，屯是屯難，邅是邅回，如是語辭也。」〔註537〕此處「屯如邅如」，即迍邅之貌也。

邅如│ 張連反。馬云：難行不進之貌。〔註538〕

〔註530〕〔魏〕王弼、韓康伯注，〔唐〕孔穎達等正義：《周易正義》，北京：中華書局景印阮刻本，1980年版，第7頁。
〔註531〕〔唐〕李鼎祚撰：《周易集解》，北京：中國書店，景印嘉慶三年姑蘇喜墨齋張遇堯局鐫本，1987年版，卷二，第8頁。
〔註532〕〔清〕李道平撰，潘雨廷點校：《周易集解纂疏》，北京：中華書局，1994年版，第99頁。
〔註533〕〔魏〕王弼、韓康伯注，〔唐〕孔穎達等正義：《周易正義》，北京：中華書局景印阮刻本，1980年版，第7頁。
〔註534〕〔魏〕王弼、韓康伯注，〔唐〕孔穎達等正義：《周易正義》，北京：中華書局景印阮刻本，1980年版，第15頁。
〔註535〕〔魏〕何晏等注，〔宋〕邢昺疏：《論語注疏》，北京：中華書局景印阮刻本，1980年版，第12頁。
〔註536〕〔清〕俞樾撰：《羣經平議》（續四庫經部羣經總義類第178冊），上海：上海古籍出版社，景印清光緒二十五年刻春在堂全書本，2002年版，第10頁。
〔註537〕〔魏〕王弼、韓康伯注，〔唐〕孔穎達等正義：《周易正義》，北京：中華書局景印阮刻本，1980年版，第7頁。
〔註538〕《經典釋文彙校》：「宋本『邅』作『亶』。亶，正字。邅，後出字。」見黃焯撰：《經典釋文彙校》，北京：中華書局，1980年版，第11頁。

【疏】邅《廣韻》三讀，訓爲迍邅，張連切，知仙開三平山。訓爲逐，持碾切，澄線開三去山。訓爲徐行，除善切，澄獮開三上山。《釋文》音同《廣韻》張連切。《廣韻・仙韻》：「邅，迍邅也。」〔註539〕《集韻・僊韻》：「邅，屯邅，難行不進兒。」〔註540〕《楚辭・九辯》「邅翼翼而無終兮」洪興祖《補注》：「邅，行不進。」〔註541〕李富孫《易經異文釋》云：「『屯如邅如』，《說文・馬部》引作『乘馬驙如』。」又云：「《漢書・敘傳》注引作『亶如』。」〔註542〕《廣雅・釋詁三》「驙，難也」王念孫《疏證》：「〈屯〉六二：『屯如邅如』。馬融注云：邅，難行不進之貌。《漢書・敘傳》：「紛屯驙與蹇連兮」，竝字異而義同。」〔註543〕

乘馬 | 繩證反，四馬曰乘。下及注並同。鄭云：馬牝牡曰乘。《子夏傳》音繩。〔註544〕

【疏】所在經文爲「乘馬班如」。〔註545〕乘《廣韻》二音，一音食陵切，船蒸開三平曾，乘駕也。一音實證切，船證開三去曾，車乘也。則平聲爲動詞，去聲爲名詞。《釋文》繩證反音同《廣韻》實證切，則《釋文》訓爲車乘，作名詞用。「四馬曰乘」者，《儀禮・聘禮》「庭實設馬乘」鄭玄注：「乘，四

〔註539〕〔宋〕陳彭年，丘雍撰：《宋本廣韻》，南京：江蘇教育出版社，景印南宋巾箱本，2008 年版，第 38 頁。

〔註540〕〔宋〕丁度撰：《集韻》，北京：中華書局，景印北京圖書館藏宋刻本，1988年版，第 48 頁。

〔註541〕〔宋〕洪興祖撰：《楚辭補注》（叢書集成初編文學類第 1812～1816 冊），上海：商務印書館，據惜陰軒叢書本排印，1939 年版，第 151 頁。

〔註542〕〔清〕李富孫撰：《易經異文釋》（續四庫經部易類第 27 冊），上海：上海古籍出版社，景印南菁書院續經解本，2002 年版，第 664 頁。

〔註543〕〔清〕王念孫撰：《廣雅疏證》，北京：中華書局，景印嘉慶年間王氏家刻本，1983 年版，第 102 頁。

〔註544〕《經典釋文彙校》：「宋本同。阮云：十行本、閩本『牝』作『牡』，監本作『四』。焯按汲古本亦作『四』。」見黃焯撰：《經典釋文彙校》，北京：中華書局，1980年版，第 11 頁。按：《彙校》云閩本、監本「牝」作「牡」者，牝蓋牡字之譌。監本、汲古本作「四」者，牡本是雄獸。此處四牡者，猶四馬也。《詩・魯頌・駉》「駉駉牡馬」陳奐《傳疏》：「牡馬，謂壯大之馬，猶四馬之稱四牡，不必讀爲牝牡之牡也。」見〔清〕陳奐撰：《詩毛氏傳疏》（續四庫經部詩類第 70 冊），上海：上海古籍出版社，景印道光二十七年陳氏掃葉山莊刻本，第 423 頁。

〔註545〕〔魏〕王弼、韓康伯注，〔唐〕孔穎達等正義：《周易正義》，北京：中華書局景印阮刻本，1980 年版，第 7 頁。

馬也。」〔註546〕《孟子・萬章上》「與屈產之乘」趙岐注:「乘,四馬也。」〔註547〕乘為二耦,因有四義。《周禮・夏官・校人》「乘馬一師四圉」鄭玄注:「二耦為乘。」〔註548〕故《說文・馬部》「駟」字下段玉裁注云:「凡物四曰乘,如乘矢、乘皮、乘韋、乘壺皆是。」〔註549〕王念孫《讀書雜志・漢書第十三・乘雁》「乘雁集不為之多」下云:「乘,有訓為四者,若經言乘馬、乘禽、乘矢、乘壺、乘皮之屬是也。」〔註550〕段、王說同。鄭玄云「馬牝牡曰乘」者,乘除卻上文所言有四義外,另有匹耦之義。《集韻・證韻》:「物雙曰乘。」〔註551〕《廣雅・釋詁四》:「乘,二也。」〔註552〕引申之則馬牝牡匹耦曰乘。鄭氏之說,殆因於是。然羣書多訓乘為四馬,鄭說僅此一見,疑非。《子夏傳》音繩者,與《廣韻》平聲同,作動詞,義為乘駕。僞《子夏易傳》曰:「陰者,依陽而成也。況當此屯時,欲進應五,雖至於乘馬班如,裝飾器備而不可往者,乘初之寇也。極數之變,以待會。終得其依者,守中執志之正也。」〔註553〕《周易集解》引虞翻曰:「屯邅、盤桓,謂初也,震為馬作足,二乘初,故『乘馬』。」〔註554〕又孔穎達疏曰:「言二欲乘馬往適於五,正道未通,故班旋而不進也。」〔註555〕諸氏「乘」皆有乘駕之義,此蓋依卦象而

〔註546〕〔漢〕鄭玄注,〔唐〕賈公彥疏:《儀禮注疏》,北京:中華書局景印阮刻本,1980年版,第118頁。

〔註547〕〔漢〕趙岐注,〔宋〕孫奭疏:《孟子注疏》,北京:中華書局景印阮刻本,1980年版,第75頁。

〔註548〕〔漢〕鄭玄注,〔唐〕賈公彥疏:《周禮注疏》,北京:中華書局景印阮刻本,1980年版,第222頁。

〔註549〕〔清〕段玉裁撰:《說文解字注》,上海:上海古籍出版社,景印嘉慶二十年經韻樓本,1988年版,第465頁。

〔註550〕〔清〕王念孫撰:《讀書雜志》(續四庫子部雜家類第1152～1153冊),上海:上海古籍出版社,景印道光十二年刻本,2002年版,第1152冊,第46頁。

〔註551〕〔宋〕丁度撰:《集韻》,北京:中華書局,景印北京圖書館藏宋刻本,1988年版,第174頁。

〔註552〕〔清〕王念孫撰:《廣雅疏證》,北京:中華書局,景印嘉慶年間王氏家刻本,1983年版,第115頁。

〔註553〕舊題〔周〕卜商撰:《子夏易傳》,揚州:江蘇廣陵古籍刻印社,景印通志堂經解本第一冊,1996年版,第8頁。

〔註554〕〔唐〕李鼎祚撰:《周易集解》,北京:中國書店,景印嘉慶三年姑蘇喜墨齋張遇堯局鐫本,1987年版,卷二,第8頁。

〔註555〕〔魏〕王弼、韓康伯注,〔唐〕孔穎達等正義:《周易正義》,北京:中華書局景印阮刻本,1980年版,第7頁。

來，二爲陰爻，凌駕於初九陽爻之上，故讀平聲。又六二〈象〉曰：「六二之
難，乘剛也。」乘亦是乘陵之義。乘字二讀中，依子夏讀繩更佳，故後之易
家亦多釋之爲乘駕也。

班如｜ 如字。《子夏傳》云：相牽不進貌。鄭本作「般」。〔註556〕

【疏】班《廣韻》唯有一音，此處「如字」者辨字形做「班」，不作「般」
也。所在經文爲「乘馬班如」。鄭本作「般」者，呂祖謙《古易音訓》引晁說
之曰：「般，古文作班。」〔註557〕按，班（幫紐元部）、般（幫紐元部）、還
（匣紐元部），三字古音同在元部，疊韻可通。故典籍中多有假借。《爾雅・
釋言》「般，還也」邵晉涵《正義》：「般、還、班，古字通用。鄭氏《易》：
乘馬般如。今本作『班如』。〈舜典〉：『班瑞于羣后』，《史記》引作『還瑞』。」
〔註558〕則班、般二字皆有還義。引申之，則有盤桓不進之義。孔穎達疏引馬
融云：「班，班旋不進也。」〔註559〕李鼎祚《集解》引虞翻曰：「班，躓也。」
〔註560〕躓，《說文・足部》：「躓，跲也。」〔註561〕亦即躓礙之義，與盤桓不
進略同。《子夏傳》相牽不進之貌，義亦近之。鄭本作「般」者，古字相通，
義同。《周易尚氏學》云：「坤坎皆爲馬，馬多故班如，言行列不前也。吳先
生曰：《漢書》『車班班，往河間』，義同此也。」〔註562〕依尚氏義，「班如」
釋爲馬多，亦即子夏相牽義也，馬多故行列不前，於義亦通。按「車班班，
往河間」語出《後漢書・五行志一》〔註563〕。

〔註556〕《經典釋文彙校》：「臧琳云：馬、鄭、王弼皆讀『班』爲『般』，陸云如字，
　　　　此誤也。」見黃焯撰：《經典釋文彙校》，北京：中華書局，1980年版，第11
　　　　頁。

〔註557〕〔宋〕呂祖謙撰，〔清〕宋咸熙輯：《古易音訓》（續四庫經部易類第2冊），
　　　　上海：上海古籍出版社，景印清嘉慶七年刻本，2002年版，第32頁。

〔註558〕〔清〕邵晉涵撰：《爾雅正義》（續四庫經部小學類第187冊），上海：上海古
　　　　籍出版社，景印乾隆五十三年邵氏面水層軒刻本，2002年版，第101頁。

〔註559〕〔魏〕王弼、韓康伯注，〔唐〕孔穎達等正義：《周易正義》，北京：中華書局
　　　　景印阮刻本，1980年版，第7頁。

〔註560〕〔唐〕李鼎祚撰：《周易集解》，北京：中國書店，景印嘉慶三年姑蘇喜墨齋
　　　　張遇堯局鐫本，1987年版，卷二，第8頁。

〔註561〕〔漢〕許慎撰：《說文解字》，北京：中華書局，景印同治十二年陳昌治刻本，
　　　　1963年版，第47頁。

〔註562〕尚秉和撰：《周易尚氏學》（張善文先生尚氏易學存稿校理本第三卷），北京：
　　　　中國大百科全書出版社，2005年版，第32頁。

〔註563〕范曄《後漢書・五行志一》：「桓帝之初，京都童謠曰：『城上烏，尾畢逑。公

媾｜ 古后反。馬云：重婚。本作「冓」。鄭云：猶會。本或作「構」者，非。〔註564〕

【疏】所在經文爲「匪寇婚媾」。〔註565〕媾《廣韻》古候切，見候開一去流。《釋文》音「古后反」者，「后」有上去二讀，此當讀爲去聲，則古后反音同《廣韻》古候切。毛氏依「后」之上聲讀之，故其《六經正誤》云：「媾字無上聲音，當作古逅反。〈暌〉、〈震〉二卦音古豆反是。」〔註566〕媾《說文·女部》：「媾，重婚也。」〔註567〕段注：「重婚者，重疊交互爲婚姻也。杜注《左傳》曰：重婚曰媾。」〔註568〕孔疏引馬融語云：「重婚曰媾」〔註569〕，《釋文》「馬云重婚」者，訓同。又《左傳·隱公十一年》「如舊昏媾」杜預注：「重昏曰媾」孔疏云：「與昏同文，故先儒皆以爲重昏曰媾。」〔註570〕本作「冓」者，呂祖謙《古易音訓》引晁說之曰：「冓，古文。」〔註571〕「冓」甲骨作 ![甲骨字形] （鐵七七·一）、![甲骨字形] （前一·四○·五）〔註572〕，金文作 ![金文字形] （冓罍）、![金文字形] （頤

為吏，子爲徒。一徒死，百乘車。車班班，入河間。河間妊女工數錢。以錢爲室金爲堂，石上慊慊春黃粱。梁下有懸鼓，我欲擊之丞卿怒。』」見〔南朝宋〕范曄撰：《後漢書》（四部備要本），上海：中華書局，據武英殿本校刊，1936 年版，第 224 頁。

〔註564〕《經典釋文彙校》：「盧云：案下〈賁〉、〈暌〉、〈震〉等卦俱音古豆反，是此非也。焯案《釋文》中往往正文相同而反語用字不同者，后豆固同在候韻，未可非也。他如〈屯〉卦『不揲』葵癸反，監本汲古本『葵』作『渠』，阮氏謂『渠』爲誤，亦非。」見黃焯撰：《經典釋文彙校》，北京：中華書局，1980 年版，第 11 頁。

〔註565〕〔魏〕王弼、韓康伯注，〔唐〕孔穎達等正義：《周易正義》，北京：中華書局景印阮刻本，1980 年版，第 7 頁。

〔註566〕〔宋〕毛居正撰：《六經正誤》，揚州：江蘇廣陵古籍刻印社，景印通志堂經解本第十六冊，1996 年版，第 571 頁。

〔註567〕〔漢〕許慎撰：《說文解字》，北京：中華書局，景印同治十二年陳昌治刻本，1963 年版，第 259 頁。

〔註568〕〔清〕段玉裁撰：《說文解字注》，上海：上海古籍出版社，景印嘉慶二十年經韻樓本，1988 年版，第 616 頁。

〔註569〕〔魏〕王弼、韓康伯注，〔唐〕孔穎達等正義：《周易正義》，北京：中華書局景印阮刻本，1980 年版，第 7 頁。

〔註570〕〔晉〕杜預注，〔唐〕孔穎達等正義：《春秋左傳正義》，北京：中華書局景印阮刻本，1980 年版，第 34 頁。

〔註571〕〔宋〕呂祖謙撰，〔清〕宋咸熙輯：《古易音訓》（續四庫經部易類第 2 冊），上海：上海古籍出版社，景印清嘉慶七年刻本，2002 年版，第 32 頁。

〔註572〕中國科學院考古研究所編輯：《甲骨文編》（考古學專刊本，乙種第十四號），北京：中華書局，1965 年版，第 190 頁。

弔多父盤），〔註573〕「冓」當是二魚相遇之形，爲「遘」之本字，是有會合之義，故鄭云「猶會」。後孳乳媾字，亦有男女相會成婚姻之義。本或作「構」者，冓、遘之假借也，義同。

相近｜ 附近之近，下近五同。又如字。〔註574〕

【疏】所在注文爲「與初相近而不相得」。〔註575〕依陸氏，此處近字音當讀如《廣韻》去聲巨靳切，詞爲動詞，義爲附近，亦即比附接近之義。如字者，讀如《廣韻》上聲其謹切，義爲不遠。參看〈乾〉「近乎」條。

即鹿｜ 王肅作「麓」，云：山足。〔註576〕

【疏】所在經文注疏本作「即鹿无虞」。〔註577〕《說文‧鹿部》：「鹿，獸名。」〔註578〕王肅作「麓」者，鹿、麓，古今字。呂祖謙《古易音訓》引晁說之曰：「案，鹿，古文。」〔註579〕云「山足」者，《春秋‧僖公十四年》「沙鹿崩」孔穎達疏引服虔曰：「鹿，山足。」〔註580〕《漢書‧地理志》「鉅鹿」顏師古注引臣瓚曰：「山足曰鹿。」〔註581〕又《彙校》云「惠云：虞同」者，惠棟蓋因《周易集解》引說而來。然虞翻之說亦有矛盾處。李鼎祚《集解》引虞翻曰：「即，就也。虞謂虞人，掌禽獸者。艮爲山，山足稱鹿。鹿，

〔註573〕容庚編著，張振林、馬國權摹補：《金文編》，北京：中華書局，1985 年版，第 267 頁。

〔註574〕《經典釋文彙校》：「宋本『五』作『並』，閩監本、汲古本、雅雨本作『王』，皆誤。」見黃焯撰：《經典釋文彙校》，北京：中華書局，1980 年版，第 11 頁。

〔註575〕〔魏〕王弼、韓康伯注，〔唐〕孔穎達等正義：《周易正義》，北京：中華書局景印阮刻本，1980 年版，第 7 頁。

〔註576〕《經典釋文彙校》：「惠云：虞同。」見黃焯撰：《經典釋文彙校》，北京：中華書局，1980 年版，第 11 頁。

〔註577〕〔魏〕王弼、韓康伯注，〔唐〕孔穎達等正義：《周易正義》，北京：中華書局景印阮刻本，1980 年版，第 8 頁。

〔註578〕〔漢〕許慎撰：《說文解字》，北京：中華書局，景印同治十二年陳昌治刻本，1963 年版，第 202 頁。

〔註579〕〔宋〕呂祖謙撰，〔清〕宋咸熙輯：《古易音訓》（續四庫經部易類第 2 冊），上海：上海古籍出版社，景印清嘉慶七年刻本，2002 年版，第 32 頁。

〔註580〕〔晉〕杜預注，〔唐〕孔穎達等正義：《春秋左傳正義》，北京：中華書局景印阮刻本，1980 年版，第 101 頁。

〔註581〕〔漢〕班固撰：《前漢書》（四部備要本），上海：中華書局，據武英殿本校刊，1936 年版，第 538 頁。

林也。三變體坎，坎爲叢木，山下故稱林中。坤爲兕虎，震爲麋鹿，又爲驚走，艮爲狐狼，三變禽走入于林中，故曰『即鹿无虞，惟入林中』矣。」〔註582〕虞翻訓鹿爲山麓，下文又訓爲獸名，蓋合二說而綜之也。

君子幾| 徐音祈，辭也。注同。又音機，近也，速也。鄭作「機」，云：弩牙也。

【疏】所在經文爲「君子幾不如舍，往吝。」〔註583〕幾《廣韻》四讀：一爲渠希切，羣微開三平止，幾近也；一爲居依切，見微開三平止，庶幾；一爲居狶切，見尾開三上止，幾何；一爲其既切，羣未開三去止，未已。徐氏音祈與《廣韻》渠希切同，然《廣韻》唯有「幾近」一義項。而幾釋爲「辭也」者，王弼注同。王注云：「幾，辭也。夫君子之動，豈取恨辱哉？故不如舍。」〔註584〕孔疏云：「幾爲語辭，不爲義也。知此『幾』不爲事之幾微，凡『幾微』者，乃從无向有，其事未見，乃爲『幾』也。今『即鹿无虞』，是已成之事，事已顯者，故不得爲幾微之義。」〔註585〕孔氏此處駁「幾」訓幾微之義，訓爲幾微者，如僞《子夏易傳》：「君子知幾，不如捨之，往則吝也。」〔註586〕孔說辯，可從。又《荀子·賦》「時幾將矣。」楊倞注：「幾，辭也。」〔註587〕《荀子·大略》「幾爲知計哉」楊倞注：「幾，辭也。」〔註588〕《經傳釋詞·卷五》：「《周語》曰：『其無乃廢先王之訓，而王幾頓乎？』幾，詞也。」〔註589〕幾訓爲語辭典籍可證。徐氏音祈，蓋與「其」同。《易·歸妹》「月幾

〔註582〕〔唐〕李鼎祚撰：《周易集解》，北京：中國書店，景印嘉慶三年姑蘇喜墨齋張遇堯局鐫本，1987年版，卷二，第8頁。

〔註583〕〔魏〕王弼、韓康伯注，〔唐〕孔穎達等正義：《周易正義》，北京：中華書局景印阮刻本，1980年版，第8頁。

〔註584〕〔魏〕王弼、韓康伯注，〔唐〕孔穎達等正義：《周易正義》，北京：中華書局景印阮刻本，1980年版，第8頁。

〔註585〕〔魏〕王弼、韓康伯注，〔唐〕孔穎達等正義：《周易正義》，北京：中華書局景印阮刻本，1980年版，第8頁。

〔註586〕舊題〔周〕卜商撰：《子夏易傳》，揚州：江蘇廣陵古籍刻印社，景印通志堂經解本第一冊，1996年版，第8頁。

〔註587〕〔唐〕楊倞注，〔清〕王先謙集解：《荀子集解》，上海：上海書店，景印諸子集成本，1986年版，第319頁。

〔註588〕〔唐〕楊倞注，〔清〕王先謙集解：《荀子集解》，上海：上海書店，景印諸子集成本，1986年版，第330頁。

〔註589〕〔清〕王引之撰：《經傳釋詞》（續四庫經部小學類第195冊），上海：上海古籍出版社，景印嘉慶二十四年刻本，2002年版，第574頁。

望」李鼎祚《集解》引虞翻曰：「幾，其也。」〔註590〕江藩《周易述補》：「幾、其古字通。」〔註591〕又音機者，音同《廣韻》居依切，有近、速之義。《周易集解》引虞翻曰：「君子謂陽已正位，幾，近。舍，置。吝，疵也。三應於上，之應歷險，不可以往，動如失位，故不如舍之，往必吝窮也。」〔註592〕虞翻訓幾爲近，蓋亦常訓。如《易·小畜》「月幾望」李鼎祚《集解》引虞翻曰：「幾，近也。」〔註593〕《易·繫辭上》「則乾坤或幾乎息矣」孔穎達疏：「幾，近也。」〔註594〕此處「君子幾不如舍」依虞翻注，似當解爲君子近於險，不如舍之。於義稍顯曲折，不若訓作語辭佳。若「近」訓爲殆近之義，則與音祈者同爲語辭矣，亦通。「幾」訓爲速者，典籍中唯此一見，疑有譌誤。至若鄭作「機」者，幾、機古亦通。《書·顧命上》「貢于非幾」孫星衍《今古文注疏》：「幾，與機通。」〔註595〕《易·繫辭上》「夫易，聖人之所以極深而研機也」陸德明《釋文》：「幾，本或作機。」〔註596〕《公羊傳·定公元年》「晉人執宋仲幾于京師」陸德明《釋文》：「幾，本或作機。」〔註597〕機，《易·繫辭上》「樞機之發，榮辱之主也」鄭玄注：「機，弩牙也。」〔註598〕《書·太甲上》「若虞機張」孔安國《傳》：「機，弩牙也。」孔疏云：「機是轉關，故爲弩牙。」〔註599〕《釋名·釋兵》：弩「含括之口曰機。」〔註600〕則「機」

〔註590〕〔唐〕李鼎祚撰：《周易集解》，北京：中國書店，景印嘉慶三年姑蘇喜墨齋張遇堯局鐫木，1987年版，卷十一，第5頁。

〔註591〕〔清〕江藩撰：《周易述補》（續四庫經部易類第27冊），上海：上海古籍出版社，景印清嘉慶間刻本，2002年版，第8頁。

〔註592〕〔唐〕李鼎祚撰：《周易集解》，北京：中國書店，景印嘉慶三年姑蘇喜墨齋張遇堯局鐫本，1987年版，卷二，第8頁。

〔註593〕〔唐〕李鼎祚撰：《周易集解》，北京：中國書店，景印嘉慶三年姑蘇喜墨齋張遇堯局鐫本，1987年版，卷三，第10頁。

〔註594〕〔魏〕王弼、韓康伯注，〔唐〕孔穎達等正義：《周易正義》，北京：中華書局景印阮刻本，1980年版，第70～71頁。

〔註595〕〔清〕孫星衍撰：《尚書今古文注疏》（四部備要本），上海：中華書局，據冶城山館本校刊，1936年版，第150頁。

〔註596〕〔唐〕陸德明撰：《經典釋文》，北京：中華書局，景印徐乾學通志堂刻本，1983年版，第32～33頁。

〔註597〕〔唐〕陸德明撰：《經典釋文》，北京：中華書局，景印徐乾學通志堂刻本，1983年版，第322頁。

〔註598〕〔漢〕鄭玄撰，〔宋〕王應麟輯，〔清〕惠棟增補，孫堂重校並輯補遺：《鄭氏周易注》（叢書集成初編哲學類第383冊），上海：商務印書館，據古經解彙函本排印，1939年版，第49頁。

〔註599〕〔漢〕孔安國傳，〔唐〕孔穎達等正義：《尚書正義》，北京：中華書局景印阮

乃弓弩制動之關鍵也。惠棟《周易述·卷一》即作「君子機不如舍，往吝。」其自注云：「機，虞機。舍，舍拔。上不應三，張機舍拔，言无所獲，往必吝也。」其疏云：「機一作幾，鄭本作機，云弩也。故曰機，虞機。荀氏曰：震爲動，故爲機。〈緇衣〉引《逸書·太甲》曰：若虞機張，往省括于厥度，則釋。鄭彼注云：虞人之射禽弩已張，從機閒視括與所射參相得，乃後釋。釋，古文作舍，故云舍，舍拔。《詩·駟鐵》曰：舍拔則獲，毛《傳》云：拔，矢末也。上乘五馬，故不應三。凡爻相應而相得者稱獲、稱得。今君子張機不能獲禽，不如舍者，舍拔而已。言無所獲。無獲而往必困窮矣，故云往吝也。」〔註601〕惠棟遵鄭氏文字，訓機爲虞人機括；舍爲舍拔，亦即射箭之義。於義可通，疏解亦妙，可備一說。

如舍| 式夜反，止也。注下同。徐音捨。

【疏】舍《廣韻》二讀，一爲書冶切，書馬開三上假，義爲止息。一爲始夜切，書禡開三去假，屋也，又姓。《釋文》音式夜反者，與《廣韻》始夜切音同。則舍如《廣韻》訓作屋舍，引申之，則有止義。徐音捨者，舍古通捨，即捨弃之義。

往吝| 力刃反，又力慎反。馬云：恨也。

【疏】吝《廣韻》良刃切，來震開三去臻。《釋文》首音同。又力慎反者，音亦同。馬云「恨也」者，《廣韻·震韻》：「吝，恨也。」〔註602〕《說文·口部》：「吝，恨惜也。」〔註603〕

雖比| 毗志反，下皆同。

【疏】所在注文爲「四雖比五」。〔註604〕比，《廣韻》四讀，一爲卑履切，

刻本，1980 年版，第 52 頁。

〔註600〕〔漢〕劉熙撰，〔清〕畢沅疏證，王先謙補：《釋名疏證補》（漢小學四種本），成都：巴蜀書社，景印光緒二十二年刊本，2001 年版，第 1541 頁。

〔註601〕〔清〕惠棟撰：《周易述》（四部備要本），上海：中華書局，據學海堂經解本校刊，1936 年版，第 4 頁。

〔註602〕〔宋〕陳彭年，丘雍撰：《宋本廣韻》，南京：江蘇教育出版社，景印南宋巾箱本，2008 年版，第 113 頁。

〔註603〕〔漢〕許慎撰：《說文解字》，北京：中華書局，景印同治十二年陳昌治刻本，1963 年版，第 34 頁。

〔註604〕〔魏〕王弼、韓康伯注，〔唐〕孔穎達等正義：《周易正義》，北京：中華書局

幫旨開重紐四上止，校也，並也。一爲毗至切，並至開重紐四去止，近也，又阿黨也。一爲必至切，幫至重紐四去止，近也，併也。一爲毗必切，並質開重紐四入臻，比次也。《釋文》毗志反，並紐志韻。至古音質部，志古音之部。二字對轉。故《釋文》毗志反音與《廣韻》毗至切音近，此處訓爲接近、比附。參看〈比〉「比」條。

之易｜ 以豉反。

【疏】所在注文爲「見路之易，不揆其志。」〔註605〕易《廣韻》二讀，一爲以豉切，難易也，簡易也。一爲羊益切，以昔開三入梗，變易，又始也，改也，奪也，轉也。蓋形容詞爲去聲，動詞作入聲。此處以豉切《釋文》音同，訓爲難易之易。孔氏訓易爲平易，平易者，簡易、容易之義也。

不揆｜ 葵癸反。

【疏】揆《廣韻》求癸切，羣旨合重紐四上止。《釋文》音同。《說文·于部》：「揆，葵也。」〔註606〕段玉裁《說文解字注》改作「揆，度也。」其注云：「各本作『葵也』。今依《六書故》所據唐本正。度者、法制也。因以爲揆度之度。今音分去入。古無二也。《小雅》『天子葵之』。《傳》曰：『葵，揆也。』謂叚葵爲揆也。」〔註607〕其說可從。《爾雅·釋言》云：「葵，揆也。」〔註608〕又云：「揆，度也。」〔註609〕《詩·鄘風·定之方中》：「揆之以日，作于楚室。」毛《傳》：「揆，度也。」〔註610〕

以從｜ 如字，鄭、黃于用反。〔註611〕

景印阮刻本，1980 年版，第 8 頁。

〔註605〕〔魏〕王弼、韓康伯注，〔唐〕孔穎達等正義：《周易正義》，北京：中華書局景印阮刻本，1980 年版，第 8 頁。

〔註606〕〔漢〕許慎撰：《說文解字》，北京：中華書局，景印同治十二年陳昌治刻本，1963 年版，第 254 頁。

〔註607〕〔清〕段玉裁撰：《說文解字注》，上海：上海古籍出版社，景印嘉慶二十年經韻樓本，1988 年版，第 604 頁。

〔註608〕〔晉〕郭璞注，〔宋〕邢昺疏：《爾雅注疏》，北京：中華書局景印阮刻本，1980 年版，第 17 頁。

〔註609〕〔晉〕郭璞注，〔宋〕邢昺疏：《爾雅注疏》，北京：中華書局景印阮刻本，1980 年版，第 17 頁。

〔註610〕〔漢〕毛公傳、鄭玄箋，〔唐〕孔穎達等正義：《毛詩正義》，北京：中華書局景印阮刻本，1980 年版，第 47 頁。

〔註611〕《經典釋文彙校》：「『于』爲『子』之誤。宋本誤作『手』，盧從錢本改正。」

【疏】所在經文爲「『即鹿无虞』，以從禽也。」〔註612〕從《廣韻》三讀，一爲疾容切，從鍾合三平通，就也。一爲七恭切，清鍾合三平通，從從。〔註613〕一爲疾用切，從用合三去通，隨行也。《釋文》「如字」者，讀平聲，義爲就、接近也。鄭玄、黃穎「于用反」者，依《經典釋文彙校》當改爲「子用反」，此處注音，蓋明假借，從，假爲縱也。《廣韻》「縱」作放縱義時即子用切。從、縱古今字，惠棟《九經古義‧周易下》云：「《易經》古文僅存者，今人皆未之省，或有失讀者，如〈屯‧六二‧象〉『以從禽也』，從，古縱字。」〔註614〕《論語‧八佾》「從之，純如也」何晏《集解》：「從，讀曰縱。」〔註615〕《禮記‧曲禮上》「樂不可從」陸德明《釋文》：「從，放縱也。」〔註616〕「『即鹿无虞』，以從禽也」者，義爲：逐鹿無虞人，則使禽獸縱逸也。又《周易集解》李鼎祚於「以從禽也」下案曰：「《白虎通》云：禽者何，鳥獸之總名，爲人所禽制也。即〈比〉卦九五爻辭『王用三驅，失前禽』，是其義也。」〔註617〕李氏以失前禽釋之，則亦讀從爲縱，故有失義。是以此處當依鄭、黃二家讀縱爲佳，若釋爲跟從之從，則文意窒塞。郭京《周易舉正》云：「但定本詳尋義理，『何』字不可无也。」〔註618〕郭說蓋非，是不知從縱古通故也。

合好｜呼報反。下同。

【疏】所在注文爲「求與合好，往必見納矣。」〔註619〕好《廣韻》二讀，

見黃焯撰：《經典釋文彙校》，北京：中華書局，1980 年版，第 11 頁。

〔註612〕〔魏〕王弼、韓康伯注，〔唐〕孔穎達等正義：《周易正義》，北京：中華書局景印阮刻本，1980 年版，第 8 頁。

〔註613〕按，「從從」者，車鈴聲也。

〔註614〕〔清〕惠棟撰：《九經古義》（叢書集成初編總類第 254～255 冊），上海：商務印書館，據貸園叢書本排印，1937 年版，第 21 頁。

〔註615〕〔魏〕何晏等注，〔宋〕邢昺疏：《論語注疏》，北京：中華書局景印阮刻本，1980 年版，第 12 頁。

〔註616〕〔唐〕陸德明撰：《經典釋文》，北京：中華書局，景印徐乾學通志堂刻本，1983 年版，第 162 頁。

〔註617〕〔唐〕李鼎祚撰：《周易集解》，北京：中國書店，景印嘉慶三年姑蘇喜墨齋張遇堯局鐫本，1987 年版，卷二，第 9 頁。

〔註618〕〔唐〕郭京撰：《周易舉正》（叢書集成初編哲學類第 390 冊），上海：商務印書館，據范氏二十一種奇書本排印，1939 年版，第 2 頁。

〔註619〕〔魏〕王弼、韓康伯注，〔唐〕孔穎達等正義：《周易正義》，北京：中華書局景印阮刻本，1980 年版，第 8 頁。

一作呼皓切，曉皓開三上效，善也，美也。一作呼到切，曉號開一去效，愛好，亦璧孔也，又姓。此處《釋文》呼報反與《廣韻》去聲同。好訓為愛好。合好，結親也。「求與合好」者，求二姓之好也。《禮記·昏義》：「昏禮者，將合二姓之好。」陸德明《釋文》云：「好，呼報反。」〔註620〕「求與同好」之「好」同之。

恢弘｜　苦回反。大也。

【疏】所在注文為「不能恢弘博施」。〔註621〕恢《廣韻》苦回切，溪灰合一平蟹。《釋文》音同。《易·睽》「見豕負塗，載鬼一車」王弼注「恢詭譎怪」陸德明《釋文》：「恢，大也。」〔註622〕《公羊傳·文公十五年》「郛者何？恢郭也」何休注：「恢，大也。」〔註623〕恢、弘二字連用，皆有大義。

博施｜　式豉反。及下文皆同。

【疏】施音式豉反者，施與之義也。參看〈乾〉「德施」條。

拯｜　拯救之拯。

【疏】所在注文為「拯濟微滯」。〔註624〕「拯救之拯」者，蓋釋義也。此語陸氏書習見，如《易·大過·象傳》「剛過則中」王弼注「拯弱興衰」、《易·明夷》「用拯馬壯」、《易·損·象傳》「損而有孚」王弼注「雖不能拯濟大難」、《易·困》「臀困于株木」王弼注「進不獲拯」、《左傳·宣公十二年》「目於眢井而拯之」、《春秋穀梁傳序》「拯頹綱以繼三五」、《莊子·駢拇》「蒿目而憂世之患」郭象注「此為陷人於難而後拯之也」、《莊子·達生》「使弟並流而拯之」下陸德氏僉曰：「拯救之拯。」〔註625〕又《左傳·昭公十一年》「是以

〔註620〕〔唐〕陸德明撰：《經典釋文》，北京：中華書局，景印徐乾學通志堂刻本，1983 年版，第 217 頁。

〔註621〕〔魏〕王弼、韓康伯注，〔唐〕孔穎達等正義：《周易正義》，北京：中華書局景印阮刻本，1980 年版，第 8 頁。

〔註622〕〔唐〕陸德明撰：《經典釋文》，北京：中華書局，景印徐乾學通志堂刻本，1983 年版，第 26 頁。

〔註623〕〔漢〕何休注，〔唐〕徐彥疏：《春秋公羊傳注疏》，北京：中華書局景印阮刻本，1980 年版，第 80 頁。

〔註624〕〔魏〕王弼、韓康伯注，〔唐〕孔穎達等正義：《周易正義》，北京：中華書局景印阮刻本，1980 年版，第 8 頁。

〔註625〕〔唐〕陸德明撰：《經典釋文》，北京：中華書局，景印徐乾學通志堂刻本，1983 年版，第 24、25、26、27、248、325、373、386 頁。

無拯」《釋文》云：「拯，拯濟之拯，救也。」〔註626〕且「拯」字《廣韻》唯有一音，故陸氏此語是釋義之文也。按：「拯」之本字爲「丞」，「丞」甲骨作 （鐵一七一‧三）、（後二‧三〇‧一二），〔註627〕有拯救之象，後从手作拯。

亨于|　許庚反。

【疏】所在注文爲「亨于羣小」。〔註628〕參看〈乾〉「元亨」條。

他閒|　閒厠之閒。

【疏】所在注文爲「固志同好，不容他閒。」〔註629〕「閒厠之閒」，注音兼釋義也。閒《廣韻》三音，一爲平聲古閑切，見山開二平山，隙也，近也，又中閒，亦姓。一爲古莧切，見襇開二去山，厠也，瘦也，代也，送也，迭也，隔也。《廣韻》於古閑切下云又閑、澗二音，音閑者，字與閑同。古閑、古莧二切，字又作間，同。此處閒厠之閒，音讀去聲。故孔穎達疏云：「間者，厠也。五應在二，是堅固其志，在于同好，不容他人間厠其間也。」〔註630〕

漣如|　音連。《說文》云：泣下也。〔註631〕

【疏】所在經文爲「泣血漣如」。〔註632〕漣音連者，蓋因聲別義。漣有

〔註626〕〔唐〕陸德明撰：《經典釋文》，北京：中華書局，景印徐乾學通志堂刻本，1983年版，第280頁。

〔註627〕中國科學院考古研究所編輯：《甲骨文編》（考古學專刊本，乙種第十四號），北京：中華書局，1965年版，第100頁。

〔註628〕〔魏〕王弼、韓康伯注，〔唐〕孔穎達等正義：《周易正義》，北京：中華書局景印阮刻本，1980年版，第8頁。

〔註629〕〔魏〕王弼、韓康伯注，〔唐〕孔穎達等正義：《周易正義》，北京：中華書局景印阮刻本，1980年版，第8頁。

〔註630〕〔魏〕王弼、韓康伯注，〔唐〕孔穎達等正義：《周易正義》，北京：中華書局景印阮刻本，1980年版，第8頁。

〔註631〕《經典釋文彙校》：「宋本同。江沅於『說文』下增『作』二字。惠云：依《說文》無『漣』字，當作『瀾』，『漣』乃『波瀾』字，非『泣下』之謂。焯案惠氏《九經古誼》又云：〈屯〉上六『泣血漣如』，《說文》引作『瀾』。或古从立心。篆書水心相近，故誤爲『漣』。陸德明亦引《說文》，而不云字異，明不從水旁也。」見黃焯撰：《經典釋文彙校》，北京：中華書局，1980年版，第11頁。

〔註632〕〔魏〕王弼、韓康伯注，〔唐〕孔穎達等正義：《周易正義》，北京：中華書局

二讀，一音連；一音瀾，即瀾之異體。《說文》云「瀾或从連」是也。《詩・魏風・伐檀》「河水清且漣猗」馬瑞辰《傳箋通釋》云：「據《說文》，大波爲瀾，瀾或从連作漣。是瀾漣本一字。古連讀若瀾。」〔註633〕《說文・水部》段注云：「古闌、連同音，故瀾、漣同字。後人乃別爲異字異義異音。」〔註634〕漣本義爲水紋，此處訓作泣下，蓋憐之假借。《說文・心部》「憐，泣下也。从心。連聲。《易》曰：『泣涕憐如。』」〔註635〕段注云：「从心者、哀出於心也。从連者、不可止也。連亦聲。」〔註636〕又云：「『憐如』，《易》作『漣如』。漣者，瀾之或字。葢許所據爲長。」〔註637〕許說可從，作憐爲長。然典籍中多以漣字假之。《說文・心部》桂馥《義證》：「憐，經典借漣字。」〔註638〕按漣从水連聲，於泣下義似有關係。漣本義爲波瀾，引申之，則有泣下之貌。詞如「漣洏」、「漣漣」之類是也。《文選・謝惠連〈祭古冢文〉》「縱鍤漣洏」呂延濟注：「漣洏，流淚貌。」〔註639〕《詩・衛風・氓》「泣涕漣漣」陸德明《釋文》云：「漣漣，泣貌。」〔註640〕故典籍以漣假憐，良有以也。《說文・心部》徐鍇《繫傳》云：「憐，今《易》作漣。」〔註641〕按，漣、憐从連得聲，皆有連續不止之義。「漣如」者，義亦同之，皆泣下不止之

景印阮刻木，1980 年版，第 8 頁。

〔註633〕〔清〕馬瑞辰撰：《毛詩傳箋通釋》（四部備要本），上海：中華書局，據南菁書院續經解本校刊，1936 年版，第 108 頁。

〔註634〕〔清〕段玉裁撰：《說文解字注》，上海：上海古籍出版社，景印嘉慶二十年經韻樓本，1988 年版，第 549 頁。

〔註635〕〔漢〕許慎撰：《說文解字》，北京：中華書局，景印同治十二年陳昌治刻本，1963 年版，第 223 頁。

〔註636〕〔清〕段玉裁撰：《說文解字注》，上海：上海古籍出版社，景印嘉慶二十年經韻樓本，1988 年版，第 515 頁。

〔註637〕〔清〕段玉裁撰：《說文解字注》，上海：上海古籍出版社，景印嘉慶二十年經韻樓本，1988 年版，第 515 頁。

〔註638〕〔清〕桂馥撰：《說文解字義證》（續四庫經部小學類第 209～210 冊），上海：上海古籍出版社，景印清咸豐二年楊氏連筠簃單刊本，2002 年版，210 冊第 290 頁。

〔註639〕〔梁〕蕭統編，〔唐〕李善、呂延濟、劉良、張銑、呂向、李周翰注：《六臣注文選》，北京：中華書局，景印涵芬樓藏宋刊本，1987 年版，第 1122～1123 頁。

〔註640〕〔唐〕陸德明撰：《經典釋文》，北京：中華書局，景印徐乾學通志堂刻本，1983 年版，第 62 頁。

〔註641〕〔南唐〕徐鍇撰：《說文解字繫傳》，北京：中華書局，景印道光年間祁寯藻刻本，1987 年版，第 212 頁。

貌也。

應援| 于眷反。又音袁。

【疏】所在注文爲「下无應援，進無所適。」〔註642〕援《廣韻》二讀，一音雨元切，云元合三平山，援引也。一音王眷切，云線合三去山，接援、救助也。平聲者爲動詞，去聲者爲名詞。此處「應援」與下文「所適」相對，「所適」者，前進之所也，是爲名詞，當讀去聲。《釋文》于眷反音同《廣韻》去聲。又音袁者，音同《廣韻》平聲，則訓作動詞，於義亦通。

闉| 音因，塞也。《春秋傳》云當陳隧者，井堙木刊是也。

【疏】所在注文爲「適窮困闉厄，无所委仰」。〔註643〕闉《廣韻》於眞切，影眞開重紐四平臻。與《釋文》音同。「塞也」者，《周禮‧地官‧稻人》「共其葦事」鄭玄注「葦以闉壙」賈公彦疏：「闉，塞也。」〔註644〕又《淮南子‧兵略》「而相爲斥闉要遮者」高誘注：「闉，塞也。」〔註645〕闉訓塞，蓋堙之假借字也。《詩‧魯頌‧泮水》「孔淑不逆」鄭《箋》「謂堙井刊木之類」《釋文》：「堙，塞也。」〔註646〕《鶡冠子‧能天》「苓巒堙谿」陸佃注：「堙，塞也。」〔註647〕闉本義爲重門，故訓塞者，乃堙之假借。故《釋文》引《春秋傳》「當陳隧者，井堙木刊」者，蓋明闉、堙二字假借也。按堙之本字爲垔，《說文‧土部》：「垔，塞也。《尚書》曰：『鯀垔洪水。』」〔註648〕故《說文通訓定聲》「闉」下云「叚借爲垔」〔註649〕是也。按「當陳隧者，井堙木刊」語

〔註642〕〔魏〕王弼、韓康伯注，〔唐〕孔穎達等正義：《周易正義》，北京：中華書局景印阮刻本，1980年版，第8頁。

〔註643〕〔魏〕王弼、韓康伯注，〔唐〕孔穎達等正義：《周易正義》，北京：中華書局景印阮刻本，1980年版，第8頁。

〔註644〕〔漢〕鄭玄注，〔唐〕賈公彦疏：《周禮注疏》，北京：中華書局景印阮刻本，1980年版，第108～109頁。

〔註645〕〔漢〕劉安著，高誘注：《淮南子》，上海：上海書店，景印諸子集成本，1986年版，第254頁。

〔註646〕〔唐〕陸德明撰：《經典釋文》，北京：中華書局，景印徐乾學通志堂刻本，1983年版，第105頁。

〔註647〕〔宋〕陸佃解：《鶡冠子》（叢書集成初編哲學類第581冊），上海：商務印書館，據子彙本景印，1939年版，第116頁。

〔註648〕〔漢〕許慎撰：《說文解字》，北京：中華書局，景印同治十二年陳昌治刻本，1963年版，第288頁。

〔註649〕〔清〕朱駿聲撰：《說文通訓定聲》（續四庫經部小學類第220～221冊），上

見《左傳・襄公二十五年》。

厄│於革反。又於賣反。〔註650〕

【疏】厄，《廣韻》唯於革切一音，與《釋文》首音同。《文選・孔融〈薦禰衡表〉》「遭遇厄運」李周翰注：「厄，困也。」〔註651〕《文選・盧諶〈答魏子悌〉》「共更飛狐厄」呂向注：「厄，難也。」〔註652〕厄，訓爲困厄險難之義。又音於賣反者，蓋與阨通。阨《集韻》有烏懈一切，與《釋文》於賣反音同。阨爲山領險阨之地。引申之，義與厄同。

委仰│如字。又魚亮反。

【疏】仰《廣韻》二讀，一音魚兩切，疑養開三上宕，一音魚向切，疑漾開三去宕。其於「魚向切」下但云：「又魚兩切。」則二讀音異而義同也。《釋文》又魚亮反者，與《廣韻》魚向切音同。按「委仰」者，《三國志・蜀志・費詩傳》：「鴻曰：『閒過孟達許，適見王沖從南來，言往者達之去就，明公切齒，欲誅達妻子，賴先主不聽耳。』達曰：『諸葛亮見顧有本末，終不爾也。』盡不信沖言，委仰明公，無復已已。」〔註653〕宋郭俠〈林明中持服詩序〉曰：「此其所領者重才謀勇畧，朝廷之所委仰。」〔註654〕委，隨也。仰，望也。依文意，委仰有憑藉仰仗之義。故「適窮困闉厄，无所委仰」言〈屯〉上六爻正窮困闉厄之時，无倚仗之處。

長也│直良反。

【疏】所在經文爲「『泣血漣如』，何可長也？」〔註655〕長《廣韻》三讀，

　　　　海：上海古籍出版社，景印道光二十八年刻本，2002 年版，第 221 冊，第 272
　　　　頁。

〔註650〕《經典釋文彙校》：「宋本、葉鈔、十行本、閩監本、汲古本、雅雨本並作『阨』。」
　　　　見黃焯撰：《經典釋文彙校》，北京：中華書局，1980 年版，第 11 頁。

〔註651〕〔梁〕蕭統編，〔唐〕李善、呂延濟、劉良、張銑、呂向、李周翰注：《六臣
　　　　注文選》，北京：中華書局，景印涵芬樓藏宋刊本，1987 年版，第 684 頁。

〔註652〕〔梁〕蕭統編，〔唐〕李善、呂延濟、劉良、張銑、呂向、李周翰注：《六臣
　　　　注文選》，北京：中華書局，景印涵芬樓藏宋刊本，1987 年版，第 475 頁。

〔註653〕〔晉〕陳壽撰，〔南朝宋〕裴松之注：《三國志》（四部備要本），上海：中華
　　　　書局，據武英殿本校刊，1936 年版，第 442 頁。

〔註654〕〔宋〕郭俠撰：《西塘集》，臺灣：商務印書館，景印文淵閣四庫全書本第 1117
　　　　冊，1983 年版，第 387 頁。

〔註655〕〔魏〕王弼、韓康伯注，〔唐〕孔穎達等正義：《周易正義》，北京：中華書局

訓爲久，直良切，澄陽開三平宕。訓爲大，知丈切，知養開三上宕。訓爲多，直亮切，澄漾開三去宕。《釋文》音同《廣韻》直良切，訓爲久長。故孔疏云：「言窮困泣血，何可久長也？」〔註656〕

☰☷蒙｜ 莫公反。蒙，蒙也，稚也。《稽覽圖》云：無以教天下曰蒙。《方言》云：蒙，萌也。離宮四世卦。

【疏】蒙《廣韻》莫紅切，明東合一平通。《釋文》音同。「蒙，蒙也，稚也」者，隟栝〈序卦〉語。《易·序卦》曰：「蒙者，蒙也。物之穉也。」〔註657〕「蒙，蒙也」者，同字爲訓。後「物之穉也」者，蓋解釋之語，故此訓蒙爲蒙穉。孔穎達疏：「蒙者，微昧闇弱之名。」〔註658〕蒙有蒙昧之義，引申之，則謂物之初稚爲蒙，故李鼎祚《集解》引干寶曰：「蒙爲物之穉也。」〔註659〕又《易·序卦》「物生必蒙」《集解》引鄭玄曰：「蒙，幼小之貌。」〔註660〕於人，則爲童蒙。《左傳·僖公九年》「王曰小童」杜預注「童蒙幼末之稱」孔疏：「蒙謂闇昧也，幼童於事多闇昧，是以謂之童蒙焉。」〔註661〕「無以教天下曰蒙」一語，今本《易緯稽覽圖》無，疑「侵之比先蒙」下之佚文也。〔註662〕「蒙，萌也」者，亦未見今本《方言》。

童｜ 如字。《字書》作「僮」。鄭云：未冠之稱。《廣雅》云：癡也。

景印阮刻本，1980年版，第8頁。

〔註656〕 〔魏〕王弼、韓康伯注，〔唐〕孔穎達等正義：《周易正義》，北京：中華書局景印阮刻本，1980年版，第8頁。

〔註657〕 〔魏〕王弼、韓康伯注，〔唐〕孔穎達等正義：《周易正義》，北京：中華書局景印阮刻本，1980年版，第83頁。

〔註658〕 〔魏〕王弼、韓康伯注，〔唐〕孔穎達等正義：《周易正義》，北京：中華書局景印阮刻本，1980年版，第8頁。

〔註659〕 〔唐〕李鼎祚撰：《周易集解》，北京：中國書店，景印嘉慶三年姑蘇喜墨齋張遇堯局鐫本，1987年版，卷二，第9頁。

〔註660〕 〔唐〕李鼎祚撰：《周易集解》，北京：中國書店，景印嘉慶三年姑蘇喜墨齋張遇堯局鐫本，1987年版，卷十七，第10頁。

〔註661〕 〔晉〕杜預注，〔唐〕孔穎達等正義：《春秋左傳正義》，北京：中華書局景印阮刻本，1980年版，第98頁。

〔註662〕 《易緯稽覽圖·卷上》「侵之比先蒙」下四庫館臣按云：「陸德明《釋文》引《稽覽圖》云：無以教天下曰蒙。今本內無此語，或即此處佚文也。」見〔漢〕鄭玄注：《易緯·易緯稽覽圖》，光緒二十五年廣雅書局重刊本，卷上，第6頁。

【疏】所在經文爲「匪我求童蒙」。〔註663〕童《廣韻》唯有一讀，故此處「如字」者，辨字形當作「童」，不依字書作「僮」也。陸氏蓋依經文，不敢妄改也。《說文·辛部》：「童，男有辠曰奴，奴曰童，女曰妾。」〔註664〕《說文·人部》：「僮，未冠也。」〔註665〕《說文·辛部》段注云：「今人童僕字作僮，以此爲僮子字，蓋經典皆漢以後所改。」〔註666〕李富孫《易經異文釋》云：「古以童爲奴僕，僮爲幼少，今俗所用正相反，經傳多淆雜，莫能諟正矣。《九經字樣》云：男有罪曰童，古作僮子字。蓋經典皆漢以後所改。富孫案，經典多有爲經師改易兼雜隸體通借之字，故互有異同，與《說文》古誼尠合。」〔註667〕《潛夫論·浮侈》「待僮夾轂節引」汪繼培《箋》云：「後世多以僮爲童，以童爲僮。」〔註668〕段、李、汪之說可從。然典籍中皆假童爲僮。《論語·述而》「童子見」劉寶楠《正義》：「今經典俱叚童爲僮。」〔註669〕通行本《易經》亦作「童」。《釋文》所謂《字書》作「僮」者，或意在訓釋童蒙之「童」實與《字書》中「僮」字同，義爲未冠之稱。《廣雅》云「癡也」者，今《廣雅·釋詁二》作「僮，癡也」，王念孫《疏證》云：「僮者，賈子《道術篇》云：『反慧爲童』。《蒙·象辭》『匪我求童蒙』，《釋文》引《廣雅》：『僮癡也』。〈晉語〉『僮昏不可使謀』韋昭注云：『僮，無知。闇亂也。』《大戴禮·千乘篇》：『欺惑憧愚』。憧、童竝與僮通。《春秋》胥童字之昧，是其義也。」〔註670〕僮有癡愚之義，蓋即僮爲未冠義之引申也。

〔註663〕〔魏〕王弼、韓康伯注，〔唐〕孔穎達等正義：《周易正義》，北京：中華書局景印阮刻本，1980年版，第8頁。

〔註664〕〔漢〕許慎撰：《說文解字》，北京：中華書局，景印同治十二年陳昌治刻本，1963年版，第58頁。

〔註665〕〔漢〕許慎撰：《說文解字》，北京：中華書局，景印同治十二年陳昌治刻本，1963年版，第161頁。

〔註666〕〔清〕段玉裁撰：《說文解字注》，上海：上海古籍出版社，景印嘉慶二十年經韻樓本，1988年版，第102頁。

〔註667〕〔清〕李富孫撰：《易經異文釋》（續四庫經部易類第27冊），上海：上海古籍出版社，景印南菁書院續經解本，2002年版，第665頁。

〔註668〕〔漢〕王符著，〔清〕汪繼培箋：《潛夫論》，上海：上海書店，景印諸子集成本，1986年版，第55頁。

〔註669〕〔清〕劉寶楠撰：《論語正義》（四部備要本），上海：中華書局，據南菁書院續經解本校刊，1936年版，第77頁。

〔註670〕〔清〕王念孫撰：《廣雅疏證》，北京：中華書局，景印嘉慶年間王氏家刻本，1983年版，第81頁。

筮｜　市制反。決也。鄭云：問。

【疏】所在經文爲「初筮告」。〔註671〕筮《廣韻》時制切，禪祭開三去蟹。《釋文》音同。《說文・竹部》：「𥸸，《易》卦用蓍也。从竹从𤇾。𤇾，古文巫字。」〔註672〕筮爲用蓍，故有決疑、貞問之義。「決也」者，《禮記・曲禮上》：「卜筮者，先聖王之所以使民信時日、敬鬼神、畏法令也，所以使民決嫌疑、定猶與也。」〔註673〕王弼注：「筮，筮者決疑之物也。」〔註674〕鄭云「問」者，蓋鄭氏之常訓。《儀禮・士冠禮》「筮與席」鄭玄注：「筮所以問吉凶，謂蓍也。」〔註675〕《儀禮・特牲饋食禮》「筮人取筮于西塾」鄭玄注：「筮，問也。取其所用問神明者，謂蓍也。」〔註676〕

告｜　古毒反。示也，語也。

【疏】告《廣韻》二讀，一爲去聲古到切，見號開一去效，報也。一爲入聲古沃切，見沃合一入通，告上曰告，發下曰誥。又誥《廣韻》古到切與去聲告同。《釋文》古毒反，與《廣韻》入聲古沃切音同。則此處告字義爲下告上。僞《子夏易傳》曰：「告者，精意而上請也。初志乎決，剛中，求辨於理，故來告也。」〔註677〕此訓告爲上請，即下告上也。依《廣韻》當讀入聲，於陸氏切語音同。然《釋文》釋義曰「示也，語也」似有上告下之義。依經文意，此處訓作自上告下爲佳，故歷代可見注家亦多訓告爲自上告下之義。如《周易集解》於「初筮告」下引崔憬曰：「初筮謂六五求決於九二，二則告之。」〔註678〕《周易集解纂疏》曰：「二以剛居中，剛則誨人不倦，中則立教

〔註671〕〔魏〕王弼、韓康伯注，〔唐〕孔穎達等正義：《周易正義》，北京：中華書局景印阮刻本，1980年版，第8頁。

〔註672〕〔漢〕許慎撰：《說文解字》，北京：中華書局，景印同治十二年陳昌治刻本，1963年版，第96頁。

〔註673〕〔漢〕鄭玄注，〔唐〕孔穎達等正義：《禮記正義》，北京：中華書局景印阮刻本，1980年版，第24頁。

〔註674〕〔魏〕王弼、韓康伯注，〔唐〕孔穎達等正義：《周易正義》，北京：中華書局景印阮刻本，1980年版，第8頁。

〔註675〕〔漢〕鄭玄注，〔唐〕賈公彥疏：《儀禮注疏》，北京：中華書局景印阮刻本，1980年版，第2頁。

〔註676〕〔漢〕鄭玄注，〔唐〕賈公彥疏：《儀禮注疏》，北京：中華書局景印阮刻本，1980年版，第235頁。

〔註677〕舊題〔周〕卜商撰：《子夏易傳》，揚州：江蘇廣陵古籍刻印社，景印通志堂經解本第一冊，1996年版，第8頁。

〔註678〕〔唐〕李鼎祚撰：《周易集解》，北京：中國書店，景印嘉慶三年姑蘇喜墨齋

不偏，故能告以啓蒙也。」〔註679〕又王弼注云：「童蒙之來求我，欲決所惑也。決之不一，不知所從，則復惑也。故初筮則告，再、三則瀆。」〔註680〕孔穎達疏：「『初筮告』者，初者，發始之辭；筮者，決疑之物。童蒙既來求我，我當以初始一理剖決告之。」〔註681〕故崔、李、王、孔訓解皆有上告下之義。依《廣韻》上告下當讀爲去聲古到切。由此觀之，陸氏《釋文》此處音義似相齟齬。按此處告古音覺部，瀆古音屋部，旁轉相押。疑告字古但有入聲一音，上告下、下告上本無異讀，破讀爲去聲者，後世之變也。陸氏之音，當爲經師傳習之舊，蓋古音之孑遺也。

再三| 息暫反，又如字。

【疏】所在經文爲「再三瀆，瀆則不告。」〔註682〕三《廣韻》二讀，一爲平聲蘇甘切，心談開一平咸，數名。一爲蘇暫切，心闞開一去咸，《廣韻》其下但云「三思」二字。「三」讀去聲者，《釋文》習見，如《易‧訟》「終朝三褫之」、《書‧五子之歌》「三失」、《書》「三巾」、《詩‧采薇》「三捷」之下皆注二音，一爲息暫反，一爲如字。由此可知，三於動詞前可破讀爲去聲，亦可如字讀之。而於名詞前，唯有平聲一讀。又《羣經音辨‧卷六》：「三，奇數也，蘇甘切。審用其數曰三，蘇暫切，《論語》『三思而後行』。」〔註683〕賈昌朝以名詞作平聲，動詞作去聲。蓋後世二音別義漸明也。「再三」者，再筮三筮之省文也，筮爲決疑、占問之義，故「三」有二讀。

瀆| 音獨。亂也。鄭云：襲也。

【疏】瀆《廣韻》徒谷切，定屋合一入通。《釋文》音同。瀆，本義爲溝。《易經異文釋》：「再三瀆。《集解》引崔憬曰：瀆，古黷字。案《說文》云：

張遇堯局鐫本，1987 年版，卷二，第 10 頁。

〔註679〕〔清〕李道平撰，潘雨廷點校：《周易集解纂疏》，北京：中華書局，1994 年版，第 107 頁。

〔註680〕〔魏〕王弼、韓康伯注，〔唐〕孔穎達等正義：《周易正義》，北京：中華書局景印阮刻本，1980 年版，第 8 頁。

〔註681〕〔魏〕王弼、韓康伯注，〔唐〕孔穎達等正義：《周易正義》，北京：中華書局景印阮刻本，1980 年版，第 8 頁。

〔註682〕〔魏〕王弼、韓康伯注，〔唐〕孔穎達等正義：《周易正義》，北京：中華書局景印阮刻本，1980 年版，第 8 頁。

〔註683〕〔宋〕賈昌朝撰：《羣經音辨》（叢書集成初編語文學類第 1208 冊），上海：商務印書館，景印畿輔叢書本，1939 年版，第 136 頁。

瀆，溝也。經典通借爲瀆嫩字。據《說文》，『瀆嫩』當作『嬻媟』。『嬻』與『黷』義亦有別，今俗並通用。」〔註684〕按李說是，《說文·水部》：「瀆，溝也。」〔註685〕《說文·黑部》：「黷，握持垢也。」〔註686〕又《說文·女部》：「嬻，媟嬻也。」〔註687〕則此處「瀆」之本字當依《說文》作「嬻」爲是，然經傳多作「瀆」字，《說文通訓定聲》所云「嬻，經傳皆以黷以瀆爲之」〔註688〕是也。瀆《釋文》訓爲亂、鄭玄訓爲嫩者，皆由媟嬻義而來。嫩瀆有不敬、輕狎之義。故《周易集解》引荀爽語曰：「再三謂三與四也，皆乘陽不敬，故曰瀆。瀆不能尊陽，蒙氣不除，故曰瀆蒙也。」〔註689〕引申之，則瀆有亂義。《周易口訣義》即訓作亂。其解曰：「『再三瀆，瀆則不告』者，瀆，亂也。蒙昧之人，心多疑惑。若明師與之決蒙，須一理而說，使其曉悟。若其廣說引論，至於繁多，即蒙者瀆亂，亂即還同不告。」〔註690〕史徵訓瀆爲亂，蓋本《釋文》。訓作嫩、亂者，義稍別而理可通。孔疏參合嫩、亂二義，其疏曰：「若以棄此初本之意，而猶豫遲疑，岐頭別說，則童蒙之人，聞之嫩瀆而煩亂也。故『再三則瀆，瀆蒙也』。」〔註691〕

則復丨 扶又反。

　　【疏】所在注文爲「決之不一，不知所從，則復惑也。」〔註692〕復《廣

〔註684〕〔清〕李富孫撰：《易經異文釋》（續四庫經部易類第 27 冊），上海：上海古籍出版社，景印南菁書院續經解本，2002 年版，第 665 頁。

〔註685〕〔漢〕許慎撰：《說文解字》，北京：中華書局，景印同治十二年陳昌治刻本，1963 年版，第 232 頁。

〔註686〕〔漢〕許慎撰：《說文解字》，北京：中華書局，景印同治十二年陳昌治刻本，1963 年版，第 211 頁。

〔註687〕〔漢〕許慎撰：《說文解字》，北京：中華書局，景印同治十二年陳昌治刻本，1963 年版，第 263 頁。

〔註688〕〔清〕朱駿聲撰：《說文通訓定聲》（續四庫經部小學類第 220～221 冊），上海：上海古籍出版社，景印道光二十八年刻本，2002 年版，第 220 冊，第 456 頁。

〔註689〕〔唐〕李鼎祚撰：《周易集解》，北京：中國書店，景印嘉慶三年姑蘇喜墨齋張遇堯局鐫本，1987 年版，卷二，第 10 頁。

〔註690〕〔唐〕史徵撰：《周易口訣義》（叢書集成初編哲學類第 390 冊），上海：商務印書館，據岱南閣叢書本排印，1939 年版，第 6 頁。

〔註691〕〔魏〕王弼、韓康伯注，〔唐〕孔穎達等正義：《周易正義》，北京：中華書局景印阮刻本，1980 年版，第 8 頁。

〔註692〕〔魏〕王弼、韓康伯注，〔唐〕孔穎達等正義：《周易正義》，北京：中華書局景印阮刻本，1980 年版，第 8 頁。

韻》二讀，一爲扶富切，奉宥開三去流。一爲房六切，奉屋合三入通。《羣經音辨・卷一》：「復，返也，房六切。復，白也，甫六切。復，再也，扶又切。」〔註693〕《釋文》扶又反與《廣韻》扶富切音同，訓爲再也。

能斷｜ 丁亂反。

【疏】所在注文爲「能斷夫疑者也」。〔註694〕《廣韻》三讀，一爲都管切，端緩合一上山。一爲徒管切，定緩合一上山。一爲丁貫切，端換合一去山。音異而義同，皆斷絕之義也。《釋文》音同《廣韻》丁貫切。

夫疑｜ 音扶，六五注同。

【疏】夫作語辭音扶，能斷夫疑者也之夫，猶彼也。《經詞衍釋・卷十》：「夫，猶彼也。《論》《孟》：『夫二三子也。』『夫三子之言何如？』『夫既或治之。』『夫有所受之也。』皆是。」〔註695〕

閡山｜ 五代反。

【疏】所在注文爲「退則困險，進則閡山。」〔註696〕閡《廣韻》五漑切，疑代開一去蟹，外閉。《釋文》音同。《集韻》有四讀，一爲下改切，匣海開一上蟹，藏塞也。一爲戶代切，匣代開一去蟹，外閉也。一爲牛代切，疑代開一去蟹，《說文》外閉也。一爲紇則切，匣德開一入曾，礙也。由此觀之，《釋文》五代反與《廣韻》五漑切、《集韻》牛代切音同，義依《說文》作外閉。《集韻》戶代切義同，但聲紐稍異耳。至若《集韻》下改切、紇則切之屬，皆音近之轉也。訓作藏塞、阻礙者，蓋外閉之引申也。此處注文「閡山」有被動之義，義爲爲山所阻礙。

時中｜ 張仲反。注「時中」、「決中」同。又如字，和也。

【疏】所在經文爲「以亨行，時中也。」〔註697〕中《廣韻》二讀，一爲

〔註693〕〔宋〕賈昌朝撰：《羣經音辨》（叢書集成初編語文學類第1208冊），上海：商務印書館，景印畿輔叢書本，1939年版，第17頁。
〔註694〕〔魏〕王弼、韓康伯注，〔唐〕孔穎達等正義：《周易正義》，北京：中華書局景印阮刻本，1980年版，第8頁。
〔註695〕〔清〕吳昌瑩撰：《經詞衍釋》，北京：中華書局，1956年版，第195～196頁。
〔註696〕〔魏〕王弼、韓康伯注，〔唐〕孔穎達等正義：《周易正義》，北京：中華書局景印阮刻本，1980年版，第8頁。
〔註697〕〔魏〕王弼、韓康伯注，〔唐〕孔穎達等正義：《周易正義》，北京：中華書局

陟弓切，一爲陟仲切。《釋文》張仲反與陟仲切音同，訓爲當。孔疏云：「疊『蒙』、『亨』之義，言居『蒙』之時，人皆願『亨』。若以亨道行之于時，則得中也。故云『時中』也。」〔註698〕此處去聲，讀若「億則屢中」之「中」，有適當之義。依孔疏解之，「則得中」中讀去聲，義爲則適當也。若又如字而讀平聲者，「則得中」義爲則得中和之道也。

童蒙求我｜ 一本作「來求我」。

【疏】《周易章句證異‧卷三》：「晁說之曰：非。廉按：陸德明所云疑是王注中語。」〔註699〕惠棟《九經古義‧周易上》：「〈蒙‧象〉曰：『匪我求童蒙，童蒙求我』，高誘引云：『童蒙來求我』，《釋文》云：一本有來字。」〔註700〕《易經異文釋》案云：「王弼卦象注竝云『童蒙之來求我』，則弼舊本當有『來』字不誤。惠氏曰：《正義》脫來字，王氏念孫曰：蔡邕《處士圈叔則碑》『童蒙來求，彪之用文』，是漢魏時經文多有『來』字。」〔註701〕李氏之說可從。

不諮｜ 本亦作「咨」，又作「資」，並通。

【疏】所在注文爲「闇者求明，明者不諮於闇。」〔註702〕諮本字爲咨。咨《說文‧口部》：「咨，謀事曰咨。从口次聲。」〔註703〕「諮」者蓋其後起字也，增義符「言」而成。《說文‧口部》桂馥《義證》曰：「咨，字或作諮」〔註704〕是也。《廣雅‧釋詁二》「資，問也。」〔註705〕王念孫《疏證補正》曰：

景印阮刻本，1980年版，第8頁。

〔註698〕〔魏〕王弼、韓康伯注，〔唐〕孔穎達等正義：《周易正義》，北京：中華書局景印阮刻本，1980年版，第8頁。

〔註699〕〔清〕翟均廉撰：《周易章句證異》，臺灣：商務印書館，景印文淵閣四庫全書本第53冊，1983年版，第738頁。

〔註700〕〔清〕惠棟撰：《九經古義》（叢書集成初編總類第254～255冊），上海：商務印書館，據貸園叢書本排印，1937年版，第2頁。

〔註701〕〔清〕李富孫撰：《易經異文釋》（續四庫經部易類第27冊），上海：上海古籍出版社，景印南菁書院續經解本，2002年版，第666頁。

〔註702〕〔魏〕王弼、韓康伯注，〔唐〕孔穎達等正義：《周易正義》，北京：中華書局景印阮刻本，1980年版，第8頁。

〔註703〕〔漢〕許慎撰：《說文解字》，北京：中華書局，景印同治十二年陳昌治刻本，1963年版，第32頁。

〔註704〕〔清〕桂馥撰：《說文解字義證》（續四庫經部小學類第209～210冊），上海：上海古籍出版社，景印清咸豐二年楊氏連筠簃單刊本，2002年版，209冊第125頁。

「咨、資古通用。」〔註706〕咨、諮、資古通，皆有問義。

果行| 下孟反。注及六三注、〈象〉同。

【疏】所在經文爲「君子以果行育德」。〔註707〕行讀去聲，作名詞。「果行」與「育德」對文，行、德皆爲名詞。故孔疏云：「以果決其行」，又云：「以育養其德。」〔註708〕參看〈乾〉「庸行」條。

用說| 吐活反。注同。徐又音稅。

【疏】所在經文爲「用說桎梏」。〔註709〕陸氏注音吐活反者，蓋明假借。此處說通脫。《易・大畜》「輿說輻」，《說文》引作「輿脫輹」〔註710〕。《禮記・少儀》「排闔說屨於戶內者」陸德明《釋文》：「說，本亦作脫。」〔註711〕是說、脫古通也。《周易集解》引虞翻曰：「初發成兌，兌爲說。坎象毀壞，故曰用說桎梏。」〔註712〕孔疏云：「又利用說去罪人桎梏」，〔註713〕是皆讀說爲脫也。徐音稅者，本訓作舍，即止息、設置之義也。如《詩・召南・甘棠》「召伯所說」毛《傳》：「說，舍也。」〔註714〕《左傳・宣公十二年》「日中而說」杜預注：「說，舍也。」〔註715〕引申之，則有置而不用之義。則音稅者，

〔註705〕〔清〕王念孫撰：《廣雅疏證》，北京：中華書局，景印嘉慶年間王氏家刻本，1983年版，第44頁。

〔註706〕〔清〕王念孫撰：《廣雅疏證・附錄廣雅疏證補正》，北京：中華書局，景印嘉慶年間王氏家刻本，1983年版，第420頁。

〔註707〕〔魏〕王弼、韓康伯注，〔唐〕孔穎達等正義：《周易正義》，北京：中華書局景印阮刻本，1980年版，第8頁。

〔註708〕〔魏〕王弼、韓康伯注，〔唐〕孔穎達等正義：《周易正義》，北京：中華書局景印阮刻本，1980年版，第8頁。

〔註709〕〔魏〕王弼、韓康伯注，〔唐〕孔穎達等正義：《周易正義》，北京：中華書局景印阮刻本，1980年版，第8頁。

〔註710〕〔漢〕許慎撰：《説文解字》，北京：中華書局，景印同治十二年陳昌治刻本，1963年版，第301頁。

〔註711〕〔唐〕陸德明撰：《經典釋文》，北京：中華書局，景印徐乾學通志堂刻本，1983年版，第193頁。

〔註712〕〔唐〕李鼎祚撰：《周易集解》，北京：中國書店，景印嘉慶三年姑蘇喜墨齋張遇堯局鐫本，1987年版，卷二，第10頁。

〔註713〕〔魏〕王弼、韓康伯注，〔唐〕孔穎達等正義：《周易正義》，北京：中華書局景印阮刻本，1980年版，第8頁。

〔註714〕〔漢〕毛公傳、鄭玄箋，〔唐〕孔穎達等正義：《毛詩正義》，北京：中華書局景印阮刻本，1980年版，第20頁。

〔註715〕〔晉〕杜預注，〔唐〕孔穎達等正義：《春秋左傳正義》，北京：中華書局景印

略同於脫。

桎丨 音質。

【疏】桎《廣韻》之日切，章質開三入臻。《釋文》音同。

梏丨 古毒反。在足曰桎，在手曰梏。《小爾雅》云：杻謂之梏，械謂之桎。杻音丑。〔註716〕

【疏】梏《廣韻》二讀，一為古沃切，見沃合一入通，手械，紂所作也。一為古岳切，見覺開二入江，直也。此處古毒反與《廣韻》古沃切音同。在足曰桎，在手曰梏者，《說文·木部》：「桎，足械也。」〔註717〕又云：「梏，手械也。」〔註718〕《易·蒙》「用說桎梏」鄭玄注：「木在足曰桎，在手曰梏。」《左傳·莊公三十年》「則執而梏之」杜預注：「足曰桎，手曰梏。」〔註719〕桎梏典籍中有異訓，或以為在手曰桎，在足曰梏。如《莊子·德充符》「不知至人之以是為己桎梏邪」成玄英疏：「在手曰桎，在足曰梏，即今之杻械也。」〔註720〕《資治通鑒·漢紀四十八》「乃得並解桎梏」胡三省注引鄭玄注《禮記》云：「木在手曰桎，在足曰梏。」〔註721〕自所舉諸例可見，手桎足梏之說，蓋後人之譌也。當作足桎手梏為是。《小爾雅》云者，當依盧本作「《廣雅》云」。《考證》云《小爾雅》及《廣雅》無此文者，蓋誤。《釋文》所引出自《廣雅》。《廣雅·釋宮》：「杽謂之梏，械謂之桎。」〔註722〕杽，《說文·木部》：「杽，

阮刻本，1980 年版，第 179 頁。

〔註716〕 《經典釋文彙校》：「宋本同。十行本、閩監本『爾』作『廣』。盧本亦作『廣』，無『小』字。《考證》云：案《小爾雅》及《廣雅》今皆無此文。」見黃焯撰：《經典釋文彙校》，北京：中華書局，1980 年版，第 11 頁。

〔註717〕 〔漢〕許慎撰：《説文解字》，北京：中華書局，景印同治十二年陳昌治刻本，1963 年版，第 125 頁。

〔註718〕 〔漢〕許慎撰：《説文解字》，北京：中華書局，景印同治十二年陳昌治刻本，1963 年版，第 125 頁。

〔註719〕 〔晉〕杜預注，〔唐〕孔穎達等正義：《春秋左傳正義》，北京：中華書局景印阮刻本，1980 年版，第 80 頁。

〔註720〕 〔清〕郭慶藩輯：《莊子集釋》，上海：上海書店，景印諸子集成本，1986 年版，第 93 頁。

〔註721〕 〔宋〕司馬光編著，〔元〕胡三省音注：《資治通鑒》，北京：中華書局排印，1956 年版，第 1799 頁。

〔註722〕 〔清〕王念孫撰：《廣雅疏證》，北京：中華書局，景印嘉慶年間王氏家刻本，1983 年版，第 217 頁。

械也。从木，从手，手亦聲。」〔註723〕段玉裁《說文解字注》云：「械當作栲。字從木手。則爲手械無疑也。《廣雅》曰：杽謂之栲。杽杻古今字。《廣韵》曰：杽、杻古文。」〔註724〕《釋文》所引作「杻」者，「杽」之後起字也。手、丑音義悉近，故可通也。

所惡| 烏路反。

【疏】所在注文爲「刑人之道，道所惡也。」〔註725〕惡《廣韻》三讀，訓爲不善，烏各切，影鐸開一入宕。訓爲憎惡，烏路切，影暮合一去遇。訓爲語辭，哀都切，影模合一平遇。《釋文》音同《廣韻》烏路切，憎惡也。

包蒙| 如字，鄭云：「苞」當作「彪」。彪，文也。〔註726〕

【疏】所在經文爲「包蒙吉。」〔註727〕《釋文》「如字」者，依本字讀之。《說文·包部》：「包，象人裹妊，巳在中，象子未成形也。」〔註728〕引申之，則有包養、包含之義。《周易集解》引虞翻曰：「坤爲包，應五據初，初與三、四同體，包養四陰，故包蒙吉。」〔註729〕孔穎達疏：「『包』謂包含，九二以剛居中，童蒙悉來歸己，九二能含容而不距，皆與之決疑，故得吉也。」〔註730〕是皆訓「包蒙」爲包養童蒙之義也。至若本作「苞」者，義同，有包

〔註723〕 〔漢〕許慎撰：《說文解字》，北京：中華書局，景印同治十二年陳昌治刻本，1963年版，第125頁。

〔註724〕 〔清〕段玉裁撰：《說文解字注》，上海：上海古籍出版社，景印嘉慶二十年經韻樓本，1988年版，第270頁。

〔註725〕 〔魏〕王弼、韓康伯注，〔唐〕孔穎達等正義：《周易正義》，北京：中華書局景印阮刻本，1980年版，第8頁。

〔註726〕 《經典釋文彙校》：「宋本『包』作『苞』，十行本、汲古本、雅雨本並同。案石經亦作『苞』，本或作『包』。毛居正《六經正誤》乃以『苞』爲誤。是宋本原作『苞』，後人依毛說改作『包』也。馮登府《國朝石經考異》云：『苞』、『包』字通，《易》『包』字凡九見，而唐石經『苞』、『包』岐出，蓋初刻作『包』，後刻作『苞』也。」見黃焯撰：《經典釋文彙校》，北京：中華書局，1980年版，第11頁。

〔註727〕 〔魏〕王弼、韓康伯注，〔唐〕孔穎達等正義：《周易正義》，北京：中華書局景印阮刻本，1980年版，第8頁。

〔註728〕 〔漢〕許慎撰：《說文解字》，北京：中華書局，景印同治十二年陳昌治刻本，1963年版，第188頁。

〔註729〕 〔唐〕李鼎祚撰：《周易集解》，北京：中國書店，景印嘉慶三年姑蘇喜墨齋張遇堯局鐫本，1987年版，卷二，第11頁。

〔註730〕 〔魏〕王弼、韓康伯注，〔唐〕孔穎達等正義：《周易正義》，北京：中華書局景印阮刻本，1980年版，第8頁。

含之義。故段注於包下云：「引伸之爲凡外裹之偁。亦作苞。皆假借字。凡經傳言苞苴者、裹之曰苞、藉之曰苴。」〔註731〕《周禮·夏官·量人》「掌喪祭奠竁之俎實」鄭玄注「竁亦有俎實，謂所包遺奠」孫詒讓《正義》曰：「包與苞同。」〔註732〕包、苞二字，典籍多淆。《易·泰》「包荒」《釋文》：「包，本又作苞。」〔註733〕《易·姤》「包瓜」《釋文》：「包，子夏作苞。」〔註734〕《書·禹貢》「草木漸包」《釋文》：「包，字或作苞。」〔註735〕皆是也。鄭云「苞當作彪。彪，文也」者，彪《說文·虎部》：「彪，虎文也。」〔註736〕引申之，則有文義。又《廣雅·釋詁三》：「彪，文也。」〔註737〕《法言·君子》「以其弸中而彪外也」李軌注：「彪，文也。」〔註738〕彪訓文，常訓也。然「彪蒙」二字不知何義。故毛奇齡《仲氏易》云：鄭訓「不可解。」〔註739〕

用取｜ 七住反。本又作「娶」。下及注同。

【疏】所在經文世傳本多作「勿用取女。」〔註740〕馬王堆漢墓帛書《周易》同。取《廣韻》二讀，一爲七庾切，清麌合三上遇。一爲倉苟切，清厚開一上流。其「倉苟切」下但云「又七庾切」，則二切音異而義同也。《釋文》七住反者，清遇合三去遇，則破讀爲去聲，明假借也。此處取假借爲娶。娶

〔註731〕 〔清〕段玉裁撰：《說文解字注》，上海：上海古籍出版社，景印嘉慶二十年經韻樓本，1988 年版，第 434 頁。

〔註732〕 〔清〕孫詒讓撰：《周禮正義》（四部備要本），上海：中華書局，據清光緒乙巳本校刊，1936 年版，第 627 頁。

〔註733〕 〔唐〕陸德明撰：《經典釋文》，北京：中華書局，景印徐乾學通志堂刻本，1983 年版，第 21 頁。

〔註734〕 〔唐〕陸德明撰：《經典釋文》，北京：中華書局，景印徐乾學通志堂刻本，1983 年版，第 27 頁。

〔註735〕 〔唐〕陸德明撰：《經典釋文》，北京：中華書局，景印徐乾學通志堂刻本，1983 年版，第 40 頁。

〔註736〕 〔漢〕許慎撰：《說文解字》，北京：中華書局，景印同治十二年陳昌治刻本，1963 年版，第 103 頁。

〔註737〕 〔清〕王念孫撰：《廣雅疏證》，北京：中華書局，景印嘉慶年間王氏家刻本，1983 年版，第 74 頁。

〔註738〕 〔漢〕楊雄著，李軌注：《法言》，上海：上海書店，景印諸子集成本，1986 年版，第 37 頁。

〔註739〕 〔清〕毛奇齡撰：《仲氏易》（皇清經解本），上海：上海書店，景印清經解本第一冊，1988 年版，第 497 頁。

〔註740〕 〔魏〕王弼、韓康伯注，〔唐〕孔穎達等正義：《周易正義》，北京：中華書局景印阮刻本，1980 年版，第 8 頁。

《廣韻》七句切，音則同之。取、娶古通。《易·蒙》「勿用取女」李富孫《異文釋》：「經典多叚取爲娶。」〔註741〕朱駿聲《說文通訓定聲》：「取，假借爲娶。」〔註742〕本又作「娶」者，取、娶異文，典籍習見。《易·咸》「取女吉」《釋文》：「本亦作娶。」〔註743〕《詩·齊風·南山》「取妻如之何」李富孫《異文釋》：「《白虎通·嫁娶》引作娶妻。」〔註744〕又王先謙《三家義集疏》：「《韓詩》作娶妻如之何。」〔註745〕《左傳·襄公二十五年》「使偃取之」《釋文》：「汁本或作娶字。」〔註746〕

獨遠｜ 于万反。下文同。

【疏】所在注文爲「獨遠於陽。」〔註747〕遠此處破讀爲去聲，作動詞，義爲離。參看〈乾〉「放遠」條。

能比｜ 毗志反。

【疏】所在注文爲「不能比賢以發其志。」〔註748〕參看〈比〉「比」條。

以巽｜ 音遜。鄭云：當作「遜」。

【疏】所在經文爲「順以巽也」。〔註749〕巽《廣韻》蘇困切，心慁合一去臻。《釋义》音同。巽唯有一音，故此處音遜者，兼訓其有恭遜之義也。《易·

〔註741〕〔清〕李富孫撰：《易經異文釋》（續四庫經部易類第27冊），上海：上海古籍出版社，景印南菁書院續經解本，2002年版，第666頁。
〔註742〕〔清〕朱駿聲撰：《説文通訓定聲》（續四庫經部小學類第220～221冊），上海：上海古籍出版社，景印道光二十八年刻本，2002年版，第220冊，第451頁。
〔註743〕〔唐〕陸德明撰：《經典釋文》，北京：中華書局，景印徐乾學通志堂刻本，1983年版，第24頁。
〔註744〕〔清〕李富孫撰：《詩經異文釋》（續四庫經部詩類第75冊），上海：上海古籍出版社，景印南菁書院續經解本，2002年版，第166頁。
〔註745〕〔清〕王先謙撰：《詩三家義集疏》（續四庫經部詩類第77冊），上海：上海古籍出版社，景印民國四年虛受堂刊本，2002年版，第514頁。
〔註746〕〔唐〕陸德明撰：《經典釋文》，北京：中華書局，景印徐乾學通志堂刻本，1983年版，第265頁。
〔註747〕〔魏〕王弼、韓康伯注，〔唐〕孔穎達等正義：《周易正義》，北京：中華書局景印阮刻本，1980年版，第8頁。
〔註748〕〔魏〕王弼、韓康伯注，〔唐〕孔穎達等正義：《周易正義》，北京：中華書局景印阮刻本，1980年版，第8頁。
〔註749〕〔魏〕王弼、韓康伯注，〔唐〕孔穎達等正義：《周易正義》，北京：中華書局景印阮刻本，1980年版，第8頁。

巽》「巽，小亨」孔疏：「巽者，卑順之名。」〔註750〕是訓巽爲遜也。鄭云「當
作遜」者，古巽、遜通用故也。《文選・左思〈魏都賦〉》「巽其神器」李善注：
「遜，與巽同。」〔註751〕《書・堯典》「汝能庸命巽朕位」蔡沈《集傳》引吳
氏曰：「巽，遜，古通用。」〔註752〕

撃蒙丨 經歷反。王肅云：治也。馬、鄭作「繫」。

【疏】所在經文爲「撃蒙，不利爲寇，利禦寇。」〔註753〕撃《廣韻》古
歷切，見錫開四入梗。《釋文》音同。王肅云「治也」者，《說文・手部》：「撃。
攴也。」〔註754〕撃本義爲攴打，《周易集解》引虞翻曰：「體艮爲手，故撃。」
〔註755〕即用本義。引申之，則有撃去、治理之義。王注云：「處蒙之終，以剛
居上，能撃去童蒙，以發其昧者也，故曰『撃蒙』也。」〔註756〕此訓撃爲撃
去、亦即王肅治理之義也。馬鄭作「繫」者，撃、繫古或相假。朱駿聲《說
文通訓定聲》：「撃，叚借又爲繫，實爲系。」〔註757〕朱氏「實爲系」者，系
乃繫之本字也。《讀書雜志・淮南內篇補遺・顧校淮南子各條》「北撃遼水」
王念孫按引顧曰：「撃，疑當作繫。」〔註758〕按撃、繫之別，疑字形相近譌混
也。若依馬鄭作「繫」者，「繫蒙」則當有拘囚童蒙之義。《文選・曹冏〈六

〔註750〕〔魏〕王弼、韓康伯注，〔唐〕孔穎達等正義：《周易正義》，北京：中華書局
　　　　景印阮刻本，1980 年版，第 57 頁。

〔註751〕〔梁〕蕭統編，〔唐〕李善注：《文選》（四部精要本第十六冊），上海：上海
　　　　古籍出版社，景印嘉慶十四年胡克家仿宋淳熙刊本，1992 年版，第 479 頁。

〔註752〕〔宋〕蔡沈撰：《書經集傳》（四書五經本），北京：中國書店，據世界書局本
　　　　景印，1985 年版，第 3～4 頁。

〔註753〕〔魏〕王弼、韓康伯注，〔唐〕孔穎達等正義：《周易正義》，北京：中華書局
　　　　景印阮刻本，1980 年版，第 8 頁。

〔註754〕〔漢〕許慎撰：《說文解字》，北京：中華書局，景印同治十二年陳昌治刻本，
　　　　1963 年版，第 257 頁。

〔註755〕〔唐〕李鼎祚撰：《周易集解》，北京：中國書店，景印嘉慶三年姑蘇喜墨齋
　　　　張遇堯局鐫本，1987 年版，卷二，第 11 頁。

〔註756〕〔魏〕王弼、韓康伯注，〔唐〕孔穎達等正義：《周易正義》，北京：中華書局
　　　　景印阮刻本，1980 年版，第 8 頁。

〔註757〕〔清〕朱駿聲撰：《說文通訓定聲》（續四庫經部小學類第 220～221 冊），上
　　　　海：上海古籍出版社，景印道光二十八年刻本，2002 年版，第 220 冊，第 621
　　　　頁。

〔註758〕〔清〕王念孫撰：《讀書雜志》（續四庫子部雜家類第 1152～1153 冊），上
　　　　海：上海古籍出版社，景印道光十二年刻本，2002 年版，第 1153 冊，第 654
　　　　頁。

代論〉》「《易》曰：其亡其亡，繫于苞桑」李善注引鄭玄曰：「苞，植也。否世之人不知聖人有命，咸云其將亡矣，其將亡矣，而聖乃自繫於植桑，不亡也。」〔註759〕又《周易集解》引鄭玄曰：「猶紂囚文王於羑里之獄，四臣獻珍異之物，而終免於難，繫於苞桑之謂。」〔註760〕又《易》「繫用徽纆」《公羊疏》引鄭玄曰：「繫，拘也。」〔註761〕是鄭玄訓繫爲拘禁之義也。

擊去| 起呂反。下同。〔註762〕

【疏】所在注文爲「能擊去童蒙」。〔註763〕去《廣韻》二讀，一爲羌舉切，溪語合三上遇，除也。一爲丘倨切，溪御合三去遇，離也。《增修互註禮部韻略·卷三》「去」字「丘舉切」下毛晃曰：「撤去之『去』則從上聲，如《論語》『去喪』、『去食』、『去兵』、『易去』、故《周官》『參分去一』之類是也。來去之『去』、相去之『去』則從去聲，《孟子》『去齊』、『去魯』、『去者不追』、『賢不肖之相去』之類是也。」〔註764〕由此觀之，「去」有上、去二聲，上聲者義爲除去之去，去聲者義爲來去之去。《釋文》起呂反者音同《廣韻》上聲，故此處去訓作除。王注「擊去|者，擊除也。

爲之| 于偽反。又如字。

【疏】所在注文爲「爲之扞禦，則物咸附之。」〔註765〕爲《廣韻》二讀，一爲薳支切，云支合三平止，作動詞，造爲也。一爲于僞切，云寘合三去止，作介詞，助也。助也者，助語也。按，爲讀去聲者，則「扞禦」爲動詞，讀

〔註759〕〔梁〕蕭統編，〔唐〕李善注：《文選》（四部精要本第十六冊），上海：上海古籍出版社，景印嘉慶十四年胡克家仿宋淳熙刊本，1992 年版，第 750 頁。
〔註760〕〔唐〕李鼎祚撰：《周易集解》，北京：中國書店，景印嘉慶三年姑蘇喜墨齋張遇堯局鐫本，1987 年版，卷四，第 5 頁。
〔註761〕見《公羊傳·宣公元年》疏。〔漢〕何休注，〔唐〕徐彥疏：《春秋公羊傳注疏》，北京：中華書局景印阮刻本，1980 年版，第 83 頁。
〔註762〕《經典釋文彙校》：「宋本『擊』作『繫』，十行本、閩監本、雅雨本並與此本同。案作『擊』是也。『起』宋本作『紀』，阮云：當作『起』。」見黃焯撰：《經典釋文彙校》，北京：中華書局，1980 年版，第 11 頁。
〔註763〕〔魏〕王弼、韓康伯注，〔唐〕孔穎達等正義：《周易正義》，北京：中華書局景印阮刻本，1980 年版，第 8 頁。
〔註764〕〔宋〕毛晃增注，毛居正重增：《增修互注禮部韻略》，臺灣：商務印書館，景印文淵閣四庫全書本第 237 冊，1983 年版，第 439 頁。
〔註765〕〔魏〕王弼、韓康伯注，〔唐〕孔穎達等正義：《周易正義》，北京：中華書局景印阮刻本，1980 年版，第 9 頁。

如字者，則「扞禦」爲名詞。二者皆可。

扞| 胡旦反。

　　【疏】扞《廣韻》侯旰切，匣翰開一去山。《釋文》音同。

禦| 魚呂反。本又作「𤐰」。

　　【疏】禦《廣韻》魚巨切，疑語合三上遇。《釋文》音同。本又作「𤐰」者，義同。

☵ **需|** 音須。字從兩，﹝註766﹞重而者非。飲食之道也。訓養。鄭讀爲秀，解云：陽氣秀而不直前者，畏上坎也。坤宮遊魂卦。

　　【疏】需「音須」者，注音兼釋義也。《易·需》：「需，須也。」孔穎達疏：「是需待之義，故云需，須也。」﹝註767﹞《說文·雨部》：「需，䇓也。遇雨不進，止䇓也。」﹝註768﹞「字從兩」，依《彙校》改作「字從雨」。「字從雨，重而者非」者，辨其字形當作「需」，不作重而之形「𩄑」。需《說文》小篆作𩂉，從雨而聲。故字從雨，重而者非。需作重而之形者「𩄑」，乃「需」之俗字也，見《龍龕手鑒·而部》。徐鉉云：「李陽冰據《易》『雲上於天』云：『當從天』，然諸本及前作所書皆從而，無有從天者。」﹝註769﹞李陽冰之說未必無據，「需」字金文作𩂉（孟鼎）、𩂉（伯公父匜）﹝註770﹞，「需」下即爲天。「𩄲」字見收於《四聲篇海·雨部》。《字彙補·雨部》云：「古需字。」﹝註771﹞《釋文》「飲食之道也」者，〈序卦傳〉語也。《易·序卦》曰：「需者，

﹝註766﹞《經典釋文彙校》：「盧改『兩』作『雨』，是也。」見黃焯撰：《經典釋文彙校》，北京：中華書局，1980 年版，第 11 頁。呂祖謙《古易音訓》即引作「雨」。見〔宋〕呂祖謙撰，〔清〕宋咸熙輯：《古易音訓》（續四庫經部易類第 2 冊），上海：上海古籍出版社，景印清嘉慶七年刻本，2002 年版，第 33 頁。

﹝註767﹞〔魏〕王弼、韓康伯注，〔唐〕孔穎達等正義：《周易正義》，北京：中華書局景印阮刻本，1980 年版，第 11 頁。

﹝註768﹞〔漢〕許慎撰：《說文解字》，北京：中華書局，景印同治十二年陳昌治刻本，1963 年版，第 242 頁。

﹝註769﹞〔漢〕許慎撰：《說文解字》，北京：中華書局，景印同治十二年陳昌治刻本，1963 年版，第 242 頁。

﹝註770﹞容庚編著，張振林、馬國權摹補：《金文編》，北京：中華書局，1985 年版，第 753～754 頁。

﹝註771﹞〔清〕吳任臣輯：《字彙補》（續四庫經部小學類第 233 冊），上海：上海古籍

飲食之道也。」〔註772〕又《易·需》「需于酒食」李鼎祚《集解》引荀爽語與〈序卦〉同。《易·需·象》:「雲上于天,需。君子以飲食宴樂。」〔註773〕又〈需〉九五云:「需于酒食,貞吉。」〔註774〕是〈需〉卦有飲食之義也,故《釋文》訓養。「鄭讀爲秀」者,需古音心紐侯部,秀心紐幽部。侯幽旁轉可通。〈需〉卦乾下坎上,《廣雅·釋詁一》:「秀,出也。」〔註775〕陽氣上出,然坎居其上。坎者,險也,故陽氣畏而不前,是亦有需待之義也。毛奇齡《仲氏易》引鄭玄注,其下云:「然不知所據。」〔註776〕需讀爲秀,蓋一聲之轉,然典籍中僅此一見,故不知鄭氏所據也。毛說可從。

有孚| 徐音敷,信也,又作「旉」。〔註777〕

【疏】孚《廣韻》芳無切,敷虞合三平遇。《釋文》引徐音同。「信也」者,常訓也。《爾雅·釋詁上》:「孚,信也。」〔註778〕又如《易·泰》「勿恤其孚」孔疏及李鼎祚《集解》引虞翻語、〈大有〉「厥孚交如」孔疏及《集解》引虞翻語、〈觀〉「有孚顒若」孔疏及《集解》引馬融語、〈序卦〉「故受之以中孚」韓康伯注、《書·湯誥》「上天孚佑下民」孔安國《傳》〔註779〕、《詩·大雅·文王》「萬邦作孚」毛《傳》〔註780〕,僉曰:「孚,信也。」又作「旉」者,敷之異體也。呂祖謙《古易音訓》引晁說之曰:「旉,古文。|

出版,景印康熙五年彙賢齋刊本,2002年版,第699頁。

〔註772〕〔魏〕王弼、韓康伯注,〔唐〕孔穎達等正義:《周易正義》,北京:中華書局景印阮刻本,1980年版,第83頁。

〔註773〕〔魏〕王弼、韓康伯注,〔唐〕孔穎達等正義:《周易正義》,北京:中華書局景印阮刻本,1980年版,第11頁。

〔註774〕〔魏〕王弼、韓康伯注,〔唐〕孔穎達等正義:《周易正義》,北京:中華書局景印阮刻本,1980年版,第12頁。

〔註775〕〔清〕王念孫撰:《廣雅疏證》,北京:中華書局,景印嘉慶年間王氏家刻本,1983年版,第41頁。

〔註776〕〔清〕毛奇齡撰:《仲氏易》(皇清經解本),上海:上海書店,景印清經解本第一冊,1988年版,第498頁。

〔註777〕《經典釋文彙校》:「宋本『旉』作『専』,盧所據錢本同。」見黃焯撰:《經典釋文彙校》,北京:中華書局,1980年版,第11頁。

〔註778〕〔晉〕郭璞注,〔宋〕邢昺疏:《爾雅注疏》,北京:中華書局景印阮刻本,1980年版,第3頁。

〔註779〕〔漢〕孔安國傳,〔唐〕孔穎達等正義:《尚書正義》,北京:中華書局景印阮刻本,1980年版,第50頁。

〔註780〕〔漢〕毛公傳、鄭玄箋,〔唐〕孔穎達等正義:《毛詩正義》,北京:中華書局景印阮刻本,1980年版,第237頁。

〔註781〕《漢書・禮樂志》「朱明盛長，旉與萬物」顏師古注：「旉，古敷字也。」〔註782〕《彙校》云宋本作「專」者，專乃敷之本字。《正字通・寸部》：「專，敷本字。」〔註783〕

光| 師讀絕句。

【疏】所在經文爲「有孚光亨貞吉」。〔註784〕「師讀絕句」者，九師之句讀也。九師者，《漢書・藝文志》：「《淮南道訓》二篇。淮南王安聘明《易》者九人，號九師說。」〔註785〕九師於「光」下絕句，則斷句爲「有孚光，亨貞吉。」蓋與眾異，故陸氏特舉焉。惠棟《周易述・卷一》從九師，其於「有孚光」下注曰：「〈大壯〉四之五，與比旁通。需，須也。乾陽在下，坎險在前。乾知險，故須。四之五，坎爲孚，离爲光，故有孚光。」〔註786〕此解承祧虞翻，可備一說。

亨貞吉| 一句。馬、鄭揔為一句。

【疏】《釋文》曰「一句」者，蓋即九師之舊。惠棟《周易述・卷一》斷句如之，其於「亨貞吉」下注曰：「坎爲雲，雲須時欲降，乾須時當升，三陽既上，二位天位，故亨貞吉。」〔註787〕「馬、鄭揔爲一句」者，即「有孚光亨貞吉」爲一句。依孔疏，注疏本斷句亦爲：「有孚，光亨貞吉。」〔註788〕

不陷| 陷沒之陷。

〔註781〕 〔宋〕呂祖謙撰，〔清〕宋咸熙輯：《古易音訓》（續四庫經部易類第2冊），上海：上海古籍出版社，景印清嘉慶七年刻本，2002年版，第33頁。
〔註782〕 〔漢〕班固撰：《前漢書》（四部備要本），上海：中華書局，據武英殿本校刊，1936年版，第376頁。
〔註783〕 〔明〕張自烈撰：《正字通》，清康熙清畏堂刊本，寅集上，寸部，第42頁。
〔註784〕 〔魏〕王弼、韓康伯注，〔唐〕孔穎達等正義：《周易正義》，北京：中華書局景印阮刻本，1980年版，第11頁。
〔註785〕 〔漢〕班固撰：《前漢書》（四部備要本），上海：中華書局，據武英殿本校刊，1936年版，第573頁。
〔註786〕 〔清〕惠棟撰：《周易述》（四部備要本），上海：中華書局，據學海堂經解本校刊，1936年版，第5頁。
〔註787〕 〔清〕惠棟撰：《周易述》（四部備要本），上海：中華書局，據學海堂經解本校刊，1936年版，第5頁。
〔註788〕 〔魏〕王弼、韓康伯注，〔唐〕孔穎達等正義：《周易正義》，北京：中華書局景印阮刻本，1980年版，第11頁。

【疏】所在經文爲「剛健而不陷」。〔註789〕陷字《廣韻》唯有一讀，此處「陷沒之陷」，釋義也。《說文‧阜部》段注云：「陷，凡深沒其中曰陷。」〔註790〕《論語‧雍也》「不可陷也」皇侃疏云：「陷，沒也。」〔註791〕《楚辭‧九章‧懷沙》「陷滯而不濟」王逸注云：「陷，沒也。」〔註792〕

位乎｜ 如字，鄭音涖。

【疏】所在經文爲「位乎天位，以正中也。」〔註793〕《釋文》「如字」者，言位乎天位，依本字讀之，訓爲居也。孔疏言「以九五居乎天子之位」〔註794〕是也。鄭音涖者，訓位爲立。《周禮‧春官‧小宗伯》「掌建國之神位」鄭玄注「故書位作立」并引鄭司農云：「立讀爲位，古者立、位同字。」〔註795〕「位乎天位」者，立於天位也。

雲上｜ 時掌反。干寶云：升也。

【疏】所在經文爲「雲上於天」。〔註796〕上，上聲欲上之上，去聲物上之上。時掌反與《廣韻》音同，此訓爲動詞，上升也。參看〈乾〉「上下」條。干寶云「升也」者，如《楚辭‧九歌‧東君》「長人息兮將上」洪興祖《補注》：「上，上聲，升也。」〔註797〕《禮記‧曲禮上》「奮衣由右上」孔穎

〔註789〕〔魏〕王弼、韓康伯注，〔唐〕孔穎達等正義：《周易正義》，北京：中華書局景印阮刻本，1980年版，第11頁。

〔註790〕〔清〕段玉裁撰：《說文解字注》，上海：上海古籍出版社，景印嘉慶二十年經韻樓本，1988年版，第732頁。

〔註791〕〔魏〕何晏解，〔梁〕皇侃疏：《論語集解義疏》（叢書集成初編哲學類第481～484冊），上海：商務印書館，1937年版，第81頁。

〔註792〕〔漢〕王逸撰：《楚辭章句》（叢書集成初編文學類第1810～1811冊），上海：商務印書館，據湖北叢書本排印，1939年版，第66頁。

〔註793〕〔魏〕王弼、韓康伯注，〔唐〕孔穎達等正義：《周易正義》，北京：中華書局景印阮刻本，1980年版，第11頁。

〔註794〕〔魏〕王弼、韓康伯注，〔唐〕孔穎達等正義：《周易正義》，北京：中華書局景印阮刻本，1980年版，第11頁。

〔註795〕〔漢〕鄭玄注，〔唐〕賈公彥疏：《周禮注疏》，北京：中華書局景印阮刻本，1980年版，第128頁。

〔註796〕〔魏〕王弼、韓康伯注，〔唐〕孔穎達等正義：《周易正義》，北京：中華書局景印阮刻本，1980年版，第11頁。

〔註797〕〔宋〕洪興祖撰：《楚辭補注》（叢書集成初編文學類第1812～1816冊），上海：商務印書館，據惜陰軒叢書本排印，1939年版，第58頁。

達疏：「上，升也。」〔註798〕

於天| 王肅本作「雲在天上」。

　　【疏】所在經文集解本、注疏本皆作「雲上於天」。孔穎達曰：「不言天上有雲，而言『雲上於天』者，若是天上有雲，无以見欲雨之義，故云『雲上於天』。若言『雲上於天』，是天之欲雨，待時而落，所以明『需』大惠將施而盛德又亨，故君子於此之時『以飲食宴樂』。」〔註799〕王肅本作「雲在天上」無違孔疏。

宴| 烏練反，徐烏殄反，安也。下同。鄭云：享宴也。李**軌**烏衍反。〔註800〕

　　【疏】所在經文爲「君子以飲食宴樂」。〔註801〕宴《廣韻》二讀，於殄切，影銑開四上山，安也。一爲於甸切，影霰開四去，安也，息也。是宴有二讀，而義同也。《釋文》烏練反與《廣韻》於甸切音同，徐邈音烏殄反與於殄切音同，訓作安。《易·隨·象傳》「君子以鄉晦入宴息」惠棟《周易述》彼注云：「宴，安。」〔註802〕此處注文「宴樂」一語，即安樂之義也。《周易集解》引虞翻曰：「陽在內稱宴，大壯震爲樂，故宴樂也。」〔註803〕惠棟《周易述·卷十一》彼疏云：「故謂宴樂爲二陽在內，稱宴虞義也。」〔註804〕虞者，娛也。此亦是宴安娛樂之義。鄭云「享宴也」者，則宴樂有宴飲歡樂之義。《左

〔註798〕〔漢〕鄭玄注，〔唐〕孔穎達等正義：《禮記正義》，北京：中華書局景印阮刻本，1980年版，第24頁。

〔註799〕〔魏〕王弼、韓康伯注，〔唐〕孔穎達等正義：《周易正義》，北京：中華書局景印阮刻本，1980年版，第11頁。

〔註800〕《經典釋文彙校》：「宋本、葉鈔本『下』誤作『干』。『享宴』『宴』字葉鈔誤作『宜』，宋本不誤。阮氏校記謂宋本『宴』誤作『宜』，蓋目葉鈔爲宋本，實未見宋本也。『軌』當作『軌』。十行本、閩監本誤作『暫』。」見黃焯撰：《經典釋文彙校》，北京：中華書局，1980年版，第11頁。

〔註801〕〔魏〕王弼、韓康伯注，〔唐〕孔穎達等正義：《周易正義》，北京：中華書局景印阮刻本，1980年版，第11頁。

〔註802〕〔清〕惠棟撰：《周易述》（四部備要本），上海：中華書局，據學海堂經解本校刊，1936年版，第69頁。

〔註803〕〔唐〕李鼎祚撰：《周易集解》，北京：中國書店，景印嘉慶三年姑蘇喜墨齋張遇堯局鐫本，1987年版，卷二，第12頁。

〔註804〕〔清〕惠棟撰：《周易述》（四部備要本），上海：中華書局，據學海堂經解本校刊，1936年版，第65頁。

傳‧文公四年》「王宴樂之」〔註805〕、《後漢書‧董卓傳》「與共宴樂」〔註806〕
之類是也，鄭玄之說亦通。「李軌」者，「李軌」之譌也。古書中軓、軌、軹
三字形多有譌混。李軌烏衍反者，衍《廣韻》二讀，以淺切，以獮開三上山；
予線切，以線開三去山。皆與於殄切、於旬切二切音近而稍異也。

樂｜ 音洛。注同。
　　【疏】參看〈乾〉「樂則」條。

最遠｜ 袁万反。下「遠險」同。
　　【疏】所在注文爲「最遠於難」。〔註807〕參看〈乾〉「放遠」條。

於難｜ 乃旦反。下及文皆同。〔註808〕
　　【疏】參看〈乾〉「而難」條。

利用恒，未失常也｜ 本亦有「无咎」者。
　　【疏】集解本、注疏本皆有「无咎」二字。

于沙｜ 如字。鄭作「沚」。〔註809〕
　　【疏】所在經文爲「需于沙，小有言，終吉。」〔註810〕《說文‧水部》：
「沙，水散石也。」〔註811〕，沙之本義爲水中散石，前人於「需于沙」亦作

〔註805〕〔晉〕杜預注，〔唐〕孔穎達等正義：《春秋左傳正義》，北京：中華書局景印
　　　　阮刻本，1980 年版，第 139 頁。
〔註806〕〔南朝宋〕范曄撰：《後漢書》（四部備要本），上海：中華書局，據武英殿本
　　　　校刊，1936 年版，第 901 頁。
〔註807〕〔魏〕王弼、韓康伯注，〔唐〕孔穎達等正義：《周易正義》，北京：中華書局
　　　　景印阮刻本，1980 年版，第 11 頁。
〔註808〕《經典釋文彙校》：「十行本、閩監本同。宋本、葉鈔本、朱鈔作『及下文』。
　　　　盧改作『下文及注皆同』。」見黃焯撰：《經典釋文彙校》，北京：中華書局，
　　　　1980 年版，第 11 頁。
〔註809〕《經典釋文彙校》：「沚，宋本、葉鈔本、十行本、閩監本同。盧從惠氏改『沚』
　　　　作『沙』，『沚』與『沙』同。」見黃焯撰：《經典釋文彙校》，北京：中華書
　　　　局，1980 年版，第 11 頁。
〔註810〕〔魏〕王弼、韓康伯注，〔唐〕孔穎達等正義：《周易正義》，北京：中華書局
　　　　景印阮刻本，1980 年版，第 11 頁。
〔註811〕〔漢〕許慎撰：《說文解字》，北京：中華書局，景印同治十二年陳昌治刻本，
　　　　1963 年版，第 232 頁。

此解。《周易集解》引虞翻曰：「沙謂五，水中之陽稱沙也。」〔註812〕陽者剛強，故以爲沙石之象。《集解》又引荀爽曰：「二應於五，水中之剛，故曰沙。知前有沙漠而不進也。」〔註813〕是皆訓沙爲沙石之義也，須待於沙者，必是水濱沙地無疑，故孔疏云：「沙是水傍之地。」〔註814〕又《詩‧大雅‧鳧鷖》「鳧鷖在沙」陳奐《傳疏》：「《傳》以『水旁』釋沙，謂水旁多積散石，非謂水旁名沙也。」〔註815〕至若作「沚」者，《說文‧水部》：「沚，小渚曰沚。」〔註816〕沚爲水中小洲，若依初九「需于郊」、九三「需于泥」考之，處郊、泥之間者沙也，故九二爻當作「需于沙」爲是。鄭作「沚」乃「沙」字之譌。惠棟《周易述‧卷一》作沙，彼疏曰：「沙古文沙，《說文》沙，沙或字。譚長說沙或從尐，當據古文《易》也。」〔註817〕又馬王堆漢墓帛書《周易》作「㳇」，字與「沚」形近，故易譌也。

轉近丨 附近之近。

【疏】參看〈乾〉「近乎」條。

後時丨 胡豆反。

【疏】參看〈乾〉「後天」條。

衍在丨 以善反。徐怡戰反。

【疏】所在經文爲「需于沙，衍在中也。」〔註818〕衍《廣韻》二讀，訓爲達，以淺切，以獼開三上山。訓爲水溢、豐，予線切，以線開三去山。《古

〔註812〕〔唐〕李鼎祚撰：《周易集解》，北京：中國書店，景印嘉慶三年姑蘇喜墨齋張遇堯局鐫本，1987年版，卷二，第12頁。

〔註813〕〔唐〕李鼎祚撰：《周易集解》，北京：中國書店，景印嘉慶三年姑蘇喜墨齋張遇堯局鐫本，1987年版，卷二，第12頁。

〔註814〕〔魏〕王弼、韓康伯注，〔唐〕孔穎達等正義：《周易正義》，北京：中華書局景印阮刻本，1980年版，第12頁。

〔註815〕〔清〕陳奐撰：《詩毛氏傳疏》（續四庫經部詩類第70冊），上海：上海古籍出版社，景印道光二十七年陳氏掃葉山莊刻本，第347頁。

〔註816〕〔漢〕許慎撰：《說文解字》，北京：中華書局，景印同治十二年陳昌治刻本，1963年版，第232頁。

〔註817〕〔清〕惠棟撰：《周易述》（四部備要本），上海：中華書局，據學海堂經解本校刊，1936年版，第6頁。

〔註818〕〔魏〕王弼、韓康伯注，〔唐〕孔穎達等正義：《周易正義》，北京：中華書局景印阮刻本，1980年版，第12頁。

今韻會舉要》於上聲獮韻「衍」字下曰:「《說文》:水朝宗於海也,从水行,一曰廣也,達也,樂也,散也。《增韻》:水溢也,又豐也,寬以盛也,饒也,盈也,延也。又《史記‧封禪書注》:山阪曰衍。又《三輔》謂山陵間曰衍,又《周禮注》:下平曰衍。通作演。《易》『大衍』注,王云:演天地之數與衍同,亦敷演之義,又霰韻。舊韻許二韻通押。」〔註819〕是衍本有二讀,義本似有別,後世則通押,義浸無異。《釋文》以善反音同《廣韻》以淺切,怡戰反與予線切音同。《易‧需‧象傳》「衍在中矣」《集解》引虞翻曰:「衍,流也。中謂五也。」〔註820〕則虞翻訓衍爲流,蓋言坎乃流水之象。中者,九五爻也。《集解》又引荀爽曰:「體乾處和,美德優衍在中。」〔註821〕是亦訓衍爲流衍也。衍又有寬衍、廣大之義。故孔穎達疏云:「衍謂寬衍,去難雖近,猶未逼于難,而寬衍在其中也,故『雖小有言,以吉終也』。」〔註822〕孔氏意爲須待於沙,沙之去坎險雖近,然其間尚有寬廣之地,故小有言而能終吉也。孔氏與虞、荀義別。

致寇丨 如字。鄭、王肅本作「戎」。

【疏】所在經文爲「需于泥,致寇至。」〔註823〕「如字」者,辨其字形當作「寇」,不從鄭王作「戎」。又自《周易集解》引荀爽、崔憬、虞翻注可知,荀、崔本字作「寇」,而虞翻本與鄭玄、王肅本同作「戎」。「寇」本作「戎」之例,又如《易‧繫辭上》「致寇至」《釋文》:「徐或作戎。」〔註824〕按,寇戎二字義同,皆有敵寇之義,典籍中或有二字連用者,《周禮‧春官‧小祝》「有寇戎之事」〔註825〕、《逸周書‧時訓》「寇戎數起」〔註826〕、《韓非

〔註819〕 〔元〕黃公紹編輯,熊忠舉要:《古今韻會舉要》,明嘉靖戊戌江西提學李愚谷刊本,卷十四,第10頁。

〔註820〕 〔唐〕李鼎祚撰:《周易集解》,北京:中國書店,景印嘉慶三年姑蘇喜墨齋張遇堯局鐫本,1987年版,卷二,第12~13頁。

〔註821〕 〔唐〕李鼎祚撰:《周易集解》,北京:中國書店,景印嘉慶三年姑蘇喜墨齋張遇堯局鐫本,1987年版,卷二,第13頁。

〔註822〕 〔魏〕王弼、韓康伯注,〔唐〕孔穎達等正義:《周易正義》,北京:中華書局景印阮刻本,1980年版,第12頁。

〔註823〕 〔魏〕王弼、韓康伯注,〔唐〕孔穎達等正義:《周易正義》,北京:中華書局景印阮刻本,1980年版,第12頁。

〔註824〕 〔唐〕陸德明撰:《經典釋文》,北京:中華書局,景印徐乾學通志堂刻本,1983年版,第31頁。

〔註825〕 〔漢〕鄭玄注,〔唐〕賈公彥疏:《周禮注疏》,北京:中華書局景印阮刻本,1980年版,第174頁。

子‧大體》「萬民不失命於寇戎」〔註827〕、《禮記‧月令》「寇戎來征」〔註828〕是也。

則辟｜ 音避。下同。

【疏】所在注文爲「見侵則辟」。〔註829〕音避者，明古今字也。《漢書‧五行志中之下》「宜齊戒辟寢」顏師古注：「辟，讀曰避。」〔註830〕《書‧金縢》「我之弗辟」蔡沈集傳：「辟，讀爲避。」〔註831〕

已得｜ 音紀。又音巳。

【疏】所在注文爲「已得天位，暢其中正，无所復須，故酒食而已，獲『貞吉』也。」〔註832〕「音紀」者，辨字形也。「又音巳」者，巳、已古槧多有相譌，巳形此處當是已字。按，「已得天位」者，已身得九五天位也。而音巳者，已然之義也。此處當作已爲是。孔疏曰：「五既爲需之主，已得天位，无所復需。」〔註833〕

所復｜ 扶又反。

【疏】參看〈蒙〉「則復」條。

不速｜ 如字。馬云：召也。〈釋詁〉云：疾也。〈釋言〉云：徵也，召也。

〔註826〕〔清〕朱右曾撰：《逸周書集訓校釋》（續四庫史部別史類第301冊），上海：上海古籍出版社，景印光緒三年湖北崇文書局刊本，2002年版，第147頁。
〔註827〕〔清〕王先謙集解：《韓非子集解》，上海：上海書店，景印諸子集成本，1986年版，第156頁。
〔註828〕〔漢〕鄭玄注，〔唐〕孔穎達等正義：《禮記正義》，北京：中華書局景印阮刻本，1980年版，第134頁。
〔註829〕〔魏〕王弼、韓康伯注，〔唐〕孔穎達等正義：《周易正義》，北京：中華書局景印阮刻本，1980年版，第12頁。
〔註830〕〔漢〕班固撰：《前漢書》（四部備要本），上海：中華書局，據武英殿本校刊，1936年版，第495頁。
〔註831〕〔宋〕蔡沈撰：《書經集傳》（四書五經本），北京：中國書店，據世界書局本景印，1985年版，第81頁。
〔註832〕〔魏〕王弼、韓康伯注，〔唐〕孔穎達等正義：《周易正義》，北京：中華書局景印阮刻本，1980年版，第12頁。
〔註833〕〔魏〕王弼、韓康伯注，〔唐〕孔穎達等正義：《周易正義》，北京：中華書局景印阮刻本，1980年版，第12頁。

【疏】所在經文爲「有不速之客三人來」。〔註 834〕「如字」者，速《廣韻》但有一讀，此處「如字」者，辨字形也。典籍中常見速、遬二體。《說文・辵部》云：「𣇸，疾也。从辵束聲。𣇸，籀文从欶。𣇸，古文从欶从言。」〔註 835〕遬乃速之籀文，此處明經文作「速」，不作「遬」也。《左傳・襄公十六年》「孟孺子速徼之」《釋文》：「速，本亦作遬。」〔註 836〕《春秋左傳異文釋・卷三》：「〈僖二十六年〉經：公會莒子衛甯速盟于向。《公羊》作甯遬。〈成二年〉經：衛侯速卒。《公羊》作遬。」〔註 837〕依此，則陸氏此處「如字」，當是辨其字形也。馬云「召也」者，《周易集解》引荀爽曰：「三人謂下三陽也，須時當升，非有召者，故曰不速之客焉。」〔註 838〕又王弼注云：「三陽所以不敢進者，須難之終也。難終則至，不待召也。」〔註 839〕是荀王訓同馬氏。〈釋詁〉云「疾也」者，見《爾雅・釋詁上》，《釋文》引〈釋詁〉文蓋釋速之本義也，召義與之有關。《儀禮・鄉飲酒禮》「主人速賓」鄭玄注：「速，召也」胡培翬《正義》引敖氏云：「召之而云速者，欲其來之速也。」〔註 840〕又《爾雅・釋言》「速，徵也」郝懿行《義疏》：「速者，疾之徵也。」〔註 841〕故《伊川易傳・卷一》曰：「不速，不促之而自來也。」〔註 842〕亦即此義也。〈釋言〉云「徵也，召也」者，今本《爾雅・釋言》同，徵、召義同。

〔註 834〕〔魏〕王弼、韓康伯注，〔唐〕孔穎達等正義：《周易正義》，北京：中華書局景印阮刻本，1980 年版，第 12 頁。

〔註 835〕〔漢〕許慎撰：《說文解字》，北京：中華書局，景印同治十二年陳昌治刻本，1963 年版，第 40 頁。

〔註 836〕〔唐〕陸德明撰：《經典釋文》，北京：中華書局，景印徐乾學通志堂刻本，1983 年版，第 261 頁。

〔註 837〕〔清〕李富孫撰：《春秋三傳異文釋》（續四庫經部春秋類第 144 頁），上海：上海古籍出版社，景印道光蔣氏刻別下齋叢書本，2002 年版，第 427 頁。

〔註 838〕〔唐〕李鼎祚撰：《周易集解》，北京：中國書店，景印嘉慶三年姑蘇喜墨齋張遇堯局鐫本，1987 年版，卷二，第 13 頁。

〔註 839〕〔魏〕王弼、韓康伯注，〔唐〕孔穎達等正義：《周易正義》，北京：中華書局景印阮刻本，1980 年版，第 12 頁。

〔註 840〕〔清〕胡培翬撰：《儀禮正義》（四部備要本），上海：中華書局，據南菁書院續經解本校刊，1936 年版，第 71 頁。

〔註 841〕〔清〕郝懿行撰：《爾雅義疏》（漢小學四種本），成都：巴蜀書社，景印同治四年郝氏家刻本，2001 年版，第 993 頁。

〔註 842〕〔宋〕程頤撰：《伊川易傳》（叢書集成三編哲學類第 9 冊），臺灣：新文豐出版公司，景印中華書局聚珍倣宋版印二程全書本，1997 年版，第 70 頁。

☰訟│　才用反，爭也，言之於公也。鄭云：辯則曰訟。〔註843〕離宮遊魂卦。

【疏】訟《廣韻》二讀，一爲似用切，邪用合三去通，爭罪曰獄，爭財曰訟。一爲祥容切，邪鍾合三平通，爭獄。《釋文》音才用反者，從紐用韻，與《廣韻》似用切音近，皆是去聲。《增修互註禮部韻略・卷一》云：「訟有兩音，《易・訟卦》音去聲。晃曰：《易》注云：反爭也，言之於公也，然則訟字從言從公，蓋會意也。且諧公字聲則本是平聲，是以《詩》恊從字韻。《易》獨音去聲，未爲允當，合依《詩》音於二韻通用。」〔註844〕毛晃曰《易》注云「反爭」者，蓋引《釋文》，「反」乃「才用反」之「反」，衍文。據此，《周易・訟卦》獨音去聲。「爭也」者，《說文・言部》：「訟，爭也。」〔註845〕段注曰：「公言之也。《漢書・呂后紀》未敢訟言誅之，鄧展曰：訟言，公言也。」〔註846〕訟、公諧聲，義亦相關。「言之於公也」者，釋訟之所由來也，《周易本義集成・卷一》引建安張氏曰：「訟字從言從公，人有爭不能直之於私，故言之於公也。」〔註847〕《周易玩辭困學記・卷二》：「訟字從言從公，《乾鑿度》云：爭而後訟。蓋私不得信則言之于公也，不公則爲誣爲詐。」〔註848〕皆與《釋文》義同。鄭云「辯則曰訟」者，「則」當是「財」字之譌，當依宋本、葉鈔、十行本、閩監本作「財」。《周禮・地官・大司徒》「凡萬民之不服教，而有獄訟者，與有地治者聽而斷之。」鄭玄注云：「爭罪曰獄，爭財曰訟。」〔註849〕〈夏官・馬質〉「若有馬訟」鄭玄注：「訟，謂賣買之言相負。」〔註850〕

〔註843〕 《經典釋文彙校》：「宋本、葉鈔、十行本、閩監本『則』作『財』。」見黃焯撰：《經典釋文彙校》，北京：中華書局，1980 年版，第 11 頁。

〔註844〕 〔宋〕毛晃增注，毛居正重增：《增修互注禮部韻略》，臺灣：商務印書館，景印文淵閣四庫全書本第 237 冊，1983 年版，第 341 頁。

〔註845〕 〔漢〕許慎撰：《說文解字》，北京：中華書局，景印同治十二年陳昌治刻本，1963 年版，第 56 頁。

〔註846〕 〔清〕段玉裁撰：《說文解字注》，上海：上海古籍出版社，景印嘉慶二十年經韻樓本，1988 年版，第 100 頁。

〔註847〕 〔元〕熊良輔撰：《周易本義集成》，揚州：江蘇廣陵古籍刻印社，景印通志堂經解本第四冊，1996 年版，第 124 頁。

〔註848〕 〔明〕張次仲撰：《周易玩辭困學記》，臺灣：商務印書館，景印文淵閣四庫全書本第 36 冊，1983 年版，第 462 頁。

〔註849〕 〔漢〕鄭玄注，〔唐〕賈公彥疏：《周禮注疏》，北京：中華書局景印阮刻本，1980 年版，第 70 頁。

〔註850〕 〔漢〕鄭玄注，〔唐〕賈公彥疏：《周禮注疏》，北京：中華書局景印阮刻本，1980 年版，第 204 頁。

〈秋官・大司寇〉「以兩造禁民訟」鄭玄注：「訟，謂以財貨相告者。」〔註851〕此皆鄭注，其訟義皆關乎財物之爭。故《釋文》所引鄭云「則」字當是「財」字之譌。

窒｜ 張栗反。徐得悉反。又得失反。馬作「咥」，云：讀為躓，猶止也。鄭云：咥，覺悔貌。〔註852〕

【疏】所在經文為「有孚，窒惕，中吉。」〔註853〕窒《廣韻》二讀，一為陟栗切，知質開三入臻。一為丁結切，端屑開四入山。音異而義同，窒塞也。《釋文》首音張栗反音同《廣韻》陟栗切。徐氏得悉反與其又音得失反音同端紐質韻，而與《廣韻》丁結切音異。毛居正《六經正誤》云：「窒張栗反，正音也。徐得悉反，吳音也。」〔註854〕咥《廣韻》三讀，一為丑栗切，徹質開三入臻，一為陡結切，定屑開四入山，一為丁結切，端屑開四入山。「馬作『咥』，云：『讀為躓』」者，知至開三去止，與《廣韻》三音皆異，咥、躓上古同在質部，躓《廣韻》讀作去聲，音變故也。馬融讀為躓者，蓋舊音無別。咥《說文・口部》：「咥，大笑也。」〔註855〕本無止義，馬氏言「猶止也」者，當是假借為躓也，躓《說文・足部》：「躓，跲也。」〔註856〕引申之，則有滯礙不行之義，故馬云「猶止也」。鄭玄云「咥，覺悔貌」者，《後漢書・馬融傳》云：「融才高博洽，為世通儒，教養諸生，常有千數。涿郡盧植、北海鄭玄，皆其徒也。」〔註857〕是知鄭玄與馬融同作「咥」字，蓋師承故也。然鄭玄訓為覺悔貌，則於典墳無考。咥或訓為笑，見《說文》；或訓為齧噬，

〔註851〕〔漢〕鄭玄注，〔唐〕賈公彥疏：《周禮注疏》，北京：中華書局景印阮刻本，1980年版，第232頁。

〔註852〕《經典釋文彙校》：「閩監本、雅雨本悉誤作『息』。葉鈔、朱鈔『咥』作『至』。宋本但缺左旁作『至』，未遽誤為『至』也。」見黃焯撰：《經典釋文彙校》，北京：中華書局，1980年版，第11頁。

〔註853〕〔魏〕王弼、韓康伯注，〔唐〕孔穎達等正義：《周易正義》，北京：中華書局景印阮刻本，1980年版，第12頁。

〔註854〕〔宋〕毛居正撰：《六經正誤》，揚州：江蘇廣陵古籍刻印社，景印通志堂經解本第十六冊，1996年版，第571頁。

〔註855〕〔漢〕許慎撰：《說文解字》，北京：中華書局，景印同治十二年陳昌治刻本，1963年版，第32頁。

〔註856〕〔漢〕許慎撰：《說文解字》，北京：中華書局，景印同治十二年陳昌治刻本，1963年版，第47頁。

〔註857〕〔南朝宋〕范曄撰：《後漢書》（四部備要本），上海：中華書局，據武英殿本校刊，1936年版，第788頁。

如《易・履》「不咥人亨」陸德明《釋文》「咥，齧也。」〔註858〕是皆無覺悔之義也。今考戰國楚簡《周易》作「愷意中吉」，〔註859〕乃知鄭玄假「咥」爲「愷」也。愷，《玉篇・心部》：「愷，恨也。」〔註860〕鄭玄訓爲覺悔貌，義則近之。

惕｜ 湯歷反。王注或在「惕」字上，或在下，皆通。在「中吉」下者，非。

【疏】惕《廣韻》他歷切，透錫開四入梗。《釋文》音同。「王注或在『惕』字上，或在下，皆通」者，按王注爲「窒謂窒塞也。能惕，然後可以獲中吉。」〔註861〕陸說非，王注當置於「中吉」下爲是。唐郭京於《周易舉正・卷上》按曰：「今本註在『中吉』字上。夫子《彖辭》、六十四卦皆先舉卦名，釋訖，次舉爻辭，每句以義釋之，『訟』則以『上剛下險險而健訟』釋之。『有孚窒惕』則以『剛來而得中』釋之，『終凶』則以『訟不可成』釋之，『利見大人』則以『尙中正』釋之，『不利涉大川』則以『入于淵』釋之。若註在『中吉』字上，即是背夫子意義，又是隔註爲句，古今註書无此例，用心詳之，見誤矣。」〔註862〕

中｜ 如字。馬丁仲反。

【疏】中《廣韻》二讀，一爲陟弓切，知東合三平通。一爲陟仲切，知送合三去通。馬丁仲反，端送合三去通。按中、丁、陟上古同在端紐，馬融之音，蓋存古也。「如字」者，讀平聲，訓爲中位、中道之中，《集解》引虞翻曰：「三來之二，得中。」〔註863〕中者，下卦之中爻位也。馬融音丁仲反者，

〔註858〕 〔唐〕陸德明撰：《經典釋文》，北京：中華書局，景印徐乾學通志堂刻本，1983年版，第21頁。

〔註859〕 馬承源主編：《上海博物館藏戰國楚竹書（三）》，上海：上海古籍出版社，2003年版，第219頁。

〔註860〕 〔梁〕顧野王撰：《宋本玉篇》，北京：中國書店，景印張氏澤存堂本，1983年版，第156頁。

〔註861〕 〔魏〕王弼、韓康伯注，〔唐〕孔穎達等正義：《周易正義》，北京：中華書局景印阮刻本，1980年版，第12頁。

〔註862〕 〔唐〕郭京撰：《周易舉正》（叢書集成初編哲學類第390冊），上海：商務印書館，據范氏二十一種奇書本排印，1939年版，第3頁。

〔註863〕 〔唐〕李鼎祚撰：《周易集解》，北京：中國書店，景印嘉慶三年姑蘇喜墨齋張遇堯局鐫本，1987年版，卷三，第1頁。

讀去聲，訓爲得也，中上古端紐多部，得端紐職部，音轉可通。又《經義述聞·周官·中》云：「中、得聲相近，故二字可以通用。《呂氏春秋·至忠篇》：『荊莊哀王獵於雲夢，射隨兕中之。』《說苑·立節篇》作『射科雉得之』。《淮南·齊俗篇》：『天之員也不得規，地之方也不得矩。』《文子·自然篇》『得』作『中』。是也。」〔註864〕故馬融此處中讀去聲者，當訓作得，於義爲佳，中吉者，得吉也。

占| 「有孚窒」一句，「惕中吉」一句。〔註865〕

【疏】《易翼宗·卷一》：「先儒有『孚窒』爲句，『惕中吉』爲句，費辭難解。」〔註866〕《周易章句證異·卷一》：「李鼎祚依荀爽本，『有孚』句，『窒惕中吉』句。陸德明『有孚窒』句，『惕中吉』句。朱震、蘇軾、朱子、王宗傳同。陸希聲『有孚』句，『窒惕』句，『中吉』句。程子、郭雍、張浚、項安世、趙汝楳、吳澄、黃宗炎同。毛奇齡『惕中』句。」〔註867〕

涉難| 乃旦反。

【疏】所在注文爲「涉難特甚焉」。〔註868〕參看〈乾〉「而難」條。

猶復| 扶又反，下同。

【疏】所在注文爲「猶復不可終」。〔註869〕參看〈蒙〉「則復」條。

不枉| 紆往反。

〔註864〕〔清〕王引之撰：《經義述聞》（續四庫經部羣經總義類第174～175冊），上海：上海古籍出版社，景印道光七年王氏京師刻本，2002年版，第174冊，第451冊。

〔註865〕《經典釋文彙校》：「宋本與此本同。江沅乙作『有孚窒惕』一句，『中吉』一句。」見黃焯撰：《經典釋文彙校》，北京：中華書局，1980年版，第11頁。

〔註866〕〔清〕晏斯盛撰：《易翼宗》（楚蒙山房易經解之二），臺灣：商務印書館，景印文淵閣四庫全書本第43冊，第308頁。

〔註867〕〔清〕翟均廉撰：《周易章句證異》，臺灣：商務印書館，景印文淵閣四庫全書本第53冊，1983年版，第678頁。

〔註868〕〔魏〕王弼、韓康伯注，〔唐〕孔穎達等正義：《周易正義》，北京：中華書局景印阮刻本，1980年版，第12頁。

〔註869〕〔魏〕王弼、韓康伯注，〔唐〕孔穎達等正義：《周易正義》，北京：中華書局景印阮刻本，1980年版，第12頁。

【疏】所在注文爲「雖每不枉而訟至終竟」。〔註870〕枉《廣韻》紆往切，影養開三上宕。《釋文》音同。

而令丨 力呈反。

【疏】所在注文爲「而令有信塞懼者得其『中吉』」。〔註871〕令《廣韻》五讀，一爲力延切，來仙開三平山，令居縣；一爲呂貞切，來清開三平梗，使也；一爲郎丁切，來青開四平梗，令狐氏；一爲力政切，來勁開三去梗，善也，命也，律也，法也。一爲郎定切，來徑開四去梗，令支縣。《釋文》力呈反與《廣韻》呂貞切音同，訓爲使。

正夫丨 音符。下注同。

【疏】所在注文爲「以剛而來正夫羣小」。〔註872〕參看〈乾〉「夫位」條。

斷不丨 丁亂反，下注並同。

【疏】所在注文爲「斷不失中」。〔註873〕參看〈蒙〉「能斷」條。

契之丨 苦計反，下同。

【疏】所在注文爲「契之不明，訟之所以生也。」〔註874〕契《廣韻》二讀，其中作契約解時音苦計切，溪霽開四去蟹。《釋文》音同。契者，契約、券要也。

其分丨 符問反。

【疏】所在注文爲「物有其分」。〔註875〕分作名分解時《廣韻》扶問切，

〔註870〕〔魏〕王弼、韓康伯注，〔唐〕孔穎達等正義：《周易正義》，北京：中華書局景印阮刻本，1980 年版，第 12 頁。

〔註871〕〔魏〕王弼、韓康伯注，〔唐〕孔穎達等正義：《周易正義》，北京：中華書局景印阮刻本，1980 年版，第 12 頁。

〔註872〕〔魏〕王弼、韓康伯注，〔唐〕孔穎達等正義：《周易正義》，北京：中華書局景印阮刻本，1980 年版，第 12 頁。

〔註873〕〔魏〕王弼、韓康伯注，〔唐〕孔穎達等正義：《周易正義》，北京：中華書局景印阮刻本，1980 年版，第 12 頁。

〔註874〕〔魏〕王弼、韓康伯注，〔唐〕孔穎達等正義：《周易正義》，北京：中華書局景印阮刻本，1980 年版，第 12 頁。

〔註875〕〔魏〕王弼、韓康伯注，〔唐〕孔穎達等正義：《周易正義》，北京：中華書局景印阮刻本，1980 年版，第 12 頁。

奉問合三去臻。《釋文》音同。

相濫｜ 力暫反。

【疏】所在注文爲「職不相監」。〔註 876〕濫《廣韻》二讀，訓爲氾濫、干涉，盧瞰切，來闞開一去咸。《釋文》音同。

爭何｜ 爭鬭之爭。

【疏】所在注文爲「爭何由興」。〔註 877〕「爭鬭之爭」，注音兼釋義也。

陰和｜ 胡臥反。

【疏】所在注文爲「凡陽唱而陰和」。〔註 878〕和作唱和解時《廣韻》胡臥切，匣過合一去果。《釋文》音同。

而逋｜ 補吳反。徐方吳反。

【疏】所在經文爲「歸而逋其邑」。〔註 879〕逋《廣韻》博孤切，幫模合一平遇。《釋文》補吳反音同。徐音方吳反者，方唐宋屬非紐字，逋、方上古則皆爲幫紐字，陸氏特錄徐音，疑陸氏之時脣音已有分化之端倪。按「逋」戰國楚簡《周易》作「肤」，〔註 880〕「肤」爲「膚」之異體，肤中古爲非紐字，若於上古則亦讀爲重脣音也。

眚｜ 生領反。《子夏傳》云：妖祥曰眚。馬云：災也。鄭云：過也。

【疏】所在經文爲「无眚」。〔註 881〕眚《廣韻》所景切，生梗開三上梗。

〔註 876〕〔魏〕王弼、韓康伯注，〔唐〕孔穎達等正義：《周易正義》，北京：中華書局景印阮刻本，1980 年版，第 12 頁。阮元《校勘記》：「閩本同岳本『監』，毛本『監』作『濫』，《釋文》亦作『濫』。」見〔魏〕王弼、韓康伯注，〔唐〕孔穎達等正義：《周易正義》，北京：中華書局景印阮刻本，1980 年版，第 20 頁。

〔註 877〕〔魏〕王弼、韓康伯注，〔唐〕孔穎達等正義：《周易正義》，北京：中華書局景印阮刻本，1980 年版，第 12 頁。

〔註 878〕〔魏〕王弼、韓康伯注，〔唐〕孔穎達等正義：《周易正義》，北京：中華書局景印阮刻本，1980 年版，第 12 頁。

〔註 879〕〔魏〕王弼、韓康伯注，〔唐〕孔穎達等正義：《周易正義》，北京：中華書局景印阮刻本，1980 年版，第 12 頁。

〔註 880〕馬承源主編：《上海博物館藏戰國楚竹書（三）》，上海：上海古籍出版社，2003 年版，第 219 頁。

〔註 881〕〔魏〕王弼、韓康伯注，〔唐〕孔穎達等正義：《周易正義》，北京：中華書局

又《集韻》增有息井切，心靜開三上梗。《釋文》生領反者，聲同《廣韻》所景切，韻同《集韻》息井切，蓋生領反之變遷可知矣。又省《廣韻》有所景、息井二切之別，亦可見梗、靜二韻古蓋同源也。眚《說文‧目部》：「眚，目病生翳也。」〔註882〕段注曰：引申爲「災眚。李奇曰『內妖曰眚、外妖曰祥』是也。」〔註883〕《子夏傳》曰「妖祥曰眚」者，即是此義。馬訓爲災、鄭訓爲過者，亦皆眚之引申義也。訓作災者，《左傳‧莊公二十五年》「非日月之眚」陸德明《釋文》：「眚，災也。」〔註884〕《國語‧周語上》「脈其滿眚」韋昭注：「眚，災也。」〔註885〕《後漢書‧馬嚴傳》「災眚消矣」李賢注：「眚，亦災也。」〔註886〕眚有災義，故災眚可連文。訓作過者，《書‧舜典》「眚災肆赦」孔安國《傳》：「眚，過。」〔註887〕總之，眚本義爲目疾，引申之則有妖、災、過之義。

下物｜ 遐嫁反。

【疏】所在注文爲「不能下物」。〔註888〕參看〈屯〉「下賤」條。

竄｜ 七亂反。徐又七外反，逃也。

【疏】所在注文爲「若能以懼歸竄其邑」。〔註889〕竄《廣韻》七亂切，清換合一去山。《釋文》首音同。徐氏七外反者，蓋古音之遺也。《易韻‧卷

景印阮刻本，1980 年版，第 12 頁。

〔註882〕〔漢〕許慎撰：《說文解字》，北京：中華書局，景印同治十二年陳昌治刻本，1963 年版，第 73 頁。

〔註883〕〔清〕段玉裁撰：《說文解字注》，上海：上海古籍出版社，景印嘉慶二十年經韻樓本，1988 年版，第 134 頁。

〔註884〕〔唐〕陸德明撰：《經典釋文》，北京：中華書局，景印徐乾學通志堂刻本，1983 年版，第 229 頁。

〔註885〕〔吳〕韋昭注，〔清〕董增齡正義：《國語正義》（續四庫史部雜史類第 422 冊），上海：上海古籍出版社，景印光緒庚辰會稽章氏式訓堂刊本，2002 年版，第 18 頁。

〔註886〕〔南朝宋〕范曄撰：《後漢書》（四部備要本），上海：中華書局，據武英殿本校刊，1936 年版，第 449 頁。

〔註887〕〔漢〕孔安國傳，〔唐〕孔穎達等正義：《尚書正義》，北京：中華書局景印阮刻本，1980 年版，第 16 頁。

〔註888〕〔魏〕王弼、韓康伯注，〔唐〕孔穎達等正義：《周易正義》，北京：中華書局景印阮刻本，1980 年版，第 12 頁。

〔註889〕〔魏〕王弼、韓康伯注，〔唐〕孔穎達等正義：《周易正義》，北京：中華書局景印阮刻本，1980 年版，第 12 頁。

二》：「竄本音七外反，是泰部中字。宋眞宗朝以重疊韻刪去之者，此正無入之去聲。故與掇合，此兩合之例也。按諸韻書泰部俱無竄字。考《左傳·僖二十六年》有『鬼神勿赦而自竄于夔』語，《字林》音七外反，與蔡音同。又《史記·賈生傳》『鸞鳳伏竄兮，鴟鴞翱翔』司馬貞《索隱》亦音七外反。《文選·張協七命》『今公子違世陸沈，避地獨竄』李善《註》亦音七外反。則並是讀音，非協音也。故〈虞書〉『竄三苗于三危』《說文》作𥨥，麤最切，音蔡。此正竄當讀蔡之証。若其押入泰韻，則《淮南子》『彈驚伏竄』與『注喙江裔』合，潘岳〈西征賦〉『競遯逃而奔竄』與『不窺兵于江外』合，此又歷有明據者，始知《易》韻之神過于《毛詩》，夫子爲文與時賢故不同也。」〔註890〕由此，徐氏切語應是舊音無疑。

掇｜徐都活反。《說文》云：拾取也。鄭本作「惙」，陟劣反，憂也。

    【疏】所在經文爲「自下訟上，患至掇也。」〔註891〕掇作拾掇義解時《廣韻》丁括切，端末合一入山。徐氏音同。《說文·手部》：「掇，拾取也。」〔註892〕《集解》引荀爽曰：「下與上爭，即取患害，如拾掇小物而不失也。」〔註893〕孔穎達疏曰：「掇猶拾掇也。」〔註894〕是皆訓掇爲拾取之義也。鄭本作「惙」者，惙《廣韻》陟劣切，知薛合三入山。《釋文》音同。「憂也」者，惙之常訓也。《說文·心部》：「惙，憂也。」〔註895〕《詩·召南·草蟲》「憂心惙惙」毛《傳》：「惙惙，憂也。」〔註896〕惠棟《周易述·卷十》依鄭玄作「惙」，彼疏曰：「惙，憂。鄭義也。《詩》曰『憂心惙惙』，俗作『掇』，今從

〔註890〕〔清〕毛奇齡撰：《易韻》，臺灣：商務印書館，景印文淵閣四庫全書本第242冊，1983年版，第309頁。

〔註891〕〔魏〕王弼、韓康伯注，〔唐〕孔穎達等正義：《周易正義》，北京：中華書局景印阮刻本，1980年版，第12頁。

〔註892〕〔漢〕許慎撰：《說文解字》，北京：中華書局，景印同治十二年陳昌治刻本，1963年版，第255頁。

〔註893〕〔唐〕李鼎祚撰：《周易集解》，北京：中國書店，景印嘉慶三年姑蘇喜墨齋張遇堯局鐫本，1987年版，卷三，第2頁。

〔註894〕〔魏〕王弼、韓康伯注，〔唐〕孔穎達等正義：《周易正義》，北京：中華書局景印阮刻本，1980年版，第12頁。

〔註895〕〔漢〕許慎撰：《說文解字》，北京：中華書局，景印同治十二年陳昌治刻本，1963年版，第222頁。

〔註896〕〔漢〕毛公傳、鄭玄箋，〔唐〕孔穎達等正義：《毛詩正義》，北京：中華書局景印阮刻本，1980年版，第18頁。

古。」〔註897〕

忤也│ 五故反。

【疏】所在注文爲「難可忤也」。〔註898〕忤《廣韻》五故切，疑暮合一去遇。《釋文》音同。忤，逆也。《莊子‧刻意》「无所於忤」成玄英疏：「忤，逆也。」〔註899〕《史記‧刺客列傳》「人不敢忤視」司馬貞《索隱》：「忤者，逆也。」〔註900〕是忤有忤逆、抵觸之義也。

復即│ 音服。後同者，更不音。

【疏】所在經文爲「復即命渝，安貞吉。」〔註901〕參看〈乾〉「反復」條。

渝│ 以朱反，變也。馬同。鄭云：然也。〔註902〕

【疏】渝《廣韻》羊朱切，以虞合三平遇。《釋文》音同。「變也」者，常訓也。《爾雅‧釋言》：「渝，變也。」〔註903〕李鼎祚《集解》引虞翻曰：「渝，變也。」〔註904〕孔穎達疏曰：「『復即命渝』者，復，反也；即，就也。九四訟既不勝，若能反就本理，變前與初爭訟之命，能自渝變休息，不與初訟，故云『復即命渝』。」〔註905〕又《易‧隨》「官有渝」《集解》引《九家易注》：

〔註897〕〔清〕惠棟撰：《周易述》（四部備要本），上海：中華書局，據學海堂經解本校刊，1936 年版，第 65 頁。

〔註898〕〔魏〕王弼、韓康伯注，〔唐〕孔穎達等正義：《周易正義》，北京：中華書局景印阮刻本，1980 年版，第 12 頁。

〔註899〕〔清〕郭慶藩輯：《莊子集釋》，上海：上海書店，景印諸子集成本，1986 年版，第 240 頁。

〔註900〕〔漢〕司馬遷撰：《史記》（四部備要本），上海：中華書局，據武英殿本校刊，1936 年版，第 894 頁。

〔註901〕〔魏〕王弼、韓康伯注，〔唐〕孔穎達等正義：《周易正義》，北京：中華書局景印阮刻本，1980 年版，第 13 頁。

〔註902〕《經典釋文彙校》：「惠云：渝讀俞。盧云：鄭本當本作『俞』。」見黃焯撰：《經典釋文彙校》，北京：中華書局，1980 年版，第 11 頁。

〔註903〕〔晉〕郭璞注，〔宋〕邢昺疏：《爾雅注疏》，北京：中華書局景印阮刻本，1980 年版，第 17 頁。

〔註904〕〔唐〕李鼎祚撰：《周易集解》，北京：中國書店，景印嘉慶三年姑蘇喜墨齋張遇堯局鐫本，1987 年版，卷三，第 3 頁。

〔註905〕〔魏〕王弼、韓康伯注，〔唐〕孔穎達等正義：《周易正義》，北京：中華書局景印阮刻本，1980 年版，第 13 頁。

「渝，變也。」〔註906〕馬同者，馬融亦訓作變。鄭玄曰「然也」者，則鄭本經文當作「俞」。馬王堆漢墓帛書《周易》亦作「俞」。〔註907〕《爾雅‧釋言》：「俞，然也。」郝懿行《義疏》：「俞者，然之聲也，俞與唯皆膺聲。」〔註908〕《書‧堯典》「帝曰：俞，予聞如何」《禮記‧內則》「男唯女俞」鄭玄注：「俞，然也。」〔註909〕俞爲膺聲，引申而有安義，《呂氏春秋‧知分》「愈然而以待耳」高誘注：「俞，安也。」〔註910〕又俞與愉通，《經義述聞‧大戴禮下‧進退工故》「其入人甚俞」王引之按引王念孫曰：「俞，讀爲愉。」〔註911〕又《莊子‧天道》「无爲則俞俞」成玄英疏曰：「俞俞，從容和樂之貌也。」〔註912〕是俞有和悅安然之義。則鄭氏「不克訟，復即命俞，安貞吉」義爲九四訟既不勝，反就本理，則得安然，守正得吉也。

不邪｜ 似嗟反。

【疏】所在注文爲「正則不邪」。〔註913〕參看〈乾〉「邪」條。

錫｜ 星歷反，又星㐌反，賜也。

【疏】所在經文爲「或錫之鞶帶，終朝三褫之。」〔註914〕錫《廣韻》先擊切，心錫開四入梗。《釋文》星歷反與音同，《廣韻‧錫韻》於此字下釋義

〔註906〕〔唐〕李鼎祚撰：《周易集解》，北京：中國書店，景印嘉慶三年姑蘇喜墨齋張遇堯局鐫本，1987年版，卷五，第1頁。

〔註907〕廖名春釋文：《馬王堆帛書周易經傳釋文》（續四庫經部易類第1冊），上海：上海古籍出版社，2002年版，第2頁。

〔註908〕〔清〕郝懿行撰：《爾雅義疏》（漢小學四種本），成都：巴蜀書社，景印同治四年郝氏家刻本，2001年版，第933頁。

〔註909〕〔漢〕鄭玄注，〔唐〕孔穎達等正義：《禮記正義》，北京：中華書局景印阮刻本，1980年版，第243頁。

〔註910〕〔漢〕高誘注：《呂氏春秋》，上海：上海書店，景印諸子集成本，1986年版，第260頁。按，正文作「愈」，當是「俞」字之譌。

〔註911〕〔清〕王引之撰：《經義述聞》（續四庫經部羣經總義類第174～175冊），上海：上海古籍出版社，景印道光七年王氏京師刻本，2002年版，第174冊，第553冊。

〔註912〕〔清〕郭慶藩輯：《莊子集釋》，上海：上海書店，景印諸子集成本，1986年版，第205頁。

〔註913〕〔魏〕王弼、韓康伯注，〔唐〕孔穎達等正義：《周易正義》，北京：中華書局景印阮刻本，1980年版，第13頁。

〔註914〕〔魏〕王弼、韓康伯注，〔唐〕孔穎達等正義：《周易正義》，北京：中華書局景印阮刻本，1980年版，第13頁。

曰：「賜也，與也，亦鉛錫。」〔註915〕則錫有賜與、鉛錫二義。讀星自反（心至開三去止）者，蓋明假借爲賜也。賜《廣韻》斯義切，心實開三去止，音與之近。錫、賜古音同在心紐錫部，後賜入去聲，故《釋文》錫有兩讀，或依本字讀之，或依假借讀之，然皆有賜予之義也。

鞶| 步干反。馬云：大也。徐云：王肅作「槃」。

【疏】鞶《廣韻》薄官切，並桓合一平山。《釋文》步干反者，參看〈屯〉「磐」條。馬云「大也」者，《說文·革部》：「鞶，大帶也。《易》曰：或錫之鞶帶。男子帶鞶，婦人帶絲。」〔註916〕《左傳·桓公二年》「鞶厲游纓」杜預注：「鞶，紳帶也，一名大帶。」〔註917〕《周易集解》引虞翻曰：「鞶帶，大帶。男子鞶革。」〔註918〕是皆訓鞶爲大也。按从般之字，多有大義。馬王堆漢墓帛書《周易》即作「般」字。〔註919〕《廣雅·釋詁一》「般，大也」王念孫《疏證》曰：「《說文》：幋，覆衣大巾也。鞶，大帶也。〈訟·上九〉：或錫之鞶帶。馬融注云：鞶，大也。《文選·〈嘯賦〉注》引《聲類》云：磐，大石也。義竝與般同。」〔註920〕徐云王肅作「槃」者，槃從般得聲，訓同鞶，大也。《儀禮·士冠禮》「周弁殷冔」鄭玄注：「弁名出於槃。槃，大也。」〔註922〕惠棟《周易述·卷一》即依王肅作「槃」。彼疏曰：「槃帬，大帬。服以祭者，故曰宗廟之服。」〔註921〕

帬| 音帶。亦作「帶」。

〔註915〕〔宋〕陳彭年，丘雍撰：《宋本廣韻》，南京：江蘇教育出版社，景印南宋巾箱本，2008 年版，第 154 頁。

〔註916〕〔漢〕許慎撰：《說文解字》，北京：中華書局，景印同治十二年陳昌治刻本，1963 年版，第 60 頁。

〔註917〕〔晉〕杜預注，〔唐〕孔穎達等正義：《春秋左傳正義》，北京：中華書局景印阮刻本，1980 年版，第 40 頁。

〔註918〕〔唐〕李鼎祚撰：《周易集解》，北京：中國書店，景印嘉慶三年姑蘇喜墨齋張遇堯局鐫本，1987 年版，卷三，第 3 頁。

〔註919〕廖名春釋文：《馬王堆帛書周易經傳釋文》（續四庫經部易類第 1 冊），上海：上海古籍出版社，2002 年版，第 2 頁。

〔註920〕〔清〕王念孫撰：《廣雅疏證》，北京：中華書局，景印嘉慶年間王氏家刻本，1983 年版，第 6 頁。

〔註922〕〔漢〕鄭玄注，〔唐〕賈公彥疏：《儀禮注疏》，北京：中華書局景印阮刻本，1980 年版，第 14 頁。

〔註921〕〔清〕惠棟撰：《周易述》（四部備要本），上海：中華書局，據學海堂經解本校刊，1936 年版，第 7 頁。

【疏】帶，《說文·巾部》小篆作帶，曰：「象繫佩之形。佩必有巾，从巾。」〔註923〕「帶」字甲骨作帶（合二八〇三五）、帶（合二〇五〇二），〔註924〕戰國楚簡作帶（周易，上博竹書三）、帶（容成氏，上博竹書二），〔註925〕漢印作帶（帶方令印）、帶（許帶）〔註926〕，均未見「帶」體，「帶」體始見漢隸，蓋隸變之異體也。《隸辨·泰韻》收「帶」，見《堯廟碑》「雍徒帶眾」，顧氏於其下按語云：「《五經文字》云：帶，《禮記》作帶。《張壽碑》『為冠帶禮義之宗』亦作帶。」〔註927〕《釋文》音帶者，明二字異體也。世傳《周易》多作「帶」，惠氏好古異，故《周易述》作「帶」。

終朝｜ 馬云：旦至食時為終朝。

【疏】馬融「旦至食時為終朝」者，常訓也。《左傳·僖公二十七年》「終朝而畢」杜預注：「終朝，自旦及食時也。」〔註928〕《詩·小雅·采綠》「終朝采綠」毛《傳》：「從旦及食時為終朝。」〔註929〕終朝又作崇朝，《詩·鄘風·蝃蝀》「崇朝其雨」毛《傳》：「從旦至食時為崇朝。」〔註930〕又《淮南子·氾論》「不崇朝而雨天下者，唯太山」高誘注：「崇，終也。日旦至食時為崇朝。」〔註931〕是其訓皆同也。然典籍中有異訓，或以終朝為自旦及夕者，《楚辭·九思·逢尤》「目眩眩兮寱終朝」王逸注云：「終朝，自旦及夕。言通夜不能瞑也。」〔註932〕按《易》從馬融為是。

〔註923〕〔漢〕許慎撰：《説文解字》，北京：中華書局，景印同治十二年陳昌治刻本，1963 年版，第 158 頁。

〔註924〕劉釗等編：《新甲骨文編》，福州：福建人民出版社，2009 年版，第 450 頁。

〔註925〕李守奎等編：《上海博物館藏楚竹書（一至五冊）文字編》，北京：作家出版社，2007 年版，第 382 頁。

〔註926〕羅福頤撰：《漢印文字徵》，北京：文物出版社景印，1978 年版，卷七，第 22 頁。

〔註927〕〔清〕顧藹吉撰：《隸辨》，北京：中華書局，景印康熙五十七年項絪玉淵堂刊本，1986 年版，第 136 頁。

〔註928〕〔晉〕杜預注，〔唐〕孔穎達等正義：《春秋左傳正義》，北京：中華書局景印阮刻本，1980 年版，第 120 頁。

〔註929〕〔漢〕毛公傳、鄭玄箋，〔唐〕孔穎達等正義：《毛詩正義》，北京：中華書局景印阮刻本，1980 年版，第 226 頁。

〔註930〕〔漢〕毛公傳、鄭玄箋，〔唐〕孔穎達等正義：《毛詩正義》，北京：中華書局景印阮刻本，1980 年版，第 50 頁。

〔註931〕〔漢〕劉安著，高誘注：《淮南子》，上海：上海書店，景印諸子集成本，1986 年版，第 232 頁。

〔註932〕〔漢〕王逸撰：《楚辭章句》（叢書集成初編文學類第 1810～1811 冊），上海：

三｜　息暫反。注同。或如字。

　　【疏】三於動詞前有平、去二讀，參看〈蒙〉「再三」條。

褫｜　徐敕紙反。又直是反。本又作「襦」，音同。王肅云：解也。鄭本作「扡」，徒可反。〔註933〕

　　【疏】褫《廣韻》三讀，一爲直離切，澄支開三平止；一爲池爾切，澄紙開三上止；一爲敕㢱切，徹止開三上止。褫作奪衣解時，直離、池爾二切皆可。《釋文》又音直是反與《廣韻》上聲池爾切同。而引徐氏敕紙反（徹紐紙韻）者稍異。本又作「襦」者，「褫」之俗體字也。《經典文字辨證書‧衣部》即定「襦」爲俗字。〔註934〕《經典釋文彙校》云十行本、閩監本、雅雨本「襦」誤「裭」者，「裭」疑爲「裭」之譌，按「裭」亦是「褫」之俗體，見《龍龕手鑒‧衣部》。褫《說文‧衣部》：「褫，奪衣也。」〔註935〕奪《說文‧奞部》：「奪，手持隹失之也。」〔註936〕段注曰：「引伸爲凡失去物之偁。凡手中遺落物當作此字。今乃用脫爲之。」〔註937〕脫失之「脫」本字當作「挩」。《說文‧手部》：「挩，解挩也。」〔註938〕由此遞訓可明王肅之語。又《慧琳音義‧卷九十八》「褫龍」引《說文》云：「褫，脫衣也。」〔註939〕《慧琳音義‧卷四》「褫落」注引《考聲》云：「褫，亦落也。」〔註940〕又《慧

　　　　商務印書館，據湖北叢書本排印，1939 年版，第 189 頁。

〔註933〕《經典釋文彙校》：「宋本『敕』作『致』，『襦』作『補』，皆誤。十行本、閩監本、雅雨本『襦』誤『裭』，『可』作『何』。惠云：扡亦訓奪，見《淮南子》。」見黃焯撰：《經典釋文彙校》，北京：中華書局，1980 年版，第 12 頁。

〔註934〕〔清〕畢沅撰：《經典文字辨證書》（續四庫經部小學類第 239 冊），上海：上海古籍出版社，景印乾隆間刻經訓堂叢書本，2002 年版，第 497 頁。

〔註935〕〔漢〕許慎撰：《說文解字》，北京：中華書局，景印同治十二年陳昌治刻本，1963 年版，第 172 頁。

〔註936〕〔漢〕許慎撰：《說文解字》，北京：中華書局，景印同治十二年陳昌治刻本，1963 年版，第 77 頁。

〔註937〕〔清〕段玉裁撰：《說文解字注》，上海：上海古籍出版社，景印嘉慶二十年經韻樓本，1988 年版，第 144 頁。

〔註938〕〔漢〕許慎撰：《說文解字》，北京：中華書局，景印同治十二年陳昌治刻本，1963 年版，第 254 頁。

〔註939〕〔唐〕釋慧琳撰：《一切經音義》（續四庫經部小學類第 196～197 冊），上海：上海古籍出版社，景印日本元文三年至延亨三年槫桑雒東獅谷白蓮社刻本，2002 年版，第 197 冊，第 596 頁。

〔註940〕〔唐〕釋慧琳撰：《一切經音義》（續四庫經部小學類第 196～197 冊），上海：上海古籍出版社，景印日本元文三年至延亨三年槫桑雒東獅谷白蓮社刻本，

琳音義・卷八十一》「褫脫」注引《倉頡篇》曰：「褫，撤衣也。」〔註941〕《廣韻・止韻》：「褫，徹衣。」〔註942〕《荀子・非相》「極禮而褫」楊倞注：「褫，解也。」〔註943〕又《讀書雜志・荀子第二・非相》「極禮而褫」王念孫按：「褫之言弛也。」〔註944〕褫、弛音近，皆有解義。此皆「褫」訓解之明證也。「褫」除訓作挩外，亦有訓作敓者。段注於褫字下曰：「奪當作敓。許訓奪爲遺失。訓敓爲彊取也。此等恐非許原文。後人以今字改古字耳。《周易・訟・上九》『或錫之鞶帶，終朝三褫之』，侯果曰：褫、解也。鄭玄、荀爽、翟元皆作『三挖之』。荀、翟訓挖爲奪。《淮南書》曰：秦牛缺遇盜挖其衣。高注：挖、奪也。挖者、褫之假借字。」〔註945〕敓者，敓取也，後作奪。訓作敓取義者，挩義之引申也。敓者，爲人所挩也。故孔穎達疏曰：「終一朝之間三被褫脫」〔註946〕是其義也。考乎經文，「三褫之」有被動之義，依孔疏訓作被褫脫爲是。鄭本作「挖」者，與褫義同。《說文・手部》：「挖，曳也。」〔註947〕曳有牽引、奪取之義。又挖字上古透紐歌部，褫透紐支部，旁轉可通。故段注於挖字下曰：「《易》：『終朝三褫之』。鄭本作『挖』，段借爲褫也。」〔註948〕惠棟《周易述》即依鄭玄作「挖」。又案，呂祖謙《古易音訓》引晁說之曰：「如挖紳之挖乃得象意。」〔註949〕

2002 年版，第 196 冊，第 350 頁。

〔註941〕〔唐〕釋慧琳撰：《一切經音義》（續四庫經部小學類第 196～197 冊），上海：上海古籍出版社，景印日本元文三年至延亨三年榑桑雜東獅谷白蓮社刻本，2002 年版，第 197 冊，第 476 頁。

〔註942〕〔宋〕陳彭年，丘雍撰：《宋本廣韻》，南京：江蘇教育出版社，景印南宋巾箱本，2008 年版，第 72 頁。

〔註943〕〔唐〕楊倞注，〔清〕王先謙集解：《荀子集解》，上海：上海書店，景印諸子集成本，1986 年版，第 50 頁。

〔註944〕〔清〕王念孫撰：《讀書雜志》（續四庫子部雜家類第 1152～1153 冊），上海：上海古籍出版社，景印道光十二年刻本，2002 年版，第 1153 冊，第 327 頁。

〔註945〕〔清〕段玉裁撰：《說文解字注》，上海：上海古籍出版社，景印嘉慶二十年經韻樓本，1988 年版，第 396 頁。

〔註946〕〔魏〕王弼、韓康伯注，〔唐〕孔穎達等正義：《周易正義》，北京：中華書局景印阮刻本，1980 年版，第 13 頁。

〔註947〕〔漢〕許慎撰：《說文解字》，北京：中華書局，景印同治十二年陳昌治刻本，1963 年版，第 257 頁。

〔註948〕〔清〕段玉裁撰：《說文解字注》，上海：上海古籍出版社，景印嘉慶二十年經韻樓本，1988 年版，第 610 頁。

〔註949〕〔宋〕呂祖謙撰，〔清〕宋咸熙輯：《古易音訓》（續四庫經部易類第 2 冊），

䷆師| 〈彖〉云：眾也。馬云：二千五百人為師。坎宮歸魂卦。

【疏】師訓眾者，〈彖〉云「眾也」者，今本同。又《爾雅·釋詁下》：「師，眾也。」〔註950〕《易·師·彖傳》「地中有水，師」《集解》引陸績曰：「師，眾也。」〔註951〕又《書·堯典》「師錫帝曰」孔傳〔註952〕、《詩·小雅·采芑》「師干之試」毛《傳》〔註953〕、《左傳·哀公五年》「師乎師乎」杜注〔註954〕等皆訓師爲眾。馬云「二千五百人爲師」者，《周禮》文。《周禮·夏官·序官》：「二千有五百人爲師。」〔註955〕又《集解》引何晏曰：「師者，軍旅之名，故《周禮》云二千五百人爲師也。」〔註956〕

貞丈人| 絕句。丈人，嚴莊之稱。〔註957〕鄭云：能以法度長於人。

【疏】所在經文爲「貞丈人吉无咎」。〔註958〕惠棟《周易述·卷二》依陸氏句讀，其於「貞丈人，吉无咎」注曰：「乾二之坤，與同人旁通。丈之言長。丈人謂二，二體震爲長子。故云丈人，二失位，當升五居正。故云『貞丈人，吉无咎』。」〔註959〕惠氏二升五居正之說，蓋因乎虞翻、荀爽。《集解》引虞翻曰：「坤爲眾，謂二失位，變之五爲比，故能以眾正，乃可以王矣。」

上海：上海古籍出版社，景印清嘉慶七年刻本，2002 年版，第 33 頁。

〔註950〕〔晉〕郭璞注，〔宋〕邢昺疏：《爾雅注疏》，北京：中華書局景印阮刻本，1980年版，第 8 頁。

〔註951〕〔唐〕李鼎祚撰：《周易集解》，北京：中國書店，景印嘉慶三年姑蘇喜墨齋張遇堯局鐫本，1987 年版，卷三，第 4 頁。

〔註952〕〔漢〕孔安國傳，〔唐〕孔穎達等正義：《尚書正義》，北京：中華書局景印阮刻本，1980 年版，第 11 頁。

〔註953〕〔漢〕毛公傳、鄭玄箋，〔唐〕孔穎達等正義：《毛詩正義》，北京：中華書局景印阮刻本，1980 年版，第 157 頁。

〔註954〕〔晉〕杜預注，〔唐〕孔穎達等正義：《春秋左傳正義》，北京：中華書局景印阮刻本，1980 年版，第 457 頁。

〔註955〕〔漢〕鄭玄注，〔唐〕賈公彥疏：《周禮注疏》，北京：中華書局景印阮刻本，1980 年版，第 192 頁。

〔註956〕〔唐〕李鼎祚撰：《周易集解》，北京：中國書店，景印嘉慶三年姑蘇喜墨齋張遇堯局鐫本，1987 年版，卷三，第 3 頁。

〔註957〕《經典釋文彙校》：「盧云：錢本『嚴莊』作『莊嚴』。」見黃焯撰：《經典釋文彙校》，北京：中華書局，1980 年版，第 12 頁。

〔註958〕〔魏〕王弼、韓康伯注，〔唐〕孔穎達等正義：《周易正義》，北京：中華書局景印阮刻本，1980 年版，第 13 頁。

〔註959〕〔清〕惠棟撰：《周易述》（四部備要本），上海：中華書局，據學海堂經解本校刊，1936 年版，第 9 頁。

〔註960〕又引荀爽曰：「謂二有中和之德而據羣陰，上居五位，可以王也。」
〔註961〕惠棟句讀於理可通，可備一解。「丈人，嚴莊之稱」者，王弼語也。王注：「丈人，嚴莊之稱也。」〔註962〕孔穎達疏曰：「言爲師之正，唯得嚴莊丈人監臨主領，乃得『吉无咎』。」〔註963〕又《漢書・疏廣傳》「宜從丈人所」顏師古注：「丈人，莊嚴之稱也，故親而老者皆稱焉。」〔註964〕是丈人義爲嚴莊之長者也。鄭云「能以法度長於人」者，義略同之。《集解》引崔憬曰：「《子夏傳》作大人，竝王者之師也。」〔註965〕師卦爲軍旅之事，故丈人者，乃王者師，師出以律，必以法度長人。

之稱｜ 尺證反。

【疏】所在注文爲「丈人，嚴莊之稱也。」〔註966〕稱《廣韻》二讀，一爲處陵切，昌蒸開三平曾。一爲昌孕切，昌證開三去曾。《釋文》尺證反音同《廣韻》去聲。《增修互註禮部韻略・卷四》於「稱」去聲「昌孕切」下曰：「又名稱，凡名號謂之稱，〈孟子題辭〉：『子者，男子之通稱。』」〔註967〕由此觀之，名稱之稱當讀去聲。

以王｜ 如字，物歸往也。徐又往況反。

【疏】所在經文爲「能以眾正，可以王矣。」〔註968〕王《廣韻》二讀，

〔註960〕〔唐〕李鼎祚撰：《周易集解》，北京：中國書店，景印嘉慶三年姑蘇喜墨齋張遇堯局鐫本，1987年版，卷三，第4頁。
〔註961〕〔唐〕李鼎祚撰：《周易集解》，北京：中國書店，景印嘉慶三年姑蘇喜墨齋張遇堯局鐫本，1987年版，卷三，第4頁。
〔註962〕〔魏〕王弼、韓康伯注，〔唐〕孔穎達等正義：《周易正義》，北京：中華書局景印阮刻本，1980年版，第13頁。
〔註963〕〔魏〕王弼、韓康伯注，〔唐〕孔穎達等正義：《周易正義》，北京：中華書局景印阮刻本，1980年版，第13頁。
〔註964〕〔漢〕班固撰：《前漢書》（四部備要本），上海：中華書局，據武英殿本校刊，1936年版，第996頁。
〔註965〕〔唐〕李鼎祚撰：《周易集解》，北京：中國書店，景印嘉慶三年姑蘇喜墨齋張遇堯局鐫本，1987年版，卷三，第4頁。
〔註966〕〔魏〕王弼、韓康伯注，〔唐〕孔穎達等正義：《周易正義》，北京：中華書局景印阮刻本，1980年版，第13頁。
〔註967〕〔宋〕毛晃增注，毛居正重增：《增修互注禮部韻略》，臺灣：商務印書館，景印文淵閣四庫全書本第237冊，1983年版，第535頁。
〔註968〕〔魏〕王弼、韓康伯注，〔唐〕孔穎達等正義：《周易正義》，北京：中華書局景印阮刻本，1980年版，第13頁。

一爲雨方切，云陽合三平宕。一爲于放切，云漾合三去宕。《群經音辨‧卷六》云：「王，君也，于方切。君有天下曰王，于放切。」《釋文》「如字」者，讀如《廣韻》平聲。「物歸往也」者，《說文‧王部》：「王，天下所歸往也。」〔註 969〕《爾雅‧釋詁上》「王，君也」邢昺疏：「王者，往也，天下所歸往。」〔註 970〕《漢書‧刑法志》：「歸而往之，是爲王矣。」〔註 971〕此處如字依本字讀之，則「可以王矣」之王訓作歸往、尊王之義，僞《子夏易傳》曰：「二剛陽也，而能正眾，可崇任之，佐其尊而臣也。」〔註 972〕是訓作物歸往之義也。至若徐音「往況反」者，破讀爲去聲，音與《廣韻》于放切同，君有天下之義也。《詩‧大雅‧皇矣》：「王此大邦」〔註 973〕，《易‧繫辭下》：「古者包犧氏之王天下也」〔註 974〕皆此類也。

毒丨 徒篤反，役也。馬云：治也。

【疏】所在經文爲「以此毒天下而民從之」。〔註 975〕毒《廣韻》徒沃切，定沃合一入通。《釋文》音同。毒訓作役者，王弼語也。王注：「毒，猶役也。」〔註 976〕《莊子‧大宗師》「聶許聞之需役」陸德明《釋文》引王云：「役，亭毒也。」〔註 977〕故毒有役義。《玉篇‧彳部》：「役，使役也。」〔註 978〕故孔

〔註 969〕〔漢〕許慎撰：《說文解字》，北京：中華書局，景印同治十二年陳昌治刻本，1963 年版，第 9 頁。

〔註 970〕〔晉〕郭璞注，〔宋〕邢昺疏：《爾雅注疏》，北京：中華書局景印阮刻本，1980 年版，第 2 頁。

〔註 971〕〔漢〕班固撰：《前漢書》（四部備要本），上海：中華書局，據武英殿本校刊，1936 年版，第 383 頁。

〔註 972〕舊題〔周〕卜商撰：《子夏易傳》，揚州：江蘇廣陵古籍刻印社，景印通志堂經解本第一冊，1996 年版，第 10 頁。

〔註 973〕〔漢〕毛公傳、鄭玄箋，〔唐〕孔穎達等正義：《毛詩正義》，北京：中華書局景印阮刻本，1980 年版，第 252 頁。

〔註 974〕〔魏〕王弼、韓康伯注，〔唐〕孔穎達等正義：《周易正義》，北京：中華書局景印阮刻本，1980 年版，第 74 頁。

〔註 975〕〔魏〕王弼、韓康伯注，〔唐〕孔穎達等正義：《周易正義》，北京：中華書局景印阮刻本，1980 年版，第 13 頁。

〔註 976〕〔魏〕王弼、韓康伯注，〔唐〕孔穎達等正義：《周易正義》，北京：中華書局景印阮刻本，1980 年版，第 13 頁。

〔註 977〕〔唐〕陸德明撰：《經典釋文》，北京：中華書局，景印徐乾學通志堂刻本，1983 年版，第 370 頁。

〔註 978〕〔梁〕顧野王撰：《宋本玉篇》，北京：中國書店，景印張氏澤存堂本，1983 年版，第 188 頁。

穎達疏曰：「若用此諸德使役天下之眾，人必從之以得其吉」。〔註 979〕馬云「治也」者，《莊子・人間世》「無門無毒」郭象注：「毒，治也。」〔註 980〕《羣經平議・周易二》「以此毒天下而民從之」俞樾按：「此傳毒字當讀爲督。《爾雅・釋詁》：督，正也。」又云：「正有治義，故督亦有治義。」〔註 981〕又毒有安義，《廣雅・釋詁一》：「毒，安也。」〔註 982〕《經義述聞・易・以此毒天下而民從之》王引之按：「毒天下者，安天下也。」〔註 983〕引申之，則亦有治理之義。

畜眾│ 敕六反，聚也。王肅許六反，養也。

【疏】所在經文爲「君子以容民畜眾。」〔註 984〕畜《廣韻》二讀，作畜生解時音丑救切，徹宥開三去流。作養解時音許竹切，曉屋合三入通。《釋文》首音敕六反（徹紐）與《廣韻》許竹切聲紐異，明假借也。蓄《廣韻》二讀，其一爲丑六切，徹屋合三入通。與《釋文》首音音同，故陸氏音敕六切者，讀畜爲蓄也。畜、蓄古通。《易・序卦》「比必有所畜」、《詩・豳風・鴟鴞》「予所畜租」、《左傳・昭公二十五年》「眾怒不可畜也」陸氏《釋文》僉曰：「畜，本亦作蓄。」〔註 985〕畜訓聚者，聚積之義也。《玄應音義・卷二十二》「蓄積」注引《廣雅》：「畜，聚也。」《大戴禮記・丰言》「乃爲畜積衣裘焉」王聘珍《解詁》：「畜，聚也。」〔註 986〕故惠棟《易・小畜》「小畜，亨」注曰：「畜，

〔註 979〕〔魏〕王弼、韓康伯注，〔唐〕孔穎達等正義：《周易正義》，北京：中華書局景印阮刻本，1980 年版，第 13 頁。

〔註 980〕〔清〕郭慶藩輯：《莊子集釋》，上海：上海書店，景印諸子集成本，1986 年版，第 68 頁。

〔註 981〕〔清〕俞樾撰：《羣經平議》（續四庫經部羣經總義類第 178 冊），上海：上海古籍出版社，景印清光緒二十五年刻春在堂全書本，2002 年版，第 22 頁。

〔註 982〕〔清〕王念孫撰：《廣雅疏證》，北京：中華書局，景印嘉慶年間王氏家刻本，1983 年版，第 13 頁。

〔註 983〕〔清〕王引之撰：《經義述聞》（續四庫經部羣經總義類第 174～175 冊），上海：上海古籍出版社，景印道光七年王氏京師刻本，2002 年版，第 174 冊，第 290 冊。

〔註 984〕〔魏〕王弼、韓康伯注，〔唐〕孔穎達等正義：《周易正義》，北京：中華書局景印阮刻本，1980 年版，第 13 頁。

〔註 985〕〔唐〕陸德明撰：《經典釋文》，北京：中華書局，景印徐乾學通志堂刻本，1983 年版，第 34、74、289 頁。

〔註 986〕〔清〕王聘珍撰：《大戴禮記解詁》（續四庫經部禮類第 107 冊），上海：上海古籍出版社，景印清咸豐元年王氏刻本，2002 年版，第 398 頁。

斂聚也。」〔註987〕王肅許六切則與《廣韻》許竹切同，訓爲養者，亦常訓也。《廣雅‧釋詁一》：「畜，養也。」〔註988〕《易‧小畜》「小畜亨」鄭玄注：「畜，養也。」又《易‧離》「畜牝牛吉」《集解》引虞翻曰：「畜，養也。」〔註989〕

否| 音鄙，惡也。注同。馬、鄭、王肅方有反。

【疏】所在經文爲「師出以律，否臧凶。」〔註990〕否《廣韻》二讀，訓不時音方久切，非有開三上流。訓閉塞時音符鄙切，奉旨開重紐三上止。《釋文》首音鄙者，幫旨開重紐三上止。與《廣韻》符鄙切聲異。訓作惡者，〈遯〉「君子吉，小人否」、《易‧鼎》「鼎顚趾，利出否」《釋文》皆曰：「否，惡也。」〔註991〕此處否、臧連文，即惡善之義也。如《詩‧大雅‧抑》「未知臧否」、〔註992〕《莊子‧漁父》「不擇善否」〔註993〕，否皆是不善、不臧之義。「否臧凶」者，否臧皆凶也。孔穎達疏曰：「『否臧凶』者，若其失律行師，无問否之與臧，皆爲凶也。『否』謂破敗，『臧』謂有功。然『否』爲破敗，即是凶也。何須更云『否臧凶』者，本意所明，雖臧亦凶。『臧』文既單，故以『否』配之，欲盛言臧凶，不可單言，故云否之與臧，皆爲凶也。」〔註994〕馬、鄭、王肅「方有反」者，與《廣韻》方久切音同，由此，則訓否爲不也。按，此處經文戰國楚簡《周易》、馬王堆漢墓帛書《周易》皆作「不」字。〔註995〕又呂祖謙《古易音訓》引晁說之曰：「劉、荀、陸、一行作

〔註987〕〔清〕惠棟撰：《周易述》（四部備要本），上海：中華書局，據學海堂經解本校刊，1936年版，第10頁。

〔註988〕〔清〕王念孫撰：《廣雅疏證》，北京：中華書局，景印嘉慶年間王氏家刻本，1983年版，第17頁。

〔註989〕〔唐〕李鼎祚撰：《周易集解》，北京：中國書店，景印嘉慶三年姑蘇喜墨齋張遇堯局鐫本，1987年版，卷六，第14頁。

〔註990〕〔魏〕王弼、韓康伯注，〔唐〕孔穎達等正義：《周易正義》，北京：中華書局景印阮刻本，1980年版，第13頁。

〔註991〕〔唐〕陸德明撰：《經典釋文》，北京：中華書局，景印徐乾學通志堂刻本，1983年版，第25、28頁。

〔註992〕〔漢〕毛公傳、鄭玄箋，〔唐〕孔穎達等正義：《毛詩正義》，北京：中華書局景印阮刻本，1980年版，第288頁。

〔註993〕〔清〕郭慶藩輯：《莊子集釋》，上海：上海書店，景印諸子集成本，1986年版，第445頁。

〔註994〕〔魏〕王弼、韓康伯注，〔唐〕孔穎達等正義：《周易正義》，北京：中華書局景印阮刻本，1980年版，第13頁。

〔註995〕馬承源主編：《上海博物館藏戰國楚竹書（三）》，上海：上海古籍出版社，2003年版，第220頁。

不。」〔註996〕《左傳·宣公十二年》「師出以律，否臧凶」杜預注：「否，不也。」〔註997〕《易·否·象傳》「大人否亨」《集解》引虞翻曰：「否，不也。」〔註998〕「否臧凶」者，義爲不善則爲凶也。《周易口義·卷二》：「否臧凶者，否，不也。臧，善也。」〔註999〕《漢上易傳·卷一》：「否臧，失律也。否讀爲可否之否。劉遵曰：否字古之不字也，失律者爲不善，否臧則不善。杜預亦曰：否，不也。故辭曰否臧，〈象〉曰失律。失律則凶矣。」〔註1000〕又朱熹亦訓否爲不，《周易本義》云：「否臧，謂不善也。晁氏曰：否字先儒多作不。是也。」〔註1001〕

臧 | 作郎反，善也。

【疏】臧《廣韻》則郎切，精唐開一平宕。《釋文》音同。「善也」者，《爾雅·釋詁上》：「臧，善也。」〔註1002〕《易·繫辭上》「藏諸用」《釋文》：「鄭作『臧』，云：善也。」〔註1003〕《詩·邶風·雄雉》「何用不臧」毛《傳》曰：「臧，善也。」〔註1004〕

三錫 | 星歷反。徐音賜。鄭本作「賜」。

【疏】參看〈訟〉「錫」條。鄭本作「賜」者，戰國楚簡《周易》同。〔註1005〕

〔註996〕〔宋〕呂祖謙撰，〔清〕宋成熙輯：《古易音訓》（續四庫經部易類第2冊），上海：上海古籍出版社，景印清嘉慶七年刻本，2002年版，第33頁。

〔註997〕〔晉〕杜預注，〔唐〕孔穎達等正義：《春秋左傳正義》，北京：中華書局景印阮刻本，1980年版，第177頁。

〔註998〕〔唐〕李鼎祚撰：《周易集解》，北京：中國書店，景印嘉慶三年姑蘇喜墨齋張遇堯局鐫本，1987年版，卷四，第5頁。

〔註999〕〔宋〕胡瑗撰，倪天隱述：《周易口義》，臺灣：商務印書館，景印文淵閣四庫全書本第8冊，1983年版，第223頁。

〔註1000〕〔宋〕朱震撰：《漢上易傳》，揚州：江蘇廣陵古籍刻印社，景印通志堂經解本第一冊，1996年版，第204頁。

〔註1001〕〔宋〕朱熹撰：《周易本義》（四書五經本），北京：中國書店，據世界書局本景印，1985年版，第11頁。

〔註1002〕〔晉〕郭璞注，〔宋〕邢昺疏：《爾雅注疏》，北京：中華書局景印阮刻本，1980年版，第2頁。

〔註1003〕〔唐〕陸德明撰：《經典釋文》，北京：中華書局，景印徐乾學通志堂刻本，1983年版，第31頁。

〔註1004〕〔漢〕毛公傳、鄭玄箋，〔唐〕孔穎達等正義：《毛詩正義》，北京：中華書局景印阮刻本，1980年版，第34頁。

〔註1005〕馬承源主編：《上海博物館藏戰國楚竹書（三）》，上海：上海古籍出版社，

天寵｜ 如字。鄭云：光耀也。王肅作「龍」，云：寵也。

【疏】所在經文爲「『在師中吉』，承天寵也。」〔註1006〕寵《廣韻》但有一讀，此處「如字」者，辨字形當作「寵」也。不當依王肅本作「龍」。鄭云「光耀也」者，寵《說文·宀部》：「寵，尊居也。」〔註1007〕則寵本義爲尊榮、恩寵，引申之，有光耀恩澤之義也。《文選·潘岳〈夏侯常侍誄〉》「寵子惟王」劉良注：「寵，光也。」〔註1008〕《詩·小雅·蓼蕭》「爲龍爲光」毛《傳》曰：「龍，寵也。」鄭《箋》：「爲寵爲光言天子恩澤光耀被及己也。」〔註1009〕寵訓作光耀，是詩《箋》與《釋文》所引鄭義同也。王肅作「龍」者，龍、寵古通。朱駿聲《說文通訓定聲》：「龍，叚借又爲寵。」〔註1010〕其云「寵也」者，《廣雅·釋言》「龍，寵也」〔註1011〕《詩·周頌·酌》「我龍受之」鄭玄《箋》：「龍，寵也。」〔註1012〕

背高｜ 音佩。

【疏】所在注文爲「行師之法，欲右背高，故左次之。」背《廣韻》二讀，作脊背解時音補妹切，幫隊合一去蟹。作弃背解時音蒲昧切，並隊合一去蟹。《釋文》音佩，音同《廣韻》蒲昧切。考《釋文》「背」字注音，背作動詞皆音佩，作名詞則異。如《易·艮》「其背」下《釋文》曰：「必內反，徐甫載反。」〔註1013〕，而同卦「相背」下《釋文》曰：「音佩，下相背同。」

2003年版，第220頁。
〔註1006〕〔魏〕王弼、韓康伯注，〔唐〕孔穎達等正義：《周易正義》，北京：中華書局景印阮刻本，1980年版，第13頁。
〔註1007〕〔漢〕許慎撰：《說文解字》，北京：中華書局，景印同治十二年陳昌治刻本，1963年版，第151頁。
〔註1008〕〔梁〕蕭統編，〔唐〕李善、呂延濟、劉良、張銑、呂向、李周翰注：《六臣注文選》，北京：中華書局，景印涵芬樓藏宋刊本，1987年版，第1051頁。
〔註1009〕〔漢〕毛公傳、鄭玄箋，〔唐〕孔穎達等正義：《毛詩正義》，北京：中華書局景印阮刻本，1980年版，第152頁。
〔註1010〕〔清〕朱駿聲撰：《說文通訓定聲》（續四庫經部小學類第220～221冊），上海：上海古籍出版社，景印道光二十八年刻本，2002年版，第220冊，第121頁。
〔註1011〕〔清〕王念孫撰：《廣雅疏證》，北京：中華書局，景印嘉慶年間王氏家刻本，1983年版，第138頁。
〔註1012〕〔漢〕毛公傳、鄭玄箋，〔唐〕孔穎達等正義：《毛詩正義》，北京：中華書局景印阮刻本，1980年版，第336頁。
〔註1013〕〔唐〕陸德明撰：《經典釋文》，北京：中華書局，景印徐乾學通志堂刻本，1983年版，第28頁。

〔註1014〕必內反與《廣韻》補妹切音同，由此可知，背作名詞時音補妹切，作動詞則音佩。背者，背負倚靠也。孔穎達疏：「『行師之法，欲右背高』者，此兵法也。故《漢書》韓信云：『兵法欲右背山陵，前左水澤。』」〔註1015〕《孫子‧軍爭》「背丘勿逆」杜牧曰：「背者，倚也。」〔註1016〕背高、背山陵、背丘於義則同。

有禽｜ 徐本作「擒」。

【疏】所在經文爲「田有禽」。〔註1017〕徐本作「擒」者，禽、擒，古今字也。《易‧井‧象傳》「舊井无禽」李鼎祚《集解》引崔憬曰：「禽，古擒字。禽猶獲也。」〔註1018〕又《文選‧曹植〈求自試表〉》「雖未能禽權馘亮」五臣作「擒」。〔註1019〕《易經異文釋》云：「《左傳‧僖二十三年傳》：『不禽二毛』，《白虎通義‧號》引作『擒』。」〔註1020〕僞《子夏易傳》曰：「居尊雖柔，待而有獲也。」〔註1021〕又《集解》引荀爽曰：「謂二帥師禽五。」〔註1022〕是皆訓禽爲擒獲也。然亦有訓爲禽獸者，孔穎達疏曰：「猶如田中有禽而來犯苗」〔註1023〕，是訓禽爲禽獸者也。

長子｜ 丁丈反。注及下同。

〔註1014〕〔唐〕陸德明撰：《經典釋文》，北京：中華書局，景印徐乾學通志堂刻本，1983年版，第28頁。

〔註1015〕〔魏〕王弼、韓康伯注，〔唐〕孔穎達等正義：《周易正義》，北京：中華書局景印阮刻本，1980年版，第13頁。

〔註1016〕〔漢〕曹操，〔唐〕杜牧等撰：《十一家注孫子》（續四庫子部兵家類第959冊），上海：上海古籍出版社，景印上海圖書館藏宋刻本，第44頁。

〔註1017〕〔魏〕王弼、韓康伯注，〔唐〕孔穎達等正義：《周易正義》，北京：中華書局景印阮刻本，1980年版，第13頁。

〔註1018〕〔唐〕李鼎祚撰：《周易集解》，北京：中國書店，景印嘉慶三年姑蘇喜墨齋張遇堯局鐫本，1987年版，卷十，第2頁。

〔註1019〕〔梁〕蕭統編，〔唐〕李善、呂延濟、劉良、張銑、呂向、李周翰注：《六臣注文選》，北京：中華書局，景印涵芬樓藏宋刊本，1987年版，第689頁。

〔註1020〕〔清〕李富孫撰：《易經異文釋》（續四庫經部易類第27冊），上海：上海古籍出版社，景印南菁書院續經解本，2002年版，第668頁。

〔註1021〕舊題〔周〕卜商撰：《子夏易傳》，揚州：江蘇廣陵古籍刻印社，景印通志堂經解本第一冊，1996年版，第10頁。

〔註1022〕〔唐〕李鼎祚撰：《周易集解》，北京：中國書店，景印嘉慶三年姑蘇喜墨齋張遇堯局鐫本，1987年版，卷三，第5頁。

〔註1023〕〔魏〕王弼、韓康伯注，〔唐〕孔穎達等正義：《周易正義》，北京：中華書局景印阮刻本，1980年版，第13頁。

【疏】所在經文爲「長子帥師」。〔註1024〕長《廣韻》三讀，作長幼之長解時音知丈切，知養開三上宕。《釋文》丁丈反，丁中古爲端紐字，此類隔切也，而知丈反音和者，蓋屬後起之切語也。按古無舌上音，二切於古則無別也。

軍帥│ 色類反。

【疏】所在注文爲「柔非軍帥，陰非剛武」。〔註1025〕帥《廣韻》二讀，一爲所類切，生至合三去止。一爲所律切，生質合三入臻。音異義同。《釋文》音同《廣韻》去聲。

䷆比│ 毗志反，卦內並同。〈象〉云：輔也。〈序卦〉云：比，比也。《子夏傳》云：地得水而柔，水得地而流，故曰比。徐又補履反。坤宮歸魂卦。〔註1026〕

【疏】比《釋文》常用讀音有三，一爲必履反，幫旨開重紐四上止，《禮記・中庸》「毛猶有倫」注「倫，猶比也」《釋文》：「猶比，必履反，下同。或音毗志反，又必利反，皆非也。」〔註1027〕《禮記・緇衣》：「行無類也」注「類謂比式」《釋文》：「比式：如字，比方、法式。」〔註1028〕一爲必二反，或作必利反者，音同幫至開重紐三去止。《儀禮・既夕禮》「比奠」《釋文》：「必二反，注同。」〔註1029〕《禮記・檀弓》「比御而不入」《釋文》：「必利反，下比及同」。〔註1030〕一爲毗志反，並志開三去止，《禮記・儒行第四十

〔註1024〕〔魏〕王弼、韓康伯注，〔唐〕孔穎達等正義：《周易正義》，北京：中華書局景印阮刻本，1980年版，第13頁。

〔註1025〕〔魏〕王弼、韓康伯注，〔唐〕孔穎達等正義：《周易正義》，北京：中華書局景印阮刻本，1980年版，第13頁。

〔註1026〕《經典釋文彙校》：「宋本、葉鈔、十行本、閩本『補』作『甫』。監本作『補』。盧據錢本改『補』作『甫』。惠云：韋昭《鄭語注》曰：柔，順也。又云：坎水流戊，故云水得地而流。」見黃焯撰：《經典釋文彙校》，北京：中華書局，1980年版，第12頁。

〔註1027〕〔唐〕陸德明撰：《經典釋文》，北京：中華書局，景印徐乾學通志堂刻本，1983年版，第209頁。

〔註1028〕〔唐〕陸德明撰：《經典釋文》，北京：中華書局，景印徐乾學通志堂刻本，1983年版，第212頁。

〔註1029〕〔唐〕陸德明撰：《經典釋文》，北京：中華書局，景印徐乾學通志堂刻本，1983年版，第158頁。

〔註1030〕〔唐〕陸德明撰：《經典釋文》，北京：中華書局，景印徐乾學通志堂刻本，

一》「有比黨而危之者」《釋文》：「毗志反，徐扶至反（奉至開重紐四去止）。」〔註1031〕《釋文》三音，必履反與《廣韻》卑履切音同，有比較、比擬之義。必二反與《廣韻》必至切音同，有比至之義。《釋文》引徐音扶至反者，與《廣韻》毗至切（並至開重紐四去止）類隔，於古則無別也，又《釋文》引徐音爲首音毗志反之異讀。則二讀之義蓋同，皆有阿黨比附之義。《廣韻》三音釋義未見清晰，然就《釋文》言之，可謂皦如。故《詩・唐風・椒聊》「朋比」《釋文》曰：「王肅、孫毓、中毛必履反，謂無比例也。一音必二反。鄭云不朋黨，則申毛作毗至反。」〔註1032〕三音別義甚明。此處毗志反者，蓋卦名之專用，義爲比附。孔穎達疏曰：「『比吉』者，謂能相親比而得具吉。」〔註1033〕〈彖〉曰「輔也」者，義亦略同，故《集解》引虞翻曰：「二上之五得位，眾陰順從比而輔之，故吉。」〔註1034〕〈序卦〉曰「比，比也」者，同字爲訓，今本同。此處上「比」音依《廣韻》當爲毗至切，下「比」房脂切，奉脂開重紐四平止。下「比」有和義。故《集解》於「比者，比也」下引崔憬曰：「上比相阿黨，下比相和親也。相黨則相親，故言『比者，比也』。」〔註1035〕〈比〉卦坤下坎上，坤爲地，坎爲水。引《子夏傳》語者，依象言之也。《集解》引何晏曰：「水性潤下，今在地上，更相浸潤，比之義也。」〔註1036〕可與《子夏傳》參看。徐又補履反與《廣韻》卑履切（幫旨開重紐四上止）音同，依《廣韻》則有並義，與此略通。疑「比」本無上去之別，後因有破讀爲去聲者，則詞義漸有分別矣。《經典釋文彙校》云「宋本、葉鈔、十行本、閩本『補』作『甫』」者，「甫」中古爲幫紐字，則音與作「補」者無異。

1983 年版，第 168 頁。

〔註1031〕〔唐〕陸德明撰：《經典釋文》，北京：中華書局，景印徐乾學通志堂刻本，1983 年版，第 216 頁。

〔註1032〕〔唐〕陸德明撰：《經典釋文》，北京：中華書局，景印徐乾學通志堂刻本，1983 年版，第 68 頁。

〔註1033〕〔魏〕王弼、韓康伯注，〔唐〕孔穎達等正義：《周易正義》，北京：中華書局景印阮刻本，1980 年版，第 14 頁。

〔註1034〕〔唐〕李鼎祚撰：《周易集解》，北京：中國書店，景印嘉慶三年姑蘇喜墨齋張遇堯局鐫本，1987 年版，卷三，第 6 頁。

〔註1035〕〔唐〕李鼎祚撰：《周易集解》，北京：中國書店，景印嘉慶三年姑蘇喜墨齋張遇堯局鐫本，1987 年版，卷三，第 6 頁。

〔註1036〕〔唐〕李鼎祚撰：《周易集解》，北京：中國書店，景印嘉慶三年姑蘇喜墨齋張遇堯局鐫本，1987 年版，卷三，第 7 頁。

凶邪｜ 似嗟反。

【疏】所在注文爲「則凶邪之道也」。〔註1037〕邪，惡也。參看〈乾〉「邪」條。

求有｜ 本亦作「求得」。

【疏】所在注文爲「夫无者求有，有者不求所與，危者求安，安者不求所保。」〔註1038〕依文義，「无」與「有」，猶下文「危」與「安」也。作「有」是。

其炎｜ 于廉反。

【疏】所在注文爲「火有其炎，寒者附之。」〔註1039〕炎《廣韻》于廉切，云鹽開三平咸。《釋文》同。

缶｜ 方有反，瓦器也。鄭云：汲器也。《爾雅》云：盎謂之缶。

【疏】所在經文爲「有孚盈缶」。〔註1040〕缶《廣韻》方久切，非有開三上流。《釋文》音同。「瓦器也」者，《說文·缶部》：「缶，瓦器，所以盛酒漿，秦人鼓之以節謌。」〔註1041〕《詩·陳風·宛丘》：「坎其擊缶」孔穎達疏：「缶是瓦器，可以節樂，若今擊甌，又可以盛水盛酒，即今之瓦盆也。」〔註1042〕鄭云「汲器」者，《左傳·襄公九年》「具綆缶」杜預注：「缶，汲器也」陸德明《釋文》：「缶，汲水瓦器。」〔註1043〕《爾雅》云「盎謂之缶」者，見《爾雅·釋器》。又《玉篇·缶部》曰：「缶，盎也。」〔註1044〕

〔註1037〕〔魏〕王弼、韓康伯注，〔唐〕孔穎達等正義：《周易正義》，北京：中華書局景印阮刻本，1980年版，第14頁。

〔註1038〕〔魏〕王弼、韓康伯注，〔唐〕孔穎達等正義：《周易正義》，北京：中華書局景印阮刻本，1980年版，第14頁。

〔註1039〕〔魏〕王弼、韓康伯注，〔唐〕孔穎達等正義：《周易正義》，北京：中華書局景印阮刻本，1980年版，第14頁。

〔註1040〕〔魏〕王弼、韓康伯注，〔唐〕孔穎達等正義：《周易正義》，北京：中華書局景印阮刻本，1980年版，第14頁。

〔註1041〕〔漢〕許慎撰：《說文解字》，北京：中華書局，景印同治十二年陳昌治刻本，1963年版，第109頁。

〔註1042〕〔漢〕毛公傳、鄭玄箋，〔唐〕孔穎達等正義：《毛詩正義》，北京：中華書局景印阮刻本，1980年版，第108頁。

〔註1043〕〔唐〕陸德明撰：《經典釋文》，北京：中華書局，景印徐乾學通志堂刻本，1983年版，第257頁。

〔註1044〕〔梁〕顧野王撰：《宋本玉篇》，北京：中國書店，景印張氏澤存堂本，1983

有它丨 敕多反。本亦作「他」。〔註 1045〕

【疏】所在經文為「終來有它吉」。〔註 1046〕它《廣韻》託何切，透歌開一平果。《釋文》敕多反，徹歌開一平果。《六經正誤》毛居正案云：「敕多反則與初字聲相近，無此音也，蓋吳人呼敕為惕，故反成它字，當作惕多反。」〔註 1047〕它者，古他字也。《詩·小雅·鶴鳴》「它山之石」《釋文》：「它，古他字。」〔註 1048〕《讀書雜志·漢書第十·竇田灌韓傳》「於梁舉壺遂臧固至它」王念孫按：「它，古他字。」〔註 1049〕故它·他古書往往通用。《蛾術編·說字十七》：「《漢書》皆以它為他。」〔註 1050〕《詩·鄘風·柏舟》「之死矢靡它」王先謙《三家義集疏》：「《列女傳》它作他。」〔註 1051〕他者，他人也。孔穎達疏曰：「非唯一人而已，更有他人並來而得吉，故云『終來有他吉』也。」〔註 1052〕

匪人丨 非鬼反。馬云：匪，非也。王肅本作「匪人凶」。

【疏】所在經文為「比之匪人」。〔註 1053〕匪《廣韻》府尾切，非尾合三上止。《釋文》音同。馬云「匪，非也」者，《廣雅·釋詁四》：「匪，非也。」

〔註 1045〕《經典釋文彙校》：「宋本『他』誤作『池』。嚴云：監本、毛本『它』作『他』。石經作『它』，南宋石經同。」見黃焯撰：《經典釋文彙校》，北京：中華書局，1980 年版，第 12 頁。

〔註 1046〕〔魏〕王弼、韓康伯注，〔唐〕孔穎達等正義：《周易正義》，北京：中華書局景印阮刻本，1980 年版，第 14 頁。

〔註 1047〕〔宋〕毛居正撰：《六經正誤》，揚州：江蘇廣陵古籍刻印社，景印通志堂經解本第十六冊，1996 年版，第 571 頁。

〔註 1048〕〔唐〕陸德明撰：《經典釋文》，北京：中華書局，景印徐乾學通志堂刻本，1983 年版，第 79 頁。

〔註 1049〕〔清〕王念孫撰：《讀書雜志》（續四庫子部雜家類第 1152～1153 冊），上海：上海古籍出版社，景印道光十二年刻本，2002 年版，第 1152 冊，第 732 頁。

〔註 1050〕〔清〕王鳴盛撰，汪鶴壽參校：《蛾術編》（續四庫子部雜家類第 1150～1151 冊），上海：上海古籍出版社，景印道光二十一年世楷堂刻本，2002 年版，第 1151 冊，第 310 頁。

〔註 1051〕〔清〕王先謙撰：《詩三家義集疏》（續四庫經部詩類第 77 冊），上海：上海古籍出版社，景印民國四年虛受堂刊本，2002 年版，第 458 頁。

〔註 1052〕〔魏〕王弼、韓康伯注，〔唐〕孔穎達等正義：《周易正義》，北京：中華書局景印阮刻本，1980 年版，第 14 頁。

〔註 1053〕〔魏〕王弼、韓康伯注，〔唐〕孔穎達等正義：《周易正義》，北京：中華書局景印阮刻本，1980 年版，第 14 頁。

〔註1054〕又《易・屯》「匪寇婚媾」李鼎祚《集解》引虞翻曰：「匪，非也。」

〔註1055〕《易・大有》「匪咎」《集解》引虞翻曰：「匪，非也。」〔註1056〕《詩・

邶風・靜女》「匪女之爲美」陳奐傳疏：「匪，非同聲，非本字，匪假借字。」

〔註1057〕又此處經文戰國楚簡《周易》、馬王堆漢墓帛書《周易》皆作「非」。

〔註1058〕王肅本作「匪人凶」者，元吳澄《易纂言》同，其於凶字下曰：「占

也。」〔註1059〕故此處似脫占辭「凶」字，然世傳《周易》無之，蓋王肅竄入

而吳澄因之也。

三驅| 匡愚反。徐云：鄭作「敺」。馬云：三驅者，一曰乾豆、二曰賓客、三曰君庖。

【疏】所在經文爲「王用三驅，失前禽。」〔註1060〕驅《廣韻》二讀，一
爲豈俱切，溪虞合三平遇。一爲區遇切，溪遇合三去遇。於驅馳之義，二讀
皆可。《釋文》作匡愚反音同《廣韻》豈俱切。徐云鄭作「敺」者，驅之古文
也。《說文・馬部》：「驅，馬馳也。从馬，區聲。敺，古文驅从攴。」〔註1061〕
驅者，驅馳田獵也。《周易章句證異・卷一》：「『驅』，鄭玄作『敺』。虞翻、
李鼎祚同。惠棟亦作『敺』。」〔註1062〕馬融所謂「三驅」者，即三田也。《禮
記・王制》：「天子諸侯無事，則歲三田，一爲乾豆，二爲賓客，三爲充君之

〔註1054〕〔清〕王念孫撰：《廣雅疏證》，北京：中華書局，景印嘉慶年間王氏家刻本，
1983年版，第114頁。

〔註1055〕〔唐〕李鼎祚撰：《周易集解》，北京：中國書店，景印嘉慶三年姑蘇喜墨齋
張遇堯局鐫本，1987年版，卷三，第7頁。

〔註1056〕〔唐〕李鼎祚撰：《周易集解》，北京：中國書店，景印嘉慶三年姑蘇喜墨齋
張遇堯局鐫本，1987年版，卷四，第9頁。

〔註1057〕〔清〕陳奐撰：《詩毛氏傳疏》（續四庫經部詩類第70冊），上海：上海古籍
出版社，景印道光二十七年陳氏掃葉山莊刻本，第59頁。

〔註1058〕馬承源主編：《上海博物館藏戰國楚竹書（三）》，上海：上海古籍出版社，
2003年版，第221頁。

〔註1059〕〔元〕吳澄撰：《易纂言》，揚州：江蘇廣陵古籍刻印社，景印通志堂經解本
第四冊，1996年版，第70頁。

〔註1060〕〔魏〕王弼、韓康伯注，〔唐〕孔穎達等正義：《周易正義》，北京：中華書
局景印阮刻本，1980年版，第14頁。

〔註1061〕〔漢〕許慎撰：《說文解字》，北京：中華書局，景印同治十二年陳昌治刻本，
1963年版，第201頁。

〔註1062〕〔清〕翟均廉撰：《周易章句證異》，臺灣：商務印書館，景印文淵閣四庫全
書本第53冊，1983年版，第680頁。

庖。」〔註1063〕

狹矣｜ 戶夾反。

【疏】所在注文爲「比而顯之，則所親者狹矣。」〔註1064〕狹《廣韻》侯夾切，匣洽開二入咸。《釋文》音同。

則舍｜ 音赦。又音捨。

【疏】所在注文爲「禽來趣己，則舍之」。〔註1065〕參看〈屯〉「如舍」條。

背己｜ 音佩。

【疏】所在注文爲「背己而走，則射之」。〔註1066〕參看〈師〉「背高」條。

則射｜ 食亦反。

【疏】射《廣韻》四讀，作僕射讀時音羊謝切，以禡開三去假；作無射讀時音羊益切，以昔開三入梗；作射弓讀時音神夜切，船禡開二去假；作逢蒙作射讀時音食亦切，船昔開三入梗。逢蒙，古之善射者也。故《釋文》音與食亦切同。訓作射箭。

惡而｜ 烏路反。

【疏】所在注文爲「愛於來而惡於去也」。〔註1067〕《釋文》「惡而」誤。《廣韻》音同，厭惡也。參看〈蒙〉「所惡」條。

舍逆｜ 音捨。

【疏】參看〈屯〉「如舍」條。

〔註1063〕〔漢〕鄭玄注，〔唐〕孔穎達等正義：《禮記正義》，北京：中華書局景印阮刻本，1980年版，第105頁。
〔註1064〕〔魏〕王弼、韓康伯注，〔唐〕孔穎達等正義：《周易正義》，北京：中華書局景印阮刻本，1980年版，第14頁。
〔註1065〕〔魏〕王弼、韓康伯注，〔唐〕孔穎達等正義：《周易正義》，北京：中華書局景印阮刻本，1980年版，第14頁。
〔註1066〕〔魏〕王弼、韓康伯注，〔唐〕孔穎達等正義：《周易正義》，北京：中華書局景印阮刻本，1980年版，第14頁。
〔註1067〕〔魏〕王弼、韓康伯注，〔唐〕孔穎達等正義：《周易正義》，北京：中華書局景印阮刻本，1980年版，第14頁。

☰☰ **小畜|** 本又作「蓄」，同敕六反。積也，聚也。卦內皆同。鄭許六反，養也。巽宮一世卦。

【疏】畜、蓄古通，皆音敕六反。參看〈師〉「畜眾」條。

施未| 始豉反。注皆同。

【疏】所在經文爲「施未行也」。〔註1068〕施與之施，參看〈乾〉「德施」條。

陽上| 時掌反。

【疏】所在注文爲「陽上薄陰」。〔註1069〕參看〈乾〉「上下」條。

烝| 職膺反。〔註1070〕

【疏】所在注文爲「然後烝而爲雨」。〔註1071〕烝《廣韻》煮仍切，章蒸開三平曾。《釋文》音同。

車說| 吐活反，下文并注並同。《說文》云：解也。〔註1072〕

【疏】所在經文爲「故九三不可以進而輿脫輻也」。〔註1073〕《周易章句證異・卷一》：「『輿』虞翻、李鼎祚作『車』。」〔註1074〕音吐活反者，蓋明假

〔註1068〕〔魏〕王弼、韓康伯注，〔唐〕孔穎達等正義：《周易正義》，北京：中華書局景印阮刻本，1980年版，第14頁。

〔註1069〕〔魏〕王弼、韓康伯注，〔唐〕孔穎達等正義：《周易正義》，北京：中華書局景印阮刻本，1980年版，第14頁。

〔註1070〕《經典釋文彙校》：「宋本『膺』作『鷹』，十行本、閩監本、雅雨本同。」見黃焯撰：《經典釋文彙校》，北京：中華書局，1980年版，第12頁。按：宋本作「鷹」者，音同。

〔註1071〕〔魏〕王弼、韓康伯注，〔唐〕孔穎達等正義：《周易正義》，北京：中華書局景印阮刻本，1980年版，第14頁。

〔註1072〕《經典釋文彙校》：「王筠云：《說文》『說』、『脫』二字皆無『解也』之訓，惟〈手部〉『挩』云『解挩』也。雷浚《韻府鈞沈》云：說，吐活反，僅見《釋文》，不見於《廣韻》、《集韻》，蓋『挩』之叚借字。經典皆作『脫』耳。雷浚《韻府鈞沈》云：說，吐活反，僅見《釋文》，不見於《廣韻》、《集韻》，蓋『挩』之假借字，經典皆作『脫』耳。」見黃焯撰：《經典釋文彙校》，北京：中華書局，1980年版，第12頁。

〔註1073〕〔魏〕王弼、韓康伯注，〔唐〕孔穎達等正義：《周易正義》，北京：中華書局景印阮刻本，1980年版，第14頁。

〔註1074〕〔清〕翟均廉撰：《周易章句證異》，臺灣：商務印書館，景印文淵閣四庫全書本第53冊，1983年版，第681頁。

借。此處說通脫。《易·大畜》「輿說輻」，《說文》引作「輿脫輹」。〔註 1075〕脫之本字作挩。《說文》云解也者，未見今之《說文》。說《說文·言部》：「說釋也。从言、兌。一曰談說。」〔註 1076〕段注曰：「說釋即悅懌。說悅、釋懌皆古今字。許書無悅懌二字也。說釋者，開解之意。故爲喜悅。〈采部〉曰：釋，解也。」〔註 1077〕依段注，則說釋有開解之義。又《論語·先進》「於吾言無所不說」何晏《集解》「孔曰：言回聞言即解」劉寶楠《正義》：「此注云聞言即解，亦以解訓說也。」〔註 1078〕依《釋文》所引異文，疑陸氏所見《說文》訓說爲解，即以言語解釋之義也。若引申之則有解脫義。《經典釋文彙校》引王筠、雷浚之說亦通，說、脫、挩音近相假，故皆可表解挩之義。解挩之挩爲本字，脫、說皆假借也。

輻也| 音福。

【疏】參看本卦「輻」條。

雖復| 扶又反，上九注同。

【疏】所在注文爲「則雖復至盛」。〔註 1079〕參看〈蒙〉「則復」條。

輿| 音餘。

【疏】所在經文爲「輿說輻」。〔註 1080〕輿《廣韻》二讀，以諸切，以魚合三平遇。羊洳切，以御合三去遇。車輿二讀皆可。《釋文》音餘與《廣韻》平聲音同。

輻| 音福。本亦作「輹」，音服。馬云：車下縛也。鄭云：伏菟。

〔註1075〕〔漢〕許慎撰：《說文解字》，北京：中華書局，景印同治十二年陳昌治刻本，1963 年版，第 301 頁。

〔註1076〕〔漢〕許慎撰：《說文解字》，北京：中華書局，景印同治十二年陳昌治刻本，1963 年版，第 53 頁。

〔註1077〕〔清〕段玉裁撰：《說文解字注》，上海：上海古籍出版社，景印嘉慶二十年經韻樓本，1988 年版，第 93 頁。

〔註1078〕〔清〕劉寶楠撰：《論語正義》（四部備要本），上海：中華書局，據南菁書院續經解本校刊，1936 年版，第 122 頁。

〔註1079〕〔魏〕王弼、韓康伯注，〔唐〕孔穎達等正義：《周易正義》，北京：中華書局景印阮刻本，1980 年版，第 14 頁。

〔註1080〕〔魏〕王弼、韓康伯注，〔唐〕孔穎達等正義：《周易正義》，北京：中華書局景印阮刻本，1980 年版，第 15 頁。

【疏】輻《廣韻》二讀：作輻湊競聚解時，音方副切，非宥開三去流。作車輻解時，音方六切，非屋合三入通。《釋文》音福與《廣韻》入聲同。則此處訓作車輻也。輻典籍中或作輹，《周易章句證異·卷一》：「輻《子夏傳》、許慎、虞翻、李鼎祚作輹。陸德明云：輻，本亦作輹。馬融、鄭玄作輻。馬云：『車下縛也。』鄭云：『輿下縛也，與軸相連鈎心之木。』晁說之曰：『當作輹。』郭雍、朱震、項安世、俞琰、吳澄、胡一桂、張振淵、陸時位同。項云：『輻，車輹也；輹，車軸轉也。輻以利輪之轉；輹以利軸之轉。輻无說理。必輪破轂裂而後脫。輹則車不行即脫。今畜道止于不行，非有破裂。與〈大壯〉、〈大畜〉同作輹為長。』吳云：『輻音近而誤輻者，輪輹也，非可說。』陸云：『宜照古本篆文作輹。』胡炳文、熊朋、來季本謂當作輹，不與〈大畜〉同。言〈大畜〉陽能自止暫脫而不欲行。〈小畜〉陰與陽爭，止于陰而不得進也。」毛奇齡云：『輻、輹可相通，古文无定云。』吳澄謂『輻即輹』，人多非之。鄭注以輻為伏菟，則亦以輻為輹。惠棟作腹，謂『腹古文，腹故讀為輹』。案《春秋傳》史蘇引『車脫其輹』。」〔註1081〕按，「輻」字《說文·車部》：「輻，輪輹也。」〔註1082〕段注：「以上六篆言轂而及軸末之出於轂者。故遂以湊於轂者終之也。輻凡三十。」〔註1083〕《老子·十一章》「三十輻共一轂」《釋文》：「輻，車輻也。」〔註1084〕《玉篇·車部》：「輻，車輻也。」〔註1085〕《廣韻·屋韻》：「輻，車輻。」〔註1086〕輻本義為車輻。而經文作輻者，有馬融、鄭玄二家，《易·小畜》「輿說輻」《釋文》引馬云：「輻，車下縛也。」〔註1087〕孔疏引鄭玄注：「輻，伏菟，謂輿下縛木，與軸相連，

〔註1081〕〔清〕翟均廉撰：《周易章句證異》，臺灣：商務印書館，景印文淵閣四庫全書本第53冊，1983年版，第681頁。

〔註1082〕〔漢〕許慎撰：《說文解字》，北京：中華書局，景印同治十二年陳昌治刻本，1963年版，第302頁。

〔註1083〕〔清〕段玉裁撰：《說文解字注》，上海：上海古籍出版社，景印嘉慶二十年經韻樓本，1988年版，第725頁。

〔註1084〕〔唐〕陸德明撰：《經典釋文》，北京：中華書局，景印徐乾學通志堂刻本，1983年版，第356頁。

〔註1085〕〔梁〕顧野王撰：《宋本玉篇》，北京：中國書店，景印張氏澤存堂本，1983年版，第336頁。

〔註1086〕〔宋〕陳彭年，丘雍撰：《宋本廣韻》，南京：江蘇教育出版社，景印南宋巾箱本，2008年版，第132頁。

〔註1087〕〔唐〕陸德明撰：《經典釋文》，北京：中華書局，景印徐乾學通志堂刻本，1983年版，第21頁。

鉤心之木。」馬、鄭皆訓輹為車下縛木，亦即伏兔也。若依《說文》，伏兔之本字當為轐。《說文・車部》：「轐，車伏兔也。」〔註1088〕段注曰：「戴先生曰：伏兔謂之轐。《易・小畜》九三『輿脫輻』、〈大畜〉九二『輿脫輹』、〈大壯〉九四『壯于大輿之輹』。《說文》：轐，車伏兔也。輹，車軸縛也。《釋名》：屐，似人屐也。又曰伏兔，在軸上似之也。又曰輹。輹、伏也。伏於軸上也。按轐輹實一字。其下有革以縛於軸。今《易・小畜》作輻。系傳寫者誤。輻在轂與牙之間。非可脫者。」玉裁謂劉成國合輹於伏兔。非也。依許則伏兔名轐。車軸之縛名輹。迥然二物。轐之言僕也。毛《傳》曰：僕，附也。為伏兔之形附於軸上。以鞪固之。輈蓄於兩伏兔間者，名曰當兔。」〔註1089〕段注引戴東原之說，戴氏以為轐、輹實一字，乃伏兔之謂也。伏兔者，連接軸、輈者也。段氏非之，以為轐、輹迥然二物。《說文》：「輹，車軸縛也。」〔註1090〕其注曰：「謂以革若絲之類，纏束於軸、以固軸也。縛者，束也。古者束輈曰鞪、曰歷錄。束軸曰輹，亦曰鞪。約轂曰約軧。衣衡曰幭。皆所以為固。皆見於許書。輈束箸於外，故《詩》箸其數。軸束隱於輿下，故不知其數。《釋名》曰：輹、複也。重複非一之言也。輻當為輹，轉寫誤耳。或曰輻當為輻之誤。若屐下云又曰輹，輹當為轐。」〔註1091〕據此，輹之本義乃固定車軸之絲革。輹與鞪、軧、幭之屬相類。鞪者，《詩・秦風・小戎》：「小戎俴收，五楘梁輈。」毛《傳》：「五，五束也；楘，歷錄也。」孔穎達疏：「五楘是輈上之飾，故以五為五束，言以皮革五處束之。」〔註1092〕軧者，《詩・小雅・采芑》：「方叔率止，約軧錯衡，八鸞瑲瑲。」毛《傳》：「軧，長轂之軧也，朱而約之。」孔穎達疏：「言『朱而約之』，謂以朱色纏束車轂以為飾。」〔註1093〕幭者，《說文・巾部》：「幭布也。一曰車上衡衣。」〔註1094〕是以楘、

〔註1088〕〔漢〕許慎撰：《說文解字》，北京：中華書局，景印同治十二年陳昌治刻本，1963年版，第301頁。

〔註1089〕〔清〕段玉裁撰：《說文解字注》，上海：上海古籍出版社，景印嘉慶二十年經韻樓本，1988年版，第724頁。

〔註1090〕〔漢〕許慎撰：《說文解字》，北京：中華書局，景印同治十二年陳昌治刻本，1963年版，第301頁。

〔註1091〕〔清〕段玉裁撰：《說文解字注》，上海：上海古籍出版社，景印嘉慶二十年經韻樓本，1988年版，第724頁。

〔註1092〕〔漢〕毛公傳、鄭玄箋，〔唐〕孔穎達等正義：《毛詩正義》，北京：中華書局景印阮刻本，1980年版，第102頁。

〔註1093〕〔漢〕毛公傳、鄭玄箋，〔唐〕孔穎達等正義：《毛詩正義》，北京：中華書局景印阮刻本，1980年版，第158頁。

軝、䩊者，軶、轂、衡之飾物也。以此推之，輹，車軸縛亦當是軸之飾物，然軸隱輿下，作爲飾物，於理不合，故其功用當以連接軸、轐爲重。《左傳·僖公十五年》「車說其輹」孔穎達引《子夏傳》云：「輹，車下伏兔也。今人謂之車屐，形如伏兔，以繩縛於軸，因名縛也。」〔註1095〕《子夏傳》所言「輹，車下伏兔也」者，輹依《說文》本字當作轐，然自「以繩縛於軸，因名縛也」一語可知，輹爲伏兔與軸之連接繩索。《廣韻·屋韻》：「輹，車軸縛。」〔註1096〕又馬王堆漢墓帛書《周易》作「緮」，〔註1097〕緮者，絹也。字從糸，此蓋亦假借爲車軸縛字。因轐、輹本非同物，然因二物相依，皆有固定於車軸之用，且二字音近，故多通假。除卻上文所引《子夏傳》外，《易·大畜·象傳》「輿說輻」《集解》引廬曰：「輹，車之鉤心夾軸之物。」廬所謂鉤心者，亦即伏兔也。故《周易章句證異》所引晁、項、吳、陸經文作輹，皆訓作伏兔也。由此，伏兔本字作轐，輹者，假借字也。又輻本爲車輻之義，然輻、輹二字音近，輻又通假爲輹。朱駿聲《說文通訓定聲》：「輻，叚借爲輹。」〔註1098〕轐屋部，輻職部，輹覺部，皆一聲之轉，毛奇齡云：「輻、輹可相通，古文无定云。」吳澄謂「輻即輹」，皆就音言之耳，故馬融、鄭玄經文雖作輻，然皆訓爲輿下縛，即與軸相連鉤心之木，亦即伏兔。惠棟作腹者，亦假借爲輹也。顧氏《易音·卷一》曰：「按輻字《詩·伐檀》與側、直、億、特、食韻，〈正月〉與載、意韻，《荀子》引逸詩與塞、息韻；目字《左傳·宣二年》與腹、復韻，〈成十六年〉與蹴韻，《老子》與腹韻，不可以強合也。作輹爲是。」〔註1099〕亭林之說剖析精微，然就古之音轉言之，恐失之武斷矣。

〔註1094〕 〔漢〕許慎撰：《說文解字》，北京：中華書局，景印同治十二年陳昌治刻本，1963年版，第160頁。

〔註1095〕 〔晉〕杜預注，〔唐〕孔穎達等正義：《春秋左傳正義》，北京：中華書局景印阮刻本，1980年版，第105頁。

〔註1096〕 〔宋〕陳彭年，丘雍撰：《宋本廣韻》，南京：江蘇教育出版社，景印南宋巾箱本，2008年版，第132頁。

〔註1097〕 廖名春釋文：《馬王堆帛書周易經傳釋文》（續四庫經部易類第1冊），上海：上海古籍出版社，2002年版，第13頁。

〔註1098〕 〔清〕朱駿聲撰：《說文通訓定聲》（續四庫經部小學類第220～221冊），上海：上海古籍出版社，景印道光二十八年刻本，2002年版，第220冊，第313頁。

〔註1099〕 〔清〕顧炎武撰：《音學五書》，北京：中華書局，景印觀稼樓仿刻本，1982年版，第193頁。

陰長｜ 丁丈反。下同。

【疏】所在經文爲「畜於陰長」。〔註1100〕參看〈師〉「長子」條。

血｜ 如字。馬云：當作「恤」，憂也。

【疏】所在經文爲「血去惕出」。〔註1101〕血「如字」者，依本字讀之，未作通假，訓作傷害。《集解》引虞翻曰：「坎爲血」〔註1102〕，是坎有血象。王弼注：「夫言『血』者，陽犯陰也。」孔疏曰：「『夫言血者陽犯陰也』者，謂此卦言『血』，陽犯陰也。」〔註1103〕此處「血」依王、孔，訓爲陰陽相傷。又《周易本義》云：「以一陰畜眾陽，本有傷害憂懼。」〔註1104〕是亦訓血爲傷害也。馬云當作「恤」者，二字古音通。血讀作恤，訓爲憂。《說文・血部》朱駿聲《通訓定聲》：「血，叚借爲恤。」〔註1105〕《爾雅・釋詁下》：「恤，憂也。」〔註1106〕又《太玄・從》「有女承其血」范望注：「血，憂也。」〔註1107〕《大戴禮記・少閒》「血者猶血」盧辯注：「血，憂色也。」〔註1108〕經訓血爲憂，假借故也。又呂祖謙《古易音訓》引晁說之曰：「血，古文。」〔註1109〕

〔註1100〕 〔魏〕王弼、韓康伯注，〔唐〕孔穎達等正義：《周易正義》，北京：中華書局景印阮刻本，1980年版，第15頁。

〔註1101〕 〔魏〕王弼、韓康伯注，〔唐〕孔穎達等正義：《周易正義》，北京：中華書局景印阮刻本，1980年版，第15頁。

〔註1102〕 〔唐〕李鼎祚撰：《周易集解》，北京：中國書店，景印嘉慶三年姑蘇喜墨齋張遇堯局鐫本，1987年版，卷三，第10頁。

〔註1103〕 〔魏〕王弼、韓康伯注，〔唐〕孔穎達等正義：《周易正義》，北京：中華書局景印阮刻本，1980年版，第15頁。

〔註1104〕 〔宋〕朱熹撰：《周易本義》（四書五經本），北京：中國書店，據世界書局本景印，1985年版，第13頁。

〔註1105〕 〔清〕朱駿聲撰：《說文通訓定聲》（續四庫經部小學類第220～221冊），上海：上海古籍出版社，景印道光二十八年刻本，2002年版，第221冊，第86頁。

〔註1106〕 〔晉〕郭璞注，〔宋〕邢昺疏：《爾雅注疏》，北京：中華書局景印阮刻本，1980年版，第8頁。

〔註1107〕 〔漢〕楊雄撰，〔晉〕范望注：《太玄經》（四部叢刊本），上海：商務印書館，景印上海涵芬樓景印明萬玉堂翻宋本，1922年版，卷二，第10頁。

〔註1108〕 〔北周〕盧辯注：《大戴禮記》（四部叢刊本），上海：商務印書館，景印上海涵芬樓借無錫孫氏小綠天藏明袁氏嘉趣堂刊本景印本，1922年版，卷十一，第10頁。

〔註1109〕 〔宋〕呂祖謙撰，〔清〕宋咸熙輯：《古易音訓》（續四庫經部易類第2冊），上海：上海古籍出版社，景印清嘉慶七年刻本，2002年版，第33頁。

去｜ 起呂反。注同。

【疏】參看〈蒙〉「擊去」條。

亦惡｜ 烏路反。〈履〉卦同。

【疏】所在注文爲「上亦惡三而能制焉」。〔註1110〕惡，憎惡也。參看〈蒙〉「所惡」條。

攣｜ 力專反。馬云：連也。徐又力轉反。《子夏傳》作「戀」，云：思也。〔註1111〕

【疏】所在經文爲「有孚攣如，富以其鄰。」〔註1112〕攣《廣韻》呂員切，來仙合三平山。《釋文》首音同。《說文·手部》：「攣，係也。」〔註1113〕引申之有連綴之義，故馬融云：連也。攣、連二字雙聲疊韻，馬以聲訓之也。又《易·中孚》「九五：有孚攣如，无咎。」孔穎達疏：「『攣如』者，相牽繫不絕之名也。」〔註1114〕義同。又徐音力轉反，去聲，明假借也。攣通戀時，依《集韻》音龍眷切，來線合三去山，與徐音同。《子夏傳》作「戀」者，攣，古戀字。惠棟《九經古義·周易上》：「〈小畜〉九五：有孚攣如。依字當作戀，古戀字。《子夏傳》作戀。案：《隸釋》：《漢唐公防碑》及《景君碑》皆以攣爲戀，知古文戀字作攣也。」〔註1115〕錢大昕《廿二史考異·漢書三》於「既繫攣於世教矣」下按云：「攣，古戀字。」〔註1116〕《易經異文釋》：「《漢·外戚傳》云：上所以攣攣顧念。讀與戀同。攣、戀形聲相近，義亦

〔註1110〕 〔魏〕王弼、韓康伯注，〔唐〕孔穎達等正義：《周易正義》，北京：中華書局景印阮刻本，1980年版，第15頁。

〔註1111〕 《經典釋文彙校》：「思，十行本、閩監本同。宋本誤作『惠』。惠云：攣，古戀字。」見黃焯撰：《經典釋文彙校》，北京：中華書局，1980年版，第12頁。

〔註1112〕 〔魏〕王弼、韓康伯注，〔唐〕孔穎達等正義：《周易正義》，北京：中華書局景印阮刻本，1980年版，第15頁。

〔註1113〕 〔漢〕許慎撰：《說文解字》，北京：中華書局，景印同治十二年陳昌治刻本，1963年版，第255頁。

〔註1114〕 〔魏〕王弼、韓康伯注，〔唐〕孔穎達等正義：《周易正義》，北京：中華書局景印阮刻本，1980年版，第59頁。

〔註1115〕 〔清〕惠棟撰：《九經古義》（叢書集成初編總類第254～255冊），上海：商務印書館，據貸園叢書本排印，1937年版，第3～4頁。

〔註1116〕 〔清〕錢大昕撰：《廿二史考異》（續四庫史部史評類第454冊），上海：上海古籍出版社，景印清乾隆四十五年刻本，2002年版，第109頁。

通。」〔註 1117〕是攣、戀古通也。戀《玉篇・心部》:「戀,慕也。」〔註 1118〕
《慧琳音義・卷三》「戀著」引《考聲》:「戀,思也。」〔註 1119〕是戀有思慕
之義。《子夏傳》作「有孚戀如」,今僞《子夏易傳》於此爻下云:「卦唯一陰,
鄰而奉己,己亦交愛,有孚攣如。資貨與同,不獨自厚,異而行志者也。」
〔註 1120〕以交愛訓有孚攣如,似亦以攣爲戀也。

幾| 徐音祈,又音機。注同。《子夏傳》作「近」。〔註 1121〕

【疏】所在經文爲「月幾望」。〔註 1122〕參看〈屯〉「君子幾」條。《子夏
傳》作「近」者,幾(見紐微部)、近(羣紐文部),微文陰陽對轉。《爾雅・
釋詁下》:「幾,近也。」〔註 1123〕《廣韻・隱韻》:「近,幾也。」〔註 1124〕《易・
中孚》「月幾望」《釋文》:「幾,京作近。」〔註 1125〕又《周禮・夏官・大司馬》
「乃以九畿之籍」鄭玄注「《故書》畿爲近。鄭司農云:近當言畿。」〔註 1126〕
又「畿」之異體或作「圻」者,畿從幾得聲,則幾、近通,段玉裁《說文解
字注》於「圻」下汪曰:「古斤聲與幾聲合韻取近。故《周禮》、《故書》畿爲
近。〈囗部〉曰:以遠近言之則言畿也。鄭曰:畿猶限也。是『王畿』可作『王

〔註 1117〕〔清〕李富孫撰:《易經異文釋》(續四庫經部易類第 27 冊),上海:上海古
　　　　籍出版社,景印南菁書院續經解本,2002 年版,第 669 頁。
〔註 1118〕〔梁〕顧野王撰:《宋本玉篇》,北京:中國書店,景印張氏澤存堂本,1983
　　　　年版,第 160 頁。
〔註 1119〕〔唐〕釋慧琳撰:《一切經音義》(續四庫經部小學類第 196～197 冊),上海:
　　　　上海古籍出版社,景印日本元文三年至延亨三年桴桑維東獅谷白蓮社刻本,
　　　　2002 年版,第 196 冊,第 343 頁。
〔註 1120〕舊題〔周〕卜商撰:《子夏易傳》,揚州:江蘇廣陵古籍刻印社,景印通志堂
　　　　經解本第一冊,1996 年版,第 11 頁。
〔註 1121〕《經典釋文彙校》:「惠云:近,古幾字。」見黃焯撰:《經典釋文彙校》,北
　　　　京:中華書局,1980 年版,第 12 頁。
〔註 1122〕〔魏〕王弼、韓康伯注,〔唐〕孔穎達等正義:《周易正義》,北京:中華書
　　　　局景印阮刻本,1980 年版,第 15 頁。
〔註 1123〕〔晉〕郭璞注,〔宋〕邢昺疏:《爾雅注疏》,北京:中華書局景印阮刻本,
　　　　1980 年版,第 11 頁。
〔註 1124〕〔宋〕陳彭年,丘雍撰:《宋本廣韻》,南京:江蘇教育出版社,景印南宋巾
　　　　箱本,2008 年版,第 80 頁。
〔註 1125〕〔唐〕陸德明撰:《經典釋文》,北京:中華書局,景印徐乾學通志堂刻本,
　　　　1983 年版,第 30 頁。
〔註 1126〕〔漢〕鄭玄注,〔唐〕賈公彥疏:《周禮注疏》,北京:中華書局景印阮刻本,
　　　　1980 年版,第 197 頁。

圻』。『王圻』亦可作『王垠』也。」〔註1127〕

唯泰也則然｜ 一本作「然則」。讀即以「也」字絶句。

【疏】所在注文爲「夫處下可以征而无咎者，唯泰也則然。坤本體下，又順而弱，不能敵剛，故可以全其類，征而吉也。自此以往，則其進各有難矣。」〔註1128〕依文義，作「則然」爲是。王弼言征而无咎者，唯有〈泰〉卦如此，〈泰〉卦乾下坤上，坤順不能敵剛，故乾能全其類征吉无咎。作「然則」屬下者非，因文無轉折故也。

有難｜ 乃旦反。

【疏】參看〈乾〉「而難」條。

可盡｜ 津忍反。

【疏】所在注文爲「不可盡陵也」。〔註1129〕參看〈乾〉「故盡」條。

☰☱ 履｜ 利恥反。禮也。艮宮五世卦。

【疏】履《廣韻》力几切，來旨開三上止。《釋文》音同。「禮也」者，古之常訓。此處經文馬王堆漢墓帛書《周易》作「禮虎尾」。〔註1130〕《易‧序卦》：「物畜然後有禮，故受之以履」王弼注：「履者，禮也。」〔註1131〕《詩‧商頌‧長發》：「受大國是達，率履不越」毛《傳》：「履，禮也。」〔註1132〕參看〈坤〉「履霜」條。

咥｜ 直結反，齧也。馬云：齘。

〔註1127〕〔清〕段玉裁撰：《説文解字注》，上海：上海古籍出版社，景印嘉慶二十年經韻樓本，1988年版，第690頁。

〔註1128〕〔魏〕王弼、韓康伯注，〔唐〕孔穎達等正義：《周易正義》，北京：中華書局景印阮刻本，1980年版，第15頁。

〔註1129〕〔魏〕王弼、韓康伯注，〔唐〕孔穎達等正義：《周易正義》，北京：中華書局景印阮刻本，1980年版，第15頁。

〔註1130〕廖名春釋文：《馬王堆帛書周易經傳釋文》（續四庫經部易類第1冊），上海：上海古籍出版社，2002年版，第1頁。

〔註1131〕〔魏〕王弼、韓康伯注，〔唐〕孔穎達等正義：《周易正義》，北京：中華書局景印阮刻本，1980年版，第83頁。

〔註1132〕〔漢〕毛公傳、鄭玄箋，〔唐〕孔穎達等正義：《毛詩正義》，北京：中華書局景印阮刻本，1980年版，第358頁。

【疏】所在經文爲「不咥人」。〔註1133〕咥《廣韻》三讀，作嚙咬解時，音陡結切，定屑開四入山。《釋文》直結反，澄屑開四入山。古入端組，《釋文》類隔，《廣韻》改爲音和，古則無別也。毛居正《六經正誤》：「咥，直結反。正音反成徹字。當作敵結反。」〔註1134〕《廣雅·釋詁三》：「咥，齧也。」〔註1135〕馬云「齕」者，義同，《禮記·曲禮上》：「庶人齕之」孔穎達疏：「齕，齧也。」〔註1136〕

說而｜ 音悅。注及後同。

【疏】所在經文爲「說而應乎乾」。〔註1137〕說、悅古今字。

行夫｜ 音符。下同。

【疏】所在注文爲「不以說行夫佞邪」。〔註1138〕參看〈乾〉「夫位」條。

佞邪｜ 似嗟反。

【疏】參看〈乾〉「邪」條。

疚｜ 久又反。馬云：病也。陸本作「疾」。

【疏】所在經文爲「履帝位而不疚，光明也。」疚《廣韻》居祐切，見宥開三去流。《釋文》音同。馬云「病也」者，《爾雅·釋詁下》：「疚，病也。」〔註1139〕《詩·小雅·采薇》「憂心孔疚」毛《傳》：「疚，病。」〔註1140〕《詩·

〔註1133〕 〔魏〕王弼、韓康伯注，〔唐〕孔穎達等正義：《周易正義》，北京：中華書局景印阮刻本，1980年版，第15頁。

〔註1134〕 〔宋〕毛居正撰：《六經正誤》，揚州：江蘇廣陵古籍刻印社，景印通志堂經解本第十六冊，1996年版，第571頁。

〔註1135〕 〔清〕王念孫撰：《廣雅疏證》，北京：中華書局，景印嘉慶年間王氏家刻本，1983年版，第100頁。

〔註1136〕 〔漢〕鄭玄注，〔唐〕孔穎達等正義：《禮記正義》，北京：中華書局景印阮刻本，1980年版，第15頁。

〔註1137〕 〔魏〕王弼、韓康伯注，〔唐〕孔穎達等正義：《周易正義》，北京：中華書局景印阮刻本，1980年版，第15頁。

〔註1138〕 〔魏〕王弼、韓康伯注，〔唐〕孔穎達等正義：《周易正義》，北京：中華書局景印阮刻本，1980年版，第15頁。

〔註1139〕 〔晉〕郭璞注，〔宋〕邢昺疏：《爾雅注疏》，北京：中華書局景印阮刻本，1980年版，第8頁。

〔註1140〕 〔漢〕毛公傳、鄭玄箋，〔唐〕孔穎達等正義：《毛詩正義》，北京：中華書局景印阮刻本，1980年版，第145頁。

小雅‧大東》「使我心疚」鄭玄《箋》:「疚,病也。」〔註 1141〕《左傳‧昭公二十年》「不爲利疚於回」杜預注:「疚,病。」〔註 1142〕是訓疚爲病者,常訓也。陸本作「疾」者,毛奇齡《仲氏易》曰:「陸續作『疾』,形誤。」〔註 1143〕

坦坦| 吐但反。《說文》云:安也。《廣雅》云:平也,明也。《蒼頡篇》云:著也。

【疏】所在經文爲「履道坦坦,幽人貞吉。」〔註 1144〕坦《廣韻》他但切,透旱開一上山。《釋文》音同。坦《說文‧土部》:「坦,安也。」〔註 1145〕《廣雅》訓作平、明者,今本《廣雅‧釋訓》:「坦坦,平也。」〔註 1146〕按:訓作平者,《管子‧幼官》「坦氣修通」尹知章注:「坦,平也。」〔註 1147〕《莊子‧秋水》「明乎坦塗」成玄英疏:「坦,平也。」〔註 1148〕《易‧履》「履道坦坦」孔疏:「坦坦,平易之貌。」〔註 1149〕而訓作明者,《慧琳音義‧卷六》「平坦」注引《廣雅》云:「坦,明也。」〔註 1150〕則古本《廣雅》當有明

〔註 1141〕 〔漢〕毛公傳、鄭玄箋,〔唐〕孔穎達等正義:《毛詩正義》,北京:中華書局景印阮刻本,1980 年版,第 192 頁。

〔註 1142〕 〔晉〕杜預注,〔唐〕孔穎達等正義:《春秋左傳正義》,北京:中華書局景印阮刻本,1980 年版,第 390 頁。

〔註 1143〕 〔清〕毛奇齡撰:《仲氏易》(皇清經解本),上海:上海書店,景印清經解本第一冊,1988 年版,第 502 頁。

〔註 1144〕 〔魏〕王弼、韓康伯注,〔唐〕孔穎達等正義:《周易正義》,北京:中華書局景印阮刻本,1980 年版,第 15 頁。

〔註 1145〕 〔漢〕許慎撰:《說文解字》,北京:中華書局,景印同治十二年陳昌治刻本,1963 年版,第 287 頁。

〔註 1146〕 〔清〕王念孫撰:《廣雅疏證》,北京:中華書局,景印嘉慶年間王氏家刻本,1983 年版,第 179 頁。

〔註 1147〕 〔唐〕尹知章注,戴望校正:《管子校正》,上海:上海書店,景印諸子集成本,1986 年版,第 37 頁。按《管子》舊題唐房玄齡注,蓋非,《四庫全書總目》云:「舊有房玄齡《註》。晁公武以爲尹知章所託。然考《唐書‧藝文志》玄齡註《管子》不註錄,而所載有尹知章註《管子》三十卷。則知章本未託名,殆後人以知章人微,玄齡名重,改題之以炫俗耳。」〔清〕永瑢等撰:《四庫全書總目》,北京:中華書局,景印浙江杭州刊本,1965 年版,第 847 頁。

〔註 1148〕 〔清〕郭慶藩輯:《莊子集釋》,上海:上海書店,景印諸子集成本,1986 年版,第 252 頁。

〔註 1149〕 〔魏〕王弼、韓康伯注,〔唐〕孔穎達等正義:《周易正義》,北京:中華書局景印阮刻本,1980 年版,第 15 頁。

〔註 1150〕 〔唐〕釋慧琳撰:《一切經音義》(續四庫經部小學類第 196～197 冊),上海:上海古籍出版社,景印日本元文三年至延亨三年樺桑雞東獅谷白蓮社刻本,

義，今本則無。又《玉篇·土部》：「坦，明也。」〔註1151〕《禮記·祭法》「燔柴於泰壇，祭天也」鄭玄注：「壇，折封土爲祭處也。壇之言坦也。坦，明貌也。」〔註1152〕《蒼頡篇》云「著也」者，著亦明也。《小爾雅·廣詁》：「著，明也。」〔註1153〕

不憙丨 虛備反。又音喜。

【疏】所在注文注疏本作「不喜處盈」。〔註1154〕依《釋文》，則陸氏所見王注作憙。憙《廣韻》二讀，作好解時音許記切，曉志開三去止；作悅解時音虛里切，曉止開三上止。《釋文》首音虛備反，曉至開重紐三去止，與《廣韻》去聲音近。《說文·喜部》：「憙，說也。从心，从喜，喜亦聲。」〔註1155〕段注曰：「說者，今之悅字。樂者，無所箸之詞。悅者，有所箸之詞。〈口部〉嗜下曰：憙欲之也。然則憙與嗜義同，與喜樂義異。淺人不能分別，認爲一字，喜行而憙廢矣。顏師古曰：喜下施心是好憙之意。音虛記切。」〔註1156〕段氏所謂「無所箸之詞」者，即今所謂不及物動詞也；而「有所箸之詞」者，即今所謂及物動詞也。依段氏意，憙爲欲之之義，音去聲。喜爲喜樂之義，音上聲。今人不別，喜行憙廢。陸氏作憙，以去聲爲正，故以爲首音也。《釋文》又音喜者，明本又作「喜」也，音同《廣韻》虛里切。《爾雅·釋蟲》「蜆，縊女」郭璞注「憙自經死」《釋文》：「憙，本今作喜。」〔註1157〕皆以喜假憙也。段氏以本義言之，憙、喜自是有別，然就典籍用字及二字意義之引申言之，則似無大異。《史記·滑稽列傳》「齊威王之時喜隱」司馬貞《索隱》：

2002年版，第196冊，第374頁。

〔註1151〕 〔梁〕顧野王撰：《宋本玉篇》，北京：中國書店，景印張氏澤存堂本，1983年版，第26頁。

〔註1152〕 〔漢〕鄭玄注，〔唐〕孔穎達等正義：《禮記正義》，北京：中華書局景印阮刻本，1980年版，第360頁。

〔註1153〕 〔清〕宋翔鳳撰：《小爾雅訓纂》（續四庫經部小學類第189冊），上海：上海古籍出版社，景印嘉慶年間浮溪精舍叢書本，2002年版，第484頁。

〔註1154〕 〔魏〕王弼、韓康伯注，〔唐〕孔穎達等正義：《周易正義》，北京：中華書局景印阮刻本，1980年版，第15頁。

〔註1155〕 〔漢〕許慎撰：《說文解字》，北京：中華書局，景印同治十二年陳昌治刻本，1963年版，第101頁。

〔註1156〕 〔清〕段玉裁撰：《說文解字注》，上海：上海古籍出版社，景印嘉慶二十年經韻樓本，1988年版，第205頁。

〔註1157〕 〔唐〕陸德明撰：《經典釋文》，北京：中華書局，景印徐乾學通志堂刻本，1983年版，第131頁。

「喜，好也。」〔註1158〕《漢書・田叔傳》「喜任俠」顏師古注：「喜，好也。」〔註1159〕是喜、憙義同之例也。

險厄│ 於革反。又作「戹」。

【疏】參看〈屯〉「厄」條。

眇│ 妙小反。《字書》云：盲也。《說文》云：小目。

【疏】所在經文爲「眇能視」。〔註1160〕眇《廣韻》亡沼切，明小開重紐四上效。《釋文》音同。《說文》云「小目」者，今本《說文・目部》云：「眇，一目小也。」〔註1161〕段玉裁《說文解字注》依《釋文》改作「眇，小目。」其注曰：「各本作『一目小也』。誤。今依〈易釋文〉正。〈履〉六三：眇能視。虞翻曰：離目不正，兌爲小，故眇而視。《方言》曰：眇，小也。《淮南・說山訓》：小馬大目不可謂大馬，大馬之目眇謂之眇馬，物有似然而似不然者。」〔註1162〕又《慧琳音義・卷九十五》「茫眇」注引《說文》云：「眇，目小。」〔註1163〕故段注可備一說。若訓爲一目小，於理亦通。《資治通鑒・漢紀六十》「丕以儀目眇，諫止之」胡三省注：「眇者，一目小。」〔註1164〕《資治通鑒・唐紀七十一》「克用一目微眇，時人謂之『獨眼龍』」胡三省注：眇，「一目小也。」〔註1165〕則胡氏所見《說文》作「一目小」也。胡後於陸，此處《說文》權依《釋文》所引。據此，眇之本義爲目小，《釋名・釋疾病》：「目匡陷急曰

〔註1158〕〔漢〕司馬遷撰：《史記》（四部備要本），上海：中華書局，據武英殿本校刊，1936年版，第1143頁。

〔註1159〕〔漢〕班固撰：《前漢書》（四部備要本），上海：中華書局，據武英殿本校刊，1936年版，第660頁。

〔註1160〕〔魏〕王弼、韓康伯注，〔唐〕孔穎達等正義：《周易正義》，北京：中華書局景印阮刻本，1980年版，第16頁。

〔註1161〕〔漢〕許慎撰：《說文解字》，北京：中華書局，景印同治十二年陳昌治刻本，1963年版，第73頁。

〔註1162〕〔清〕段玉裁撰：《說文解字注》，上海：上海古籍出版社，景印嘉慶二十年經韻樓本，1988年版，第135頁。

〔註1163〕〔唐〕釋慧琳撰：《一切經音義》（續四庫經部小學類第196～197冊），上海：上海古籍出版社，景印日本元文三年至延亨三年樽桑雒東獅谷白蓮社刻本，2002年版，第197冊，第578頁。

〔註1164〕〔宋〕司馬光編著，〔元〕胡三省音注：《資治通鑒》，北京：中華書局排印，1956年版，第2150頁。

〔註1165〕〔宋〕司馬光編著，〔元〕胡三省音注：《資治通鑒》，北京：中華書局排印，1956年版，第8295頁。

眇。眇,小也。」〔註1166〕引申之,則有目盲之義。《慧琳音義・卷六十一》「眇目」注云:「眇,少一目也」〔註1167〕《太玄・沈》「賢於眇之眣」司馬光《集注》引小宋曰:「眇,一目盲也。」〔註1168〕二例疑皆「一目小」之引申也。而《古文苑・董仲舒〈士不遇賦〉》「目信娬而言眇兮」張樵注:「眇,目失明也。」〔註1169〕皆訓眇爲盲也。《周易集解》引虞翻曰:「离目不正,兑爲小,故眇而視。」〔註1170〕是虞翻訓眇爲小目也。《周易》此處依虞翻訓作小目爲是,若依《釋文》引《字書》訓爲盲則弗能視矣。

跛丨 波我反。足跛也。依字作破。〔註1171〕

【疏】所在經文爲「跛能履」。〔註1172〕跛《廣韻》二讀,作跛足解時音布火切,幫果合一上果。《釋文》波我反,反切上字幫戈合一平果,下字曉哿開一上果。「波我切」見於《廣韻》跛字「彼義切」下注釋:「偏任,又波我切。」〔註1173〕此蓋《廣韻》據《釋文》而來也。然《廣韻》哿韻未收「跛」字。詳其所由,蓋波我一切與宋時之讀音相牴牾,故《廣韻》於注中存異,而韻則未收也。考乎《廣韻》,無一例反切上字爲脣音而下字爲哿韻者,是波我一切,宋人已不能讀,此類字宋時悉歸入臨近之音布火切。又如《書・仲虺之誥》「簸」《釋文》:「簸,波我反。」〔註1174〕而簸《廣韻》布火切。《釋

〔註1166〕〔漢〕劉熙撰,〔清〕畢沅疏證,王先謙補:《釋名疏證補》(漢小學四種本),成都:巴蜀書社,景印光緒二十二年刊本,2001年版,第1554頁。

〔註1167〕〔唐〕釋慧琳撰:《一切經音義》(續四庫經部小學類第196~197冊),上海:上海古籍出版社,景印日本元文三年至延亨三年榑桑雞東獅谷白蓮社刻本,2002年版,第197冊,第303頁。

〔註1168〕〔漢〕楊雄撰,〔宋〕司馬光集注:《太玄集注》(新編諸子集成本),北京:中華書局,1998年版,第135頁。

〔註1169〕〔宋〕章樵注:《古文苑》(叢書集成初編第1692~1695冊),上海:商務印書館,景印守山閣叢書本,1937年版,第73頁。

〔註1170〕〔唐〕李鼎祚撰:《周易集解》,北京:中國書店,景印嘉慶三年姑蘇喜墨齋張遇堯局鐫本,1987年版,卷三,第11頁。

〔註1171〕《經典釋文彙校》:「宋本同。盧依雅雨本改『破』作『颇』,是也。」見黃焯撰:《經典釋文彙校》,北京:中華書局,1980年版,第12頁。

〔註1172〕〔魏〕王弼、韓康伯注,〔唐〕孔穎達等正義:《周易正義》,北京:中華書局景印阮刻本,1980年版,第16頁。

〔註1173〕〔宋〕陳彭年,丘雍撰:《廣韻》,北京:中國書店,景印張氏澤存堂本,1982年版,第327頁。

〔註1174〕〔唐〕陸德明撰:《經典釋文》,北京:中華書局,景印徐乾學通志堂刻本,1983年版,第42頁。

文》於《禮記‧文王世子》「播詩」下注「播」之反切爲波我反，〔註 1175〕而播《集韻》有補火切。皆此類也。「足跛也」者，跛之常訓也。《玉篇‧足部》：「跛，跛足。」〔註 1176〕依字作「破」者，當改作「尩」爲是。尩，尩之譌也。尩，《說文》小篆作𡰠，「尢」形譌而成「允」也。《說文‧尢部》：「尩，蹇也。」〔註 1177〕徐鍇《繫傳》：「尩，俗作跛。」〔註 1178〕段玉裁曰：「〈足部〉曰：蹇者，尩也。二篆爲轉注。尩俗作跛，或以沾入〈足部〉，致正俗複出，非也。今之經傳有跛無尩。〈王制〉、《公羊》、《穀梁傳》皆作跛。」〔註 1179〕《玉篇‧尢部》：「尩，今作跛。」〔註 1180〕《廣雅‧釋詁三》「尩，蹇也」王念孫《疏證》：「尩，經傳通作跛。」〔註 1181〕是尩爲跛之本字也。

不脩｜ 本又作「循」。

【疏】所在注文爲「志在剛健，不脩所履，欲以陵武於人」。〔註 1182〕本又作「循」者，與「脩」形近相淆也，然二字於義皆可，不知孰是。

行未｜ 下孟反。

【疏】所在注文爲「行未能免於凶」。〔註 1183〕參看〈乾〉「庸行」條。

愬愬｜ 山革反。《子夏傳》云：恐懼貌。何休注《公羊傳》云：驚愕

〔註 1175〕 〔唐〕陸德明撰：《經典釋文》，北京：中華書局，景印徐乾學通志堂刻本，1983 年版，第 181 頁。

〔註 1176〕 〔梁〕顧野王撰：《宋本玉篇》，北京：中國書店，景印張氏澤存堂本，1983 年版，第 132 頁。

〔註 1177〕 〔漢〕許慎撰：《說文解字》，北京：中華書局，景印同治十二年陳昌治刻本，1963 年版，第 214 頁。

〔註 1178〕 〔南唐〕徐鍇撰：《說文解字繫傳》，北京：中華書局，景印道光年間祁㟨藻刻本，1987 年版，第 205 頁。

〔註 1179〕 〔清〕段玉裁撰：《說文解字注》，上海：上海古籍出版社，景印嘉慶二十年經韻樓本，1988 年版，第 495 頁。

〔註 1180〕 〔梁〕顧野王撰：《宋本玉篇》，北京：中國書店，景印張氏澤存堂本，1983 年版，第 398～399 頁。

〔註 1181〕 〔清〕王念孫撰：《廣雅疏證》，北京：中華書局，景印嘉慶年間王氏家刻本，1983 年版，第 81 頁。

〔註 1182〕 〔魏〕王弼、韓康伯注，〔唐〕孔穎達等正義：《周易正義》，北京：中華書局景印阮刻本，1980 年版，第 16 頁。

〔註 1183〕 〔魏〕王弼、韓康伯注，〔唐〕孔穎達等正義：《周易正義》，北京：中華書局景印阮刻本，1980 年版，第 16 頁。

也。馬本作「虩虩」，音許逆反，云恐懼也。《說文》同。《廣雅》云：懼也。

【疏】所在經文爲「履虎尾，愬愬終吉。」〔註1184〕愬《廣韻》二讀，作驚恐解時音山責切，生麥開二入梗。《釋文》音同。《子夏傳》云「恐懼貌」者，《呂氏春秋‧愼大》「愬愬，履虎尾，終吉」高誘注：「愬愬，懼也。」〔註1185〕《易‧履‧象傳》「愬愬終吉」《集解》引侯果曰：「愬愬，恐懼也。」〔註1186〕何休注《公羊傳》云「驚愕也」者，未見今本《公羊傳注》，疑即《公羊傳‧宣公六年》「愬而再拜」何休注：「愬者，驚貌。」〔註1187〕馬本作「虩虩」者，虩《廣韻》許卻切，曉陌開三入梗。馬音許逆反者，音同。愬古音心紐鐸部，虩曉紐鐸部，二字疊韻，於古可通。故《集韻‧麥韻》曰：「愬，或作虩、覤」〔註1188〕則虩爲愬之異體，訓同。《說文‧虎部》：「虩，《易》：履虎尾虩虩。恐懼。一曰蠅虎也。」〔註1189〕《周易義海撮要‧卷五》於〈震〉「震來虩虩」下引陸《傳》云：「虩，蠅虎。始在穴中，跳躍而出，象人心之恐動也。」〔註1190〕《易‧震》「震來虩虩」王弼注：「虩虩，恐懼之貌也。」〔註1191〕《廣雅‧釋訓》：「虩虩，懼也。」〔註1192〕諸說皆訓虩虩爲恐懼也。虩虩者，愬愬之本字也，《說文‧虎部》王筠《句讀》：「〈震〉卦詞：震來虩虩。《釋文》：馬云：恐懼兒。鄭同。荀作愬愬。案：許所據者，《孟氏易》；

〔註1184〕〔魏〕王弼、韓康伯注，〔唐〕孔穎達等正義：《周易正義》，北京：中華書局景印阮刻本，1980年版，第16頁。

〔註1185〕〔漢〕高誘注：《呂氏春秋》，上海：上海書店，景印諸子集成本，1986年版，第161頁。

〔註1186〕〔唐〕李鼎祚撰：《周易集解》，北京：中國書店，景印嘉慶三年姑蘇喜墨齋張遇堯局鐫本，1987年版，卷三，第12頁。

〔註1187〕〔漢〕何休注，〔唐〕徐彥疏：《春秋公羊傳注疏》，北京：中華書局景印阮刻本，1980年版，第85頁。

〔註1188〕〔宋〕丁度撰：《集韻》，北京：中華書局，景印北京圖書館藏宋刻本，1988年版，第212頁。

〔註1189〕〔漢〕許愼撰：《說文解字》，北京：中華書局，景印同治十二年陳昌治刻本，1963年版，第103頁。

〔註1190〕〔宋〕李衡撰：《周易義海撮要》，揚州：江蘇廣陵古籍刻印社，景印通志堂經解本第一冊，1996年版，第350頁。

〔註1191〕〔魏〕王弼、韓康伯注，〔唐〕孔穎達等正義：《周易正義》，北京：中華書局景印阮刻本，1980年版，第50頁。

〔註1192〕〔清〕王念孫撰：《廣雅疏證》，北京：中華書局，景印嘉慶年間王氏家刻本，1983年版，第177頁。

馬融所傳者，《費氏易》。兩本皆作虢虢，蓋正字也。荀《九家易》作愬愬，則同音借用字也。」〔註1193〕

逼近｜ 附近之近。

【疏】所在注文爲「逼近至尊」。〔註1194〕參看〈乾〉「近乎」條。

夬｜ 古快反。

【疏】所在經文爲「夬履，貞厲。」〔註1195〕夬《廣韻》古邁切，見夬合二去蟹。《釋文》音同。

考祥｜ 本亦作「詳」。

【疏】所在注文注疏本作「視履考祥，其旋元吉。」〔註1196〕《周易章句證異·卷一》：「祥，鄭玄、荀爽、虞翻、李鼎祚作詳。陸德明曰：祥，本亦作詳。鄭云：履道之終，考正詳備。荀云：詳審也。虞云：詳，善也，乾爲積善，故考詳。惠棟曰：詳，古文祥。」〔註1197〕由此經文作詳者有二訓，其一訓爲詳備、詳審，如鄭、荀之注。《說文·言部》：「詳，審議也。」〔註1198〕引申之，則有詳審、詳備之義。又《易·大壯·象傳》「不詳也」《釋文》：「詳，詳審也。」〔註1199〕是亦訓爲詳審也。其二讀詳爲祥，訓爲吉善、徵祥，而經文作祥者，訓則同之。《說文·示部》：「祥，福也。从示，羊聲。一云善。」〔註1200〕《廣雅·釋詁一》：「祥，善也。」〔註1201〕《易·大壯·象傳》「不

〔註1193〕〔清〕王筠撰：《説文解字句讀》（續四庫經部小學類第216～219冊），上海：上海古籍出版社，景印道光庚戌刊本，2002年版，第217冊，第296頁。

〔註1194〕〔魏〕王弼、韓康伯注，〔唐〕孔穎達等正義：《周易正義》，北京：中華書局景印阮刻本，1980年版，第16頁。

〔註1195〕〔魏〕王弼、韓康伯注，〔唐〕孔穎達等正義：《周易正義》，北京：中華書局景印阮刻本，1980年版，第16頁。

〔註1196〕〔魏〕王弼、韓康伯注，〔唐〕孔穎達等正義：《周易正義》，北京：中華書局景印阮刻本，1980年版，第16頁。

〔註1197〕〔清〕瞿均廉撰：《周易章句證異》，臺灣：商務印書館，景印文淵閣四庫全書本第53冊，1983年版，第482～683頁。

〔註1198〕〔漢〕許慎撰：《說文解字》，北京：中華書局，景印同治十二年陳昌治刻本，1963年版，第52頁。

〔註1199〕〔唐〕陸德明撰：《經典釋文》，北京：中華書局，景印徐乾學通志堂刻本，1983年版，第25頁。

〔註1200〕〔漢〕許慎撰：《說文解字》，北京：中華書局，景印同治十二年陳昌治刻本，1963年版，第7頁。

詳也」孔穎達疏：「詳者，善也。」〔註1202〕《集解》引虞翻曰：「應在三，三先視上，故上亦視三，故曰視履考詳矣。考，稽。詳，善也。乾爲積善，故考詳。」〔註1203〕經文作祥者，《易·履》「視履考祥」孔疏：「祥，謂徵祥。」〔註1204〕《易·繫辭下》「吉事有祥」韓康伯注：「行其吉事則獲嘉祥之應。」〔註1205〕《易·繫辭下》「吉事有祥」《集解》引虞翻曰：「祥，幾祥也，吉之先見者也。」〔註1206〕《易·困》「入于其宮，不見其妻，不祥也」孔穎達疏：「祥，善也，吉也。」〔註1207〕詳與祥二字古通，《左傳·成公十六年》「德刑詳義禮信，戰之器也」孔穎達疏：「詳者，祥也。古字同耳。」〔註1208〕惠棟《周易述·卷二》於〈履〉「眡履考詳」下疏曰：「詳，古文祥。」〔註1209〕故此處依祥字讀之，訓爲徵祥、吉善，若依詳字訓爲詳備者，於義亦通。

周易上經泰傳第二

䷊泰｜如字。大涌也。鄭云：通也。馬云。人也。坤宮三世卦。

【疏】泰《廣韻》他蓋切，透泰開一去蟹。此處「如字」者，辨析字形作「泰」也。〈泰〉卦乾下坤上，〈彖〉曰：「則是天地交而萬物通也」，〔註1210〕

〔註1201〕〔清〕王念孫撰：《廣雅疏證》，北京：中華書局，景印嘉慶年間王氏家刻本，1983年版，第9頁。
〔註1202〕〔魏〕王弼、韓康伯注，〔唐〕孔穎達等正義：《周易正義》，北京：中華書局景印阮刻本，1980年版，第37頁。
〔註1203〕〔唐〕李鼎祚撰：《周易集解》，北京：中國書店，景印嘉慶三年姑蘇喜墨齋張遇堯局鐫本，1987年版，卷三，第12頁。
〔註1204〕〔魏〕王弼、韓康伯注，〔唐〕孔穎達等正義：《周易正義》，北京：中華書局景印阮刻本，1980年版，第16頁。
〔註1205〕〔魏〕王弼、韓康伯注，〔唐〕孔穎達等正義：《周易正義》，北京：中華書局景印阮刻本，1980年版，第79頁。
〔註1206〕〔唐〕李鼎祚撰：《周易集解》，北京：中國書店，景印嘉慶三年姑蘇喜墨齋張遇堯局鐫本，1987年版，卷十六，第8頁。
〔註1207〕〔魏〕王弼、韓康伯注，〔唐〕孔穎達等正義：《周易正義》，北京：中華書局景印阮刻本，1980年版，第47頁。
〔註1208〕〔晉〕杜預注，〔唐〕孔穎達等正義：《春秋左傳正義》，北京：中華書局景印阮刻本，1980年版，第215頁。
〔註1209〕〔清〕惠棟撰：《周易述》（四部備要本），上海：中華書局，據學海堂經解本校刊，1936年版，第12頁。
〔註1210〕〔魏〕王弼、韓康伯注，〔唐〕孔穎達等正義：《周易正義》，北京：中華書局景印阮刻本，1980年版，第16頁。

《集解》引何妥曰：「此明天道泰也，夫泰之爲道，本以通生萬物，若天氣上騰，地氣下降，各自閉塞，不能相交，則萬物無由得生，明萬物生由天地交也。」〔註1211〕由此，則泰有通達之義。《釋文》釋義與所引鄭氏義同。《廣雅·釋詁一》：「泰，通也。」〔註1212〕《易·序卦》：「泰者，通也。」〔註1213〕《易·泰》「六五，帝乙歸妹」王弼注：「泰者，陰陽交通之時也。」〔註1214〕《易·泰·象傳》「天地交泰」王弼注：「泰者，物大通之時也。」〔註1215〕此皆訓泰爲通者也。至若馬云「大也」者，泰、大古文通。《書·秦誓上》「泰誓上」蔡沈集傳：「泰、大，同。《國語》作太。」〔註1216〕《廿二史考異·史記一》「至于泰卷陶」錢大昕按：「泰與大古文通。」〔註1217〕訓〈泰〉卦爲大者，又見《左傳·哀公九年》「遇泰之需」孔穎達疏：「乾下坤上，泰。乾爲天，坤爲地。地在上，天在下。象曰：『天地交泰』，泰者，大也。天地交合，萬物大通。故名此卦爲泰。」〔註1218〕依孔疏，則訓泰爲大，亦即大通之義也。

道長｜ 丁丈反。

【疏】所在經文爲「君子道長，小人道消也。」〔註1219〕參看〈師〉「長子」條。

〔註1211〕〔唐〕李鼎祚撰：《周易集解》，北京：中國書店，景印嘉慶三年姑蘇喜墨齋張遇堯局鐫本，1987年版，卷四，第1頁。

〔註1212〕〔清〕王念孫撰：《廣雅疏證》，北京：中華書局，景印嘉慶年間王氏家刻本，1983年版，第14頁。

〔註1213〕〔魏〕王弼、韓康伯注，〔唐〕孔穎達等正義：《周易正義》，北京：中華書局景印阮刻本，1980年版，第83頁。

〔註1214〕〔魏〕王弼、韓康伯注，〔唐〕孔穎達等正義：《周易正義》，北京：中華書局景印阮刻本，1980年版，第16頁。

〔註1215〕〔魏〕王弼、韓康伯注，〔唐〕孔穎達等正義：《周易正義》，北京：中華書局景印阮刻本，1980年版，第16頁。

〔註1216〕〔宋〕蔡沈撰：《書經集傳》（四書五經本），北京：中國書店，據世界書局本景印，1985年版，第65頁。

〔註1217〕〔清〕錢大昕撰：《廿二史考異》（續四庫史部史評類第454冊），上海：上海古籍出版社，景印清乾隆四十五年刻本，2002年版，第6頁。

〔註1218〕〔晉〕杜預注，〔唐〕孔穎達等正義：《春秋左傳正義》，北京：中華書局景印阮刻本，1980年版，第463頁。

〔註1219〕〔魏〕王弼、韓康伯注，〔唐〕孔穎達等正義：《周易正義》，北京：中華書局景印阮刻本，1980年版，第16頁。

財成｜ 音才。徐才載反。荀作「裁」。

【疏】所在經文爲「后以財成天地之道」。〔註1220〕財《廣韻》昨哉切，從咍開一平蟹。《釋文》首音同。財《說文・貝部》：「財，人所寶也。」〔註1221〕財之本義爲財物。此處財成之「財」或訓作財物者。《集解》引虞翻曰：「坤富稱財，守位以人，聚人以財。」〔註1222〕《周易集解纂疏》：「地生萬物，故『坤富稱財』。」〔註1223〕徐音才載反者，從代開一去蟹，則此讀爲去聲「裁」也。財、裁古今字，惠棟《九經古義・周易下》：「〈泰・象〉『財成』。古裁字。」〔註1224〕又李富孫《易經異文釋》於《易・泰》「后以財成天地之道」下曰：「財、裁古今字，《史》、《漢》二字並通。」〔註1225〕裁字有平去二聲，清胡鳴玉於《訂譌雜錄》辨之甚明，其卷四曰：「裁一讀在。《後漢書・李膺傳》『獨持風裁』，注：音才代反，又『范滂清裁』，注：音才載反。賈氏《音辨》平聲制也，去聲體制合宜。故風裁、體裁、品裁竝音在。韻書隸仄聲。又《公羊傳》『辯而裁』《史記・張儀傳》『裁如嬰兒』《文選》『豐約之裁』『綜覈精裁』凡此類，皆與裁度、裁成平聲不同。以上數字音義，俗不盡知也。」〔註1226〕依胡氏考訂，此處裁不當依徐邈作去聲明矣。荀作「裁」者，財、裁古通。此處財作裁讀，裁《說文・衣部》：「裁，制衣也。」〔註1227〕引申之，則有裁定、裁奪之義。《爾雅・釋言》「裁，節也」郝懿行《義疏》：「裁者，制也，有減損之義。」〔註1228〕《周易集解》引鄭玄曰：「財，節也。」

〔註1220〕〔魏〕王弼、韓康伯注，〔唐〕孔穎達等正義：《周易正義》，北京：中華書局景印阮刻本，1980年版，第16頁。

〔註1221〕〔漢〕許慎撰：《說文解字》，北京：中華書局，景印同治十二年陳昌治刻本，1963年版，第130頁。

〔註1222〕〔唐〕李鼎祚撰：《周易集解》，北京：中國書店，景印嘉慶三年姑蘇喜墨齋張遇堯局鐫本，1987年版，卷四，第1～2頁。

〔註1223〕〔清〕李道平撰，潘雨廷點校：《周易集解纂疏》，北京：中華書局，1994年版，第166頁。

〔註1224〕〔清〕惠棟撰：《九經古義》（叢書集成初編總類第254～255冊），上海：商務印書館，據貸園叢書本排印，1937年版，第21頁。

〔註1225〕〔清〕李富孫撰：《易經異文釋》（續四庫經部易類第27冊），上海：上海古籍出版社，景印南菁書院續經解本，2002年版，第670頁。

〔註1226〕〔清〕胡鳴玉撰：《訂譌雜錄》（叢書集成初編總類第350冊），上海：商務印書館，據湖海樓叢書本排印，1936年版，第46頁。

〔註1227〕〔漢〕許慎撰：《說文解字》，北京：中華書局，景印同治十二年陳昌治刻本，1963年版，第170頁。

〔註1228〕〔清〕郝懿行撰：《爾雅義疏》（漢小學四種本），成都：巴蜀書社，景印同

〔註1229〕孔疏云：「君當虧財，成就天地之道。」〔註1230〕又云：「君當財節成就，使寒暑得其常，生殺依其節。」〔註1231〕是訓財爲裁奪、剪裁之義也。《經義述聞·易·財成天地之道》：「裁之言載也、成也。」〔註1232〕義亦近之。此外，或訓財爲始者，《易·泰·象傳》「后以裁成天地之道」焦循《章句》：「裁，始也。」〔註1233〕於義亦通。

輔相|　息亮反。注同。

【疏】所在經文爲「輔相天地之宜，以左右民」。〔註1234〕相《廣韻》二讀，訓作助時息亮切，心漾開三去宕。《釋文》音同。孔疏云：「相，助也。」〔註1235〕《易·井·象傳》「君子以勞民勸相」《集解》引虞翻曰：「相，助也。」〔註1236〕

以左|　音佐。注同。

【疏】左《廣韻》二讀，左右手之左音臧可切，精哿開一上果。訓助之左音佐，則箇切，精箇開一去果。《釋文》音同《廣韻》則箇切。

右民|　音佑。注同。左右，助也。

【疏】右《廣韻》二讀，左右手之右音云久切，云有開三上流。訓助之右音佑，于救切，云宥開三去流。《釋文》音同《廣韻》于救切。《漢書·貨

治四年郝氏家刻本，2001 年版，第 1015 頁。

〔註1229〕〔唐〕李鼎祚撰：《周易集解》，北京：中國書店，景印嘉慶三年姑蘇喜墨齋張遇堯局鐫本，1987 年版，卷四，第 2 頁。

〔註1230〕〔魏〕王弼、韓康伯注，〔唐〕孔穎達等正義：《周易正義》，北京：中華書局景印阮刻本，1980 年版，第 16 頁。

〔註1231〕〔魏〕王弼、韓康伯注，〔唐〕孔穎達等正義：《周易正義》，北京：中華書局景印阮刻本，1980 年版，第 16 頁。

〔註1232〕〔清〕王引之撰：《經義述聞》（續四庫經部羣經總義類第 174～175 冊），上海：上海古籍出版社，景印道光七年王氏京師刻本，2002 年版，第 174 冊，第 295 冊。

〔註1233〕〔清〕焦循撰：《易章句》，嘉慶年間雕菰樓刊本，卷五，第 5 頁。

〔註1234〕〔魏〕王弼、韓康伯注，〔唐〕孔穎達等正義：《周易正義》，北京：中華書局景印阮刻本，1980 年版，第 16 頁。

〔註1235〕〔魏〕王弼、韓康伯注，〔唐〕孔穎達等正義：《周易正義》，北京：中華書局景印阮刻本，1980 年版，第 16 頁。

〔註1236〕〔唐〕李鼎祚撰：《周易集解》，北京：中國書店，景印嘉慶三年姑蘇喜墨齋張遇堯局鐫本，1987 年版，卷十，第 2 頁。

殖傳》「以左右民」顏師古注：「左右，助也。」〔註1237〕《說文·左部》：「左，手相左助也。」〔註1238〕徐鉉等曰：「今俗別作佐。」《說文·口部》：「右，助也。从口从又。」〔註1239〕徐鉉等曰：「今俗別作佑。」則左右本有助義，佐佑後起。蓋因聲而別造也。

拔│ 蒲八反。

【疏】所在經文為「拔茅茹」。〔註1240〕拔《廣韻》四讀，而作拔擢解時二讀，　音蒲撥切，並末合一入山。一音蒲八切，並黠開二入山，《釋文》音同。《說文·手部》：「拔，擢也。」〔註1241〕《廣雅·釋詁一》：「拔，出也。」〔註1242〕

茅│ 卯交反。鄭音苗。

【疏】茅《廣韻》莫交切，明肴開二平效。《釋文》音同。《說文·艸部》：「茅，菅也。」〔註1243〕「鄭音苗」者，苗為茅之古文也。茅，上古明紐幽部，苗明紐宵部，旁轉可通。《儀禮·士相見禮》「在野則曰草茅之臣」鄭玄注：「古文『茅』作『苗』。」〔註1244〕《孟子·滕文公上》「書爾于茅」《釋文》引張云：「『茅』，或作『苗』。」

茹│ 汝據反，牽引也。鄭湛同。王肅音如。

【疏】茹《廣韻》三讀，訓為相牽引貌者音人諸切，日魚合三平遇，與

〔註1237〕 〔漢〕班固撰：《前漢書》（四部備要本），上海：中華書局，據武英殿本校刊，1936年版，第1209頁。

〔註1238〕 〔漢〕許慎撰：《說文解字》，北京：中華書局，景印同治十二年陳昌治刻本，1963年版，第99頁。

〔註1239〕 〔漢〕許慎撰：《說文解字》，北京：中華書局，景印同治十二年陳昌治刻本，1963年版，第32頁。

〔註1240〕 〔魏〕王弼、韓康伯注，〔唐〕孔穎達等正義：《周易正義》，北京：中華書局景印阮刻本，1980年版，第16頁。

〔註1241〕 〔漢〕許慎撰：《說文解字》，北京：中華書局，景印同治十二年陳昌治刻本，1963年版，第255頁。

〔註1242〕 〔清〕王念孫撰：《廣雅疏證》，北京：中華書局，景印嘉慶年間王氏家刻本，1983年版，第41頁。

〔註1243〕 〔漢〕許慎撰：《說文解字》，北京：中華書局，景印同治十二年陳昌治刻本，1963年版，第17頁。

〔註1244〕 〔漢〕鄭玄注，〔唐〕賈公彥疏：《儀禮注疏》，北京：中華書局景印阮刻本，1980年版，第34頁。

《釋文》所引王肅音同。至若《釋文》首音汝據反與《廣韻》人恕切（日御合三去遇）音同，於義則殊，蓋古本無別，後則寖異也。故拔茅茹之茹有平去二讀。《釋文》以去聲爲首音，疑古以去聲爲正。《易‧泰》「拔茅茹」《集解》引虞翻曰：「茹，茅根。」〔註1245〕王弼注：「相牽引之貌也。」〔註1246〕孔疏：「拔茅舉其根相牽茹也。」〔註1247〕

彙| 音胃，類也。李于鬼反，《傅氏注》云：彙，古偉字，美也。古文作「蕡」。董作「蝟」，出也。鄭云：勤也。〔註1248〕

【疏】所在經文爲「拔茅茹，以其彙。」〔註1249〕彙《廣韻》于貴切，云未合三去止，《釋文》音胃同。彙《說文》小篆作蕡，《說文‧希部》：「蕡，蟲，似豪豬者。从希，胃省聲。蝟，或从虫。」〔註1250〕《爾雅‧釋獸》：「彙，毛刺。」〔註1251〕由此，彙本義爲刺猬。《釋文》「類也」之訓，假借義也。段注曰：「王弼云：『類也』，以爲彙之叚借也。」〔註1252〕故《釋文》訓彙爲類，當爲彙之假借。易家多訓彙爲類者，如《集解》引虞翻曰：「彙，類也。初應四，故拔茅茹以彙。」〔註1253〕《正義》：「『以其彙』者，彙，類也，以類相從。」〔註1254〕此蓋彙之常訓也。又《廣雅‧釋詁》：「彙，類也。」〔註1255〕

〔註1245〕〔唐〕李鼎祚撰：《周易集解》，北京：中國書店，景印嘉慶三年姑蘇喜墨齋張遇堯局鑴本，1987年版，卷四，第2頁。

〔註1246〕〔魏〕王弼、韓康伯注，〔唐〕孔穎達等正義：《周易正義》，北京：中華書局景印阮刻本，1980年版，第16頁。

〔註1247〕〔魏〕王弼、韓康伯注，〔唐〕孔穎達等正義：《周易正義》，北京：中華書局景印阮刻本，1980年版，第16頁。

〔註1248〕《經典釋文彙校》：「江聲云：據《類篇》，當云『古文作蝟』。」見黃焯撰：《經典釋文彙校》，北京：中華書局，1980年版，第12頁。

〔註1249〕〔魏〕王弼、韓康伯注，〔唐〕孔穎達等正義：《周易正義》，北京：中華書局景印阮刻本，1980年版，第16頁。

〔註1250〕〔漢〕許慎撰：《說文解字》，北京：中華書局，景印同治十二年陳昌治刻本，1963年版，第197頁。

〔註1251〕〔晉〕郭璞注，〔宋〕邢昺疏：《爾雅注疏》，北京：中華書局景印阮刻本，1980年版，第85頁。

〔註1252〕〔清〕段玉裁撰：《說文解字注》，上海：上海古籍出版社，景印嘉慶二十年經韻樓本，1988年版，第456頁。

〔註1253〕〔唐〕李鼎祚撰：《周易集解》，北京：中國書店，景印嘉慶三年姑蘇喜墨齋張遇堯局鑴本，1987年版，卷四，第2頁。

〔註1254〕〔魏〕王弼、韓康伯注，〔唐〕孔穎達等正義：《周易正義》，北京：中華書局景印阮刻本，1980年版，第16頁。

《太玄・周》「物繼其彙」司馬光《集注》引宋衷曰：「彙，類也。」〔註1256〕《法言・君子》「無益子之彙矣」李軌注：「彙，類。」〔註1257〕此皆訓彙爲類者也。「李于鬼反」者，與偉《廣韻》音同。則李、傅同訓彙爲古偉字。明熊過依傅氏之說讀彙爲偉，其《周易象旨決錄・卷一》曰：「傅氏云：『彙，古偉字，美也。』謂其應猶《詩》言予美。舊指同類，非也。」〔註1258〕熊氏之說，可備一解。古文作「𦳊」者，馬王堆漢墓帛書〈否〉卦即作「𦳊」字，〔註1259〕而帛書〈泰〉作「冒」，〔註1260〕蓋亦假作「𦳊」也。𦳊爲𦾔之異體字。𦾔《說文》小篆作𦾔，《說文・宋部》：「𦾔，艸木𦾔孛之皃。从宋，畀聲。」〔註1261〕段注云：「當作𦾔孛艸木之皃。《周易》：『拔茅茹以其彙，征吉。』《釋文》云：『彙古文作𦳊』。按𦳊即𦾔字之異者。彙則假借字也。」〔註1262〕鄭云「勤也」者，「謂」之假借也。段注於「彙」下注曰：「鄭云：『勤也』，以爲『謂』之叚借也。」〔註1263〕又李富孫《異文釋》曰：「《釋文》云：彙，鄭云：勤也。」「〈釋詁〉曰：謂，勤也。」「是彙、謂亦通，故鄭訓爲勤。」〔註1264〕董遇作「𦴢」者，疑即「𦾔」字之譌也。𦴢《說文》小篆作𦴢，籀文作𦴢，與𦾔（篆作𦾔）形近易譌。𦴢訓「出也」者，未知所據。總之，彙、𦾔、偉、謂、𦴢皆一聲之轉，諸說釋《易》皆通。依彙之常詁，似訓作

〔註1255〕 〔清〕王念孫撰：《廣雅疏證》，北京：中華書局，景印嘉慶年間王氏家刻本，1983 年版，第 81 頁。

〔註1256〕 〔漢〕楊雄撰，〔宋〕司馬光集注：《太玄集注》（新編諸子集成本），北京：中華書局，1998 年版，第 8 頁。

〔註1257〕 〔漢〕楊雄著，李軌注：《法言》，上海：上海書店，景印諸子集成本，1986 年版，第 39 頁。

〔註1258〕 〔明〕熊過撰：《周易象旨決錄》，臺灣：商務印書館，景印文淵閣四庫全書本第 31 冊，1983 年版，第 463 頁。

〔註1259〕 廖名春釋文：《馬王堆帛書周易經傳釋文》（續四庫經部易類第 1 冊），上海：上海古籍出版社，2002 年版，第 1 頁。

〔註1260〕 廖名春釋文：《馬王堆帛書周易經傳釋文》（續四庫經部易類第 1 冊），上海：上海古籍出版社，2002 年版，第 8 頁。

〔註1261〕 〔漢〕許慎撰：《說文解字》，北京：中華書局，景印同治十二年陳昌治刻本，1963 年版，第 127 頁。

〔註1262〕 〔清〕段玉裁撰：《說文解字注》，上海：上海古籍出版社，景印嘉慶二十年經韻樓本，1988 年版，第 273 頁。

〔註1263〕 〔清〕段玉裁撰：《說文解字注》，上海：上海古籍出版社，景印嘉慶二十年經韻樓本，1988 年版，第 456 頁。

〔註1264〕 〔清〕李富孫撰：《易經異文釋》（續四庫經部易類第 27 冊），上海：上海古籍出版社，景印南菁書院續經解本，2002 年版，第 670 頁。

類爲佳。

包｜ 本又作「苞」，〔註 1265〕必交反。下卦同，音薄交反。

【疏】所在經文爲「包荒」。〔註 1266〕本作「苞」者，《周易章句證異・卷一》於「包荒」下云：「包，鄭玄作苞，陸德明曰：包，本作苞。呂祖謙云：苞，今作包。惠棟作苞。」〔註 1267〕包、苞同，皆有包含之義。王弼注云：「能包含荒穢」。〔註 1268〕參看〈蒙〉卦「包蒙」條。苞《廣韻》布交切，幫肴開二平效，《釋文》必交反音同。包《廣韻》布交切，幫肴開二平效，《釋文》薄交反者，並肴開二平效，與《廣韻》聲異。

荒｜ 本亦作「充」，音同。鄭注《禮》云：穢也。《說文》：水廣也。又大也。鄭讀為康，云：虛也。〔註 1269〕

【疏】所在經文爲「包荒」。〔註 1270〕本作「充」者，誤字也，當據盧本改作「㡛」。「充」，同「㡛」。《集韻・尤韻》：「㡛，或作充。」〔註 1271〕又同「荒」，《隸辨・唐韻》「充」下引《孔耽神祠碑》作「充」，「《孔耽神祠碑》：遊充畜積，道富財貧。」〔註 1272〕又同「不」，《金石文字辨異》：「《漢韓仁銘》『充辜拉命喪身』，案『充』即『不』字。」〔註 1273〕又同「去」，《說文・去

〔註 1265〕《經典釋文彙校》：「雅雨本與此本同。宋本『包』、『苞』互易，十行本、閩監本、汲古本同。」見黃焯撰：《經典釋文彙校》，北京：中華書局，1980年版，第 12 頁。

〔註 1266〕〔魏〕王弼、韓康伯注，〔唐〕孔穎達等正義：《周易正義》，北京：中華書局景印阮刻本，1980 年版，第 16 頁。

〔註 1267〕〔清〕翟均廉撰：《周易章句證異》，臺灣：商務印書館，景印文淵閣四庫全書本第 53 冊，1983 年版，第 683 頁。

〔註 1268〕〔魏〕王弼、韓康伯注，〔唐〕孔穎達等正義：《周易正義》，北京：中華書局景印阮刻本，1980 年版，第 16 頁。

〔註 1269〕《經典釋文彙校》：「充，誤字。盧本改作『㡛』。惠云：鄭注不必引。又云：康、虛同訓。」見黃焯撰：《經典釋文彙校》，北京：中華書局，1980 年版，第 12 頁。

〔註 1270〕〔魏〕王弼、韓康伯注，〔唐〕孔穎達等正義：《周易正義》，北京：中華書局景印阮刻本，1980 年版，第 16 頁。

〔註 1271〕〔宋〕丁度撰：《集韻》，北京：中華書局，景印北京圖書館藏宋刻本，1988 年版，第 76 頁。

〔註 1272〕〔清〕顧藹吉撰：《隸辨》，北京：中華書局，景印康熙五十七年項絪玉淵堂刊本，1986 年版，第 61 頁。

〔註 1273〕〔清〕邢澍撰：《金石文字辨異》（續四庫經部小學類第 239～240 冊），上海：上海古籍出版社，景印嘉慶十五年刻本，2002 年版，第 240 冊，第 179 頁。

部》𠫓字下又收㐬，云：「或从到古文『子』，即《易》『突』字。」〔註 1274〕此處爲「巟」之譌體。荒、巟音同，依《廣韻》讀呼光切，曉唐合一平宕。鄭注《禮》云「穢也」者，即《禮記・曲禮上》「地廣大荒而不治」鄭玄注：「荒，穢也。」〔註 1275〕又《廣雅・釋詁二》：「荒，薉也。」〔註 1276〕薉，穢之異體也。《說文・艸部》：「荒，蕪也。」〔註 1277〕穢即蕪穢也。按王弼即訓荒爲荒穢，其注曰：「體健居中而用乎『泰』，能包含荒穢。」〔註 1278〕《說文》「水廣也」者，《說文・川部》：「巟，水廣也。从川亡聲。《易》曰：「包巟用馮河。」〔註 1279〕是《說文》引《易》作「巟」也。段注：「引申爲凡廣大之偁。」〔註 1280〕《廣雅・釋詁一》：「巟，大也」王念孫《疏證》：「巟，通作荒。〈晉語〉云：在〈周頌〉曰：天作高山，大王荒之。荒，大之也。《說文》：巟，水廣也。引〈泰・九二〉包巟用馮河，今本作荒。」〔註 1281〕由此則「巟」爲「荒」之本字，巟本爲水廣義，引申而有大義。「鄭讀爲康」者，荒（曉紐陽部）、康（溪紐陽部）上古同部可通。《讀書雜志・管子第九・入國》「歲凶庸」王引之按：「古聲康與荒通，故襄二十四年《穀梁傳》：『四穀不升謂之康』。《韓詩外傳》『康』作『荒』。《淮南・天文篇》：『十二歲而一康』。《太平御覽・時序部二》引作『十二歲而一荒』。」〔註 1282〕又《逸周書・諡法》「外內從亂曰荒」朱右曾《集訓校釋》云：「荒，亦作㠩。」〔註 1283〕《爾

〔註 1274〕〔漢〕許愼撰：《說文解字》，北京：中華書局，景印同治十二年陳昌治刻本，1963 年版，第 310 頁。

〔註 1275〕〔漢〕鄭玄注，〔唐〕孔穎達等正義：《禮記正義》，北京：中華書局景印阮刻本，1980 年版，第 22 頁。

〔註 1276〕〔清〕王念孫撰：《廣雅疏證》，北京：中華書局，景印嘉慶年間王氏家刻本，1983 年版，第 63 頁。

〔註 1277〕〔漢〕許愼撰：《說文解字》，北京：中華書局，景印同治十二年陳昌治刻本，1963 年版，第 23 頁。

〔註 1278〕〔魏〕王弼、韓康伯注，〔唐〕孔穎達等正義：《周易正義》，北京：中華書局景印阮刻本，1980 年版，第 16 頁。

〔註 1279〕〔漢〕許愼撰：《說文解字》，北京：中華書局，景印同治十二年陳昌治刻本，1963 年版，第 239 頁。

〔註 1280〕〔清〕段玉裁撰：《說文解字注》，上海：上海古籍出版社，景印嘉慶二十年經韻樓本，1988 年版，第 568 頁。

〔註 1281〕〔清〕王念孫撰：《廣雅疏證》，北京：中華書局，景印嘉慶年間王氏家刻本，1983 年版，第 6 頁。

〔註 1282〕〔清〕王念孫撰：《讀書雜志》（續四庫子部雜家類第 1152～1153 冊），上海：上海古籍出版社，景印道光十二年刻本，2002 年版，第 1153 冊，第 166 頁。

〔註 1283〕〔清〕朱右曾撰：《逸周書集訓校釋》（續四庫史部別史類第 301 冊），上

雅・釋詁》:「漮，虛也」《釋文》:「漮，郭云：本或作荒。荒亦丘墟之空無。」〔註 1284〕此皆二字相通之證也。「虛也」者，《詩・大雅・桑柔》「具贅卒荒」毛《傳》:「荒，虛也。」〔註 1285〕《詩・大雅・召旻》:「我居圉卒荒」鄭玄《箋》:「荒，虛也。」〔註 1286〕《國語・周語下》「田疇荒蕪」韋昭注：「荒，虛也。」〔註 1287〕又《詩・小雅・賓之初筵》:「酌彼康爵」鄭玄《箋》:「康，虛也。」〔註 1288〕《穀梁傳・襄公二十四年》「四穀不升謂之康」范甯注:「康，虛。」〔註 1289〕是荒、康皆可訓爲虛也。《周易集解》引翟玄曰:「荒，虛也。二五相應，五虛无陽，二上包之。」〔註 1290〕虛者，六五爲陰，不實之象也。《周易集解纂疏》曰:「翟從鄭，故訓『虛』。」〔註 1291〕

用馮|　音憑。注同。

【疏】所在經文爲「用馮河」。〔註 1292〕馮作馮陵解時《廣韻》音扶冰切，並蒸開三平曾，《釋文》音同。馮者，憑之古字也。《太玄・進》「逆馮山川」司馬光注:「馮，古憑字。」〔註 1293〕故馮、憑古書多通，《論語・述而》「暴

海：上海古籍出版社，景印光緒三年湖北崇文書局刊本，2002 年版，第 150 頁。
〔註 1284〕〔唐〕陸德明撰:《經典釋文》，北京：中華書局，景印徐乾學通志堂刻本，1983 年版，第 408 頁。
〔註 1285〕〔漢〕毛公傳、鄭玄箋，〔唐〕孔穎達等正義:《毛詩正義》，北京：中華書局景印阮刻本，1980 年版，第 291 頁。
〔註 1286〕〔漢〕毛公傳、鄭玄箋，〔唐〕孔穎達等正義:《毛詩正義》，北京：中華書局景印阮刻本，1980 年版，第 311 頁。
〔註 1287〕〔吳〕韋昭注，〔清〕董增齡正義:《國語正義》（續四庫史部雜史類第 422 冊），上海：上海古籍出版社，景印光緒庚辰會稽章氏式訓堂刊本，2002 年版，第 73 頁。
〔註 1288〕〔漢〕毛公傳、鄭玄箋，〔唐〕孔穎達等正義:《毛詩正義》，北京：中華書局景印阮刻本，1980 年版，第 217 頁。
〔註 1289〕〔晉〕范甯注，〔唐〕楊士勛疏:《春秋穀梁傳》，北京：中華書局景印阮刻本，1980 年版，第 66 頁。
〔註 1290〕〔唐〕李鼎祚撰:《周易集解》，北京：中國書店，景印嘉慶三年姑蘇喜墨齋張遇堯局鐫本，1987 年版，卷四，第 2 頁。
〔註 1291〕〔清〕李道平撰，潘雨廷點校:《周易集解纂疏》，北京：中華書局，1994 年版，第 167 頁。
〔註 1292〕〔魏〕王弼、韓康伯注，〔唐〕孔穎達等正義:《周易正義》，北京：中華書局景印阮刻本，1980 年版，第 16 頁。
〔註 1293〕〔漢〕楊雄撰，〔宋〕司馬光集注:《太玄集注》（新編諸子集成本），北京：中華書局，1998 年版，第 45 頁。

虎馮河」《釋文》：「馮，字亦作憑。」〔註1294〕《楚辭・天問》「何馮弓挾矢」
舊校曰：「馮，一作憑。」〔註1295〕「馮河」者，《爾雅・釋訓》：「馮河，徒涉
也。」郭璞注：「無舟楫。」〔註1296〕《詩・小雅・小旻》「不敢馮河」毛《傳》：
「徒涉曰馮河。」〔註1297〕故馮河爲無舟楫徒步涉河之義。孔疏曰：「『用馮
河』者，无舟渡水，馮陵于河，是頑愚之人，此九二能包含容受，故曰『用
馮河』也。」〔註1298〕訓同。

荒穢丨 於廢反。

【疏】所在注文爲「能包含荒穢」。〔註1299〕穢《廣韻》於廢切，影廢合
三去蟹。《釋文》音同。

不陂丨 彼僞反。徐甫寄反，傾也。注同。又破河反，偏也。〔註1300〕

【疏】所在經文爲「〈象〉曰：无平不陂」。〔註1301〕陂《廣韻》二讀，作
澤障解時，音彼爲切，幫支開重紐三平止。作傾解時，音彼義切，幫寘開重
紐三去止，《釋文》首音彼僞反音同，徐音甫寄反，其反切上字幫上虞合口
三上遇，下字見寘開重紐三去止，此處被切字之開合口依切上字而定，則其
音小與《釋文》首音同也。又如《廣韻》爲蘤支切、僞危賜切、位洧冀切
等，皆反切上字合口，反切下字開口，而被切字爲合口之例也。「傾也」者，

〔註1294〕〔唐〕陸德明撰：《經典釋文》，北京：中華書局，景印徐乾學通志堂刻本，
　　　　　1983年版，第348頁。
〔註1295〕〔宋〕洪興祖撰：《楚辭補注》（叢書集成初編文學類第1812～1816冊），上
　　　　　海：商務印書館，據惜陰軒叢書本排印，1939年版，第58頁。
〔註1296〕〔晉〕郭璞注，〔宋〕邢昺疏：《爾雅注疏》，北京：中華書局景印阮刻本，
　　　　　1980年版，第26頁。
〔註1297〕〔漢〕毛公傳、鄭玄箋，〔唐〕孔穎達等正義：《毛詩正義》，北京：中華書
　　　　　局景印阮刻本，1980年版，第181頁。
〔註1298〕〔魏〕王弼、韓康伯注，〔唐〕孔穎達等正義：《周易正義》，北京：中華書
　　　　　局景印阮刻本，1980年版，第16頁。
〔註1299〕〔魏〕王弼、韓康伯注，〔唐〕孔穎達等正義：《周易正義》，北京：中華書
　　　　　局景印阮刻本，1980年版，第16頁。
〔註1300〕《經典釋文彙校》：「《冊府元龜》：天寶四載，帝讀〈洪範〉至『無偏無頗』，
　　　　　而聲不和韻，因改『頗』爲『陂』。詔有曰：《周易・泰卦》中『无平不陂』，
　　　　　《釋文》云，『陂』字亦有『頗』音。」見黃焯撰：《經典釋文彙校》，北京：
　　　　　中華書局，1980年版，第12頁。
〔註1301〕〔魏〕王弼、韓康伯注，〔唐〕孔穎達等正義：《周易正義》，北京：中華書
　　　　　局景印阮刻本，1980年版，第16頁。

《玉篇・阜部》：「陂，傾也。」〔註1302〕《禮記・樂記》「商亂則陂」鄭玄注：「陂，傾也。」〔註1303〕《易・泰》「无平不陂」《集解》引虞翻曰：「陂，傾。」〔註1304〕惠棟《周易述》從之，亦訓作傾。《釋文》又「破河反」者，明假借爲頗也。頗《廣韻》滂禾切，滂戈合一平果。《釋文》破河反，滂歌開一平果。按《釋文》歌、哿、箇三韻之脣音字，至《廣韻》時入戈、果、過三韻。參看〈履〉「跛」條。朱駿聲《說文通訓定聲》云：「陂，叚借爲頗。」〔註1305〕《易經異文釋・卷一》曰：「无平不陂，王逸〈離騷注〉引作不頗。案《書》：無偏無頗。《呂覽・貴公》、《史記・宋世家》竝引作頗。」〔註1306〕《玉篇・頁部》：「頗，偏也。」〔註1307〕《左傳・昭公十二年》「書辭無頗」杜預注：「頗，偏也。」〔註1308〕《漢書・王嘉傳》：「人用側頗辟」顏師古注：「頗，偏也。」〔註1309〕是頗有偏義明矣。

象曰无平不陂|　一本作「无往不復」。

【疏】《周易章句證異・卷五》曰：「宋衷作『无平不陂，无徃不復』，晁說之從之。孔穎達作『无往不復』，程子、張子、蘇軾諸儒俱同。陸德明、李鼎祚作『无平不陂』。陸云：一作『无往不復』，呂祖謙云：『无平不陂』今本作『无徃不復』，董眞卿曰：程傳仍作，今文作『无徃不復』，《本義》復古《易》作『无平不陂』，然先儒間兩存之，今不敢輒改，姑從程《傳》。案此則朱子

〔註1302〕〔梁〕顧野王撰：《宋本玉篇》，北京：中國書店，景印張氏澤存堂本，1983年版，第416頁。

〔註1303〕〔漢〕鄭玄注，〔唐〕孔穎達等正義：《禮記正義》，北京：中華書局景印阮刻本，1980年版，第300頁。

〔註1304〕〔唐〕李鼎祚撰：《周易集解》，北京：中國書店，景印嘉慶三年姑蘇喜墨齋張遇堯局鐫本，1987年版，卷四，第23頁。

〔註1305〕〔清〕朱駿聲撰：《說文通訓定聲》（續四庫經部小學類第220～221冊），上海：上海古籍出版社，景印道光二十八年刻本，2002年版，第220冊，第587頁。

〔註1306〕〔清〕李富孫撰：《易經異文釋》（續四庫經部易類第27冊），上海：上海古籍出版社，景印南菁書院續經解本，2002年版，第670頁。

〔註1307〕〔梁〕顧野王撰：《宋本玉篇》，北京：中國書店，景印張氏澤存堂本，1983年版，第76頁。

〔註1308〕〔晉〕杜預注，〔唐〕孔穎達等正義：《春秋左傳正義》，北京：中華書局景印阮刻本，1980年版，第361頁。

〔註1309〕〔漢〕班固撰：《前漢書》（四部備要本），上海：中華書局，據武英殿本校刊，1936年版，第1148頁。

《本義》當作『无平不陂』，今胡一桂、胡炳文、熊良輔、梁寅諸易皆本朱子，惟此仍作『无徃不復』。惠棟作『无平不陂』。」〔註1310〕

篇篇│ 如字。《子夏傳》作「翩翩」，向本同，云：輕舉貌。古文作「偏偏」。

【疏】所在經文注疏本作「翩翩，不富以其鄰。」〔註1311〕《釋文》作「篇篇」、《子夏傳》作「翩翩」、古文作「偏偏」，篇、翩、偏古音同在滂紐眞部，皆一聲之轉也，蓋以翩翩爲本，餘皆假借字也。向秀云「輕舉貌」者，翩翩本義爲飛貌。《說文‧羽部》：「翩，疾飛也。」〔註1312〕《廣雅‧釋訓》：「翩翩，飛也。」〔註1313〕《詩‧小雅‧四牡》「翩翩者鵻」朱熹《集傳》：「翩翩，飛貌。」〔註1314〕《文選‧左思〈魏都賦〉》「翩翩黃鳥」李周翰注：「翩翩，飛貌。」〔註1315〕《周易集解》引虞翻曰：「二五變時，四體离飛，故翩翩。」〔註1316〕《周易集解纂疏》曰：「二五變時成既濟，四體離，離爲雉，又南方朱雀象鳥飛，故曰『翩翩』。」〔註1317〕是訓翩翩爲飛貌也。引申之，則爲輕舉貌。《廣雅‧釋詁三》「媥，輕也」王念孫《疏證》：「翩，與媥通。」〔註1318〕《文選‧陸機〈前緩聲歌〉》「翩翩翠蓋羅」李周翰注：「翩翩，輕皃。」〔註1319〕《文選‧陸厥〈奉答內兄希叔〉》「書記既翩翩」呂延濟注：「翩翩，

〔註1310〕〔清〕翟均廉撰：《周易章句證異》，臺灣：商務印書館，景印文淵閣四庫全書本第53冊，1983年版，第755頁。

〔註1311〕〔魏〕王弼、韓康伯注，〔唐〕孔穎達等正義：《周易正義》，北京：中華書局景印阮刻本，1980年版，第16頁。

〔註1312〕〔漢〕許慎撰：《說文解字》，北京：中華書局，景印同治十二年陳昌治刻本，1963年版，第75頁。

〔註1313〕〔清〕王念孫撰：《廣雅疏證》，北京：中華書局，景印嘉慶年間王氏家刻本，1983年版，第181頁。

〔註1314〕〔宋〕朱熹撰：《詩經集傳》（四書五經本），北京：中國書店，據世界書局本景印，1985年版，第68頁。

〔註1315〕〔梁〕蕭統編，〔唐〕李善、呂延濟、劉良、張銑、呂向、李周翰注：《六臣注文選》，北京：中華書局，景印涵芬樓藏宋刊本，1987年版，第133頁。

〔註1316〕〔唐〕李鼎祚撰：《周易集解》，北京：中國書店，景印嘉慶三年姑蘇喜墨齋張遇堯局鐫本，1987年版，卷四，第3頁。

〔註1317〕〔清〕李道平撰，潘雨廷點校：《周易集解纂疏》，北京：中華書局，1994年版，第170頁。

〔註1318〕〔清〕王念孫撰：《廣雅疏證》，北京：中華書局，景印嘉慶年間王氏家刻本，1983年版，第77頁。

〔註1319〕〔梁〕蕭統編，〔唐〕李善、呂延濟、劉良、張銑、呂向、李周翰注：《六臣

輕舉貌。」〔註1320〕又詞有翩飄、翩躚者，皆輕舉之義也。古文作「偏偏」者，李富孫《詩經異文釋》於《詩・大雅・桑柔》「旟旐有翩」下曰：「《易》：翩翩不富。《釋文》云：古文作偏偏。《論語》：偏其反而。《晉・劉喬傳》作翩。字並通。」〔註1321〕

以祉|　音恥。一音勑子反。又音止。

【疏】所在經文爲「帝乙歸妹，以祉元吉。」〔註1322〕祉《廣韻》敕里切，徹止開三上止。《釋文》音恥與勑子反者，音同《廣韻》。又音止者，止《廣韻》諸市切，章止開三上止，《集韻》增「渚市切」，音同。《周易集解》引虞翻曰：「祉，福也。」〔註1323〕

女處|　本亦作「爻處」。

【疏】所在注文爲「女處尊位」。〔註1324〕本亦作「爻處」者，女、爻形近譌淆故也。今注疏本作「女」，依孔疏亦是作「女」。

盡夫|　音符，後皆放此，以意求之。

【疏】所在注文爲「盡夫陰陽交配之宜」。〔註1325〕參看〈乾〉「夫位」條。

隍|　音皇，城塹也。子夏作「堭」。姚作「湟」。

【疏】所在經文爲「城復於隍」。〔註1326〕隍《廣韻》胡光切，匣唐合一

　　　　　注文選》，北京：中華書局，景印涵芬樓藏宋刊本，1987年版，第524頁。

〔註1320〕〔梁〕蕭統編，〔唐〕李善、呂延濟、劉良、張銑、呂向、李周翰注：《六臣注文選》，北京：中華書局，景印涵芬樓藏宋刊本，1987年版，第487頁。

〔註1321〕〔清〕李富孫撰：《詩經異文釋》（續四庫經部詩類第75冊），上海：上海古籍出版社，景印南菁書院續經解本，2002年版，第266頁。

〔註1322〕〔魏〕王弼、韓康伯注，〔唐〕孔穎達等正義：《周易正義》，北京：中華書局景印阮刻本，1980年版，第16頁。

〔註1323〕〔唐〕李鼎祚撰：《周易集解》，北京：中國書店，景印嘉慶三年姑蘇喜墨齋張遇堯局鐫本，1987年版，卷四，第3頁。

〔註1324〕〔魏〕王弼、韓康伯注，〔唐〕孔穎達等正義：《周易正義》，北京：中華書局景印阮刻本，1980年版，第16頁。

〔註1325〕〔魏〕王弼、韓康伯注，〔唐〕孔穎達等正義：《周易正義》，北京：中華書局景印阮刻本，1980年版，第16頁。

〔註1326〕〔魏〕王弼、韓康伯注，〔唐〕孔穎達等正義：《周易正義》，北京：中華書局景印阮刻本，1980年版，第16頁。

平宥。《釋文》音皇者，音同。又呂祖謙《古易音訓》引晁說之曰：「古文作皇。」〔註1327〕隍《說文・𨸏部》：「隍，城池也。有水曰池，無水曰隍。」〔註1328〕「城塹也」者，亦即城池之義也。《慧琳音義・卷十一》「深塹」注引《玉篇》云：「城池爲塹。」〔註1329〕又《玉篇・土部》「塹」下引《字書》曰：「城隍也。」〔註1330〕故隍、塹義同，即城下溝塹也。子夏作「堭」者，隍之異體字也，从土从阜之字多通，堤隄、坑阬、塘隈之屬是也。姚作「湟」者，馬王堆漢墓帛書《周易》同。湟《說文・水部》：「水。出金城臨羌塞外，東入河。」〔註1331〕是湟本爲水名，此假借爲城隍字也。

所應｜ 如字。舊音應對之應。

【疏】所在注文爲「居泰上極，各反所應」。〔註1332〕應《釋文》如字音鷹，訓爲應當之應。《釋文》於《詩・麟之止》「相應」下曰：「音鷹，當也。」〔註1333〕又《爾雅・釋詁下》云：「應，當也。」〔註1334〕故此處「居泰上極，各反所應」，義爲居處〈泰〉卦上爻之位，泰道將盡，各返其本來應當之狀。亦即城無下土之培扶，行將崩倒反歸於隍之義也。「舊讀應對之應」者，蓋訓作應當之應舊同應對之應讀作去聲。又《釋文》於〈損〉卦「二簋應有時」下曰「師如字，舊應對之應。」〔註1335〕王弼〈損〉卦彼注云：「至約之道，

〔註1327〕〔宋〕呂祖謙撰，〔清〕宋咸熙輯：《古易音訓》（續四庫經部易類第2冊），上海：上海古籍出版社，景印清嘉慶七年刻本，2002年版，第34頁。

〔註1328〕〔漢〕許慎撰：《說文解字》，北京：中華書局，景印同治十二年陳昌治刻本，1963年版，第306頁。

〔註1329〕〔唐〕釋慧琳撰：《一切經音義》（續四庫經部小學類第196～197冊），上海：上海古籍出版社，景印日本元文三年至延亨三年樗桑雞東獅谷白蓮社刻本，2002年版，第196冊，第421頁。

〔註1330〕〔梁〕顧野王撰：《宋本玉篇》，北京：中國書店，景印張氏澤存堂本，1983年版，第24頁。

〔註1331〕〔漢〕許慎撰：《說文解字》，北京：中華書局，景印同治十二年陳昌治刻本，1963年版，第225頁。

〔註1332〕〔魏〕王弼、韓康伯注，〔唐〕孔穎達等正義：《周易正義》，北京：中華書局景印阮刻本，1980年版，第16～17頁。

〔註1333〕〔唐〕陸德明撰：《經典釋文》，北京：中華書局，景印徐乾學通志堂刻本，1983年版，第55頁。

〔註1334〕〔晉〕郭璞注，〔宋〕邢昺疏：《爾雅注疏》，北京：中華書局景印阮刻本，1980年版，第10頁。

〔註1335〕〔唐〕陸德明撰：《經典釋文》，北京：中華書局，景印徐乾學通志堂刻本，1983年版，第26頁。

不可常也。」〔註1336〕音「如字」者，義爲二篇應當有時，不可常用。「舊應對之應」者，亦是舊音。又《釋文》於〈艮〉「敵應」下曰「應對之應，又音膺。」〔註1337〕孔穎達〈艮〉卦彼疏曰：「『上下敵應，不相與也』者，此就六爻皆不相應，釋艮卦之名，又釋『不獲其身』以下之義。凡應者，一陰一陽，二體不敵。今上下之位，雖復相當，而爻皆峙敵，不相交與，故曰『上下敵應，不相與』也。」〔註1338〕由此上下敵應之應作應對解當讀去聲，然又音平聲者，蓋應上去二讀於陸氏之時別義尙屬含糊，後世則漸分涇渭也。

上承| 時掌反。

【疏】所在注文爲「卑不上承」。〔註1339〕參看〈乾〉「上下」條。

下施| 始豉反。

【疏】所在注文爲「尊不下施」。〔註1340〕參看〈乾〉「德施」條。

否道| 備鄙反。

【疏】所在注文爲「否道已成，命不行也。」〔註1341〕否《廣韻》二讀，訓不時音方久切，非有開三上流。訓閉塞時音符鄙切，奉旨開重紐三上止。《釋文》備鄙反，並紐，《廣韻》符鄙切古音亦爲重脣。參看〈屯〉「則否」條。

☲☰否| 備鄙反。卦內同。閉也，塞也。乾宮三世卦。

【疏】否《廣韻》二讀，一爲符鄙切，奉旨開重紐三上止，塞也。又方久切，非有開三上流，《說文》「不」也。《釋文》皮鄙反，並紐，《廣韻》符鄙切古音亦爲重脣。訓爲閉塞也。參看〈屯〉「則否」條。《易‧否》「否之匪

〔註1336〕〔魏〕王弼、韓康伯注，〔唐〕孔穎達等正義：《周易正義》，北京：中華書局景印阮刻本，1980年版，第40頁。

〔註1337〕〔唐〕陸德明撰：《經典釋文》，北京：中華書局，景印徐乾學通志堂刻本，1983年版，第28頁。

〔註1338〕〔魏〕王弼、韓康伯注，〔唐〕孔穎達等正義：《周易正義》，北京：中華書局景印阮刻本，1980年版，第50頁。

〔註1339〕〔魏〕王弼、韓康伯注，〔唐〕孔穎達等正義：《周易正義》，北京：中華書局景印阮刻本，1980年版，第17頁。

〔註1340〕〔魏〕王弼、韓康伯注，〔唐〕孔穎達等正義：《周易正義》，北京：中華書局景印阮刻本，1980年版，第17頁。

〔註1341〕〔魏〕王弼、韓康伯注，〔唐〕孔穎達等正義：《周易正義》，北京：中華書局景印阮刻本，1980年版，第17頁。

人」陸德明《釋文》:「否，閉也。」〔註1342〕李鼎祚《集解》引崔憬曰:「否，不通也。」〔註1343〕

道長|　丁丈反。

【疏】所在經文爲「小人道長，君子道消也。」〔註1344〕「消」、「長」對文，長讀上聲，參看〈師〉「長子」條。

辟難|　上音避。下乃旦反。

【疏】所在經文爲「君子以儉德辟難」。〔註1345〕上音避者，古今字也。下乃旦反者，參看〈乾〉「而難」條。

入邪|　似嗟反。

【疏】所在注文爲「動則入邪」。〔註1346〕參看〈乾〉「邪」條。

不諂|　勑檢反。

【疏】所在注文爲「貞而不諂」。〔註1347〕諂《廣韻》丑琰切，徹琰開三上咸。《釋文》音同。諂，媚也。

否亨|　許庚反。

【疏】所在經文爲「包承，小人吉，大人否，亨。」〔註1348〕亨訓通時《廣韻》音許庚切，曉庚開二平梗。《釋文》音同。參看〈乾〉「元亨」條。

〔註1342〕〔唐〕陸德明撰:《經典釋文》，北京:中華書局，景印徐乾學通志堂刻本，1983 年版，第 21 頁。

〔註1343〕〔唐〕李鼎祚撰:《周易集解》，北京:中國書店，景印嘉慶三年姑蘇喜墨齋張遇堯局鐫本，1987 年版，卷四，第 4 頁。

〔註1344〕〔魏〕王弼、韓康伯注，〔唐〕孔穎達等正義:《周易正義》，北京:中華書局景印阮刻本，1980 年版，第 17 頁。

〔註1345〕〔魏〕王弼、韓康伯注，〔唐〕孔穎達等正義:《周易正義》，北京:中華書局景印阮刻本，1980 年版，第 17 頁。

〔註1346〕〔魏〕王弼、韓康伯注，〔唐〕孔穎達等正義:《周易正義》，北京:中華書局景印阮刻本，1980 年版，第 17 頁。

〔註1347〕〔魏〕王弼、韓康伯注，〔唐〕孔穎達等正義:《周易正義》，北京:中華書局景印阮刻本，1980 年版，第 17 頁。

〔註1348〕〔魏〕王弼、韓康伯注，〔唐〕孔穎達等正義:《周易正義》，北京:中華書局景印阮刻本，1980 年版，第 17 頁。

疇│ 直留反。鄭作古「𤱿」字。

【疏】所在經文爲「疇離祉」。〔註 1349〕疇《廣韻》直由切，澄尤開三平流。《釋文》音同。《集解》引《九家易》曰：「疇者，類也。謂四應初，據三，與二同功，故陰類皆離祉也。」〔註 1350〕又《正義》：「『疇離祉』者，疇謂疇匹，謂初六也。」〔註 1351〕《九家易》訓疇爲類，謂〈否〉卦下三爻爲類而受九四爻之福祉，而《正義》訓疇爲疇匹，謂初六爻爲九四之疇匹而附依之乃得祉福。二訓異。鄭作古「𤱿」字者，「疇」字《說文》小篆作𤲮，《說文‧田部》：「疇，耕治之田也。从田，象耕屈之形。𤱿，𤲮或省。」〔註 1352〕則「疇」之古文《說文》作「𤱿」，按𤱿當是田畔詰屈之形，𤲮字後加田而爲形聲字。故「疇」之古文當作「𤱿」爲是。《說文》無「𤱿」字。《廣韻》收錄「𤱿」字，《廣韻‧尤部》：「𤱿，咨也。《說文》：誰也，又作疇。」〔註 1353〕則《廣韻》所據《說文》與今本異。「𤱿」字金文作𤱿（豆閉簋）、𤱿（不𤱿簋）、𤱿（彔伯簋）、𤱿（𥧲弔簋）〔註 1354〕。與《廣韻》所引同。今本《說文》「𤱿」作「𤲮」，《說文‧口部》曰：「𤲮，誰也。从口、𤱿，又聲。𤱿，古文疇。」〔註 1355〕由此觀之，𤱿、𤲮二字異體，本義爲誰。則「𤱿」本爲从口𤱿聲之字。鄭本疇作「𤱿」者，亦假𤱿爲𤱿也。

休否│ 虛虬反，美也。又許求反，息也。注同。〔註 1356〕

〔註 1349〕〔魏〕王弼、韓康伯注，〔唐〕孔穎達等正義：《周易正義》，北京：中華書局景印阮刻本，1980 年版，第 17 頁。

〔註 1350〕〔唐〕李鼎祚撰：《周易集解》，北京：中國書店，景印嘉慶三年姑蘇喜墨齋張遇堯局鐫本，1987 年版，卷四，第 5 頁。

〔註 1351〕〔魏〕王弼、韓康伯注，〔唐〕孔穎達等正義：《周易正義》，北京：中華書局景印阮刻本，1980 年版，第 17 頁。

〔註 1352〕〔漢〕許慎撰：《說文解字》，北京：中華書局，景印同治十二年陳昌治刻本，1963 年版，第 290 頁。

〔註 1353〕〔宋〕陳彭年，丘雍撰：《宋本廣韻》，南京：江蘇教育出版社，景印南宋巾箱本，2008 年版，第 60 頁。

〔註 1354〕容庚編著，張振林、馬國權摹補：《金文編》，北京：中華書局，1985 年版，第 72 頁。

〔註 1355〕〔漢〕許慎撰：《說文解字》，北京：中華書局，景印同治十二年陳昌治刻本，1963 年版，第 33 頁。

〔註 1356〕《經典釋文彙校》：「據《廣韻》，『虬』屬幽部，『求』在尤部，故『休』分作兩音。」見黃焯撰：《經典釋文彙校》，北京：中華書局，1980 年版，第 12 頁。

【疏】休《廣韻》許尤切，曉尤開三平流。《釋文》又音同。《釋文》首音虛虯反者，虯《廣韻》幽部開口三等字。休此處分為二音，則陸氏之時，休虛虯反者訓美，許求反者訓息，後世則混而無別。查《釋文》一書，休讀虛虯反者，則訓為美義，如於《詩・豳風・破斧》「之休」下曰：「虛虯反，美也。」〔註1357〕於《詩・小雅・菁菁者莪》「則休」下曰：「虛虯反，美也。」〔註1358〕而音許求反者，則訓為息義，如於《莊子・刻意第十五》「人休」下曰：「虛求反，息也。下及注同。」〔註1359〕然《釋文》於《禮記・月令第六》「休其」下曰「許收、許虯二反，美也。」〔註1360〕由此可見其時二讀似有混同之端倪矣。休訓為美者，《爾雅・釋詁下》：「休，美也。」〔註1361〕《正義》：「休，美也。」〔註1362〕是孔亦訓休為美也。休訓為息者，休之本義也。《說文・木部》：「休，息止也。从人依木。」〔註1363〕《爾雅・釋詁下》：「休，息也。」〔註1364〕《周易口義・卷三》曰：「休，息也。夫以柔順之道，婉遜以承其上，而獲小人之吉者，六二是也。以剛健中正之德，而履至尊之位，憂天下之所宜憂，泰天下之所未泰，消去天下之小人，而休息天下之否道者，惟九五，大人行之而獲吉也，故曰休否大人吉。」〔註1365〕《周易口義》訓休為息，義為休息於天下之否道，亦通。

☰☲ 同人｜ 和同也。離宮歸魂卦。

〔註1357〕 〔唐〕陸德明撰：《經典釋文》，北京：中華書局，景印徐乾學通志堂刻本，1983年版，第74頁。

〔註1358〕 〔唐〕陸德明撰：《經典釋文》，北京：中華書局，景印徐乾學通志堂刻本，1983年版，第77頁。

〔註1359〕 〔唐〕陸德明撰：《經典釋文》，北京：中華書局，景印徐乾學通志堂刻本，1983年版，第381頁。

〔註1360〕 〔唐〕陸德明撰：《經典釋文》，北京：中華書局，景印徐乾學通志堂刻本，1983年版，第175頁。

〔註1361〕 〔晉〕郭璞注，〔宋〕邢昺疏：《爾雅注疏》，北京：中華書局景印阮刻本，1980年版，第7頁。

〔註1362〕 〔魏〕王弼、韓康伯注，〔唐〕孔穎達等正義：《周易正義》，北京：中華書局景印阮刻本，1980年版，第17頁。

〔註1363〕 〔漢〕許慎撰：《說文解字》，北京：中華書局，景印同治十二年陳昌治刻本，1963年版，第125頁。

〔註1364〕 〔晉〕郭璞注，〔宋〕邢昺疏：《爾雅注疏》，北京：中華書局景印阮刻本，1980年版，第10頁。

〔註1365〕 〔宋〕胡瑗撰，倪天隱述：《周易口義》，臺灣：商務印書館，景印文淵閣四庫全書本第8冊，1983年版，第246頁。

【疏】同《說文·冃部》:「同,合會也。」〔註 1366〕《易·雜卦》:「同人,親也。」〔註 1367〕同人者,使人和同也。《周易集解》於「同人于野,亨」下引鄭玄曰:「是猶人君在上,施政教使天下之人和同而事之,以是爲人和同者,君之所爲也,故謂之同人。」〔註 1368〕

以邪| 似嗟反。

【疏】所在注文爲「相應不以邪」。〔註 1369〕邪,邪僻也。參看〈乾〉「邪」條。

炎上| 時掌反。

【疏】所在注文爲「而火炎上」。〔註 1370〕參看〈乾〉「上下」條。

辯物| 如字。王肅卜免反。

【疏】所在經文集解本作「君子以類族辯物」。注疏本「辯」作「辨」。〔註 1371〕辯《廣韻》符蹇切,並獮開重紐三上山。王肅「卜免切」者,幫獮開重紐三上山,《集韻》增邦免切,音同。辯、辨古通,此有辨別分辨之義也。《正義》曰:「『辨物』謂分辨事物,各同其黨,使自相同,不間雜也。」〔註 1372〕

繫吝| 「繫」或作「係」,本作「黨係」。

【疏】所在注文注疏本作「无應於上,心无係吝,通夫大同,出門皆同。」

〔註 1366〕 〔漢〕許慎撰:《說文解字》,北京:中華書局,景印同治十二年陳昌治刻本,1963 年版,第 156 頁。

〔註 1367〕 〔魏〕王弼、韓康伯注,〔唐〕孔穎達等正義:《周易正義》,北京:中華書局景印阮刻本,1980 年版,第 84 頁。

〔註 1368〕 〔唐〕李鼎祚撰:《周易集解》,北京:中國書店,景印嘉慶三年姑蘇喜墨齋張遇堯局鐫本,1987 年版,卷四,第 6 頁。

〔註 1369〕 〔魏〕王弼、韓康伯注,〔唐〕孔穎達等正義:《周易正義》,北京:中華書局景印阮刻本,1980 年版,第 17 頁。

〔註 1370〕 〔魏〕王弼、韓康伯注,〔唐〕孔穎達等正義:《周易正義》,北京:中華書局景印阮刻本,1980 年版,第 17 頁。

〔註 1371〕 〔魏〕王弼、韓康伯注,〔唐〕孔穎達等正義:《周易正義》,北京:中華書局景印阮刻本,1980 年版,第 17 頁。

〔註 1372〕 〔魏〕王弼、韓康伯注,〔唐〕孔穎達等正義:《周易正義》,北京:中華書局景印阮刻本,1980 年版,第 17 頁。

〔註1373〕「繫」或作「係」者，繫、係古通，《易‧兌》「和兌吉」鄭玄注「無所黨繫」《釋文》：「繫，本亦作係。」〔註1374〕又《周易異文釋‧卷二》：「『繫用徽纆』，《周禮‧朝士》注引作『係用徽纆』。」〔註1375〕繫咨者，繫戀也。《玉篇‧口部》：「咨，惜也。」〔註1376〕《資治通鑒‧唐紀二》「而有司曾無愛咨」胡三省注：「咨，惜也。」〔註1377〕是咨有愛惜之義也，依照上下文意，當訓繫咨爲繫戀爲是。初九與九四同爲陽爻無應，故心無繫戀於上也。本作「黨係」者，《廣雅‧釋詁三》：「黨，比也。」〔註1378〕黨係者，親比繫屬也。與繫咨義略同。

則否｜ 方有反。又備鄙反。

【疏】所在注文爲「應在乎五，唯同於主，過主則否。」〔註1379〕否《廣韻》二讀，一爲符鄙切，奉旨開重紐三上止，塞也。又方久切，非有開三上流，《說文》「不」也。《釋文》皮鄙反，並紐，《廣韻》符鄙切古音亦爲重脣。訓爲閉塞也。此處二讀皆可，讀方有反時，「過主則否」義爲過於其主則不可。《左傳‧昭公二十年》「君所謂可，而有否焉」杜預注：「否，不可也。」〔註1380〕讀備鄙反時，「過主則否」義爲過於其主則惡。《易‧鼎》「鼎顛趾，利出否。」《釋文》：「否，惡也。」〔註1381〕參看〈屯〉｜則否」條。

〔註1373〕〔魏〕王弼、韓康伯注，〔唐〕孔穎達等正義：《周易正義》，北京：中華書局景印阮刻本，1980年版，第17頁。

〔註1374〕〔唐〕陸德明撰：《經典釋文》，北京：中華書局，景印徐乾學通志堂刻本，1983年版，第29頁。

〔註1375〕〔清〕李富孫撰：《易經異文釋》（續四庫經部易類第27冊），上海：上海古籍出版社，景印南菁書院續經解本，2002年版，第680頁。

〔註1376〕〔梁〕顧野王撰：《宋本玉篇》，北京：中國書店，景印張氏澤存堂本，1983年版，第100頁。

〔註1377〕〔宋〕司馬光編著，〔元〕胡三省音注：《資治通鑒》，北京：中華書局排印，1956年版，第5809頁。

〔註1378〕〔清〕王念孫撰：《廣雅疏證》，北京：中華書局，景印嘉慶年間王氏家刻本，1983年版，第105頁。

〔註1379〕〔魏〕王弼、韓康伯注，〔唐〕孔穎達等正義：《周易正義》，北京：中華書局景印阮刻本，1980年版，第17頁。

〔註1380〕〔晉〕杜預注，〔唐〕孔穎達等正義：《春秋左傳正義》，北京：中華書局景印阮刻本，1980年版，第391頁。

〔註1381〕〔唐〕陸德明撰：《經典釋文》，北京：中華書局，景印徐乾學通志堂刻本，1983年版，第28頁。

褊| 必淺反。

【疏】所在注文爲「用心偏狹，鄙吝之道。」〔註1382〕褊《廣韻》方緬切，幫獮開重紐四上山。《釋文》音同。《說文·衣部》：「褊，衣小也。」〔註1383〕引申之，則有狹小之義。《小爾雅·廣言》：「褊，狹也。」〔註1384〕褊狹者，同義連用，狹小之義也。「用心褊狹，鄙吝之道」者，用心不能宏闊，則是鄙惡之道也。《史記·禮書》「化隆者閎博，治淺者褊狹」〔註1385〕是也。

狹| 戶夾反。

【疏】狹《廣韻》侯夾切，匣洽開二入咸。《釋文》音同。

于莽| 莫蕩反。王肅冥黨反。鄭云：叢木也。

【疏】所在經文爲「伏戎于莽」。〔註1386〕莽《廣韻》三讀，訓宿草者，音莫補切，明姥合一上遇。訓草莽者，音模朗切，明蕩開一上宕，或莫厚切，明厚開一上流。《釋文》首音莫蕩反及王肅冥黨反音皆同《廣韻》模朗切。鄭云「叢木」者，假莽爲茻，《說文·茻部》：「茻，眾艸也。」〔註1387〕《正義》曰：「故伏潛兵戎於草莽之中」〔註1388〕是莽訓爲草莽也，叢木義近之。

物黨| 「物」或作「朋」。

【疏】所在注文爲「物黨相分」。〔註1389〕《正義》：「『物黨相分』者，謂

〔註1382〕 〔魏〕王弼、韓康伯注，〔唐〕孔穎達等正義：《周易正義》，北京：中華書局景印阮刻本，1980年版，第17頁。阮元《校勘記》：「十行本『偏』字左旁缺，閩監、毛本岳本如此，岳本作『褊』，《釋文》出『褊狹』。」見〔魏〕王弼、韓康伯注，〔唐〕孔穎達等正義：《周易正義》，北京：中華書局景印阮刻本，1980年版，第21頁。
〔註1383〕 〔漢〕許慎撰：《説文解字》，北京：中華書局，景印同治十二年陳昌治刻本，1963年版，第172頁。
〔註1384〕 〔清〕宋翔鳳撰：《小爾雅訓纂》（續四庫經部小學類第189冊），上海：上海古籍出版社，景印嘉慶年間浮溪精舍叢書本，2002年版，第494頁。
〔註1385〕 〔漢〕司馬遷撰：《史記》（四部備要本），上海：中華書局，據武英殿本校刊，1936年版，第406頁。
〔註1386〕 〔魏〕王弼、韓康伯注，〔唐〕孔穎達等正義：《周易正義》，北京：中華書局景印阮刻本，1980年版，第17頁。
〔註1387〕 〔漢〕許慎撰：《説文解字》，北京：中華書局，景印同治十二年陳昌治刻本，1963年版，第27頁。
〔註1388〕 〔魏〕王弼、韓康伯注，〔唐〕孔穎達等正義：《周易正義》，北京：中華書局景印阮刻本，1980年版，第17頁。
〔註1389〕 〔魏〕王弼、韓康伯注，〔唐〕孔穎達等正義：《周易正義》，北京：中華書

同人之時，物各有黨類而相分別也；二則與五相親，與三相分別也。」〔註1390〕本作「朋黨」者，朋、黨同義，皆相比也，「朋黨相分」者，謂九三、六二相比，而二與五相應，與三分別是也。

所比|　毗志反。

【疏】所在注文爲「貪於所比」。〔註1391〕比，比附之比，音去聲。參看〈比〉「比」條。「貪於所比」，謂九三爻也。

所當|　如字。

【疏】所在注文爲「其敵剛健，非力所當」。〔註1392〕當《廣韻》二讀，此處如字者，當讀平聲都郎切，端唐開一平宕。訓作敵。

量斯|　音良。又音亮。

【疏】所在注文爲「量斯勢也」。〔註1393〕量《廣韻》二讀，訓作量度時音良，呂張切，來陽開三平宕。訓作合斗斛時，音亮，力讓切，來漾開三去宕。二音有別，動詞作平聲，名詞作去聲。《釋文》此處蓋以首音爲「量斯」之注音，又音者，明此字別有去聲一讀，非此處二讀皆可也。〔註1394〕《釋文》

局景印阮刻本，1980年版，第17頁。

〔註1390〕〔魏〕王弼、韓康伯注，〔唐〕孔穎達等正義：《周易正義》，北京：中華書局景印阮刻本，1980年版，第17頁。

〔註1391〕〔魏〕王弼、韓康伯注，〔唐〕孔穎達等正義：《周易正義》，北京：中華書局景印阮刻本，1980年版，第17頁。

〔註1392〕〔魏〕王弼、韓康伯注，〔唐〕孔穎達等正義：《周易正義》，北京：中華書局景印阮刻本，1980年版，第17頁。

〔註1393〕〔魏〕王弼、韓康伯注，〔唐〕孔穎達等正義：《周易正義》，北京：中華書局景印阮刻本，1980年版，第17頁。

〔註1394〕毛居正以陸德明注「又音亮」爲「量斯」之注音，其《六經正誤》辨之曰：「量字本音去聲，五量：勺、合、升、斗、斛。器量、度量、分量皆指器度之定體而言之也。若斟酌量度則平聲，音良。此以作用而言之也。《易注》云：量斯勢也。正謂量度其勢之強弱可否也，只當音良，不當音亮。《尚書·舜典》『同律度量衡』音力尚反，《禮記·王制》『測淺深之量』〈月令〉『仲春度量審五庫之量』『衣服有量』〈明堂位〉『頒度量』並音亮。《周禮·考工記·輪人》『量其藪』音良，此字義未有兩音者。《莊子·知北遊篇》『運量萬物而不匱』謂運轉斟量萬物而用之不匱竭也，當音良。《釋文》音亮，誤。又謂任物自動運物，物各足量。尤非本文意。若此者當求其理之所在，不應執其誤音以爲據也。」〔宋〕毛居正撰：《六經正誤》，揚州：江蘇廣陵古籍刻印社，景印通志堂經解本第十六冊，1996年版，第571頁。

於量字二聲別義甚明。其於〈復卦〉「量斯」下曰:「音良」。而於《周易略例》「度量」下曰:「音亮」。於〈舜典〉「量」下曰:「力尚反,注同。斗斛也。」此皆顯證。至若其於〈夏官・司馬第四〉「量人」下曰「音亮,或音良,下同」者,《儀禮・大射》「司馬命量人量侯道」鄭玄注曰:「量人,司馬之屬,掌量道巷塗數者。」〔註1395〕故量人音良者,就其所司之事言之;音亮者,就其所掌之器言之也。故二聲別義,自是無疑。

其墉| 徐音容。鄭作「庸」。

【疏】所在經文爲「乘其墉」。〔註1396〕墉《廣韻》餘封切,以鍾合三平通。徐邈音容同。墉者,城牆也。《說文・土部》:「墉,城垣也。」〔註1397〕《易・解》「公用射隼于高墉之上」孔穎達疏:「墉,牆也。」〔註1398〕鄭作「庸」者,集解本同。呂祖謙《古易音訓》引晁說之曰:「庸,古文。」〔註1399〕《說文・土部》段注曰:「庸、墉,古今字也。」〔註1400〕《詩・大雅・崧高》「以作爾庸」李富孫《異文釋》:「庸,即古墉字。」〔註1401〕庸《說文・用部》:「庸,用也。从用从庚。庚,更事也。」〔註1402〕依《說文》,庸本義爲用。則墉義於古假庸字爲之,後增土爲墉也。

而效| 下教反。

【疏】所在注文爲「尤而效之」。〔註1403〕效《廣韻》胡教切,匣效開二

〔註1395〕〔漢〕鄭玄注,〔唐〕賈公彥疏:《儀禮注疏》,北京:中華書局景印阮刻本,1980年版,第84頁。

〔註1396〕〔魏〕王弼、韓康伯注,〔唐〕孔穎達等正義:《周易正義》,北京:中華書局景印阮刻本,1980年版,第18頁。

〔註1397〕〔漢〕許慎撰:《說文解字》,北京:中華書局,景印同治十二年陳昌治刻本,1963年版,第288頁。

〔註1398〕〔魏〕王弼、韓康伯注,〔唐〕孔穎達等正義:《周易正義》,北京:中華書局景印阮刻本,1980年版,第40頁。

〔註1399〕〔宋〕呂祖謙撰,〔清〕宋咸熙輯:《古易音訓》(續四庫經部易類第2冊),上海:上海古籍出版社,景印清嘉慶七年刻本,2002年版,第34頁。

〔註1400〕〔清〕段玉裁撰:《說文解字注》,上海:上海古籍出版社,景印嘉慶二十年經韻樓本,1988年版,第688頁。

〔註1401〕〔清〕李富孫撰:《詩經異文釋》(續四庫經部詩類第75冊),上海:上海古籍出版社,景印南菁書院續經解本,2002年版,第270頁。

〔註1402〕〔漢〕許慎撰:《說文解字》,北京:中華書局,景印同治十二年陳昌治刻本,1963年版,第70頁。

〔註1403〕〔魏〕王弼、韓康伯注,〔唐〕孔穎達等正義:《周易正義》,北京:中華書

去效。《釋文》音同。《玉篇・支部》：「效，法效也。」〔註1404〕

不克則反，反則得吉也。| 一本作「反則得，得則吉也。」〔註1405〕

【疏】所在注文今注疏本作「不克則反，反則得吉也。」〔註1406〕《彙校》引宋本可斷句為：「反則得則，得則則吉也。」亦通，不誤。《釋文》引本作「反則得，得則吉也」者，「則得」下疑挩「則」字。

號| 戶羔反。

【疏】所在經文為「同人先號咷而後笑」。〔註1407〕號《廣韻》二讀，訓為大呼音胡刀切，匣豪開一平效，《釋文》音同。

咷| 道刀反。號咷，啼呼也。

【疏】咷《廣韻》二讀，作號咷解時音徒刀切，定豪開一平效，《釋文》音同。號咷，《漢書・王莽傳下》「先號咷而後笑」顏師古注：「號咷，哭也。」〔註1408〕《後漢書・崔駰傳》「亦號咷以誡咨」李賢注：「號咷，哀呼也。」〔註1409〕《資治通鑑・漢紀四十一》「乃足為叫呼蒼天，號咷泣血者矣」胡三省注：「放聲而哭曰號咷。」〔註1410〕《釋文》「啼呼也」者，義同。

而遠| 袁万反。

【疏】所在注文為「而遠於內爭」。〔註1411〕參看〈乾〉「放遠」條。

局景印阮刻本，1980年版，第18頁。

〔註1404〕〔梁〕顧野王撰：《宋本玉篇》，北京：中國書店，景印張氏澤存堂本，1983年版，第331頁。

〔註1405〕《經典釋文彙校》：「宋本作『反則得則，得則則吉也』，誤。」見黃焯撰：《經典釋文彙校》，北京：中華書局，1980年版，第12頁。

〔註1406〕〔魏〕王弼、韓康伯注，〔唐〕孔穎達等正義：《周易正義》，北京：中華書局景印阮刻本，1980年版，第18頁。

〔註1407〕〔魏〕王弼、韓康伯注，〔唐〕孔穎達等正義：《周易正義》，北京：中華書局景印阮刻本，1980年版，第18頁。

〔註1408〕〔漢〕班固撰：《前漢書》（四部備要本），上海：中華書局，據武英殿本校刊，1936年版，第1372頁。

〔註1409〕〔南朝宋〕范曄撰：《後漢書》（四部備要本），上海：中華書局，據武英殿本校刊，1936年版，第709頁。

〔註1410〕〔宋〕司馬光編著，〔元〕胡三省音注：《資治通鑑》，北京：中華書局排印，1956年版，第1571頁。

〔註1411〕〔魏〕王弼、韓康伯注，〔唐〕孔穎達等正義：《周易正義》，北京：中華書

內爭｜　爭鬭之爭。

【疏】爭鬭之爭，注音兼釋義也。

異災｜　一本作「它災」。〔註 1412〕

【疏】所在注文今之注疏本作「愛國愈甚，益爲它災。」〔註 1413〕是與《釋文》所引異文同也。「異災」者，《公羊傳・襄公九年》「大者曰災，小者曰火」徐彥疏引《五行書》曰：「害物爲災，不害物曰異。」〔註 1414〕此處渾言之，亦即災害。「益爲異災」即言楚昭王救陳而卒之事也。一本作「它災」者，災，異害也。《玉篇・它部》：「它，異也。」〔註 1415〕《呂氏春秋・貴生》「又況於它物乎」高誘注：「它，猶異也。」〔註 1416〕

☰☲ 大有｜　包容豐富之象。乾宮歸魂卦。〔註 1417〕

【疏】《集解》引姚規曰：「互體有兌，兌爲澤，位在秋也，乾則施生，澤則流潤，離則長茂，秋則成收，大富有也。」〔註 1418〕〈彖〉曰：「大有，柔得尊位大中，而上下應之，曰『大有』。」王弼注曰：「處尊以柔，居中以大，體无二陰以分其應，上下應之，靡所不納，大有之義也。」〔註 1419〕〈象〉曰：「火在天上」《集解》引荀爽曰：「謂夏火王在天，萬物並生，故曰大有也。」

局景印阮刻本，1980 年版，第 18 頁。

〔註 1412〕《經典釋文彙校》：「葉鈔無『一』字，宋本『一』字空白，當本有。」見黃焯撰：《經典釋文彙校》，北京：中華書局，1980 年版，第 12 頁。

〔註 1413〕〔魏〕王弼、韓康伯注，〔唐〕孔穎達等正義：《周易正義》，北京：中華書局景印阮刻本，1980 年版，第 18 頁。

〔註 1414〕〔漢〕何休注，〔唐〕徐彥疏：《春秋公羊傳注疏》，北京：中華書局景印阮刻本，1980 年版，第 109 頁。

〔註 1415〕〔梁〕顧野王撰：《宋本玉篇》，北京：中國書店，景印張氏澤存堂本，1983 年版，第 471 頁。

〔註 1416〕〔漢〕高誘注：《呂氏春秋》，上海：上海書店，景印諸子集成本，1986 年版，第 14 頁。

〔註 1417〕《經典釋文彙校》：「敦煌石室唐開元殘寫本〈易釋文〉起此卦至卷末，每卦卦體下注明上下卦，與注疏本同。案此本脫誤刪節處多，凡遇有可疑者，即不采入。」見黃焯撰：《經典釋文彙校》，北京：中華書局，1980 年版，第 12 頁。

〔註 1418〕〔唐〕李鼎祚撰：《周易集解》，北京：中國書店，景印嘉慶三年姑蘇喜墨齋張遇堯局鑴本，1987 年版，卷四，第 8 頁。

〔註 1419〕〔魏〕王弼、韓康伯注，〔唐〕孔穎達等正義：《周易正義》，北京：中華書局景印阮刻本，1980 年版，第 18 頁。

〔註1420〕諸說就卦象言之，皆訓大有爲包含豐富之義也。

遏| 於葛反，止也。徐又音謁。

【疏】所在經文爲「君子以遏惡揚善」。〔註1421〕遏《廣韻》烏葛切，影
曷開一入山。《釋文》首音同。遏訓「止也」者，《爾雅・釋詁下》：「遏，止
也。」〔註1422〕《公羊傳・莊公三十二年》「季子之遏惡也」何休注：「遏，止。」
〔註1423〕《易・大有・象傳》「君子以遏惡揚善」《集解》引虞翻口：「遏，絕
也。」〔註1424〕義同。徐又音謁者，謁《廣韻》於歇切，影月開三入山，疑徐
氏本經文遏作謁。遏、謁古通，《爾雅・釋詁下》「遏，止也」郝懿行《義疏》：
「遏，又通作謁。」〔註1425〕《詩・大雅・文王》「無遏爾躬」《釋文》：「遏，
或作謁。」〔註1426〕《春秋左傳異文釋・卷七》：「〈襄・二十五年經〉：吳子遏
伐楚。《公》、《穀》作吳子謁。」〔註1427〕遏、謁古音同在影紐月部，謁假借
爲遏，訓爲止絕。

休命| 虛虯反，美也。徐又許求反。

【疏】所在經文爲「順天休命」。〔註1428〕休《廣韻》唯有一讀，許尤切，
曉尤開三平流。《釋文》徐音同。《釋文》首音虛虯反者，曉幽開三平流，《集
韻》增香幽切，音同。休此處分爲二音，蓋陸氏之時，休虛虯反者訓美，許

〔註1420〕〔唐〕李鼎祚撰：《周易集解》，北京：中國書店，景印嘉慶三年姑蘇喜墨齋
　　　　張遇堯局鐫本，1987年版，卷四，第9頁。

〔註1421〕〔魏〕王弼、韓康伯注，〔唐〕孔穎達等正義：《周易正義》，北京：中華書
　　　　局景印阮刻本，1980年版，第18頁。

〔註1422〕〔晉〕郭璞注，〔宋〕邢昺疏：《爾雅注疏》，北京：中華書局景印阮刻本，
　　　　1980年版，第9頁。

〔註1423〕〔漢〕何休注，〔唐〕徐彥疏：《春秋公羊傳注疏》，北京：中華書局景印阮
　　　　刻本，1980年版，第48頁。

〔註1424〕〔唐〕李鼎祚撰：《周易集解》，北京：中國書店，景印嘉慶三年姑蘇喜墨齋
　　　　張遇堯局鐫本，1987年版，卷四，第9頁。

〔註1425〕〔清〕郝懿行撰：《爾雅義疏》（漢小學四種本），成都：巴蜀書社，景印同
　　　　治四年郝氏家刻本，2001年版，第942頁。

〔註1426〕〔唐〕陸德明撰：《經典釋文》，北京：中華書局，景印徐乾學通志堂刻本，
　　　　1983年版，第90頁。

〔註1427〕〔清〕李富孫撰：《春秋三傳異文釋》（續四庫經部春秋類第144頁），上海：
　　　　上海古籍出版社，景印道光蔣氏刻別下齋叢書本，2002年版，第472頁。

〔註1428〕〔魏〕王弼、韓康伯注，〔唐〕孔穎達等正義：《周易正義》，北京：中華書
　　　　局景印阮刻本，1980年版，第18頁。

求反者訓息，後世則混而無別矣。參看〈否〉「休否」條。吳檢齋於《經籍舊音辨證·卷一》云：「宋咸熙輯本呂氏《古易音》訓作『休，虛蚪反，美也；又許求反，息也。』承仕按：休息、休美本爲一文，而《釋文》分作兩音，訓美者音『虛蚪反』，《廣韻》『蚪』屬幽部。訓息者音『許求反』，《廣韻》『求』在尤部。北魏《寧朔將軍司馬紹墓誌》以『烋』爲『休』，此由南北朝俗書，結字既竟，復妄加一橫，或妄加四點，以求茂密。而《玉篇·火部》遂收『烋』字，注云『火蚪切，美也，福祿也，慶善也；又火交切』。唐寫本《切韻》字作『体』。乃以『烋体』字爲休美之休，示異於休息之休，此尤沿譌之甚者也。然徐邈作音，已相別異，又不盡由於六朝俗師之妄生分別矣。」〔註1429〕此處《釋文》首音虛蚪反，則訓休爲美也。僞《子夏易傳》曰：「君子順其時，美其命而已。」〔註1430〕又《正義》曰：「順奉天德，休美物之性命」，〔註1431〕是皆訓同《釋文》也。此處休有使動之義，而歷代《易》家多訓「順天休命」爲順天之美命者，蓋不若訓作「美其命」爲佳。至若徐音許求反者，則似訓休爲息也。《廣雅·釋詁一》：「息，安也。」〔註1432〕則「順天休命」義爲順天安命，且與上句「遏惡揚善」皆爲動賓結構，雖於歷代《易》注無徵，然於義可通。《伊川易傳·卷一》曰：「惡懲善勸所以順天命而安羣生也」。〔註1433〕似訓休命爲安羣生也，存以備考。

大車| 王肅剛除反。蜀才作「輿」。〔註1434〕

【疏】所在經文爲「大車以載」。〔註1435〕車《廣韻》二讀，《廣韻》尺遮

〔註1429〕吳承仕撰：《經籍舊音序錄、經籍舊音辨證》，北京：中華書局，1986年版，第79～80頁。

〔註1430〕舊題〔周〕卜商撰：《子夏易傳》，揚州：江蘇廣陵古籍刻印社，景印通志堂經解本第一冊，1996年版，第13頁。

〔註1431〕〔魏〕王弼、韓康伯注，〔唐〕孔穎達等正義：《周易正義》，北京：中華書局景印阮刻本，1980年版，第18頁。

〔註1432〕〔清〕王念孫撰：《廣雅疏證》，北京：中華書局，景印嘉慶年間王氏家刻本，1983年版，第13頁。

〔註1433〕〔宋〕程頤撰：《伊川易傳》（叢書集成三編哲學類第9冊），臺灣：新文豐出版公司，景印中華書局聚珍倣宋版印二程全書本，1997年版，第85頁。

〔註1434〕《經典釋文彙校》：「黃云：此謂王肅作『車』，因翻其音也。又云：車、輿多通用。《易》『舍車而徒』鄭玄、王肅作『輿』，《論語》『執輿』，漢石經作『車』，使車無喉音，不得與輿相通。」見黃焯撰：《經典釋文彙校》，北京：中華書局，1980年版，第12頁。

〔註1435〕〔魏〕王弼、韓康伯注，〔唐〕孔穎達等正義：《周易正義》，北京：中華書

切，昌麻開三平假。《廣韻》九魚切，見魚合三平遇。音異義同，車輅也。王肅剛除反者，音同《廣韻》九魚切，則陸氏以尺遮切爲車之常音也。吳檢齋《經籍舊音辨證》：「《書‧牧誓釋文》引韋昭《辨釋名》云：『車，古皆尺遮反；從漢以來始有居音。』《詩‧何彼穠矣釋文》引略同。清儒錢大昕等並謂古音斂而今音侈，韋說正得到其反。章先生曰：『尺奢之音蓋與音居者異紐，非異聲勢也。』（《國故論衡》上）承仕按：韋辨近之，《釋名》非也。使車字相承音居，則干肅注《易》不煩作音，正當肅時始有居音，故爲反語以刻定之，懼學者誤從古音尺遮反也。韋昭之卒，上距王肅十有八年，以王肅《易音》觀之，知韋昭所辨近得其實。」〔註1436〕黃侃《經籍舊音辨證箋識》云：「此謂王肅作『車』，因翻其音也。車、輿相通，非止一處：《易》『舍車而徒』，鄭玄、王肅作『輿』；《論語》『執輿』，漢《石經》作『車』。使車無喉音，焉得與輿相通？」〔註1437〕蜀才作「輿」者，集解本作「轝」，輿之異體也。又《易‧睽》「見輿曳」戰國楚簡、馬王堆漢墓帛書《周易》皆作「車」。〔註1438〕車《說文‧車部》.「車，輿輪之緫名。」〔註1439〕段注曰：「車，渾言之則輿輪之緫名，析言之則惟輿偁車，以人所居也。」〔註1440〕車、輿古多通用，《易‧賁》「舍車而徒」《釋文》：「鄭張本作輿。」〔註1441〕《易‧困》「困于金車」《釋文》：「本亦作金輿。」〔註1442〕《詩‧小雅‧出車》「我出我車」王先謙《三家義集疏》：「《魯》車作輿。」〔註1443〕《墨子‧旗幟》「車爲龍旗」孫詒

局景印阮刻本，1980 年版，第 18 頁。

〔註1436〕 吳承仕撰：《經籍舊音序錄、經籍舊音辨證》，北京：中華書局，1986 年版，第 80 頁。

〔註1437〕 黃侃撰：《經籍舊音辨證箋識》（《經籍舊音序錄、經籍舊音辨證》附錄），北京：中華書局，1986 年版，第 265 頁。

〔註1438〕 馬承源主編：《上海博物館藏戰國楚竹書（三）》，上海：上海古籍出版社，2003 年版，第 234 頁。

〔註1439〕 〔漢〕許慎撰：《說文解字》，北京：中華書局，景印同治十二年陳昌治刻本，1963 年版，第 301 頁。

〔註1440〕 〔清〕段玉裁撰：《說文解字注》，上海：上海古籍出版社，景印嘉慶二十年經韻樓本，1988 年版，第 720 頁。

〔註1441〕 〔唐〕陸德明撰：《經典釋文》，北京：中華書局，景印徐乾學通志堂刻本，1983 年版，第 23 頁。

〔註1442〕 〔唐〕陸德明撰：《經典釋文》，北京：中華書局，景印徐乾學通志堂刻本，1983 年版，第 27 頁。

〔註1443〕 〔清〕王先謙撰：《詩三家義集疏》（續四庫經部詩類第 77 冊），上海：上海古籍出版社，景印民國四年虛受堂刊本，2002 年版，第 581 頁。

讓《閒詁》引畢沅云：「舊作壐，據《北堂書鈔》改。車，彼作輿。」〔註1444〕車古音昌紐魚部，輿余紐魚部，二字疊韻，音轉可同，故古多通用。輿者，《說文·車部》：「輿，車輿也。」〔註1445〕則輿本義爲車牀，即車中受物之處也。此蓋渾言之，義與車同。《史記·樂書》「所謂大路者，天子之輿也」張守節《正義》：「輿，車也。」〔註1446〕《漢書·嚴助傳》「輿轎而隃領」顏師古注引服虔云：「輿，車也。」〔註1447〕

不泥丨 乃計反。

【疏】所在注文爲「致遠不泥」。〔註1448〕泥《廣韻》三讀，訓作滯陷不通時音奴計切，泥霽開四去蟹。《釋文》音同。《論語·子張》「致遠恐泥」何晏《集解》引包曰：「泥，難不通。」〔註1449〕《漢書·東平思王劉宇傳》「致遠恐泥」顏師古注：「泥，謂陷滯不通也。」〔註1450〕

用亨丨 許庚反，通也。下同。眾家並香兩反。京云：獻也。干云：亨，宴也。姚云：亨，祀也。

【疏】所在經文爲「公用亨于天子」。〔註1451〕亨《廣韻》三讀，訓爲通時音許庚切，曉庚開二平梗，《釋文》首音同。「通也」者，《廣雅·釋詁一》：「亨，通也。」〔註1452〕又王弼於此注曰：「公用斯位，乃得通乎天子之道也。」

〔註1444〕〔清〕孫詒讓撰：《墨子閒詁》，上海：上海書店，景印諸子集成本，1986年版，第343頁。

〔註1445〕〔漢〕許慎撰：《說文解字》，北京：中華書局，景印同治十二年陳昌治刻本，1963年版，第301頁。

〔註1446〕〔漢〕司馬遷撰：《史記》（四部備要本），上海：中華書局，據武英殿本校刊，1936年版，第418頁。

〔註1447〕〔漢〕班固撰：《前漢書》（四部備要本），上海：中華書局，據武英殿本校刊，1936年版，第914頁。

〔註1448〕〔魏〕王弼、韓康伯注，〔唐〕孔穎達等正義：《周易正義》，北京：中華書局景印阮刻本，1980年版，第18頁。

〔註1449〕〔魏〕何晏等注，〔宋〕邢昺疏：《論語注疏》，北京：中華書局景印阮刻本，1980年版，第75頁。

〔註1450〕〔漢〕班固撰：《前漢書》（四部備要本），上海：中華書局，據武英殿本校刊，1936年版，第1093頁。

〔註1451〕〔魏〕王弼、韓康伯注，〔唐〕孔穎達等正義：《周易正義》，北京：中華書局景印阮刻本，1980年版，第18頁。

〔註1452〕〔清〕王念孫撰：《廣雅疏證》，北京：中華書局，景印嘉慶年間王氏家刻本，1983年版，第14頁。

〔註 1453〕訓爲獻、祭則音許兩切，曉養開三上宕，《釋文》所引眾家香兩反音同。音香兩反者，字與享同。亨、享，古通。《別雅・卷三》云：「亨、享本一字。」〔註 1454〕《周易本義》：「亨，《春秋傳》作享，朝獻也。古者亨通之亨，享獻之享，烹飪之烹皆作亨字。」〔註 1455〕《漢上易傳・卷二》曰：「《春秋傳》『晉文公將納王，使卜偃筮之，遇大有之睽，曰：吉，遇公用亨于天子之卦，戰克而王享，吉孰大焉。』杜預曰：『〈大有〉九三爻辭也。』則卜偃時讀《易》作公用享于天子，杜預亦然，京房曰：享，獻也；干寶曰：享，燕也；姚信作享祀義，雖小異，然讀爲享則同。」〔註 1456〕京云「獻也」者，《爾雅・釋詁下》：「享，獻也。」〔註 1457〕《禮記・曲禮下》「五官致貢曰亨」《釋文》：「亨，獻也。」〔註 1458〕《易・升》：「王用亨于岐山」鄭玄注：「亨，獻也。」干云「享宴也」者，蓋干寶本「亨」作「享」。《廣雅・釋詁一》：「宣，養也。」〔註 1459〕《周易集解》引虞翻曰：「天子謂五。三，公位也，小人謂四。二變得位，體鼎象，故公用亨于天子。」〔註 1460〕《周易集解纂疏》曰：「爻例互爲天子，故『天子謂五』。三爲三公，故謂三爲『公位也』。」又云：「〈鼎・象傳〉曰『大亨以養聖賢』。三，賢人。故曰『公用享于天子』。」〔註 1461〕〈大有〉二變體〈鼎〉，鼎有飲食之象，故虞翻訓享爲宴也。姚云「享祀也」者，蓋姚信本「亨」亦作「享」。《廣雅・釋言》：「宣，祀也。」〔註 1462〕

〔註 1453〕〔魏〕王弼、韓康伯注，〔唐〕孔穎達等正義：《周易正義》，北京：中華書局景印阮刻本，1980 年版，第 18 頁。

〔註 1454〕〔清〕吳玉搢撰：《別雅》，光緒丁亥年蒳林山房刻益雅堂叢書本，卷三，第 39 頁。

〔註 1455〕〔宋〕朱熹撰：《周易本義》（四書五經本），北京：中國書店，據世界書局本景印，1985 年版，第 16 頁。

〔註 1456〕〔宋〕朱震撰：《漢上易傳》，揚州：江蘇廣陵古籍刻印社，景印通志堂經解本第一冊，1996 年版，第 210 頁。

〔註 1457〕〔晉〕郭璞注，〔宋〕邢昺疏：《爾雅注疏》，北京：中華書局景印阮刻本，1980 年版，第 11 頁。

〔註 1458〕〔唐〕陸德明撰：《經典釋文》，北京：中華書局，景印徐乾學通志堂刻本，1983 年版，第 166 頁。

〔註 1459〕〔清〕王念孫撰：《廣雅疏證》，北京：中華書局，景印嘉慶年間王氏家刻本，1983 年版，第 17 頁。

〔註 1460〕〔唐〕李鼎祚撰：《周易集解》，北京：中國書店，景印嘉慶三年姑蘇喜墨齋張遇堯局鐫本，1987 年版，卷四，第 9 頁。

〔註 1461〕〔清〕李道平撰，潘雨廷點校：《周易集解纂疏》，北京：中華書局，1994 年版，第 190 頁。

〔註 1462〕〔清〕王念孫撰：《廣雅疏證》，北京：中華書局，景印嘉慶年間王氏家刻本，

《易・萃・象傳》「致孝享也」《集解》引虞翻曰：「享，享祀也。」《易・隨》「王用亨于西山」《釋文》：「亨，祭也。」〔註1463〕

其彭｜ 步郎反，子夏作「旁」。干云：彭亨，驕滿貌。〔註1464〕王肅云：壯也。虞作「尫」。姚云：彭，旁。徐音同。〔註1465〕

【疏】所在經文注疏本同，作「匪其彭」，〔註1466〕集解本作「非其尫」。〔註1467〕彭《廣韻》薄庚切，並庚開二平梗。《釋文》首音步郎反，並唐開一平宕，與彭音異，則步郎反當是旁字之音。旁《廣韻》步光切，與之音同。故陸氏摘錄六朝音切，此處步郎反所本亦當如子夏本作「旁」爲是。彭旁古音同在並紐陽部，音近可通。《釋名・釋兵》：「彭，旁也。」〔註1468〕《墨子・備穴》「若彭有水濁非常者」孫詒讓《閒詁》引王念孫云：「彭與旁通。」〔註1469〕《正義》曰：「『匪其彭无咎』者，匪，非也。彭，旁也。謂九三在九四之旁，九四若能專心承五，非取其旁，言不用三也。如此乃得『无咎』。」〔註1470〕是孔氏訓彭爲旁也，謂九四棄其旁九三而上承六五也。《釋文》所引「姚云：彭，旁」，訓同。干云「彭亨，驕滿貌」者，訓彭爲彭亨，即驕滿之

1983年版，第151頁。

〔註1463〕 〔唐〕陸德明撰：《經典釋文》，北京：中華書局，景印徐乾學通志堂刻本，1983年版，第22頁。

〔註1464〕 宋毛居正《六經正誤》云：「干者，晉人干寶也。姓干戈之『干』，作千百之『千』，誤。」見〔宋〕毛居正撰：《六經正誤》，揚州：江蘇廣陵古籍刻印社，景印通志堂經解本第十六冊，1996年版，第569頁。由此觀之，毛氏所見本《釋文》「干」譌作「千」也。

〔註1465〕 《經典釋文彙校》：「『尫』字誤，宋本作『尪』。盧改作『尫』。」見黃焯撰：《經典釋文彙校》，北京：中華書局，1980年版，第12頁。「徐音同」呂祖謙《古易音訓》引作「俗音同」，見〔宋〕呂祖謙撰，〔清〕宋咸熙輯：《古易音訓》（續四庫經部易類第2冊），上海：上海古籍出版社，景印清嘉慶七年刻本，2002年版，第34頁。按「俗」非，當是「徐」字之譌也。

〔註1466〕 〔魏〕王弼、韓康伯注，〔唐〕孔穎達等正義：《周易正義》，北京：中華書局景印阮刻本，1980年版，第18頁。

〔註1467〕 〔唐〕李鼎祚撰：《周易集解》，北京：中國書店，景印嘉慶三年姑蘇喜墨齋張遇堯局鐫本，1987年版，卷四，第9頁。

〔註1468〕 〔漢〕劉熙撰，〔清〕畢沅疏證，王先謙補：《釋名疏證補》（漢小學四種本），成都：巴蜀書社，景印光緒二十二年刊本，2001年版，第1544頁。

〔註1469〕 〔清〕孫詒讓撰：《墨子閒詁》，上海：上海書店，景印諸子集成本，1986年版，第327頁。

〔註1470〕 〔魏〕王弼、韓康伯注，〔唐〕孔穎達等正義：《周易正義》，北京：中華書局景印阮刻本，1980年版，第18頁。

貌也。宋項安世《周易玩辭·卷三》引干寶作「彭亨，盛滿貌。」〔註 1471〕《玉篇·壴部》：「彭，盛也。」〔註 1472〕《廣雅·釋訓》：「彭彭，盛也」王念孫《疏證》：「騯、旁、彭竝同義。」〔註 1473〕《詩·魯頌·駉》「以車彭彭」毛《傳》曰：「彭彭，有力有容也。」〔註 1474〕故干寶訓彭爲驕滿貌也。王肅云「壯也」者，義亦近之，《集韻·唐韻》：「彭，壯也。」〔註 1475〕《伊川易傳·卷一》於此曰：「九四居大有之時，已過中矣。是大有之盛者也。過盛則凶，咎所由生也。故處之之道，匪其彭則得无咎。謂能謙損，不處其太盛，則得无咎也。四近君之高位，苟處太盛，則致凶咎。」〔註 1476〕謂九四近乎九五君位，當損其盛則无咎也。是訓彭爲盛也。虞作「尫」者，《經典釋文彙校》曰：「尫字誤，宋本作尪。盧改作尩。」按尫乃尪之譌也。尪者，尣之古文也。尣《說文》小篆作尣，《說文·尣部》：「尣，𨿅，曲脛也。从大，象偏曲之形。凡尣之屬皆从尣。𡯁古文从㞷。」〔註 1477〕𡯁字隸定作尪、尩皆可。《釋文》刻作尫从九者，尢之譌也，《龍龕手鑑·九部》收錄此字，其下曰：「俗。烏光反，正作尪。」〔註 1478〕《彙校》云宋本作「尪」者，亦是尪字之譌。尪見收於《字鑑·唐韻》，其於「尪」字下曰：「俗作尪」。〔註 1479〕尪依《說文》乃是跛曲脛之義也。虞翻義訓體行不正，義同。《集解》引虞翻曰：「匪，非也。其位尪。足尪，體行不正。四失位，折震足，故尪。變而得正，故无咎。

〔註 1471〕〔宋〕項安世撰：《周易玩辭》，揚州：江蘇廣陵古籍刻印社，景印通志堂經解本第二冊，1996 年版，第 43 頁。

〔註 1472〕〔梁〕顧野王撰：《宋本玉篇》，北京：中國書店，景印張氏澤存堂本，1983 年版，第 304 頁。

〔註 1473〕〔清〕王念孫撰：《廣雅疏證》，北京：中華書局，景印嘉慶年間王氏家刻本，1983 年版，第 185～186 頁。

〔註 1474〕〔漢〕毛公傳、鄭玄箋，〔唐〕孔穎達等正義：《毛詩正義》，北京：中華書局景印阮刻本，1980 年版，第 341 頁。

〔註 1475〕〔宋〕丁度撰：《集韻》，北京：中華書局，景印北京圖書館藏宋刻本，1988 年版，第 65 頁。

〔註 1476〕〔宋〕程頤撰：《伊川易傳》（叢書集成三編哲學類第 9 冊），臺灣：新文豐出版公司，景印中華書局聚珍倣宋版印二程全書本，1997 年版，第 85 頁。

〔註 1477〕〔漢〕許慎撰：《說文解字》，北京：中華書局，景印同治十二年陳昌治刻本，1963 年版，第 214 頁。

〔註 1478〕〔遼僧〕行均撰：《龍龕手鑑》（四部叢刊續編經部），上海：商務印書館，景印上海涵芬樓景印江安傅氏雙鑑樓藏宋刊本，卷二，第 64 頁。

〔註 1479〕〔元〕李文仲撰：《字鑑》（叢書集成初編語文學類第 1073 冊），上海：商務印書館，景印鐵華館叢書本，1936 年版，第 50 頁。

厄或作彭、作旁,聲字之誤。」〔註 1480〕《集解》「四失位折震足」者,因二變體〈鼎〉,而〈鼎〉之九四爻曰:「鼎折足,覆公餗。」故《周易集解纂疏》於此疏曰:「鼎四折足,故云『其位厄』也。」〔註 1481〕徐音同者,徐邈音與步郎反同也。

上近| 如字,亦附近之近。

【疏】所在注文爲「而上近至尊之威」。〔註 1482〕參看〈乾〉「近乎」條。

下比| 毗志反。

【疏】所在注文爲「下比分權之臣」。〔註 1483〕參看〈比〉「比」條。

至知| 音智。

【疏】所在注文爲「唯夫有聖知者,乃能免斯咎也。」〔註 1484〕音智者,知、智,古今字也。

可舍| 音捨。

【疏】所在注文爲「三雖至盛,五不可舍」。〔註 1485〕參看〈屯〉「如舍」條。

斯數| 色助反。

【疏】所在注文爲「能辯斯數」。〔註 1486〕數《廣韻》三讀,訓作算數時音色句切,生遇合三去遇。訓作計時所矩切,生麌合三上遇。訓作頻數時所

〔註 1480〕〔唐〕李鼎祚撰:《周易集解》,北京:中國書店,景印嘉慶三年姑蘇喜墨齋張遇堯局鐫本,1987 年版,卷四,第 9 頁。
〔註 1481〕〔清〕李道平撰,潘雨廷點校:《周易集解纂疏》,北京:中華書局,1994 年版,第 191 頁。
〔註 1482〕〔魏〕王弼、韓康伯注,〔唐〕孔穎達等正義:《周易正義》,北京:中華書局景印阮刻本,1980 年版,第 18 頁。
〔註 1483〕〔魏〕王弼、韓康伯注,〔唐〕孔穎達等正義:《周易正義》,北京:中華書局景印阮刻本,1980 年版,第 18 頁。
〔註 1484〕〔魏〕王弼、韓康伯注,〔唐〕孔穎達等正義:《周易正義》,北京:中華書局景印阮刻本,1980 年版,第 18 頁。
〔註 1485〕〔魏〕王弼、韓康伯注,〔唐〕孔穎達等正義:《周易正義》,北京:中華書局景印阮刻本,1980 年版,第 18 頁。
〔註 1486〕〔魏〕王弼、韓康伯注,〔唐〕孔穎達等正義:《周易正義》,北京:中華書局景印阮刻本,1980 年版,第 18 頁。

角切，生覺開二入江。《釋文》色助反（生御合三去遇）音與《廣韻》色句切音近。數猶理也，能辯斯數義爲能辯明其間道理。

哲｜ 章舌反。王廙作「晣」，同音。徐、李之世反。又作「哲」字。鄭本作「遰」，云：讀如明星哲哲。陸本作「逝」。虞作「折」。〔註1487〕

【疏】所在經文爲「明辯哲也」。〔註1488〕哲《廣韻》三讀，訓作星光時音征例切，章祭開三去蟹。訓作光時音旨熱切，章薛開三入山。《釋文》首音與《廣韻》旨熱切同。至若《廣韻》音丑例切者，訓作瘈，乃哲字之譌也。王廙作「晣」者，哲、晣，異體字也。哲，《說文·日部》：「𣇯，昭晣，明也。从日折聲。」〔註1489〕《廣韻》中哲、晣二字音義同。又《隸辨·薛韻》引《魏受禪表》哲作「晣」，顧氏按語云：「《廣韻》晣同哲，光也。」〔註1490〕二字但形聲異位，其音義則同也。哲、晣，皆訓爲昭晣之義。徐、李之世反者，與《廣韻》征例切音同。又作「哲」字者，「哲」字之譌也。鄭本作「遰」者，《說文·辵部》：「遰，去也。」〔註1491〕此處假借爲哲。《說文通訓定聲》曰：「遰，叚借爲哲。」〔註1492〕陸作「逝」、虞作「折」者，逝、折與哲皆從折得聲，悉假借爲哲也。

何難｜ 依〈象〉，宜如字。一音乃旦反。

【疏】所在注文爲「既公且信，何難何備？」〔註1493〕〈象〉曰：「『威如』

〔註1487〕《經典釋文彙校》：「『哲』，宋本同。馮登府《國朝石經考異》謂唐宋石經及各宋本並作『哲』。唐寫本『哲』上有『辯』字，陸本作『陸績』。」見黃焯撰：《經典釋文彙校》，北京：中華書局，1980年版，第12頁。
〔註1488〕〔魏〕王弼、韓康伯注，〔唐〕孔穎達等正義：《周易正義》，北京：中華書局景印阮刻本，1980年版，第18頁。
〔註1489〕〔漢〕許慎撰：《說文解字》，北京：中華書局，景印同治十二年陳昌治刻本，1963年版，第137頁。
〔註1490〕〔清〕顧藹吉撰：《隸辨》，北京：中華書局，景印康熙五十七年項絪玉淵堂刊本，1986年版，第176頁。
〔註1491〕〔漢〕許慎撰：《說文解字》，北京：中華書局，景印同治十二年陳昌治刻本，1963年版，第40頁。
〔註1492〕〔清〕朱駿聲撰：《說文通訓定聲》（續四庫經部小學類第220～221冊），上海：上海古籍出版社，景印道光二十八年刻本，2002年版，第221冊，第114頁。
〔註1493〕〔魏〕王弼、韓康伯注，〔唐〕孔穎達等正義：《周易正義》，北京：中華書局景印阮刻本，1980年版，第18頁。

之吉，易而无備也。」孔疏曰：「所以威如得吉者，以已不私於物，唯行簡易，无所防備，物自畏之，故云『易而无備』也。」〔註1494〕故此處宜如字，讀平聲。一音乃旦反者，蓋訓爲災難也，於〈象〉不符。

易而｜ 以豉反。

【疏】所在經文爲「易而无備也」。〔註1495〕難易之易也。參看〈屯〉「以易」條。

祐之｜ 音又。

【疏】所在經文爲「自天祐之，吉无不利。」〔註1496〕祐，《廣韻》于救切，云宥開三去流。《釋文》音同。

不累｜ 劣僞反。下同。

【疏】所在注文爲「處『大有』之上而不累於位，志尚乎賢者也。」〔註1497〕累《廣韻》二讀，訓增音力委切，來紙合三上止。訓緣坐音良僞切，來寘合三去止，《釋文》音同。王弼注又云：「居豐有之世，而不以物累其心，高尚其志，尚賢者也。」〔註1498〕則此處累訓爲勞累之義。參看〈乾〉「之累」條。

盡夫｜ 津忍反。

【疏】所在注文爲「爻有三德，盡夫助道，故〈繫辭〉具焉。」〔註1499〕參看〈乾〉「故盡」條。

〔註1494〕〔魏〕王弼、韓康伯注，〔唐〕孔穎達等正義：《周易正義》，北京：中華書局景印阮刻本，1980年版，第18頁。
〔註1495〕〔魏〕王弼、韓康伯注，〔唐〕孔穎達等正義：《周易正義》，北京：中華書局景印阮刻本，1980年版，第18頁。
〔註1496〕〔魏〕王弼、韓康伯注，〔唐〕孔穎達等正義：《周易正義》，北京：中華書局景印阮刻本，1980年版，第18頁。
〔註1497〕〔魏〕王弼、韓康伯注，〔唐〕孔穎達等正義：《周易正義》，北京：中華書局景印阮刻本，1980年版，第18頁。
〔註1498〕〔魏〕王弼、韓康伯注，〔唐〕孔穎達等正義：《周易正義》，北京：中華書局景印阮刻本，1980年版，第18頁。
〔註1499〕〔魏〕王弼、韓康伯注，〔唐〕孔穎達等正義：《周易正義》，北京：中華書局景印阮刻本，1980年版，第18頁。

繫辭| 音係。〔註 1500〕

【疏】所在注文爲「故〈繫辭〉具焉」。繫《廣韻》二讀，訓作縛繫時音古詣切，見霽開四去蟹。而訓作《易》之「繫辭」時音胡計切，匣霽開四去蟹，《釋文》音同。此處音係者，亦明乎假借也。《說文·糸部》：「繫，繫繍也，一曰惡絮。」〔註 1501〕段注：「繫繍讀如谿黎。疊韵字。音轉爲縴繍。《廣韵》十二齊、一先皆曰：縴繍、惡絮。是也。」〔註 1502〕據此，繫繍義即惡絮。繫屬之「繫」本字當作「系」。段注於「繫」下注曰：「六朝以後舍系不用，而叚繫爲系。」〔註 1503〕《易·繫辭上》篇題下《釋文》曰：「繫，本系也。」〔註 1504〕《說文·系部》：「系，繫也。」〔註 1505〕段注本《說文》改作「縣也」，〔註 1506〕於義近是。「系」甲骨文作𦅭（鐵二·二）、𦃇（前七·四·一）〔註 1507〕金文作𦃇（小臣系卣）、𦃇（𢧒系爵）。〔註 1508〕《說文》籀文作𦃇，皆从手从絲也，其本義當爲系屬、聯系。又係者，《說文·人部》：「係，絜束也。」〔註 1509〕段注曰：「絜者、麻一耑也。絜束者、圍而束之。」〔註 1510〕又云：「束之則縳與物相連。故凡相聯屬謂之係。《周易》『係遯』、『係丈夫』

〔註 1500〕《經典釋文彙校》：「寫本作『盈縿反』。」見黃焯撰：《經典釋文彙校》，北京：中華書局，1980 年版，第 12 頁。

〔註 1501〕〔漢〕許慎撰：《說文解字》，北京：中華書局，景印同治十二年陳昌治刻本，1963 年版，第 277 頁。

〔註 1502〕〔清〕段玉裁撰：《說文解字注》，上海：上海古籍出版社，景印嘉慶二十年經韵樓本，1988 年版，第 659 頁。

〔註 1503〕〔清〕段玉裁撰：《說文解字注》，上海：上海古籍出版社，景印嘉慶二十年經韻樓本，1988 年版，第 659 頁。

〔註 1504〕〔唐〕陸德明撰：《經典釋文》，北京：中華書局，景印徐乾學通志堂刻本，1983 年版，第 30 頁。

〔註 1505〕〔漢〕許慎撰：《說文解字》，北京：中華書局，景印同治十二年陳昌治刻本，1963 年版，第 270 頁。

〔註 1506〕〔清〕段玉裁撰：《說文解字注》，上海：上海古籍出版社，景印嘉慶二十年經韻樓本，1988 年版，第 642 頁。

〔註 1507〕中國科學院考古研究所編輯：《甲骨文編》（考古學專刊本，乙種第十四號），北京：中華書局，1965 年版，第 503 頁。

〔註 1508〕容庚編著，張振林、馬國權摹補：《金文編》，北京：中華書局，1985 年版，第 851 頁。

〔註 1509〕〔漢〕許慎撰：《說文解字》，北京：中華書局，景印同治十二年陳昌治刻本，1963 年版，第 167 頁。

〔註 1510〕〔清〕段玉裁撰：《說文解字注》，上海：上海古籍出版社，景印嘉慶二十年經韻樓本，1988 年版，第 381 頁。

『係小子』。」〔註1511〕係，甲骨文作 ＄（續二・一八・七）、＄（乙四六〇六），于省吾《甲骨文字釋林》：「許氏既誤以从糸爲从系，又誤以會意爲形聲，至于訓係爲絜，乃引申義，并非本義。甲骨文『係』字象用繩索以縛係人的頸部。」〔註1512〕由此，係之本義爲捆綁、聯屬。是以「係」與「系」義同，皆可視爲繫屬之「繫」之本字也。故三字典籍多通用，《方言・卷九》「楫謂之橈，維之謂之鼎」郭璞注「繫船爲維」錢繹《箋疏》云：「係，與系同，亦作繫。」〔註1513〕《易・繫辭上》篇題下孔穎達疏：「繫，文取繫屬之義，故字體從繫。又音爲係者，取綱係之義。」〔註1515〕《史記・孔子世家》「序〈彖〉、〈繫辭〉、〈象〉、〈說卦〉、〈文言〉」張守節《正義》：「〈繫辭〉者，取綱系之義也。」〔註1514〕

䷎謙｜ 卑退爲義，屈己下物也。兌宮五世卦。子夏作「嗛」，云：嗛，謙也。

【疏】「卑退爲義，屈己下物也」者，謙《說文・言部》：「謙，敬也。」〔註1516〕《玉篇・言部》：「讓也。」〔註1517〕是謙本有謙讓、敬退之義也。《左傳・昭公五年》「明夷之謙」孔穎達疏：「謙是卑退之意。」〔註1518〕《集解》引《九家易》曰：「艮，山；坤，地。山至高，地至卑。以至高下至卑，故曰謙也。」〔註1519〕孔疏：「謙者，屈躬下物，先人後己。」〔註1520〕子夏作「嗛」

〔註1511〕〔清〕段玉裁撰：《說文解字注》，上海：上海古籍出版社，景印嘉慶二十年經韻樓本，1988年版，第381頁。
〔註1512〕于省吾撰：《甲骨文字釋林》，北京：中華書局，1979年版，第297頁。
〔註1513〕〔晉〕郭璞注，〔清〕錢繹箋疏：《方言箋疏》（漢小學四種本），成都：巴蜀書社，景印光緒庚寅年紅蝠山房校刻本，2001年版，第1365頁。
〔註1515〕〔魏〕王弼、韓康伯注，〔唐〕孔穎達等正義：《周易正義》，北京：中華書局景印阮刻本，1980年版，第63頁。
〔註1514〕〔漢〕司馬遷撰：《史記》（四部備要本），上海：中華書局，據武英殿本校刊，1936年版，第666頁。
〔註1516〕〔漢〕許慎撰：《說文解字》，北京：中華書局，景印同治十二年陳昌治刻本，1963年版，第53頁。
〔註1517〕〔梁〕顧野王撰：《宋本玉篇》，北京：中國書店，景印張氏澤存堂本，1983年版，第166頁。
〔註1518〕〔晉〕杜預注，〔唐〕孔穎達等正義：《春秋左傳正義》，北京：中華書局景印阮刻本，1980年版，第339頁。
〔註1519〕〔唐〕李鼎祚撰：《周易集解》，北京：中國書店，景印嘉慶三年姑蘇喜墨齋張遇堯局鐫本，1987年版，卷四，第10頁。
〔註1520〕〔魏〕王弼、韓康伯注，〔唐〕孔穎達等正義：《周易正義》，北京：中華書

者，《易・謙》「謙謙君子」、「鳴謙」、「勞謙」、「撝謙」馬王堆漢墓帛書《周易》皆作「嗛」。嗛《說文・口部》：「嗛，口有所銜也。」〔註1521〕此處假借爲謙，故子夏云：「嗛，謙也」。按《莊子・齊物論》「大仁不仁，大廉不嗛」《釋文》：「嗛，徐音謙。」〔註1522〕是讀嗛爲謙也。又《漢書・尹翁歸傳》「然溫良嗛退」顏師古注：「嗛，古以爲謙字。」〔註1523〕《易・謙・象傳》「人道惡盈而好謙」惠棟《周易述》：「古文謙皆作嗛。」〔註1524〕《文選・班昭〈東征賦〉》「思嗛約兮」李善注：「嗛，與謙音義同。」〔註1525〕皆二字相假之證也。

下濟｜ 節細反。

【疏】所在經文爲「天道下濟而光明」。〔註1526〕濟《廣韻》二讀，音子計切（精霽開四去蟹）者，訓作渡、定、止、又卦名既濟。《釋文》節細反音同。而《廣韻》音子禮切（精薺開四上蟹）者，訓作定、止、齊、亦濟濟多威儀兒・水名・州名。是《廣韻》訓作定、止二音皆可，餘則有別矣。考《釋文》濟讀上聲多訓爲水名、州名、又濟濟。如〈尚書序〉「濟」下曰：「子禮反，郡名也。」〔註1527〕《詩・定之方中》「濟水」下曰：「節禮反。」〔註1528〕〈大禹謨〉「濟濟」下曰：「子禮反。」〔註1529〕《詩・載驅》「濟濟」下曰：「子

局景印阮刻本，1980年版，第18頁。
〔註1521〕〔漢〕許慎撰：《說文解字》，北京：中華書局，景印同治十二年陳昌治刻本，1963年版，第31頁。
〔註1522〕〔唐〕陸德明撰：《經典釋文》，北京：中華書局，景印徐乾學通志堂刻本，1983年版，第363頁。
〔註1523〕〔漢〕班固撰：《前漢書》（四部備要本），上海：中華書局，據武英殿本校刊，1936年版，第1054頁。
〔註1524〕〔清〕惠棟撰：《周易述》（四部備要本），上海：中華書局，據學海堂經解本校刊，1936年版，第52頁。
〔註1525〕〔梁〕蕭統編，〔唐〕李善注：《文選》（四部精要本第十六冊），上海：上海古籍出版社，景印嘉慶十四年胡克家仿宋淳熙刊本，1992年版，第496頁。
〔註1526〕〔魏〕王弼、韓康伯注，〔唐〕孔穎達等正義：《周易正義》，北京：中華書局景印阮刻本，1980年版，第19頁。
〔註1527〕〔唐〕陸德明撰：《經典釋文》，北京：中華書局，景印徐乾學通志堂刻本，1983年版，第36頁。
〔註1528〕〔唐〕陸德明撰：《經典釋文》，北京：中華書局，景印徐乾學通志堂刻本，1983年版，第60頁。
〔註1529〕〔唐〕陸德明撰：《經典釋文》，北京：中華書局，景印徐乾學通志堂刻本，

禮反。注同。美貌。」〔註 1530〕而去聲則多訓爲度，如〈既濟〉下曰：「節計反」，又云：「濟，度也。」〔註1531〕《莊子·齊物論》「濟」下曰：「子細反。向云：止也。」〔註1532〕至若訓作定止者，則兩讀皆可，如《周禮·宗伯下·大司樂·瞽宗》：「曰濟」下曰：「節細反，又才禮反。」〔註1533〕疏引鄭注云：「曰濟者，兆之光明如雨止。」〔註1534〕是訓爲止也。故《釋文》與《廣韻》之音義同也。至若《左傳·哀公三年》「濟濡帷幕」下曰：「子細反，又子禮反。注同。」〔註1535〕杜預注：「濡物於水，出用爲濟。」〔註1536〕此處濟之音義待考。《釋文》又讀濟爲齊者，明乎假借也，如《周禮·地官下》「濟濟皇皇」下曰：「上子禮反，又音齊。」〔註1537〕今注疏本即作「齊齊皇皇」也。「天道下濟而光明」《集解》引荀爽曰：「乾來之坤，故下濟。」〔註1538〕《周易集解纂疏》曰：「『天道』謂乾，乾上來之坤三，故爲『下濟』。」〔註1539〕依荀爽義，則下濟義爲下度也。

而上｜ 時掌反，下注「上承」、「上行」，同。

【疏】所在經文爲「地道卑而上行」。〔註1540〕參看〈乾〉「上下」條。

1983 年版，第 38 頁。

〔註1530〕〔唐〕陸德明撰：《經典釋文》，北京：中華書局，景印徐乾學通志堂刻本，1983 年版，第 66 頁。

〔註1531〕〔唐〕陸德明撰：《經典釋文》，北京：中華書局，景印徐乾學通志堂刻本，1983 年版，第 30 頁。

〔註1532〕〔唐〕陸德明撰：《經典釋文》，北京：中華書局，景印徐乾學通志堂刻本，1983 年版，第 362 頁。

〔註1533〕〔唐〕陸德明撰：《經典釋文》，北京：中華書局，景印徐乾學通志堂刻本，1983 年版，第 123 頁。

〔註1534〕〔漢〕鄭玄注，〔唐〕賈公彥疏：《周禮注疏》，北京：中華書局景印阮刻本，1980 年版，第 802 頁。

〔註1535〕〔唐〕陸德明撰：《經典釋文》，北京：中華書局，景印徐乾學通志堂刻本，1983 年版，第 298 頁。

〔註1536〕〔晉〕杜預注，〔唐〕孔穎達等正義：《春秋左傳正義》，北京：中華書局景印阮刻本，1980 年版，第 455 頁。

〔註1537〕〔唐〕陸德明撰：《經典釋文》，北京：中華書局，景印徐乾學通志堂刻本，1983 年版，第 116 頁。

〔註1538〕〔唐〕李鼎祚撰：《周易集解》，北京：中國書店，景印嘉慶三年姑蘇喜墨齋張遇堯局鐫本，1987 年版，卷四，第 11 頁。

〔註1539〕〔清〕李道平撰，潘雨廷點校：《周易集解纂疏》，北京：中華書局，1994 年版，第 194 頁。

〔註1540〕〔魏〕王弼、韓康伯注，〔唐〕孔穎達等正義：《周易正義》，北京：中華書

虧盈| 馬本作「毀盈」。

【疏】所在經文爲「天道虧盈而益謙」。〔註 1541〕馬本作「毀盈」者，義同。《爾雅·釋詁上》:「虧，毀也。」〔註 1542〕《文選·虞義〈詠霍將軍北伐〉》「人道有虧盈」李善注引《爾雅》同。《呂氏春秋·察今》「其時已與先王之法虧矣」高誘注:「虧，毀也。」〔註 1543〕虧、毀義同，皆有損義。《集解》引崔憬曰:「若日中則昃，月滿則虧，損有餘以補不足，天之道也。」〔註 1544〕又《正義》曰:「『虧』謂減損，減損盈滿而增益謙退。」〔註 1545〕此皆訓虧爲毀損也。

而福| 京本作「而富」。

【疏】所在經文爲「鬼神害盈而福謙」。〔註 1546〕孔穎達疏曰:「驕盈者被害，謙退者受福，是『害盈而福謙』也。」〔註 1547〕孔疏即「滿招損、謙受益」之義也。京本作「而富」者，《隸釋·卷八》引《慎令劉脩碑》曰:「鬼神富謙，受茲介福。」〔註 1548〕是所用《易》文與京房同也。《禮記·郊特牲》:「富也者，福也。」〔註 1549〕《詩·大雅·瞻卬》「何神不富」毛《傳》:「富，福。」〔註 1550〕《漢書·五行志中之下》:「其福曰富。」〔註 1551〕是富、福古通用也。

局景印阮刻本，1980 年版，第 19 頁。

〔註 1541〕〔魏〕王弼、韓康伯注，〔唐〕孔穎達等正義:《周易正義》，北京:中華書局景印阮刻本，1980 年版，第 19 頁。

〔註 1542〕〔晉〕郭璞注，〔宋〕邢昺疏:《爾雅注疏》，北京:中華書局景印阮刻本，1980 年版，第 4 頁。

〔註 1543〕〔漢〕高誘注:《呂氏春秋》，上海:上海書店，景印諸子集成本，1986 年版，第 177 頁。

〔註 1544〕〔唐〕李鼎祚撰:《周易集解》，北京:中國書店，景印嘉慶三年姑蘇喜墨齋張遇堯局鐫本，1987 年版，卷四，第 11 頁。

〔註 1545〕〔魏〕王弼、韓康伯注，〔唐〕孔穎達等正義:《周易正義》，北京:中華書局景印阮刻本，1980 年版，第 19 頁。

〔註 1546〕〔魏〕王弼、韓康伯注，〔唐〕孔穎達等正義:《周易正義》，北京:中華書局景印阮刻本，1980 年版，第 19 頁。

〔註 1547〕〔魏〕王弼、韓康伯注，〔唐〕孔穎達等正義:《周易正義》，北京:中華書局景印阮刻本，1980 年版，第 19 頁。

〔註 1548〕〔宋〕洪适撰:《隸釋、隸續》，北京:中華書局，景印同治間涇縣晦木齋洪氏合刻隸釋隸續并隸釋刊誤本，1985 年版，第 96 頁。

〔註 1549〕〔漢〕鄭玄注，〔唐〕孔穎達等正義:《禮記正義》，北京:中華書局景印阮刻本，1980 年版，第 229 頁。

〔註 1550〕〔漢〕毛公傳、鄭玄箋，〔唐〕孔穎達等正義:《毛詩正義》，北京:中華書

此讀作福。若訓爲富貴之富亦通，富謙者，使謙退者富足也。

惡盈| 烏路反。卦末注同。

　　【疏】所在經文爲「人道惡盈而好謙」。〔註1552〕惡，厭惡之惡，參看〈蒙〉「所惡」條。

而好| 呼報反。

　　【疏】喜好之好，參看〈屯〉「合好」條。

裒| 蒲侯反。鄭、荀、董、蜀才作「捊」，云：取也。《字書》作「掊」。《廣雅》云：掊，減。〔註1553〕

　　【疏】所在經文注疏本作「君子以裒多益寡」。〔註1554〕裒《廣韻》薄侯切，並侯開一平流。《釋文》音同。《爾雅·釋詁下》：「裒，聚也。」〔註1555〕《易·謙·象傳》「君子以裒多益寡」李鼎祚《集解》引侯注：「裒，聚也。」〔註1556〕《詩·小雅·常棣》「原隰裒矣」毛《傳》：「裒，聚也。」〔註1557〕鄭、荀、董、蜀才作「捊」者，「捊」蓋「裒」之本字也。《說文·手部》：「捊，引取也。」〔註1558〕《正義》曰：「『裒多』者，君子若能用此謙道，則裒益其

　　　　　　局景印阮刻本，1980年版，第310頁。

〔註1551〕〔漢〕班固撰：《前漢書》（四部備要本），上海：中華書局，據武英殿本校刊，1936年版，第494頁。

〔註1552〕〔魏〕王弼、韓康伯注，〔唐〕孔穎達等正義：《周易正義》，北京：中華書局景印阮刻本，1980年版，第19頁。

〔註1553〕《經典釋文彙校》：「〈釋詁〉：裒，聚也。《釋文》云：古字作『裒』，本或作『捊』。案唐石經、南宋石經『裒』皆作『裒』，《說文》作『襃』，从衣，保省聲，『采』與『孚』同，是『裒』與『捊』通。《藝文類聚·卷二十一》引《詩》『原隰襃矣』，《玉篇》、《說文繫傳》引作『捊矣』，此『襃』與『捊』通之證。」見黃焯撰：《經典釋文彙校》，北京：中華書局，1980年版，第12頁。

〔註1554〕〔魏〕王弼、韓康伯注，〔唐〕孔穎達等正義：《周易正義》，北京：中華書局景印阮刻本，1980年版，第19頁。

〔註1555〕〔晉〕郭璞注，〔宋〕邢昺疏：《爾雅注疏》，北京：中華書局景印阮刻本，1980年版，第8頁。

〔註1556〕〔唐〕李鼎祚撰：《周易集解》，北京：中國書店，景印嘉慶三年姑蘇喜墨齋張遇堯局鐫本，1987年版，卷四，第11頁。

〔註1557〕〔漢〕毛公傳、鄭玄箋，〔唐〕孔穎達等正義：《毛詩正義》，北京：中華書局景印阮刻本，1980年版，第140頁。

〔註1558〕〔漢〕許慎撰：《說文解字》，北京：中華書局，景印同治十二年陳昌治刻本，

多，言多者得謙，物更裒聚，彌益多也。」〔註1559〕段注本《說文》改作「引堅也」，其注曰：「堅各本作取。今正。〈詩釋文〉作堅。今本譌爲取土二字，非也。堅義同聚。引堅者，引使聚也。」〔註1560〕又云：「〈常棣〉『原隰裒矣』《傳》云：裒，聚也。此重聚不重引，故不言引但言聚也。裒者，捊之俗。《易》『君子以裒多益寡』鄭、荀、董、蜀才作『捊』。云『取也』。此重引，故但言取也。」〔註1561〕故段氏以「裒」爲「捊」之俗體，鄭、荀、董、蜀才作「捊」而訓取者，亦因捊引聚之義而來。今之集解本同作「捊」字，《集解》引虞翻曰：「捊，取也。」〔註1562〕是虞氏與鄭、荀同。《字書》作「掊」者，《說文・手部》：「掊，把也。」〔註1563〕朱駿聲《說文通訓定聲》曰：「掊，字亦作刨、作抔、作稃，謂五指杷之。」〔註1564〕故掊亦有取義，是與裒義同也。《資治通鑒・魏紀七》「願君侯裒多益寡」胡三省注：裒，「與掊同。取也。」〔註1565〕《爾雅・釋詁上》「裒，聚也」郝懿行《義疏》曰：「裒，又通作掊。」〔註1566〕《廣雅》云「掊，減」者，見《廣雅・釋詁二》。又《資治通鑒・唐紀四十一》云：「掊多益寡，上下有敘。」〔註1567〕《玉篇・手部》引《易》亦作「掊」，曰：「掊，《易》曰：君子以掊多益寡。掊，猶減也。」〔註1568〕是皆用掊字也。

1963 年版，第 253 頁。

〔註1559〕〔魏〕王弼、韓康伯注，〔唐〕孔穎達等正義：《周易正義》，北京：中華書局景印阮刻本，1980 年版，第 19 頁。

〔註1560〕〔清〕段玉裁撰：《說文解字注》，上海：上海古籍出版社，景印嘉慶二十年經韻樓本，1988 年版，第 600 頁。

〔註1561〕〔清〕段玉裁撰：《說文解字注》，上海：上海古籍出版社，景印嘉慶二十年經韻樓本，1988 年版，第 600 頁。

〔註1562〕〔唐〕李鼎祚撰：《周易集解》，北京：中國書店，景印嘉慶三年姑蘇喜墨齋張遇堯局鐫本，1987 年版，卷四，第 11 頁。

〔註1563〕〔漢〕許慎撰：《說文解字》，北京：中華書局，景印同治十二年陳昌治刻本，1963 年版，第 252 頁。

〔註1564〕〔清〕朱駿聲：《說文通訓定聲》（續四庫經部小學類第 220～221 冊），上海：上海古籍出版社，景印道光二十八年刻本，2002 年版，第 220 冊，第 294 頁。

〔註1565〕〔宋〕司馬光編著，〔元〕胡三省音注：《資治通鑒》，北京：中華書局排印，1956 年版，第 2375 頁。

〔註1566〕〔清〕郝懿行撰：《爾雅義疏》（漢小學四種本），成都：巴蜀書社，景印同治四年郝氏家刻本，2001 年版，第 921 頁。

〔註1567〕〔宋〕司馬光編著，〔元〕胡三省音注：《資治通鑒》，北京：中華書局排印，1956 年版，第 7246 頁。

〔註1568〕〔梁〕顧野王撰：《宋本玉篇》，北京：中國書店，景印張氏澤存堂本，1983

　　培訓爲減，則「培多益寡」義爲減損多者而增益寡者，於義亦通。毛奇齡《仲氏易》曰：「《字書》引《易》『培多益寡』。培者，尅也，即剝也。上從〈剝〉來，是裒多也。益者，愈也，不虧也。下從〈復〉往，是益寡也。損益備則施予平矣。」〔註1569〕是以毛氏亦訓培爲減損也。「裒多益寡」者，多、寡對文，疑「裒」之本字當作「培」，訓減爲是。

稱物｜　尺證反。

　　【疏】所在經文爲「稱物平施」。〔註1570〕稱《廣韻》二讀，訓作知輕重、銓、姓音處陵切，昌蒸開三平曾。訓作惬意、是、等、銓、度音昌孕切，昌證開三去曾。《釋文》音與《廣韻》去聲同。《增修互註禮部韻略・卷四》於去聲「稱」下曰：「又度也，量物所宜也。《易》：『稱物平施』。」〔註1571〕《正義》曰：「『稱物平施』者，稱此物之多少，均平而施」。〔註1572〕《本義》：「裒多益寡，所以稱物之宜，而平其施。損高增卑，以趣於平，亦謙之意也。」〔註1573〕是皆有度義也。

平施｜　始豉反。注同。

　　【疏】施式支、式豉二聲，平爲加施、施設、陳列義；去爲施與、施惠義。參看〈乾〉「德施」條。此處訓爲施與。

大難｜　乃旦反。

　　【疏】所在經文爲「用涉大難」。〔註1574〕參看〈乾〉「而難」條。

自牧｜　牧養之牧。徐音目。一音茂。

　　　　　　　年版，第 116 頁。
〔註1569〕〔清〕毛奇齡撰：《仲氏易》（皇清經解本），上海：上海書店，景印清經解本第一冊，1988 年版，第 506 頁。
〔註1570〕〔魏〕王弼、韓康伯注，〔唐〕孔穎達等正義：《周易正義》，北京：中華書局景印阮刻本，1980 年版，第 19 頁。
〔註1571〕〔宋〕毛晃增注，毛居正重增：《增修互注禮部韻略》，臺灣：商務印書館，景印文淵閣四庫全書本第 237 冊，1983 年版，第 535 頁。
〔註1572〕〔魏〕王弼、韓康伯注，〔唐〕孔穎達等正義：《周易正義》，北京：中華書局景印阮刻本，1980 年版，第 19 頁。
〔註1573〕〔宋〕朱熹撰：《周易本義》（四書五經本），北京：中國書店，據世界書局本景印，1985 年版，第 17 頁。
〔註1574〕〔魏〕王弼、韓康伯注，〔唐〕孔穎達等正義：《周易正義》，北京：中華書局景印阮刻本，1980 年版，第 19 頁。

【疏】所在經文為「卑以自牧也」。〔註 1575〕《釋文》牧養之牧者，釋義也，即訓牧為養也。王弼注：「牧，養也。」〔註 1576〕《莊子·天道》「使天下無失其牧乎」《釋文》引司馬云：「牧，養也。」〔註 1577〕又《釋文》於《尚書·禹貢》「萊夷作牧」曰：「牧，牧養之牧」〔註 1578〕者，同。牧《廣韻》莫六切，明屋合三入通，徐音同之。又《釋文》於《爾雅·釋地》「郊外謂之牧」下曰：「牧，或作目。」〔註 1579〕是二字音近之證也。一音茂者，《別雅·卷五》：「坶野·㙺野，牧野也。《書·武成》『牧野』《說文》作『坶野』，云地名，在朝歌南七十里。《廣韻》作『㙺』，云㙺野，殷近郊地名。《古文尚書》作此。《說文》作『坶』。《釋文》：牧，徐一音茂；引《說文》坶。《字林》音母。母、茂、牧三字皆一聲之轉。周史作書，或借音之相近者用之，而傳經者所受又各有異同也。」〔註 1580〕按牧，古音明紐職部。茂，明紐幽部。旁轉可通。吳氏之說是也。

名者，聲名聞之謂也。| 一讀「名者聲」絕句。聞音問。〔註 1581〕

【疏】所在注文注疏本為「鳴者，聲名聞之謂也」。〔註 1582〕《釋文》上「名」當依阮改作「鳴」。「鳴者，聲名聞之謂也」者，《文選·成公綏〈嘯賦〉》「羣鳴號乎沙漠」李善注引《字林》曰：「鳴，聲也。」〔註 1583〕《廣雅·釋

〔註 1575〕〔魏〕王弼、韓康伯注，〔唐〕孔穎達等正義：《周易正義》，北京：中華書局景印阮刻本，1980 年版，第 19 頁。

〔註 1576〕〔魏〕王弼、韓康伯注，〔唐〕孔穎達等正義：《周易正義》，北京：中華書局景印阮刻本，1980 年版，第 19 頁。

〔註 1577〕〔唐〕陸德明撰：《經典釋文》，北京：中華書局，景印徐乾學通志堂刻本，1983 年版，第 279 頁。

〔註 1578〕〔唐〕陸德明撰：《經典釋文》，北京：中華書局，景印徐乾學通志堂刻本，1983 年版，第 40 頁。

〔註 1579〕〔唐〕陸德明撰：《經典釋文》，北京：中華書局，景印徐乾學通志堂刻本，1983 年版，第 421 頁。

〔註 1580〕〔清〕吳玉搢撰：《別雅》，光緒丁亥年萩林山房刻益雅堂叢書本，卷五，第 8～9 頁。

〔註 1581〕《經典釋文彙校》：「宋本、十行本、閩本同。葉鈔、汲古本、雅雨本經文上『名』字及注文『名』皆作『鳴』。阮云：監本上『名』改『鳴』，是也。寫本無『謂也』二字，『名者聲』絕句下有『名聞之』，為二句六字。」見黃焯撰：《經典釋文彙校》，北京：中華書局，1980 年版，第 12 頁。

〔註 1582〕〔魏〕王弼、韓康伯注，〔唐〕孔穎達等正義：《周易正義》，北京：中華書局景印阮刻本，1980 年版，第 19 頁。

〔註 1583〕〔梁〕蕭統編，〔唐〕李善注：《文選》（四部精要本第十六冊），上海：上海

詁三》：「鳴，名也。」〔註1584〕故鳴有聲名之義。聞《廣韻》二讀，訓爲知聲者，音無分切，微文合三平臻。而訓爲名達者，音亡運切，微問合三去臻，《釋文》音同。依《集韻》訓作聲徹亦音問。故此處聞訓爲聲徹，亦即「鶴鳴于九皋，聲聞于天」之「聞」也。《論語・顏淵》「在邦必聞」邢昺疏：「聞，謂有名譽使人聞之也。」〔註1585〕王弼注「聲名聞」者，聲名爲人所聞之謂也。《正義》曰：「『鳴謙』者，謂聲名也。處正得中，行謙廣遠，故曰『鳴謙』，正而得吉也。」〔註1586〕尋孔氏意，其行謙廣遠即釋王弼注中「聞」字也。一讀「名者聲」絕句者，疑非，依注例，當於「者」後絕句。

匪解｜ 佳賣反。

【疏】所在注文爲「勞謙匪解」。〔註1587〕解音佳賣反者，明假借也。參看〈乾〉「解怠」條。

撝｜ 毀皮反，指撝也，義與麾同，《書》云「右秉白旄以麾」是也。馬云：撝猶離也。鄭讀爲宣。

【疏】所在經文爲「撝謙」。〔註1588〕撝《廣韻》許爲切，曉支合重紐三平止。《釋文》毀皮反，反切上字爲曉紙合重紐三上止，下字爲並支開重紐三平止，此處一切，其開合當依上字定，則音與《廣韻》同也。「指撝也」者，撝《說文・手部》：「一曰手指也。」〔註1589〕《慧琳音義・卷九十三》「恭撝」引王注《周易》曰：「撝，左右指撝也。」〔註1590〕《後漢書・皇甫嵩傳》「指

古籍出版社，景印嘉慶十四年胡克家仿宋淳熙刊本，1992 年版，第 548頁。

〔註1584〕〔清〕王念孫撰：《廣雅疏證》，北京：中華書局，景印嘉慶年間王氏家刻本，1983 年版，第 104 頁。

〔註1585〕〔魏〕何晏等注，〔宋〕邢昺疏：《論語注疏》，北京：中華書局景印阮刻本，1980 年版，第 48 頁。

〔註1586〕〔魏〕王弼、韓康伯注，〔唐〕孔穎達等正義：《周易正義》，北京：中華書局景印阮刻本，1980 年版，第 19 頁。

〔註1587〕〔魏〕王弼、韓康伯注，〔唐〕孔穎達等正義：《周易正義》，北京：中華書局景印阮刻本，1980 年版，第 19 頁。

〔註1588〕〔魏〕王弼、韓康伯注，〔唐〕孔穎達等正義：《周易正義》，北京：中華書局景印阮刻本，1980 年版，第 19 頁。

〔註1589〕〔漢〕許慎撰：《說文解字》，北京：中華書局，景印同治十二年陳昌治刻本，1963 年版，第 256 頁。

〔註1590〕〔唐〕釋慧琳撰：《一切經音義》（續四庫經部小學類第 196～197 冊），上

撝足以振風雲」李賢注：「撝，即麾字，古通用。」〔註 1591〕《資治通鑒・唐紀三》「謂江淮之南指撝可定」胡三省注：「撝，與麾同。」〔註 1592〕僞《子夏易傳》曰：「以之奉五而待於三，奉事得宜，指撝皆從，无不利也。」〔註 1593〕是訓撝爲指撝也。所引「右秉白旄以麾」者，見《尙書・湯誓》。馬云「撝猶離也」者，《說文・手部》：「撝，裂也。」〔註 1594〕段注云：「《易》『撝謙』。馬曰：『撝猶離也』。按撝謙者，溥散其謙，無所往而不用謙。裂義之引申也。」〔註 1595〕由此，撝本義爲裂，此引申爲離散之義。呂祖謙《古易音訓》引晁說之曰：「京作揮。」〔註 1596〕撝、揮同。《本義》云：「故戒以更當發揮其謙，以示不敢自安之意也。」〔註 1597〕發揮者，義與離散、溥散近。「鄭讀爲宣」者，宣古音心紐元部，撝曉紐歌部，對轉可通。

下下| 上遐嫁反，下如字。下句同。

【疏】所在注文爲「則是自上下下之義也」。〔註 1598〕參看〈屯〉「下賤」條。

用侵| 王廙作「寑」。

【疏】所在經文爲「利用侵伐」。〔註 1599〕王廙作「寑|者，假借爲侵也。

　　海：上海古籍出版社，景印日本元文三年至延亨三年樺桑雒東獅谷白蓮社刻本，2002 年版，第 197 冊，第 562 頁。
〔註 1591〕〔南朝宋〕范曄撰：《後漢書》（四部備要本），上海：中華書局，據武英殿本校刊，1936 年版，第 894 頁。
〔註 1592〕〔宋〕司馬光編著，〔元〕胡三省音注：《資治通鑒》，北京：中華書局排印，1956 年版，第 5863 頁。
〔註 1593〕舊題〔周〕卜商撰：《子夏易傳》，揚州：江蘇廣陵古籍刻印社，景印通志堂經解本第一冊，1996 年版，第 14 頁。
〔註 1594〕〔漢〕許慎撰：《說文解字》，北京：中華書局，景印同治十二年陳昌治刻本，1963 年版，第 256 頁。
〔註 1595〕〔清〕段玉裁撰：《說文解字注》，上海：上海古籍出版社，景印嘉慶二十年經韻樓本，1988 年版，第 606～607 頁。
〔註 1596〕〔宋〕呂祖謙撰，〔清〕宋咸熙輯：《古易音訓》（續四庫經部易類第 2 冊），上海：上海古籍出版社，景印清嘉慶七年刻本，2002 年版，第 34 頁。
〔註 1597〕〔宋〕朱熹撰：《周易本義》（四書五經本），北京：中國書店，據世界書局本景印，1985 年版，第 17 頁。
〔註 1598〕〔魏〕王弼、韓康伯注，〔唐〕孔穎達等正義：《周易正義》，北京：中華書局景印阮刻本，1980 年版，第 19 頁。
〔註 1599〕〔魏〕王弼、韓康伯注，〔唐〕孔穎達等正義：《周易正義》，北京：中華書局景印阮刻本，1980 年版，第 19 頁。

朱駿聲《說文通訓定聲》:「寑，叚借又爲侵。」〔註1600〕

征國|　本或作「征邑國」者，非。

【疏】所在經文今之注疏本〔註1601〕、集解本皆作「利用行師征邑國」。
〔註1602〕毛奇齡《仲氏易》曰:「陸德明作『征國』，無『邑』字，謬。」
〔註1603〕依《象傳》亦作「征邑國」，是當有「邑」字也。又《古易音訓》引
晁說之曰:「多邑字，已具卦中。」〔註1604〕〈謙〉卦「征國」下《古易音
訓》引晁說之曰:「本或作『征邑國』者，非。」〔註1605〕晁氏說蓋承《釋
文》，非。

不與|　音預。

【疏】所在注文爲「不與內政」。〔註1606〕與《廣韻》三讀，訓作善、
待、黨與時音余呂切，以語合三上遇。訓作參與時音羊洳切，以御合三去
遇。訓作語辭音以諸切，以魚合三平遇。《釋文》音預與《廣韻》去聲同。訓
爲參與。

爲爭|　爭鬬之爭。

【疏】所在注文爲「處不競之地而爲爭者所奪」。〔註1607〕「爭鬬之爭」，
注音兼釋義也。

〔註1600〕〔清〕朱駿聲撰:《說文通訓定聲》（續四庫經部小學類第220～221冊），上海：上海古籍出版社，景印道光二十八年刻本，2002年版，第220冊，第169頁。

〔註1601〕〔魏〕王弼、韓康伯注，〔唐〕孔穎達等正義:《周易正義》，北京：中華書局景印阮刻本，1980年版，第19頁。

〔註1602〕〔唐〕李鼎祚撰:《周易集解》，北京：中國書店，景印嘉慶三年姑蘇喜墨齋張遇堯局鐫本，1987年版，卷四，第12頁。

〔註1603〕〔清〕毛奇齡撰:《仲氏易》（皇清經解本），上海：上海書店，景印清經解本第一冊，1988年版，第506頁。

〔註1604〕〔宋〕呂祖謙撰，〔清〕宋咸熙輯:《古易音訓》（續四庫經部易類第2冊），上海：上海古籍出版社，景印清嘉慶七年刻本，2002年版，第43頁。

〔註1605〕〔宋〕呂祖謙撰，〔清〕宋咸熙輯:《古易音訓》（續四庫經部易類第2冊），上海：上海古籍出版社，景印清嘉慶七年刻本，2002年版，第34頁。

〔註1606〕〔魏〕王弼、韓康伯注，〔唐〕孔穎達等正義:《周易正義》，北京：中華書局景印阮刻本，1980年版，第19頁。

〔註1607〕〔魏〕王弼、韓康伯注，〔唐〕孔穎達等正義:《周易正義》，北京：中華書局景印阮刻本，1980年版，第19頁。

䷏ 豫丨 餘慮反，悅豫也，備豫也。馬云：豫樂。震宮一世卦。〔註1608〕

【疏】豫《廣韻》羊洳切，以御合三去遇，《釋文》音同。《爾雅·釋詁上》：「豫，樂也。」邢昺疏：「豫者，逸樂也。」〔註1609〕《莊子·應帝王》「何問之不豫」《釋文》引簡文云：「豫，悅也。」〔註1610〕《孟子·離婁上》「舜盡事親之道，而瞽瞍厎豫」趙岐注：「豫，樂也。」〔註1611〕故豫有喜悅之義，《釋文》悅豫與所引馬融豫樂義同。《集解》引鄭玄曰：「豫，喜佚、說樂之貌也。」〔註1612〕《正義》曰：「謂之豫者，取逸豫之義，以和順而動，動不違眾，眾皆說豫，故謂之豫也。」〔註1613〕是鄭孔訓同。《釋文》又云「備豫也」者，豫與預通，有預備義。《左傳·隱公元年》「豫凶事」洪亮吉《詁》：「豫，備也。」〔註1614〕《淮南子·說山》「知者善豫」高誘注：「豫，備也。」〔註1615〕《易》注中〈豫〉卦訓預備義者，如《周禮·天官·宮正》「夕擊柝而比之」孔穎達疏引鄭玄注云：「又其卦為豫，有守備則不可自逸是也。」〔註1616〕又《易·繫辭下》「重門擊柝，以待暴客，蓋取諸豫」王弼注云：「取其豫備。」〔註1617〕

不忒丨 他得反。鄭云：差也。京作「貸」。〔註1618〕

〔註1608〕《經典釋文彙校》：「寫本『馬』下出『王』字，『樂』下有『也』字。」見黃焯撰：《經典釋文彙校》，北京：中華書局，1980年版，第13頁。
〔註1609〕〔晉〕郭璞注，〔宋〕邢昺疏：《爾雅注疏》，北京：中華書局景印阮刻本，1980年版，第3頁。
〔註1610〕〔唐〕陸德明撰：《經典釋文》，北京：中華書局，景印徐乾學通志堂刻本，1983年版，第372頁。
〔註1611〕〔漢〕趙岐注，〔宋〕孫奭疏：《孟子注疏》，北京：中華書局景印阮刻本，1980年版，第59頁。
〔註1612〕〔唐〕李鼎祚撰：《周易集解》，北京：中國書店，景印嘉慶三年姑蘇喜墨齋張遇堯局鐫本，1987年版，卷四，第12頁。
〔註1613〕〔魏〕王弼、韓康伯注，〔唐〕孔穎達等正義：《周易正義》，北京：中華書局景印阮刻本，1980年版，第19頁。
〔註1614〕〔清〕洪亮吉撰：《春秋左傳詁》（四部備要），上海：中華書局，據南菁書院續經解本校刊，1936年版，第39頁。
〔註1615〕〔漢〕劉安著，高誘注：《淮南子》，上海：上海書店，景印諸子集成本，1986年版，第278頁。
〔註1616〕〔漢〕鄭玄注，〔唐〕賈公彥疏：《周禮注疏》，北京：中華書局景印阮刻本，1980年版，第19頁。
〔註1617〕〔魏〕王弼、韓康伯注，〔唐〕孔穎達等正義：《周易正義》，北京：中華書局景印阮刻本，1980年版，第75頁。
〔註1618〕《經典釋文彙校》：「惠云：貸，古文忒。」見黃焯撰：《經典釋文彙校》，北

【疏】所在經文爲「而四時不忒」。〔註1619〕忒《廣韻》他德切,透德開一入曾。《釋文》音同。鄭云「差也」者,《廣雅・釋詁四》:「忒,差也。」〔註1620〕《觀・象傳》「觀天之神道而四時不忒」李鼎祚《集解》引虞翻曰:「忒,差迭也。」〔註1621〕《詩・大雅・抑》「昊天不忒」《釋文》:「忒,差也。」〔註1622〕京作「貸」者,《爾雅・釋言》「爽,忒也」郝懿行《義疏》:「忒,通作貸。」〔註1623〕《管子・弟子職》「其儀不忒」戴望《校正》:「宋本忒作貸。」〔註1624〕惠棟《九經古義・周易上》:「貸,即忒也。」〔註1625〕《說文・貝部》朱駿聲《通訓定聲》:「貸,叚借又爲忒。」〔註1626〕此處貸假借爲忒,義同。

地奮| 方問反。

【疏】所在經文爲「雷出地奮,豫。」〔註1627〕奮《廣韻》方問切,非問合三去臻。《釋文》音同。

殷| 於勤反。馬云:盛也。《說文》云:作樂之盛稱殷。京作「隱」。

【疏】所在經文爲「殷薦之上帝」。〔註1628〕殷《廣韻》二讀,朱殷烏閑

京:中華書局,1980年版,第13頁。

〔註1619〕〔魏〕王弼、韓康伯注,〔唐〕孔穎達等正義:《周易正義》,北京:中華書局景印阮刻本,1980年版,第19頁。

〔註1620〕〔清〕王念孫撰:《廣雅疏證》,北京:中華書局,景印嘉慶年間王氏家刻本,1983年版,第128頁。

〔註1621〕〔唐〕李鼎祚撰:《周易集解》,北京:中國書店,景印嘉慶三年姑蘇喜墨齋張遇堯局鐫本,1987年版,卷四,第13頁。

〔註1622〕〔唐〕陸德明撰:《經典釋文》,北京:中華書局,景印徐乾學通志堂刻本,1983年版,第97頁。

〔註1623〕〔清〕郝懿行撰:《爾雅義疏》(漢小學四種本),成都:巴蜀書社,景印同治四年郝氏家刻本,2001年版,第984頁。

〔註1624〕〔唐〕尹知章注,戴望校正:《管子校正》,上海:上海書店,景印諸子集成本,1986年版,第322頁。

〔註1625〕〔清〕惠棟撰:《九經古義》(叢書集成初編總類第254～255冊),上海:商務印書館,據貸園叢書本排印,1937年版,第5頁。

〔註1626〕〔清〕朱駿聲撰:《說文通訓定聲》(續四庫經部小學類第220～221冊),上海:上海古籍出版社,景印道光二十八年刻本,2002年版,第220冊,第300頁。

〔註1627〕〔魏〕王弼、韓康伯注,〔唐〕孔穎達等正義:《周易正義》,北京:中華書局景印阮刻本,1980年版,第19頁。

〔註1628〕〔魏〕王弼、韓康伯注,〔唐〕孔穎達等正義:《周易正義》,北京:中華書

切，影山開二平山。殷盛於斤切，影欣開三平臻。《釋文》音同《廣韻》於斤切。《說文·肙部》：「殷，作樂之盛稱殷。」〔註1629〕《釋文》所引《說文》同。引申之，則殷有盛大之義。《左傳·襄公二十二年》「殷以少牢」杜預注：「殷，盛也。」〔註1630〕《公羊傳·文公二年》「五年而再殷祭」何休注：「殷，盛也。」〔註1631〕《漢書·藝文志》「殷薦之上帝」顏師古注：「殷，盛也。」〔註1632〕馬融義同。京作「隱」者，殷、隱二字古音同在影紐文部，故典籍中一字可通，《楚辭·哀時命》「懷隱憂而歷茲」舊校：「隱，一作殷。」〔註1633〕《尚書大傳》「以孝子之隱乎」鄭玄注：「隱，字或爲殷。」〔註1634〕此處京作隱者，假借爲殷，義同。

薦｜ 將電反。本又作「薼」，同。本或作「廌」，獸名耳，非。

【疏】薦《廣韻》作旬切，精霰開四去山。《釋文》音同。薦、薼異體字。《隸辨·霰韻》：「《孔宙碑》『薼可黜否。』按：《易·豫卦》『殷薦之上帝』《釋文》云薦木又作薼，同。」〔註1635〕《說文·廌部》：「薦，獸之所食艸。从廌从艸。」〔註1636〕廌本爲獸名，故薦或作薼者，疊加義符豕而成，於義則同，故二字爲異體也。此處薦字，訓爲進也，《易·豫·象傳》「殷薦之上帝」《集解》引鄭玄曰：「薦，進也。」〔註1637〕而本或作「廌」者，《說文·廌部》：「廌，

局景印阮刻本，1980 年版，第 19 頁。

〔註1629〕〔漢〕許慎撰：《說文解字》，北京：中華書局，景印同治十二年陳昌治刻本，1963 年版，第 170 頁。

〔註1630〕〔晉〕杜預注，〔唐〕孔穎達等正義：《春秋左傳正義》，北京：中華書局景印阮刻本，1980 年版，第 272 頁。

〔註1631〕〔漢〕何休注，〔唐〕徐彥疏：《春秋公羊傳注疏》，北京：中華書局景印阮刻本，1980 年版，第 73 頁。

〔註1632〕〔漢〕班固撰：《前漢書》（四部備要本），上海：中華書局，據武英殿本校刊，1936 年版，第 575 頁。

〔註1633〕〔宋〕洪興祖撰：《楚辭補注》（叢書集成初編文學類第 1812～1816 冊），上海：商務印書館，據惜陰軒叢書本排印，1939 年版，第 207 頁。

〔註1634〕〔漢〕伏勝撰，〔漢〕鄭玄注：《尚書大傳》，光緒丙申年師伏堂刊本，卷六，第 6 頁。

〔註1635〕〔清〕顧藹吉撰：《隸辨》，北京：中華書局，景印康熙五十七年項絪玉淵堂刊本，1986 年版，第 146 頁。

〔註1636〕〔漢〕許慎撰：《說文解字》，北京：中華書局，景印同治十二年陳昌治刻本，1963 年版，第 202 頁。

〔註1637〕〔唐〕李鼎祚撰：《周易集解》，北京：中國書店，景印嘉慶三年姑蘇喜墨齋張遇堯局鐫本，1987 年版，卷四，第 13 頁。

解廌，獸也，似山牛，一角。古者決訟，令觸不直。」〔註1638〕，故廌本爲獸名，作「廌」非。

介于｜ 音界，纖介。古文作「砎」。鄭古八反，云：謂磨砎也。馬作「扴」，云：觸小石聲。

【疏】所在經文爲「介于石」。〔註 1639〕介《廣韻》古拜切，見怪開二去蟹。《釋文》音同。「纖介」者，《易・繫辭上》「憂悔吝者存乎介」韓康伯注：「纖介也。」《資治通鑒・漢紀五十五》「權不以介意」胡三省注：介，「纖微也。」〔註 1640〕是介有纖微之義。又介有大義，《易・晉》「受茲介福」《釋文》：「介，大也。」〔註 1641〕《詩・大雅・生民》「攸介攸止」毛《傳》：「介，大也。」〔註 1642〕介兼大小二義，反訓也。此處「介于石」訓爲纖介者，《集解》引虞翻曰：「介，纖也。」〔註 1643〕訓同。古文作「砎」者，鄭本如之。鄭古八反者，砎《廣韻》三讀，訓作硬者音古拜切，見怪開二去蟹。訓作礊砎、小石者音古黠切，見黠開二入山。訓作礊砎、硬者音胡瞎切，見鎋開二入山。鄭音與古黠切同。鄭訓「磨砎」者，疑同「礊砎」，蓋一聲之轉也。磨、礊同在明紐，故从麻、蔑得聲之字可通。如《說文・弼部》：「𥹮，涼州謂鬻爲𥹮。从鬻糜聲。」〔註 1644〕段注云：「按此鬻，鍇本作麼爲長。麼、𥹮雙聲故也。」〔註 1645〕麼、𥹮從麻、蔑得聲，於義相通，可資佐證。依《廣韻》，礊砎似有二義，一爲小石，一爲堅硬。若訓爲小石，則與《釋文》纖介

〔註1638〕〔漢〕許愼撰：《說文解字》，北京：中華書局，景印同治十二年陳昌治刻本，1963 年版，第 202 頁。

〔註1639〕〔魏〕王弼、韓康伯注，〔唐〕孔穎達等正義：《周易正義》，北京：中華書局景印阮刻本，1980 年版，第 20 頁。

〔註1640〕〔宋〕司馬光編著，〔元〕胡三省音注：《資治通鑒》，北京：中華書局排印，1956 年版，第 2083 頁。

〔註1641〕〔唐〕陸德明撰：《經典釋文》，北京：中華書局，景印徐乾學通志堂刻本，1983 年版，第 25 頁。

〔註1642〕〔漢〕毛公傳、鄭玄箋，〔唐〕孔穎達等正義：《毛詩正義》，北京：中華書局景印阮刻本，1980 年版，第 260 頁。

〔註1643〕〔唐〕李鼎祚撰：《周易集解》，北京：中國書店，景印嘉慶三年姑蘇喜墨齋張遇堯局鐫本，1987 年版，卷四，第 14 頁。

〔註1644〕〔漢〕許愼撰：《說文解字》，北京：中華書局，景印同治十二年陳昌治刻本，1963 年版，第 63 頁。

〔註1645〕〔清〕段玉裁撰：《說文解字注》，上海：上海古籍出版社，景印嘉慶二十年經韻樓本，1988 年版，第 112 頁。

義同。若訓爲硬者，《玄應音義・卷十四》「衣鋼」注引《通俗文》：「堅硬不消曰礦砏。」〔註1646〕又《集解》引侯果曰：「假如堅石不可移變，應時則改，不待終日。」〔註1647〕《正義》曰：「守志耿介似於石」〔註1648〕。是侯、孔皆訓介爲堅定不移之義也，與堅硬義近。鄭云「磨砏」者，又似訓砏爲磨。《集韻・黠部》：「砏，磨也。」〔註1649〕鄭玄師從馬融，馬作「扴」，義亦近之。《說文・手部》：「扴，刮也。」〔註1650〕段注云：「《廣韵》曰：扴者，揩扴物也。《易》『介于石』。馬本作「扴」，云『觸小石聲』。按扴于石，謂摩硪于石也。」〔註1651〕依段注，訓爲摩硪，則「扴于石」似《易・坎》「困于石」，乃人爲石所摩擦之義也。於義可通，存備一說。又戰國楚簡《周易》「介」字作「矤」，〔註1652〕从矢从介，隸定爲矵，字未見字書，濮茅左讀矵作介，訓依前人。按，「介」字甲骨作 𠇮（鐵八〇・二）、𠇮（鐵一七七・一）、𠇮（乙三四六八）〔註1653〕，象人披甲之狀，故「矵」字本義當爲甲士爲矢所傷也。據此，「石」當訓作古代戰時之石制武器。《左傳・襄公十年》「荀偃、士匄帥卒攻偪陽，親受矢石。」孔穎達疏：「兵法守城用礌石以擊攻者。」〔註1654〕又《呂氏春秋・貴直》「而立於矢石之所及」高誘注：「石，礜也。」〔註1655〕《書・禹貢》：「厥貢羽毛齒革，惟金三品，杶榦栝柏，礪砥砮丹。」孔穎達疏引賈

〔註1646〕〔唐〕釋玄應撰：《一切經音義》（續四庫經部小學類第198冊），上海：上海古籍出版社，景印道光乙巳鐫海山仙館叢書本，2002年版，第166頁。
〔註1647〕〔唐〕李鼎祚撰：《周易集解》，北京：中國書店，景印嘉慶三年姑蘇喜墨齋張遇堯局鐫本，1987年版，卷四，第14頁。
〔註1648〕〔魏〕王弼、韓康伯注，〔唐〕孔穎達等正義：《周易正義》，北京：中華書局景印阮刻本，1980年版，第20頁。
〔註1649〕〔宋〕丁度撰：《集韻》，北京：中華書局，景印北京圖書館藏宋刻本，1988年版，第199頁。
〔註1650〕〔漢〕許慎撰：《說文解字》，北京：中華書局，景印同治十二年陳昌治刻本，1963年版，第253頁。
〔註1651〕〔清〕段玉裁撰：《說文解字注》，上海：上海古籍出版社，景印嘉慶二十年經韻樓本，1988年版，第601頁。
〔註1652〕馬承源主編：《上海博物館藏戰國楚竹書（三）》，上海：上海古籍出版社，2003年版，第224頁。
〔註1653〕中國科學院考古研究所編輯：《甲骨文編》（考古學專刊本，乙種第十四號），北京：中華書局，1965年版，第36頁。
〔註1654〕〔晉〕杜預注，〔唐〕孔穎達等正義：《春秋左傳正義》，北京：中華書局景印阮刻本，1980年版，第244頁。
〔註1655〕〔漢〕高誘注：《呂氏春秋》，上海：上海書店，景印諸子集成本，1986年版，第298頁。

逯曰：「砮，矢鏃之石也。」〔註1656〕據此，石或訓爲礪石，或訓爲砮石，然皆爲戰時石制武器也。戰國楚簡《周易》所在句爲「矵于石，不冬日，貞吉。」〔註1657〕冬通終，則此句義爲：爲石所傷，不待終日，貞問可得吉也。又馬王堆漢墓帛書《周易》作「疥于石」，《帛書周易校釋》以疥通痎，訓爲兩日一發之瘧疾。又以石通祏，云：「『疥于石』，謂發瘧疾于宗廟石室之中，蓋在祭祀時發病。」〔註1658〕然「祏」字甲骨作𥘅（甲九四五）、𥘅（鐵一二一・一）、𥘅（前六・三・七）、𥘅（庫一〇六）〔註1659〕，皆从示从石。至於世傳及出土《周易》此處爻辭均未見从示之「祏」，故徑讀石爲祏，恐覺不安。考「疥」字，《說文・广部》：「疥，搔也。」〔註1660〕則疥本義爲搔癢之疾，即疥瘡也。此處若釋爲疥瘡以砭石治之，不終日則得吉。於義似可通。然於「疥于石」句法不符，故此處疥當引申爲病，義即爲石所傷，則與戰國楚簡義同矣。又《釋文》所引古文作「砎」、引馬融作「扴」，砎、扴皆有摩擦之義，引申之，亦可訓爲傷也。

苟說| 音悅。

【疏】所在注文爲「故不苟說」。〔註1661〕說、悅，古今字。

盱| 香于反，睢盱也。向云：睢盱，小人喜悅之貌。王肅云：盱，大也。鄭云：誇也。《說文》云：張目也。《字林》火孤反，又火于反。子夏作「紆」。京作「汙」。姚作「旴」，云：日始出，引《詩》旴日始旦。〔註1662〕

〔註1656〕〔漢〕孔安國傳，〔唐〕孔穎達等正義：《尚書正義》，北京：中華書局景印阮刻本，1980年版，第37頁。

〔註1657〕馬承源主編：《上海博物館藏戰國楚竹書（三）》，上海：上海古籍出版社，2003年版，第155頁。

〔註1658〕鄧球柏撰：《帛書周易校釋》，長沙：湖南人民出版社，2002年版，第188～189頁。

〔註1659〕中國科學院考古研究所編輯：《甲骨文編》（考古學專刊本，乙種第十四號），北京：中華書局，1965年版，第9頁。

〔註1660〕〔漢〕許慎撰：《說文解字》，北京：中華書局，景印同治十二年陳昌治刻本，1963年版，第155頁。

〔註1661〕〔魏〕王弼、韓康伯注，〔唐〕孔穎達等正義：《周易正義》，北京：中華書局景印阮刻本，1980年版，第20頁。

〔註1662〕《經典釋文彙校》：「寫本作『馬、王云』。」見黃焯撰：《經典釋文彙校》，北京：中華書局，1980年版，第13頁。宋毛居正《六經正誤》：「『盱』字

【疏】所在經文爲「盱豫悔」。〔註 1663〕盱《廣韻》況于切，曉虞合三平遇。《釋文》音同。《集解》引向秀曰：「睢盱，小人喜說佞媚之貌也。」〔註1664〕與《釋文》所引向云義同。《正義》：「『盱』謂睢盱。睢盱者，喜說之貌。」〔註1665〕亦同。王肅云「盱，大也」者，《漢書・地理志下》「恂盱且樂」顏師古注：「盱，大也。」〔註1666〕《經義述聞・春秋名字解詁・蔡公孫霍字盱》：「盱之言于也。于，大也。」〔註1667〕鄭云「誇也」者，亦是大義。誇本爲誇誕，《說文・言部》：「誇，譀也。」〔註1668〕引申之而有大義，《管子・白心》「是故萬物均既誇眾矣」尹知章注：「誇，大也。」〔註1669〕《漢書・孝成許皇后傳》「妾誇布服糲食」顏師古注引孟康曰：「誇，大也。」〔註1670〕《說文》云「張目也」者，《說文・目部》：「盱，張目也。」〔註1671〕《文選・張衡〈西京賦〉》「睢盱拔扈」李善注引《字林》曰：「盱，張目也。」〔註1672〕是《說文》、《字林》訓同。然《列子・皇帝》「而盱盱」張湛注引《說文》云：

注『盱日始旦』，『日』作『曰』，誤。」見〔宋〕毛居正撰：《六經正誤》，揚州：江蘇廣陵古籍刻印社，景印通志堂經解本第十六冊，1996 年版，第569 頁。由此可見毛氏所見本《釋文》「盱日」譌作「曰」也。
〔註 1663〕〔魏〕王弼、韓康伯注，〔唐〕孔穎達等正義：《周易正義》，北京：中華書局景印阮刻本，1980 年版，第 20 頁。
〔註 1664〕〔唐〕李鼎祚撰：《周易集解》，北京：中國書店，景印嘉慶三年姑蘇喜墨齋張遇堯局鐫本，1987 年版，卷四，第 14 頁。
〔註 1665〕〔魏〕王弼、韓康伯注，〔唐〕孔穎達等正義：《周易正義》，北京：中華書局景印阮刻本，1980 年版，第 20 頁。
〔註 1666〕〔漢〕班固撰：《前漢書》（四部備要本），上海：中華書局，據武英殿本校刊，1936 年版，第 557 頁。
〔註 1667〕〔清〕王引之撰：《經義述聞》（續四庫經部羣經總義類第 174～175 冊），上海：上海古籍出版社，景印道光七年王氏京師刻本，2002 年版，第 175 冊，第 105 冊。
〔註 1668〕〔漢〕許慎撰：《說文解字》，北京：中華書局，景印同治十二年陳昌治刻本，1963 年版，第 55 頁。
〔註 1669〕〔唐〕尹知章注，戴望校正：《管子校正》，上海：上海書店，景印諸子集成本，1986 年版，第 224 頁。
〔註 1670〕〔漢〕班固撰：《前漢書》（四部備要本），上海：中華書局，據武英殿本校刊，1936 年版，第 1305 頁。
〔註 1671〕〔漢〕許慎撰：《說文解字》，北京：中華書局，景印同治十二年陳昌治刻本，1963 年版，第 71 頁。
〔註 1672〕〔梁〕蕭統編，〔唐〕李善注：《文選》（四部精要本第十六冊），上海：上海古籍出版社，景印嘉慶十四年胡克家仿宋淳熙刊本，1992 年版，第 452 頁。

「仰目也。」〔註 1673〕與今本及《釋文》所引《說文》異。又《周易本義》云：
「盰，上視也。」〔註 1674〕義則同於張氏所引。《字林》火于反音同《釋文》
首音。而又火孤反者，曉模合一平遇，《集韻》增荒胡切，音同。又《詩·大
雅·文王》「常服黼冔」《釋文》：「冔，況甫反。殷冠名。《字林》作黁，又火
于反。」〔註 1675〕被切字冔，《廣韻》況羽切，與《釋文》首音況甫反，同為
曉紐麌韻合口三等字。而《字林》火于反，為曉紐虞韻合口三等字。此亦《字
林》盰字模、虞二讀之證也。或為方音存異，或為音變所致，則不能細考。
又《廣韻》中膴，一音荒烏切，曉模合一平遇；一音武夫切，微虞合三平遇。
鋪，一音普胡切，滂模合一平遇；一音芳無切，敷虞合三平遇。痡，一音普
胡切，滂模合一平遇；一音芳無切，敷虞合三平遇。皆此類也。子夏作「紆」
者，李富孫《異文釋》：「《晁氏易》云：陸績作紆。」〔註 1676〕紆者，《說文·
糸部》：「紆，詘也。」〔註 1677〕故紆有紆回屈曲之義，「紆有悔，遲有悔」似
訓為路途迂迴致使遲至而有悔恨也。偽《子夏易傳》作「盰」，曰：「四經始
之地也，而三統下卦之主而不當位，是以遲速皆不中也。盰而遽來，柔涉乎
諂也。遲而後至，疑懼旅於眾也，是以悔矣。」〔註 1678〕詳考其義，「盰而遽
來」，似訓盰為張目也，故疑紆或為盰字之譌也。京作「汙」者，假借為紆也。
〈春秋序〉「四曰盡而不汙」《釋文》：「汙，曲也。」〔註 1679〕《漢書·鄒陽傳》
「回面汙行」顏師古注引或曰：「汙，曲也。」〔註 1680〕此皆汙讀作紆之明證。
姚作「旴」者，蓋因盰、旴形近相淆所致。《廣韻·虞韻》：「旴，日始出皃。」

〔註 1673〕〔晉〕張湛注：《列子》，上海：上海書店，景印諸子集成本，1986 年版，
　　　　　第 25 頁。
〔註 1674〕〔宋〕朱熹撰：《周易本義》（四書五經本），北京：中國書店，據世界書局
　　　　　本景印，1985 年版，第 18 頁。
〔註 1675〕〔唐〕陸德明撰：《經典釋文》，北京：中華書局，景印徐乾學通志堂刻本，
　　　　　1983 年版，第 90 頁。
〔註 1676〕〔清〕李富孫撰：《易經異文釋》（續四庫經部易類第 27 冊），上海：上海古
　　　　　籍出版社，景印南菁書院續經解本，2002 年版，第 673 頁。
〔註 1677〕〔漢〕許慎撰：《說文解字》，北京：中華書局，景印同治十二年陳昌治刻本，
　　　　　1963 年版，第 272 頁。
〔註 1678〕舊題〔周〕卜商撰：《子夏易傳》，揚州：江蘇廣陵古籍刻印社，景印通志堂
　　　　　經解本第一冊，1996 年版，第 14 頁。
〔註 1679〕〔唐〕陸德明撰：《經典釋文》，北京：中華書局，景印徐乾學通志堂刻本，
　　　　　1983 年版，第 221 頁。
〔註 1680〕〔漢〕班固撰：《前漢書》（四部備要本），上海：中華書局，據武英殿本校
　　　　　刊，1936 年版，第 780 頁。

〔註 1681〕姚信所引《詩》作「旴日始旦」，今《詩·邶風·匏有苦葉》作「旭日始旦」〔註1682〕故旴當爲旭之異體。據姚本，則「旴有悔，遲有悔」義爲旦暮皆有悔恨也。於義可通，存以備考。

睢| 香維反。《說文》云：仰目也。《字林》火佳反。〔註 1683〕

【疏】所在注文爲「若其睢旴而豫，悔亦生焉」。〔註 1684〕睢《廣韻》四讀，訓作水名，音息遺切，心脂合三平止。訓作睢旴、視貌音許維切，曉脂合重紐四平止。訓作仰目音許規切，曉支合重紐四平止。訓作恣睢、暴戾音香季切，曉至合重紐四去止。《釋文》香維反與《廣韻》許維切音同。所引《說文》亦與今本同。訓作仰目者，《戰國策·燕策一》「若恣睢奮擊」鮑彪注：「睢，仰目。」〔註 1685〕《文選·張衡〈西京賦〉》「睢旴拔扈」李善注引《字林》曰：「睢，仰目也。」〔註 1686〕《字林》「火佳反」者，當依宋本、神廟本改作「佳」，則《字林》與《釋文》首音同也。

由豫| 由，從也。鄭云：用也。馬作「猶」，云：猶豫，疑也

【疏】所在經文爲「由豫，大有得」。「由，從也」者，《詩·王風·君子陽陽》「右招我由房」鄭玄《箋》：「由，從也。」〔註 1687〕《禮記·經解》「夫禮，禁亂之所由生」孔穎達疏：「由，從也。」〔註 1688〕又僞《子夏易傳》於此曰：「一陽而能濟眾也，而上下應之，所以得豫，皆由之也。」〔註 1689〕

〔註 1681〕〔宋〕陳彭年，丘雍撰：《宋本廣韻》，南京：江蘇教育出版社，景印南宋巾箱本，2008 年版，第 19 頁。

〔註 1682〕〔漢〕毛公傳、鄭玄箋，〔唐〕孔穎達等正義：《毛詩正義》，北京：中華書局景印阮刻本，1980 年版，第 35 頁。

〔註 1683〕《經典釋文彙校》：「宋本『佳』作『佳』，是也。盧依神廟本改正。」見黃焯撰：《經典釋文彙校》，北京：中華書局，1980 年版，第 13 頁。

〔註 1684〕〔魏〕王弼、韓康伯注，〔唐〕孔穎達等正義：《周易正義》，北京：中華書局景印阮刻本，1980 年版，第 20 頁。

〔註 1685〕〔宋〕鮑彪校注，〔元〕吳師道重校，〔明〕張文燧集評：《戰國策譚椒》（四庫存目叢書史部第 44 冊），濟南：齊魯書社，景印明萬曆刻本，1997 年版，第 333 頁。

〔註 1686〕〔梁〕蕭統編，〔唐〕李善注：《文選》（四部精要本第十六冊），上海：上海古籍出版社，景印嘉慶十四年胡克家仿宋淳熙刊本，1992 年版，第 452 頁。

〔註 1687〕〔漢〕毛公傳、鄭玄箋，〔唐〕孔穎達等正義：《毛詩正義》，北京：中華書局景印阮刻本，1980 年版，第 63 頁。

〔註 1688〕〔漢〕鄭玄注，〔唐〕孔穎達等正義：《禮記正義》，北京：中華書局景印阮刻本，1980 年版，第 382 頁。

〔註 1689〕舊題〔周〕卜商撰：《子夏易傳》，揚州：江蘇廣陵古籍刻印社，景印通志堂

《集解》於此下引侯果曰：「爲豫之主，眾陰所宗，莫不由之，以得其豫。」
〔註1690〕是皆訓由爲從也。鄭云「用也」者，《小爾雅‧廣詁》：「由，用也。」
〔註1691〕《書‧大誥》「爽邦由哲」孔穎達疏：「由，用也。」〔註1692〕《左傳‧
宣公十五年》「商紂由之」杜預注：「由，用也。」〔註1693〕馬作「猶」者，由、
猶古多相通。故《韓非子‧說林下》「知伯將伐仇由」王先謙《集解》引顧廣
圻曰：「《史記‧樗里子列傳》作仇猶。」〔註1694〕《文選‧嵇康〈養生論〉》：
「是由桓侯抱將死之疾」舊校云：「五臣本由作猶。」〔註1695〕是二字古通之
證也。猶豫者，連緜字也，朱駿聲《說文通訓定聲》：「猶豫，此雙聲連語，
故亦作尢豫，作由與，作猶與。」〔註1696〕《廣雅‧釋訓》：「躊躇，猶豫也。」
〔註1697〕《資治通鑑‧周紀三》「猶豫未能決」胡三省注：「世謂不決曰猶豫。」
〔註1698〕馬融云「猶豫，疑也」者，義同，且與此爻爻辭下文「勿疑」相對，
於義可通。然考〈豫〉卦諸爻辭，初六「鳴豫」、六三「盱豫」、上六「冥豫」，
豫當是獨立之字，且依上下文句觀之，「由豫」與「勿疑」對文，九四「由豫」
似不當作連緜字觀。馬融之說似待商榷。按，「由豫」戰國楚簡《周易》作「猷
豫」，〔註1699〕「猷」同馬融本「猶」字。愚以爲楚簡「猷」當通作「由」，《羣

經解本第一冊，1996 年版，第 14 頁。
〔註1690〕〔唐〕李鼎祚撰：《周易集解》，北京：中國書店，景印嘉慶三年姑蘇喜墨齋
張遇堯局鐫本，1987 年版，卷四，第 14 頁。
〔註1691〕〔清〕宋翔鳳撰：《小爾雅訓纂》（續四庫經部小學類第 189 冊），上海：上
海古籍出版社，景印嘉慶年間浮溪精舍叢書本，2002 年版，第 485 頁。
〔註1692〕〔漢〕孔安國傳，〔唐〕孔穎達等正義：《尚書正義》，北京：中華書局景印
阮刻本，1980 年版，第 87～89 頁。
〔註1693〕〔晉〕杜預注，〔唐〕孔穎達等正義：《春秋左傳正義》，北京：中華書局景
印阮刻本，1980 年版，第 185 頁。
〔註1694〕〔清〕王先謙集解：《韓非子集解》，上海：上海書店，景印諸子集成本，1986
年版，第 142 頁。
〔註1695〕〔梁〕蕭統編，〔唐〕李善、呂延濟、劉良、張銑、呂向、李周翰注：《六臣
注文選》，北京：中華書局，景印涵芬樓藏宋刊本，1987 年版，第 978 頁。
〔註1696〕〔清〕朱駿聲撰：《說文通訓定聲》（續四庫經部小學類第 220～221 冊），上
海：上海古籍出版社，景印道光二十八年刻本，2002 年版，第 220 冊，第
327 頁。
〔註1697〕〔清〕王念孫撰：《廣雅疏證》，北京：中華書局，景印嘉慶年間王氏家刻本，
1983 年版，第 192 頁。
〔註1698〕〔宋〕司馬光編著，〔元〕胡三省音注：《資治通鑑》，北京：中華書局排印，
1956 年版，第 84 頁。
〔註1699〕馬承源主編：《上海博物館藏戰國楚竹書（三）》，上海：上海古籍出版社，

經平議・尚書二》「予告女訓女猷黜乃心」俞樾按：「猷即猶字也，猶通作由。莊十四年《左傳正義》曰：『古者猶、由二字義得通用』是也。」〔註1700〕又㲋讀作豫，楚簡「猷㲋」當讀如世傳本「由豫」爲是。又馬王堆漢墓帛書《周易》作「允餘」，〔註1701〕《爾雅・釋詁上》：「允，信也。」〔註1702〕餘讀作豫。則「允餘」義爲信有豫樂，義亦通。

盍｜ 胡臘反・合也。

【疏】所在經文爲「朋盍簪」。〔註1703〕盍《廣韻》胡臘切，匣盍開一入咸。《釋文》音同。「合也」者，《爾雅・釋詁上》：「盍，合也。」〔註1704〕《集解》於此引虞翻曰：「盍，合也。」〔註1705〕王弼注亦同。

簪｜ 徐側林反，《子夏傳》同，疾也。鄭云：速也。《埤蒼》同。王肅又祖感反。古文作「貸」。京作「撍」。馬作「臧」。荀作「宗」。虞作「戠」，戠，叢合也。蜀才本依京，義從鄭。〔註1706〕

【疏】所在經文注疏本作「朋盍簪」。〔註1707〕簪《廣韻》二讀，一音作含切，精覃開一平咸。一音側吟切，莊侵開三平深。音異義同。《釋文》引徐氏側林反者，與《廣韻》側吟切音同。《子夏傳》云「疾也」者，《說文・旡

〔註1700〕 〔清〕俞樾撰：《羣經平議》（續四庫經部羣經總義類第178冊），上海：上海古籍出版社，景印清光緒二十五年刻春在堂全書本，2002 年版，第 55 頁。
〔註1701〕 馬承源主編：《上海博物館藏戰國楚竹書（三）》，上海：上海古籍出版社，2003 年版，第 224 頁。
〔註1702〕 〔晉〕郭璞注，〔宋〕邢昺疏：《爾雅注疏》，北京：中華書局景印阮刻本，1980 年版，第 3 頁。
〔註1703〕 〔魏〕王弼、韓康伯注，〔唐〕孔穎達等正義：《周易正義》，北京：中華書局景印阮刻本，1980 年版，第 20 頁。
〔註1704〕 〔晉〕郭璞注，〔宋〕邢昺疏：《爾雅注疏》，北京：中華書局景印阮刻本，1980 年版，第 3 頁。
〔註1705〕 〔唐〕李鼎祚撰：《周易集解》，北京：中國書店，景印嘉慶三年姑蘇喜墨齋張遇堯局鐫本，1987 年版，卷四，第 14 頁。
〔註1706〕 《經典釋文彙校》：「盧云：毛居正欲改『感』爲『咸』，不可從。焯案寫本作『感』。」見黃焯撰：《經典釋文彙校》，北京：中華書局，1980 年版，第 13 頁。
〔註1707〕 〔魏〕王弼、韓康伯注，〔唐〕孔穎達等正義：《周易正義》，北京：中華書局景印阮刻本，1980 年版，第 20 頁。

部》：「旡，首笄也。从人，匕象簪形。凡旡之屬皆从旡。簪，俗旡。从竹从朁。」〔註1708〕段注：「古經無簪字。惟《易・豫・九四》：朋盍簪。鄭云：速也。實疌之假借字。」〔註1709〕故簪本義爲頭笄，此處假借爲疌。疌《爾雅・釋詁下》：「疌，速也。」〔註1710〕《詩・鄭風・遵大路》「不疌故也」毛《傳》：「疌，速也。」〔註1711〕按，所在經文「朋盍簪」馬王堆漢墓帛書《周易》作「傰甲讒」，傰从朋得聲，假爲朋。古音盍在匣紐葉部，甲在見紐葉部。盍、甲音近可通，甲假借爲盍。讒者，蓋與疌通，古音讒屬談部，疌屬葉部，陰陽對轉。「傰甲讒」義爲朋合速，當與段注義同。京房作「撍」者，撍《玉篇・手部》：「撍，急也，疾也。」〔註1712〕《經義述聞・易・朋盍簪》：「撍之言疌也。」〔註1713〕故訓同子夏、鄭玄。王肅又祖感反者，此處蓋依本字讀之，疌《廣韻》子感切，精感開一上咸，音與王肅同。又以王肅「祖感反」爲「祖咸反」之譌者，毛居正《六經正誤》云：「王肅又祖咸反，『咸』訛作『感』，非。」〔註1714〕據此則王肅之音爲精咸開二平咸，亦稍異於諸家之音。古文作「貸」，馬作「臧」，虞作「戠」，疑本同字，因形譌而爲三也。此處經文費解，諸說未知孰是。虞作「戠」者，集解本依之，李鼎祚引虞翻曰：「戠，聚會也。」〔註1715〕又云：「戠，舊讀作撍，作宗也。」〔註1716〕據此，京作撍、荀作宗者，按古音俱在侵部，蓋與戠音同也，然戠之本義今實已微眇，故《說文・

〔註1708〕〔漢〕許慎撰：《說文解字》，北京：中華書局，景印同治十二年陳昌治刻本，1963年版，第177頁。

〔註1709〕〔清〕段玉裁撰：《說文解字注》，上海：上海古籍出版社，景印嘉慶二十年經韻樓本，1988年版，第405～406頁。

〔註1710〕〔晉〕郭璞注，〔宋〕邢昺疏：《爾雅注疏》，北京：中華書局景印阮刻本，1980年版，第8頁。

〔註1711〕〔漢〕毛公傳、鄭玄箋，〔唐〕孔穎達等正義：《毛詩正義》，北京：中華書局景印阮刻本，1980年版，第72頁。

〔註1712〕〔梁〕顧野王撰：《宋本玉篇》，北京：中國書店，景印張氏澤存堂本，1983年版，第122頁。

〔註1713〕〔清〕王引之撰：《經義述聞》（續四庫經部羣經總義類第174～175冊），上海：上海古籍出版社，景印道光七年王氏京師刻本，2002年版，第174冊，第264冊。

〔註1714〕〔宋〕毛居正撰：《六經正誤》，揚州：江蘇廣陵古籍刻印社，景印通志堂經解本第十六冊，1996年版，第571頁。

〔註1715〕〔唐〕李鼎祚撰：《周易集解》，北京：中國書店，景印嘉慶三年姑蘇喜墨齋張遇堯局鐫本，1987年版，卷四，第14頁。

〔註1716〕〔唐〕李鼎祚撰：《周易集解》，北京：中國書店，景印嘉慶三年姑蘇喜墨齋張遇堯局鐫本，1987年版，卷四，第14頁。

戈部》曰：「戠，闕。从戈从音。」〔註1717〕依《集解》虞翻訓戠爲「聚會」，而《釋文》引虞翻注作「叢合」，《周易集解纂疏》於此疏曰：「『盍』與『闔』同，『闔戶謂之坤』故『坤爲盍』。坤盍，故云『戠，聚合也』。《釋文》作『蒺合』，是以坎爲蒺棘也。坤廣爲眾。眾陰竝應于一陽，且坤曰『得朋』，故曰『朋盍戠』。」〔註1718〕《纂疏》於此依卦象言之，分釋戠爲聚會、叢合之象。按聚會、叢合二義實同。《纂疏》又曰：「戠同埴。《說文》『埴，黏土也』。《集韻》亦訓戠爲黏土。鄭本〈禹貢〉曰『厥土亦戠墳』今本作『赤埴』。〈考工記〉『用土爲瓦，謂搏埴之工』。搏埴，以水合土之義也。坤爲土，坎爲水。一陽倡而眾陰應，若水土之相黏著，故云『朋盍戠』。」〔註1719〕李氏之說可從。惠棟《周易述·卷三》經文亦作「戠」，彼疏曰：「《易》作戠，《書》作埴，〈考工〉作樴訓爲膱，字異而音義皆同。」〔註1720〕又《釋名·釋地》「土黃而細密曰埴。埴，膱也，黏昵如脂之膱也」畢沅《疏證》：「膱字从戠，戠亦黏也。」〔註1721〕故戠、埴、膱古通，皆訓黏合，是以盍、戠二字同義連用也。

冥｜ 覓經反。馬云：冥昧耽於樂也。土廙云：深也。又亡定反。鄭讀爲鳴。

【疏】所在經文爲「冥豫成」。〔註1722〕冥《廣韻》莫經切，明青開四平梗。《釋文》音同。《說文·冥部》：「冥，幽也。」〔註1723〕段注：「引申爲凡闇昧之偁。」〔註1724〕《易·升》「冥升」《釋文》：「冥，闇昧之義也。」

〔註1717〕〔漢〕許慎撰：《說文解字》，北京：中華書局，景印同治十二年陳昌治刻本，1963年版，第266頁。
〔註1718〕〔清〕李道平撰，潘雨廷點校：《周易集解纂疏》，北京：中華書局，1994年版，第207頁。
〔註1719〕〔清〕李道平撰，潘雨廷點校：《周易集解纂疏》，北京：中華書局，1994年版，第207頁。
〔註1720〕〔清〕惠棟撰：《周易述》（四部備要本），上海：中華書局，據學海堂經解本校刊，1936年版，第18頁。
〔註1721〕〔漢〕劉熙撰，〔清〕畢沅疏證，王先謙補：《釋名疏證補》（漢小學四種本），成都：巴蜀書社，景印光緒二十二年刊本，2001年版，第1470頁。
〔註1722〕〔魏〕王弼、韓康伯注，〔唐〕孔穎達等正義：《周易正義》，北京：中華書局景印阮刻本，1980年版，第20頁。
〔註1723〕〔漢〕許慎撰：《說文解字》，北京：中華書局，景印同治十二年陳昌治刻本，1963年版，第141頁。
〔註1724〕〔清〕段玉裁撰：《說文解字注》，上海：上海古籍出版社，景印嘉慶二十年

〔註1725〕冥昧義同。《正義》曰：「『處動豫之極，極豫盡樂』，乃至於冥昧之豫而成就也。」〔註1726〕義同馬融。王廙云「深也」者，冥引申之有幽深義，《漢書‧楊雄傳上》：「窮冥極遠者」顏師古注：「冥，幽深也。」〔註1727〕《文選‧孫綽〈遊天台山〉》「臨萬丈之絕冥」李善注：「冥，幽深也。」〔註1728〕此處訓深，有深耽於樂之義。又亡定反者，微徑開四去梗，蓋通暝也，暝《廣韻》莫定切，明徑開四去梗。按微上古屬明紐，則二音通。朱駿聲《說文通訓定聲》：「冥，字俗作暝。」〔註1729〕是以二字義同也。然《廣韻》中二字因聲別義，暗晦作冥，音平聲。日夕作暝，音去聲。此處讀亡定反者，即讀冥為暝也，此當是標明冥之又音，於經文釋義無關。鄭讀為鳴者，鳴《廣韻》武兵切，明庚開三平梗，與首音韻母異。《集韻‧庚部》收錄此音，曰：「冥，暗也，《易》『冥豫』鄭康成讀。」〔註1730〕

有渝| 羊朱反。

【疏】所在經文為「有渝无咎」。〔註1731〕參看〈訟〉「渝」條。

盡| 津忍反。

【疏】所在注文為「極豫盡樂」。〔註1732〕參看〈乾〉「故盡」條。

經韻樓本，1988 年版，第 312 頁。

〔註1725〕〔唐〕陸德明撰：《經典釋文》，北京：中華書局，景印徐乾學通志堂刻本，1983 年版，第 27 頁。

〔註1726〕〔魏〕王弼、韓康伯注，〔唐〕孔穎達等正義：《周易正義》，北京：中華書局景印阮刻本，1980 年版，第 20 頁。

〔註1727〕〔漢〕班固撰：《前漢書》（四部備要本），上海：中華書局，據武英殿本校刊，1936 年版，第 1165 頁。

〔註1728〕〔梁〕蕭統編，〔唐〕李善注：《文選》（四部精要本第十六冊），上海：上海古籍出版社，景印嘉慶十四年胡克家仿宋淳熙刊本，1992 年版，第 505 頁。

〔註1729〕〔清〕朱駿聲撰：《說文通訓定聲》（續四庫經部小學類第 220～221 冊），上海：上海古籍出版社，景印道光二十八年刻本，2002 年版，第 221 冊，第 321 頁。

〔註1730〕〔宋〕丁度撰：《集韻》，北京：中華書局，景印北京圖書館藏宋刻本，1988 年版，第 68 頁。

〔註1731〕〔魏〕王弼、韓康伯注，〔唐〕孔穎達等正義：《周易正義》，北京：中華書局景印阮刻本，1980 年版，第 20 頁。

〔註1732〕〔魏〕王弼、韓康伯注，〔唐〕孔穎達等正義：《周易正義》，北京：中華書局景印阮刻本，1980 年版，第 20 頁。

樂｜ 音洛。

【疏】參看〈乾〉「樂則」條。

䷐ 隨｜ 從也。震宮歸魂卦。

【疏】隨《說文·辵部》：「隨，从也。」〔註 1733〕《莊子·天道》「意之所隨者」成玄英疏：「隨，從也。」〔註 1734〕《戰國策·秦策一》「而王隨之矣」高誘注：「隨，從也。」〔註 1735〕

而下｜ 遐嫁反。注「下柔」同。

【疏】所在經文為「剛來而下柔」。〔註 1736〕參看〈屯〉「下賤」條。

而說｜ 音悅。注下皆同。

【疏】所在經文為「動而說」。〔註 1737〕說、悅，古今字。

大亨貞｜ 本又作「人亨利貞」。

【疏】所在經文今集解〔註 1738〕、注疏本〔註 1739〕皆作「大亨貞」。本又作「大亨利貞」者，《周易章句證異·卷三》曰：「苟爽作『大亨利貞』。」〔註 1740〕郭京《周易舉正·卷上》按語曰：「〈彖〉『大亨』下脫『利』字，觀文驗註，理亦昭然。」〔註 1741〕郭京之說可從。〈隨〉卦辭云「元亨利貞」，

〔註 1733〕 〔漢〕許慎撰：《說文解字》，北京：中華書局，景印同治十二年陳昌治刻本，1963 年版，第 39 頁。

〔註 1734〕 〔清〕郭慶藩輯：《莊子集釋》，上海：上海書店，景印諸子集成本，1986 年版，第 217 頁。

〔註 1735〕 〔漢〕高誘注：《戰國策》（叢書集成初編史地類第 3684～3687 冊），上海：商務印書館，據士禮居景宋本排印，1937 年版，第 3684 冊，第 23 頁。

〔註 1736〕 〔魏〕王弼、韓康伯注，〔唐〕孔穎達等正義：《周易正義》，北京：中華書局景印阮刻本，1980 年版，第 22 頁。

〔註 1737〕 〔魏〕王弼、韓康伯注，〔唐〕孔穎達等正義：《周易正義》，北京：中華書局景印阮刻本，1980 年版，第 22 頁。

〔註 1738〕 〔唐〕李鼎祚撰：《周易集解》，北京：中國書店，景印嘉慶三年姑蘇喜墨齋張遇堯局鐫本，1987 年版，卷五，第 1 頁。

〔註 1739〕 〔魏〕王弼、韓康伯注，〔唐〕孔穎達等正義：《周易正義》，北京：中華書局景印阮刻本，1980 年版，第 22 頁。

〔註 1740〕 〔清〕翟均廉撰：《周易章句證異》，臺灣：商務印書館，景印文淵閣四庫全書本第 53 冊，1983 年版，第 739 頁。

〔註 1741〕 〔唐〕郭京撰：《周易舉正》（叢書集成初編哲學類第 390 冊），上海：商務印書館，據范氏二十一種奇書本排印，1939 年版，第 5 頁。

〔註1742〕〈彖〉下王弼注云：「爲隨而令大通利貞，得於時也」，〔註1743〕「利」字之挩，當無疑矣。

而天下隨時｜ 王肅本作「隨之」。

【疏】所在經文爲「而天下隨時」。〔註1744〕《周易章句證異・卷三》：「虞翻、蜀才、王弼作『隨時』。王肅、陸績作『隨之』。」〔註1745〕「時」《說文》小篆作晿，《說文》古文作旹。甲骨文作旹（甲三〇）、旹（錄五二九），〔註1746〕金文作旹（中山王嚳壺）〔註1747〕，皆从之、日。「之」《說文》小篆作𡳿，甲骨文作𡳿（乙五七〇）、𡳿（鐵一六・一）〔註1748〕，金文作𡳿（縣妃簋）、𡳿（毛公厝鼎）〔註1749〕，「旹」上爲「𡳿」，故二字易淆。然原本如何，已難確考。又《古易音訓》引晁說之曰：「王肅、陸績作『天下隨之』，意自可見也。」〔註1750〕

隨時之義｜ 王肅本作「隨之時義」。

【疏】所在經文爲「隨時之義大矣哉」。〔註1751〕《古易音訓》引晁說之曰：「王肅得之。」〔註1752〕

〔註1742〕 〔魏〕王弼、韓康伯注，〔唐〕孔穎達等正義：《周易正義》，北京：中華書局景印阮刻本，1980年版，第22頁。

〔註1743〕 〔魏〕王弼、韓康伯注，〔唐〕孔穎達等正義：《周易正義》，北京：中華書局景印阮刻本，1980年版，第22頁。

〔註1744〕 〔魏〕王弼、韓康伯注，〔唐〕孔穎達等正義：《周易正義》，北京：中華書局景印阮刻本，1980年版，第22頁。

〔註1745〕 〔清〕翟均廉撰：《周易章句證異》，臺灣：商務印書館，景印文淵閣四庫全書本第53冊，1983年版，第739～740頁。

〔註1746〕 見《續甲骨文編》，轉引自李圃主編：《古文字詁林》，上海：上海世紀出版集團、上海教育出版社，1999年版，第六冊，第378頁。

〔註1747〕 容庚編著，張振林、馬國權摹補：《金文編》，北京：中華書局，1985年版，第456頁。

〔註1748〕 中國科學院考古研究所編輯：《甲骨文編》（考古學專刊本，乙種第十四號），北京：中華書局，1965年版，第270頁。

〔註1749〕 容庚編著，張振林、馬國權摹補：《金文編》，北京：中華書局，1985年版，第414頁。

〔註1750〕 〔宋〕呂祖謙撰，〔清〕宋咸熙輯：《古易音訓》（續四庫經部易類第2冊），上海：上海古籍出版社，景印清嘉慶七年刻本，2002年版，第42頁。

〔註1751〕 〔魏〕王弼、韓康伯注，〔唐〕孔穎達等正義：《周易正義》，北京：中華書局景印阮刻本，1980年版，第22頁。

〔註1752〕 〔宋〕呂祖謙撰，〔清〕宋咸熙輯：《古易音訓》（續四庫經部易類第2冊），

而令丨 力呈反。

【疏】所在注文爲「爲隨而令大通利貞」。〔註 1753〕宋毛居正《六經正誤》云：「〈彖辭注〉『爲隨而令大通』，『令』作『今』，誤。《釋文》：令，力呈反。使令也。今字全無意義。」〔註 1754〕是毛氏所見本注文作「今」也。參看〈訟〉「而令」條。

否之丨 備鄙反。

【疏】所在注文爲「否之道也」。〔註 1755〕參看〈屯〉「則否」條。

以嚮丨 本又作「向」。許亮反，王肅本作「鄉」，音同。〔註 1756〕

【疏】所在經文爲「君子以嚮晦入宴息」。〔註 1757〕本又作「向」者，向、嚮古今字也。《左傳·襄公十八年》「叔向謂晉侯」李富孫《異文釋》：「向、嚮古今字。」〔註 1758〕嚮與向通時，《廣韻》許亮切，曉漾開三去宕，《釋文》音同。王肅本作「鄉」者，通「向」。《儀禮·士虞禮》：「祝從，啓牖鄉如初。」鄭玄注：「鄉，牖一名也。」賈公彥疏：「云『鄉牖一名也』者，案《詩》云『塞鄉墐戶』，注云：『鄉，北出牖也。』與此注不同者，語異義同。北牖名鄉，鄉亦是牖，故云『牖一名』也。」〔註 1759〕又《詩·豳風·七月》作「塞向墐戶」毛《傳》：「向，北出牖也。」〔註 1760〕《說文·宀部》：「向，北出牖

上海：上海古籍出版社，景印清嘉慶七年刻本，2002 年版，第 42 頁。
〔註 1753〕〔魏〕王弼、韓康伯注，〔唐〕孔穎達等正義：《周易正義》，北京：中華書局景印阮刻本，1980 年版，第 22 頁。
〔註 1754〕〔宋〕毛居正撰：《六經正誤》，揚州：江蘇廣陵古籍刻印社，景印通志堂經解本第十六冊，1996 年版，第 568 頁。
〔註 1755〕〔魏〕王弼、韓康伯注，〔唐〕孔穎達等正義：《周易正義》，北京：中華書局景印阮刻本，1980 年版，第 22 頁。
〔註 1756〕《經典釋文彙校》：「嚮，隸變。《文選·西都賦》注引作『鄉』。」見黃焯撰：《經典釋文彙校》，北京：中華書局，1980 年版，第 13 頁。
〔註 1757〕〔魏〕王弼、韓康伯注，〔唐〕孔穎達等正義：《周易正義》，北京：中華書局景印阮刻本，1980 年版，第 22 頁。
〔註 1758〕〔清〕李富孫撰：《春秋三傳異文釋》（續四庫經部春秋類第 144 頁），上海：上海古籍出版社，景印道光蔣氏刻別下齋叢書本，2002 年版，第 469 頁。
〔註 1759〕〔漢〕鄭玄注，〔唐〕賈公彥疏：《儀禮注疏》，北京：中華書局景印阮刻本，1980 年版，第 230 頁。
〔註 1760〕〔漢〕毛公傳、鄭玄箋，〔唐〕孔穎達等正義：《毛詩正義》，北京：中華書局景印阮刻本，1980 年版，第 123 頁。

也。」〔註1761〕鄉《說文·𨛜部》:「𨞠，國離邑，民所封鄉也。嗇夫別治。封圻之內六鄉，六鄉治之。」〔註1762〕由此觀之，「向」本義爲向北而開之窗，引申之則有相向之義，「鄉」本爲鄉邑，此處通「向」。

入宴| 徐烏練反，王肅烏顯反。

【疏】宴《廣韻》二讀，訓作安、息時於甸切，影霰開四去山，徐氏烏練反音同。訓爲安時於殄切，影銑開四上山，王肅烏顯反音同。

官有| 蜀才作「館有」。〔註1763〕

【疏】所在經文爲「官有渝」。〔註1764〕《說文·𠂤部》:「官，史事君也。从宀从𠂤。𠂤猶眾也。此與師同意。」〔註1765〕許慎之說蓋非本義，乃官之引申義也。官从宀，本義當是館舍之館。故《諸子平議·管子一》「遂于鄉官」俞樾按曰:「官、館，古今字也。官字从宀从𠂤，宀交覆深屋也，𠂤猶眾也，以屋覆眾，是官之本義爲館舍字也。」〔註1766〕依蜀才作「館有渝」，則義爲館舍有變。且此爻辭下言「出門交有功」，於義可通。惠棟《九經古義·周易上》於此下曰:「官本古文館。《穆天子傳》云:『官人陳牲』。〈聘禮〉云:『管人布幕于寢門外』。鄭注云:『管，猶館也。古文管作官。』」〔註1767〕而《正義》曰:「官謂執掌之職。人心執掌，與官同稱，故人心所主，謂之『官渝變』也。」〔註1768〕孔疏訓官爲心也，此亦官之引申義也。

〔註1761〕〔漢〕許愼撰:《說文解字》，北京:中華書局，景印同治十二年陳昌治刻本，1963年版，第150頁。
〔註1762〕〔漢〕許愼撰:《說文解字》，北京:中華書局，景印同治十二年陳昌治刻本，1963年版，第136頁。
〔註1763〕《經典釋文彙校》:「惠云:官，古文館。」見黃焯撰:《經典釋文彙校》，北京:中華書局，1980年版，第13頁。
〔註1764〕〔魏〕王弼、韓康伯注，〔唐〕孔穎達等正義:《周易正義》，北京:中華書局景印阮刻本，1980年版，第22頁。
〔註1765〕〔漢〕許愼撰:《說文解字》，北京:中華書局，景印同治十二年陳昌治刻本，1963年版，第304頁。
〔註1766〕〔清〕俞樾撰:《諸子平議》(續四庫子部雜家類第1161～1162冊)，上海:上海古籍出版社，景印同治丙寅春在堂刊本，2002年版，第1161冊，第573頁。
〔註1767〕〔清〕惠棟撰:《九經古義》(叢書集成初編總類第254～255冊)，上海:商務印書館，據貸園叢書本排印，1937年版，第5頁。
〔註1768〕〔魏〕王弼、韓康伯注，〔唐〕孔穎達等正義:《周易正義》，北京:中華書局景印阮刻本，1980年版，第22頁。

故舍| 音捨。下文同。〔註 1769〕

【疏】所在注文爲「故舍初係四」。〔註 1770〕音捨者，明假借也。《論語·雍也》「山川其舍諸」劉寶楠《正義》:「今經典多叚舍爲捨。」〔註 1771〕《周禮·秋官·司圜》「上罪三年而舍」孫詒讓《正義》:「舍即捨之借字也。」〔註 1772〕參看〈屯〉「如舍」條。

以擅| 市戰反。

【疏】所在注文爲「以擅其民」。〔註 1773〕擅《廣韻》時戰切，禪線開三去山。《釋文》音同。

盡隨| 津忍反。盡卷末同。

【疏】所在注文爲「盡『隨時』之宜」。〔註 1774〕參看〈乾〉「故盡」條。

位正中也| 本作「中正」。

【疏】所在經文爲「位正中也」。〔註 1775〕一本作「中正」者，誤。《易·比·象》:「顯比之吉，位正中也。」〔註 1776〕〈巽·象〉:「九五之吉，位正中也。」〔註 1777〕皆此類也。

〔註 1769〕宋毛居正《六經正誤》:「『捨』作『社』，誤。興國軍本亦然。唯建安余氏本不誤。」見〔宋〕毛居正撰:《六經正誤》，揚州：江蘇廣陵古籍刻印社，景印通志堂經解本第十六冊，1996 年版，第 569 頁。

〔註 1770〕〔魏〕王弼、韓康伯注，〔唐〕孔穎達等正義:《周易正義》，北京：中華書局景印阮刻本，1980 年版，第 23 頁。

〔註 1771〕〔清〕劉寶楠撰:《論語正義》（四部備要本），上海：中華書局，據南菁書院續經解本校刊，1936 年版，第 61 頁。

〔註 1772〕〔清〕孫詒讓撰:《周禮正義》（四部備要本），上海：中華書局，據清光緒乙巳本校刊，1368 年版，第 755 頁。

〔註 1773〕〔魏〕王弼、韓康伯注，〔唐〕孔穎達等正義:《周易正義》，北京：中華書局景印阮刻本，1980 年版，第 23 頁。

〔註 1774〕〔魏〕王弼、韓康伯注，〔唐〕孔穎達等正義:《周易正義》，北京：中華書局景印阮刻本，1980 年版，第 23 頁。

〔註 1775〕〔魏〕王弼、韓康伯注，〔唐〕孔穎達等正義:《周易正義》，北京：中華書局景印阮刻本，1980 年版，第 23 頁。

〔註 1776〕〔魏〕王弼、韓康伯注，〔唐〕孔穎達等正義:《周易正義》，北京：中華書局景印阮刻本，1980 年版，第 14 頁。

〔註 1777〕〔魏〕王弼、韓康伯注，〔唐〕孔穎達等正義:《周易正義》，北京：中華書局景印阮刻本，1980 年版，第 57 頁。

拘｜　句于反。

　　【疏】所在經文爲「拘係之乃從」。〔註1778〕拘《廣韻》舉朱切，見虞合三平遇。《釋文》音同。

用亨｜　許庚反，通也。陸許兩反，云：祭也。

　　【疏】所在經文爲「王用亨於西山」。〔註1779〕參看〈乾〉「元亨」、〈大有〉「用亨」條。

之濱｜　音賓。

　　【疏】所在注文爲「率土之濱，莫非王臣」。〔註1780〕濱《廣韻》必鄰切，幫眞重紐四平臻。《釋文》音同。

☶☴蠱｜　音古。事也，惑也，亂也。《左傳》云：於文，皿蟲爲蠱。又云：女惑男，風落山謂之蠱。徐又姬祖反。一音故。巽宮歸魂卦。〔註1781〕

　　【疏】蠱《廣韻》公戶切，見姥合一上遇。《釋文》音同。蠱訓「事也」者，《易・序卦》：「蠱者，事也。」〔註1782〕《廣雅・釋詁三》：「蠱，事也。」〔註1783〕《漢書・五行志下之上》：「幹父之蠱」顏師古注引韋昭曰：「蠱，事也。」〔註1784〕《易・蠱・彖傳》「蠱，元亨，而天下治也」李鼎祚《集解》引荀爽曰：「蠱者，事也。」〔註1785〕《正義》：「蠱者，事也。」〔註1786〕「惑

〔註1778〕〔魏〕王弼、韓康伯注，〔唐〕孔穎達等正義：《周易正義》，北京：中華書局景印阮刻本，1980年版，第23頁。

〔註1779〕〔魏〕王弼、韓康伯注，〔唐〕孔穎達等正義：《周易正義》，北京：中華書局景印阮刻本，1980年版，第23頁。

〔註1780〕〔魏〕王弼、韓康伯注，〔唐〕孔穎達等正義：《周易正義》，北京：中華書局景印阮刻本，1980年版，第23頁。

〔註1781〕《經典釋文彙校》：「『徐又姬祖反』，或云此『又』字當作『音』。焯案各本皆作『又』，〈比〉下云：『徐又補履反』，〈震〉『游』下云：『徐又在閔反』，此亦其比。寫本正作『又』。」見黃焯撰：《經典釋文彙校》，北京：中華書局，1980年版，第13頁。

〔註1782〕〔魏〕王弼、韓康伯注，〔唐〕孔穎達等正義：《周易正義》，北京：中華書局景印阮刻本，1980年版，第84頁。

〔註1783〕〔清〕王念孫撰：《廣雅疏證》，北京：中華書局，景印嘉慶年間王氏家刻本，1983年版，第104頁。

〔註1784〕〔漢〕班固撰：《前漢書》（四部備要本），上海：中華書局，據武英殿本校刊，1936年版，第510頁。

〔註1785〕〔唐〕李鼎祚撰：《周易集解》，北京：中國書店，景印嘉慶三年姑蘇喜墨齋

也」者，《易·蠱·象傳》「蠱，剛上而柔下」孔穎達疏引褚氏云：「蠱者，惑也。」〔註1787〕《太玄·止》「用止狂蠱」司馬光《集注》：「蠱，惑也。」〔註1788〕此處依卦象言之，惑者，乃女惑男之義也。蠱巽下艮上，訓爲長女，艮爲少男。故《左傳·昭公元年》：「在《周易》，女惑男，風落山，謂之蠱。」〔註1789〕《釋文》引同。又《文選·張衡〈西京賦〉》「妖蠱豔夫夏姬」李善注引《左氏傳》曰：「在《周易》，女惑男謂之蠱。」〔註1790〕訓爲「亂也」者，義與惑同，《易·蠱》「蠱，元亨」《集解》引伏曼容曰：「蠱，禍亂也。」〔註1791〕《釋文》引《左傳》云「於文，皿蟲爲蠱」者，見《左傳·昭公元年》，杜預注：「文字也，皿器也，器受蟲，害者爲蠱。」〔註1792〕《說文·蟲部》：「蠱，腹中蟲也。《春秋傳》曰：皿蟲爲蠱，晦淫之所生也。臬桀死之鬼亦爲蠱。从蟲，从皿；皿，物之用也。」〔註1793〕又《國語·晉語八》云：「夫文，蟲皿爲蠱。」〔註1794〕《元包經傳·孟陰》曰：「蠱忄于皿，蟲動於器也。」〔註1795〕蠱字从蟲皿會意，本義當是皿中生蟲也。引申之，則有惑亂之義，因

張遇堯局鐫本，1987年版，卷五，第3頁。

〔註1786〕〔魏〕王弼、韓康伯注，〔唐〕孔穎達等正義：《周易正義》，北京：中華書局景印阮刻本，1980年版，第23頁。

〔註1787〕〔魏〕王弼、韓康伯注，〔唐〕孔穎達等正義：《周易正義》，北京：中華書局景印阮刻本，1980年版，第23頁。

〔註1788〕〔漢〕楊雄撰，〔宋〕司馬光集注：《太玄集注》（新編諸子集成本），北京：中華書局，1998年版，第151頁。

〔註1789〕〔晉〕杜預注，〔唐〕孔穎達等正義：《春秋左傳正義》，北京：中華書局景印阮刻本，1980年版，第323頁。

〔註1790〕〔梁〕蕭統編，〔唐〕李善注：《文選》（四部精要本第十六冊），上海：上海古籍出版社，景印嘉慶十四年胡克家仿宋淳熙刊本，1992年版，第454頁。

〔註1791〕〔唐〕李鼎祚撰：《周易集解》，北京：中國書店，景印嘉慶三年姑蘇喜墨齋張遇堯局鐫本，1987年版，卷五，第3頁。

〔註1792〕〔晉〕杜預注，〔唐〕孔穎達等正義：《春秋左傳正義》，北京：中華書局景印阮刻本，1980年版，第323頁。

〔註1793〕〔漢〕許慎撰：《說文解字》，北京：中華書局，景印同治十二年陳昌治刻本，1963年版，第284頁。

〔註1794〕〔吳〕韋昭注，〔清〕董增齡正義：《國語正義》（續四庫史部雜史類第422冊），上海：上海古籍出版社，景印光緒庚辰會稽章氏式訓堂刊本，2002年版，第245頁。

〔註1795〕後周魏元嵩述，〔唐〕蘇源明傳，李江注并序：《元包經傳》（叢書集成初編哲學類第694冊），上海商務印書館，據學津討原本排印，1939年版，第23頁。

有禍亂而思治之，故有事義。故《正義》引褚氏云：「蠱者惑也。物既惑亂，終致損壞，當須有事也，有爲治理也。」〔註1796〕《左傳》云「女惑男，風落山謂之蠱」者，杜預注：「巽下艮上蠱，巽爲長女、爲風，艮爲少男、爲山，少男而說長女，非匹，故惑。山木得風而落。」〔註1797〕徐又姬祖反者，音同《釋文》首音。又吳檢齋《經籍舊音辨證》按云：「《潛夫論·志氏姓》云：『公冶長，前人書冶復誤作蠱。』玄應《一切經音義·卷二》：『蠱，功戶反；《聲類》弋者反。』卷三引《聲類》作『翼者反』，音同。然則蠱字古音聲侈如冶，羊者反。今音稍斂如蠱耳。德明引徐音『姬祖反』，疑讀姬以之反，與冶同紐；如以姬讀如基，則德明引爲『又音』，將以何明？」〔註1798〕按，《釋文》中音同而切語異者多矣，此處徐邈音讀，未必有別於首音，檢齋之說，存備一解。一音故者，明假借也。《廣雅·釋詁三》「蠱，事也」王念孫《疏證》：「蠱之言故也。」〔註1799〕故有事義，《易·繫辭上》「易，无思也，无爲也，寂然不動，感而遂通天下之故。」孔穎達疏：「故，謂事故，言通天下萬事也。」〔註1800〕

先甲｜ 息薦反。〈彖〉并注同。

【疏】所在經文爲「先甲三日」。〔註1801〕參看〈乾〉「先天」條。先甲者，先於甲日也。《集解》引《子夏傳》云：「先甲三日者，辛壬癸也。後甲三日者，乙丙丁也。」〔註1802〕

後甲｜ 胡豆反。〈彖〉并注同。

〔註1796〕〔魏〕王弼、韓康伯注，〔唐〕孔穎達等正義：《周易正義》，北京：中華書局景印阮刻本，1980年版，第23頁。

〔註1797〕〔晉〕杜預注，〔唐〕孔穎達等正義：《春秋左傳正義》，北京：中華書局景印阮刻本，1980年版，第323頁。

〔註1798〕吳承仕撰：《經籍舊音序錄、經籍舊音辨證》，北京：中華書局，1986年版，第80頁。

〔註1799〕〔清〕王念孫撰：《廣雅疏證》，北京：中華書局，景印嘉慶年間王氏家刻本，1983年版，第104頁。

〔註1800〕〔魏〕王弼、韓康伯注，〔唐〕孔穎達等正義：《周易正義》，北京：中華書局景印阮刻本，1980年版，第69頁。

〔註1801〕〔魏〕王弼、韓康伯注，〔唐〕孔穎達等正義：《周易正義》，北京：中華書局景印阮刻本，1980年版，第23頁。

〔註1802〕〔唐〕李鼎祚撰：《周易集解》，北京：中國書店，景印嘉慶三年姑蘇喜墨齋張遇堯局鐫本，1987年版，卷五，第3頁。

【疏】所在經文爲「後甲三日」。〔註 1803〕參看〈乾〉「後天」條。

以斷｜ 丁亂反。

【疏】所在注文爲「上剛可以斷制」。〔註 1804〕參看〈蒙〉「能斷」條。

施令｜ 力政反。下同。

【疏】所在注文爲「下柔可以施令」。〔註 1805〕參看〈乾〉「德施」條。此處義爲政令之令。

競爭｜ 爭鬭之爭。

【疏】所在注文爲「不競爭也」。〔註 1806〕「爭鬭之爭」，注音兼釋義也。

治也｜ 直吏反。注同。

【疏】所在注文爲「非天下治而何也」。〔註 1807〕毛居正《六經正誤》案云：「治字本平聲，音持，攻理也，借爲去聲平治、治道字。故《釋文》平聲皆不音，去聲皆音直吏反。今學者多不考音訓例，從去聲讀之，故見《釋文》或音或不音皆不曉其故，詩賦誤用者多矣。」〔註 1808〕參看〈乾〉「上治」條。

說隨｜ 音悅。

【疏】所在注文爲「物已說隨」。〔註 1809〕說、悅，古今字。

〔註 1803〕〔魏〕王弼、韓康伯注，〔唐〕孔穎達等正義：《周易正義》，北京：中華書局景印阮刻本，1980 年版，第 23 頁。

〔註 1804〕〔魏〕王弼、韓康伯注，〔唐〕孔穎達等正義：《周易正義》，北京：中華書局景印阮刻本，1980 年版，第 23 頁。

〔註 1805〕〔魏〕王弼、韓康伯注，〔唐〕孔穎達等正義：《周易正義》，北京：中華書局景印阮刻本，1980 年版，第 23 頁。

〔註 1806〕〔魏〕王弼、韓康伯注，〔唐〕孔穎達等正義：《周易正義》，北京：中華書局景印阮刻本，1980 年版，第 23 頁。

〔註 1807〕〔魏〕王弼、韓康伯注，〔唐〕孔穎達等正義：《周易正義》，北京：中華書局景印阮刻本，1980 年版，第 23 頁。

〔註 1808〕〔宋〕毛居正撰：《六經正誤》，揚州：江蘇廣陵古籍刻印社，景印通志堂經解本第十六冊，1996 年版，第 571 頁。

〔註 1809〕〔魏〕王弼、韓康伯注，〔唐〕孔穎達等正義：《周易正義》，北京：中華書局景印阮刻本，1980 年版，第 23 頁。

創制｜ 初亮反。此俗字也，依字作「剏」。

【疏】所在注文爲「創制不可責之以舊」。〔註1810〕創《說文‧刃部》：「刅，傷也。从刃从一。或从刀倉聲。」〔註1811〕據此，創本爲創傷之創，音平聲。《釋文》音去聲者，明其本字當作剏也。創《廣韻》二讀，作爲剏之俗字，音同剏作初亮切，初漾開三去宕。《釋文》音同。剏《說文‧井部》：「剏，造法剏業也。从井刅聲。讀若創。」〔註1812〕正因其音與創近，故後人假創字爲之。《釋文》言依字作剏者，剏乃剏之譌體也。《論語‧憲問》「裨諶草創之」《釋文》：「創，制也，依《說文》此是瘡痍字，創制之字當作剏。」〔註1813〕《釋名‧釋宮室》「竈，造也。創造食物也」畢沅《疏證》：「創當作剏，俗以音同而誤通也。」〔註1814〕

復始｜ 扶又反。

【疏】所在注文爲「終則復始」。〔註1815〕參看〈蒙〉「則復」條。

以振｜ 舊之愼反，濟也。師讀音眞。振振，仁厚也。

【疏】所在經文爲「君子以振民育德」。〔註1816〕振《廣韻》二讀，一爲職鄰切，章眞開三平臻。一爲章刃切，章震開三去臻。《釋文》首音同《廣韻》去聲。訓「濟也」者，《說文‧手部》：「振，舉救也。」〔註1817〕是振有救濟之義也。《國語‧周語下》「以振救民」〔註1818〕，即此義也。師讀音眞者，

〔註1810〕 〔魏〕王弼、韓康伯注，〔唐〕孔穎達等正義：《周易正義》，北京：中華書局景印阮刻本，1980 年版，第 23 頁。

〔註1811〕 〔漢〕許愼撰：《説文解字》，北京：中華書局，景印同治十二年陳昌治刻本，1963 年版，第 93 頁。

〔註1812〕 〔漢〕許愼撰：《説文解字》，北京：中華書局，景印同治十二年陳昌治刻本，1963 年版，第 106 頁。

〔註1813〕 〔唐〕陸德明撰：《經典釋文》，北京：中華書局，景印徐乾學通志堂刻本，1983 年版，第 352 頁。

〔註1814〕 〔漢〕劉熙撰，〔清〕畢沅疏證，王先謙補：《釋名疏證補》（漢小學四種本），成都：巴蜀書社，景印光緒二十二年刊本，2001 年版，第 1527 頁。

〔註1815〕 〔魏〕王弼、韓康伯注，〔唐〕孔穎達等正義：《周易正義》，北京：中華書局景印阮刻本，1980 年版，第 23 頁。

〔註1816〕 〔魏〕王弼、韓康伯注，〔唐〕孔穎達等正義：《周易正義》，北京：中華書局景印阮刻本，1980 年版，第 23 頁。

〔註1817〕 〔漢〕許愼撰：《説文解字》，北京：中華書局，景印同治十二年陳昌治刻本，1963 年版，第 254 頁。

〔註1818〕 〔吳〕韋昭注，〔清〕董增齡正義：《國語正義》（續四庫史部雜史類第 422

《廣韻》「振」之平聲音同。「振振，仁厚也」者，振振有厚盛之義，《左傳‧僖公五年》「均服振振」杜預注：「振振，盛貌。」〔註 1819〕引申而有仁厚之義，《詩‧周南‧螽斯》「振振兮」毛《傳》：「振振，仁厚也。」〔註 1820〕又《後漢書‧章帝八王傳贊》「振振子孫」李賢注：「振振，仁厚貌也。」〔註 1821〕師讀音眞，則振民義爲使民風仁厚也。然考乎振振用例，均以疊字，師讀音眞者，蓋非。

育德｜ 王肅作「毓」，古育字。

【疏】「育」小篆作育，《說文‧𠫓部》：「育，養子使作善也。从𠫓肉聲。〈虞書〉曰：「教育子。毓育或从每。」〔註 1822〕毓甲骨作𣫭（甲四一四）、𣫭（甲七二二）〔註 1823〕王國維《增訂殷虛書契考釋》曰：「从女从𠫓（到子形。即《說文》之𠫓字）。或从母从𠫓。象產子之形。其从〝、〟者。則象產子時之有水液也。从人與从母从女意同。以字形言。此字即《說文》『育』字之或體『毓』字。毓从每（即母字）从𠫓（即到子）。與此止同。其作𡥉、𡥉者，从肉从子。即育之初字。」〔註 1824〕

有子，考无咎｜ 絕句。周依馬、王肅以「考」絕句。

【疏】所在經文爲「幹父之蠱，有子，考无咎，厲終吉」。〔註 1825〕《周易章句證異‧卷一》：「馬融、虞翻、王肅、周宏正『有子考』句。王弼諸儒

冊），上海：上海古籍出版社，景印光緒庚辰會稽章氏式訓堂刊本，2002 年版，第 71 頁。
〔註 1819〕〔晉〕杜預注，〔唐〕孔穎達等正義：《春秋左傳正義》，北京：中華書局景印阮刻本，1980 年版，第 93 頁。
〔註 1820〕〔漢〕毛公傳、鄭玄箋，〔唐〕孔穎達等正義：《毛詩正義》，北京：中華書局景印阮刻本，1980 年版，第 11 頁。
〔註 1821〕〔南朝宋〕范曄撰：《後漢書》（四部備要本），上海：中華書局，據武英殿本校刊，1936 年版，第 741 頁。
〔註 1822〕〔漢〕許慎撰：《說文解字》，北京：中華書局，景印同治十二年陳昌治刻本，1963 年版，第 310 頁。
〔註 1823〕中國科學院考古研究所編輯：《甲骨文編》（考古學專刊本，乙種第十四號），北京：中華書局，1965 年版，第 557～558 頁。
〔註 1824〕轉引自于省吾主編：《甲骨文字詁林》，北京：中華書局，1996 年版，第 479 頁。
〔註 1825〕〔魏〕王弼、韓康伯注，〔唐〕孔穎達等正義：《周易正義》，北京：中華書局景印阮刻本，1980 年版，第 23 頁。

『有子』句。」〔註 1826〕「有子」句者，其義如王弼注：「以柔巽之質，幹父之事，能承先軌，堪其任者也，故曰『有子』也。任爲事首，能堪其事，『考』乃无咎也，故曰『有子考无咎』也。」〔註 1827〕「有子考」句者，其義如《周易尚氏學》曰：「幹，正也，能正父蠱，故曰有子考。《逸周書·諡法》云：考，成也。《左氏·襄十三年》『禰廟』疏：考，成也。言有成德也。有子考者，即謂有子能成就先業也，故无咎。風隕故屬，承陽終吉。馬融、王肅讀『考』字絕句。王注作『考无咎』，非也。」〔註 1828〕

當事│ 丁堂反。

【疏】所在注文爲「當事之首，是以危也。」〔註 1829〕當《廣韻》二讀，訓作敵、直、主、值、州、姓時都郎切，端唐開一平宕。訓作上當、抵丁浪切，端宕開一去宕。《釋文》音與《廣韻》都郎切同。

盡承│ 津忍反。下皆同。

【疏】所在注文爲「不可盡承」。〔註 1830〕參看〈乾〉「故盡」條。

裕父│ 羊樹反。馬云：寬也。

【疏】所在經文爲「裕父之蠱」。〔註 1831〕裕《廣韻》羊戍切，遇合三以去遇。《釋文》音同。馬云「寬也」者，《廣雅·釋詁三》：「裕，寬也。」〔註 1832〕《易·晉》「罔孚，裕，无咎」孔穎達疏引何氏云：「裕，寬也。」〔註 1833〕僞《子夏易傳》曰：「柔之位而以柔處之，不能敏於事也，是寬其事

〔註 1826〕〔清〕翟均廉撰：《周易章句證異》，臺灣：商務印書館，景印文淵閣四庫全書本第 53 冊，1983 年版，第 689 頁。

〔註 1827〕〔魏〕王弼、韓康伯注，〔唐〕孔穎達等正義：《周易正義》，北京：中華書局景印阮刻本，1980 年版，第 23 頁。

〔註 1828〕尚秉和撰：《周易尚氏學》（張善文先生尚氏易學存稿校理本第三卷），北京：中國大百科全書出版社，2005 年版，第 90 頁。

〔註 1829〕〔魏〕王弼、韓康伯注，〔唐〕孔穎達等正義：《周易正義》，北京：中華書局景印阮刻本，1980 年版，第 23 頁。

〔註 1830〕〔魏〕王弼、韓康伯注，〔唐〕孔穎達等正義：《周易正義》，北京：中華書局景印阮刻本，1980 年版，第 23 頁。

〔註 1831〕〔魏〕王弼、韓康伯注，〔唐〕孔穎達等正義：《周易正義》，北京：中華書局景印阮刻本，1980 年版，第 23 頁。

〔註 1832〕〔清〕王念孫撰：《廣雅疏證》，北京：中華書局，景印嘉慶年間王氏家刻本，1983 年版，第 91 頁。

〔註 1833〕〔魏〕王弼、韓康伯注，〔唐〕孔穎達等正義：《周易正義》，北京：中華書

而无成也。」〔註 1834〕《周易正義》曰：「『裕父之蠱』者，體柔當位，幹不以剛，而以柔和能容裕父之事也。」〔註 1835〕《周易口訣義》可作爲孔疏之詮解，其卷二曰：「裕，寬也。以陰得位，寬猛得宜，即是能容裕父之蠱也。」〔註 1836〕

不累| 劣僞反〔註 1837〕

【疏】所在注文爲「最處事上而不累於位」。〔註 1838〕參看〈乾〉「之累」條。

䷒ 臨| 如字。〈序卦〉云：大也。坤宫二世卦。

【疏】臨《廣韻》二讀，訓作莅、大、監音力尋切，來侵開三平深。訓作哭臨、偏向音良鴆切，來沁開三去深。此處「如字」者，讀如平聲也。〈序卦〉云「大也」者，今同。《廣雅・釋詁一》：「臨，大也」王念孫《疏證》曰：「臨之言隆也。《說文》：隆，豐大也。隆與臨古亦同聲，故〈大雅・皇矣篇〉『與爾隆衝』，韓詩作『隆衝』，《漢書・地理志》『隆慮』，《荀子・彊國篇》作『臨慮』矣。」〔註 1839〕臨、隆二字音轉相通，故臨有大義。《正義》曰：「案〈序卦〉云：『臨，大也。』以陽之浸長，其德壯大，可以監臨於下。故曰『臨』也。」〔註 1840〕按，阜陽漢簡《周易》作「林」。〔註 1841〕《爾雅・釋詁上》：

局景印阮刻本，1980 年版，第 37 頁。

〔註 1834〕 舊題〔周〕卜商撰：《子夏易傳》，揚州：江蘇廣陵古籍刻印社，景印通志堂經解本第一冊，1996 年版，第 15 頁。

〔註 1835〕 〔魏〕王弼、韓康伯注，〔唐〕孔穎達等正義：《周易正義》，北京：中華書局景印阮刻本，1980 年版，第 23 頁。

〔註 1836〕 〔唐〕史徵撰：《周易口訣義》（叢書集成初編哲學類第 390 冊），上海：商務印書館，據岱南閣叢書本排印，1939 年版，第 22 頁。

〔註 1837〕 《經典釋文彙校》：「『劣』，寫本同。宋本、葉鈔、朱鈔、十行本、閩本作『力』。《廣韻》作力委切。案劣、力同紐。」見黃焯撰：《經典釋文彙校》，北京：中華書局，1980 年版，第 13 頁。

〔註 1838〕 〔魏〕王弼、韓康伯注，〔唐〕孔穎達等正義：《周易正義》，北京：中華書局景印阮刻本，1980 年版，第 23 頁。

〔註 1839〕 〔清〕王念孫撰：《廣雅疏證》，北京：中華書局，景印嘉慶年間王氏家刻本，1983 年版，第 5～6 頁。

〔註 1840〕 〔魏〕王弼、韓康伯注，〔唐〕孔穎達等正義：《周易正義》，北京：中華書局景印阮刻本，1980 年版，第 23 頁。

〔註 1841〕 韓自強撰：《阜陽漢簡周易研究・阜陽漢簡周易釋文》，上海：上海古籍出版社，2004 年版，第 55 頁。

「林，君也」郝懿行《義疏》云：「林，亦盛大之詞，與焱同意。」〔註 1842〕
故林亦訓大也。與〈序卦〉義合。

剛浸| 子鴆反。

【疏】所在經文爲「剛浸而長」。〔註 1843〕浸《廣韻》二讀，訓作漬、漸
音子鴆切，精沁開三去深。訓作浸淫音七林切，清侵開三平深。《釋文》音同
《廣韻》去聲。剛浸而長者，《集解》引虞翻曰：「剛謂二也，兌爲水澤，自
下浸上，故浸而長也。」〔註 1844〕是虞翻訓浸爲漬也。

而長| 丁丈反。除六三注末及〈象〉「咎不長」，皆同。一音此治良
反。

【疏】長《廣韻》三讀，訓爲久遠音直良切，澄陽開三平宕。訓爲大音
知丈切，知養開三上宕。訓爲多音直亮切，澄漾開三去宕。《釋文》首音丁
丈反，丁屬端紐，與《廣韻》上聲音切類隔，音變故也，古則同爲舌頭音。
一音治良反者，與《釋文》平聲音同。王弼注云：「陽轉進長，陰道日消」
〔註 1845〕，長消相對，是王弼讀長爲上聲也。參看〈師〉「長子」條。

說而| 音悅，下同。

【疏】所在經文爲「說而順」。〔註 1846〕說、悅，古今字。

教思| 息吏反，注同。

【疏】所在經文爲「君子以教思无窮，容保民无疆。」〔註 1847〕思《廣
韻》二讀，訓爲思念音息茲切，心之開三平止。訓作念音相吏切，心志開

〔註 1842〕〔清〕郝懿行撰：《爾雅義疏》（漢小學四種本），成都：巴蜀書社，景印同
治四年郝氏家刻本，2001 年版，第 889～890 頁。

〔註 1843〕〔魏〕王弼、韓康伯注，〔唐〕孔穎達等正義：《周易正義》，北京：中華書
局景印阮刻本，1980 年版，第 23～24 頁。

〔註 1844〕〔唐〕李鼎祚撰：《周易集解》，北京：中國書店，景印嘉慶三年姑蘇喜墨齋
張遇堯局鐫本，1987 年版，卷五，第 5 頁。

〔註 1845〕〔魏〕王弼、韓康伯注，〔唐〕孔穎達等正義：《周易正義》，北京：中華書
局景印阮刻本，1980 年版，第 24 頁。

〔註 1846〕〔魏〕王弼、韓康伯注，〔唐〕孔穎達等正義：《周易正義》，北京：中華書
局景印阮刻本，1980 年版，第 24 頁。

〔註 1847〕〔魏〕王弼、韓康伯注，〔唐〕孔穎達等正義：《周易正義》，北京：中華書
局景印阮刻本，1980 年版，第 24 頁。

三去止。《釋文》音同《廣韻》去聲。概而言之，思作名詞音去聲，作動詞音平聲。故因文句之岐解而音或不一者有之，如《尚書・皋陶謨》「予未有知思」《釋文》曰：「如字，徐音息吏反。」〔註 1848〕又《尚書・益稷》「予思日孜孜」《釋文》：「徐如字，又息吏反。」〔註 1849〕皆是也。《正義》曰：「『君子以教思无窮』者，君子於此臨卦之時，其下莫不喜說和順，在上但須教化，思念无窮已也，欲使教恒不絕也。」〔註 1850〕依孔疏，此處思似讀作平聲。

无疆| 居良反。注同。〔註 1851〕

【疏】疆《廣韻》居良切，見陽開三平宕。《釋文》音同。

剛勝| 升證反。下同。

【疏】所在注文為「剛勝則柔危」。〔註 1852〕勝《廣韻》二讀，訓作任、舉音識蒸切，書蒸開三平曾。訓作勝負、加、克音詩證切，書證開三去曾。《釋文》音同《廣韻》去聲。

佞邪| 似嗟反。下同。

【疏】所在注文為「甘者，佞邪說媚不止之名也。」〔註 1853〕參看〈乾〉「邪」條。

媚| 密備反。

【疏】媚《廣韻》明祕切，明至開重紐三去止。《釋文》音同。

〔註 1848〕〔唐〕陸德明撰：《經典釋文》，北京：中華書局，景印徐乾學通志堂刻本，1983 年版，第 39 頁。

〔註 1849〕〔唐〕陸德明撰：《經典釋文》，北京：中華書局，景印徐乾學通志堂刻本，1983 年版，第 39 頁。

〔註 1850〕〔魏〕王弼、韓康伯注，〔唐〕孔穎達等正義：《周易正義》，北京：中華書局景印阮刻本，1980 年版，第 24 頁。

〔註 1851〕《經典釋文彙校》：「寫本、宋本『无』作『無』。案『无』、『無』二字寫本、宋本〈易釋文〉常混用。宜皆作『无』，後不更出。」見黃焯撰：《經典釋文彙校》，北京：中華書局，1980 年版，第 13 頁。

〔註 1852〕〔魏〕王弼、韓康伯注，〔唐〕孔穎達等正義：《周易正義》，北京：中華書局景印阮刻本，1980 年版，第 24 頁。

〔註 1853〕〔魏〕王弼、韓康伯注，〔唐〕孔穎達等正義：《周易正義》，北京：中華書局景印阮刻本，1980 年版，第 24 頁。

位當也｜ 本或作「當位實」，非也。

【疏】所在經文爲「『至臨，无咎』，位當也。」〔註1854〕本或作「當位實」者，惠棟《周易述・卷十一》依之，彼注曰：「初陽爲實，四正應初，故當位實。」〔註1855〕「非也」者，韻不協故也。《仲氏易》曰：「《虞氏易》、《荀九家易》皆作『當位』，則與上『長』韻不協，非是。」〔註1856〕按《釋文》「本或作當位實非也」，「實」字或屬上，惠棟《周易述》如之；或屬下，毛氏引虞、荀九家之說是也。

知臨｜ 音智，注同。又如字。

【疏】所在經文爲「知臨，大君之宜，吉。」〔註1857〕音智者，如《周易口義・卷四》：「知臨謂能用羣賢而任知，以臨于人也。」〔註1858〕任知者，任用智士也，亦是讀知爲智。而「如字」者，宋李光《讀易詳說・卷四》「六五以柔弱之資，而履尊位，能知此道，則大君之所宜而无不吉也。」〔註1859〕是亦讀如字也。

䷓觀｜ 官喚反，示也。乾宮四世卦。

【疏】觀，《廣韻》二讀，一爲古丸切，見桓合一平山。一爲古玩切，見換合一去山。《釋文》音與《廣韻》古玩切音同。「觀」平、去二聲別義，《周易本義》於卦名「觀」下注云：「觀，官奐反。下『大觀』、『以觀』之『觀』，〈大象〉『觀』字，並同。觀者，有以示人而爲人所仰也。」〔註1860〕而於「下觀而化」下注云：「觀，如字，下『觀天』、〈大象〉『觀民』之『觀』、

〔註1854〕〔魏〕王弼、韓康伯注，〔唐〕孔穎達等正義：《周易正義》，北京：中華書局景印阮刻本，1980年版，第24頁。

〔註1855〕〔清〕惠棟撰：《周易述》（四部備要本），上海：中華書局，據學海堂經解本校刊，1936年版，第70頁。

〔註1856〕〔清〕毛奇齡撰：《仲氏易》（皇清經解本），上海：上海書店，景印清經解本第一冊，1988年版，第510頁。

〔註1857〕〔魏〕王弼、韓康伯注，〔唐〕孔穎達等正義：《周易正義》，北京：中華書局景印阮刻本，1980年版，第24頁。

〔註1858〕〔宋〕胡瑗撰，倪天隱述：《周易口義》，臺灣：商務印書館，景印文淵閣四庫全書本第8冊，1983年版，第272頁。

〔註1859〕〔宋〕李光撰：《讀易詳說》，臺灣：商務印書館，景印文淵閣四庫全書本第10冊，1983年版，第326頁。

〔註1860〕〔宋〕朱熹撰：《周易本義》（四書五經本），北京：中國書店，據世界書局本景印，1985年版，第21頁。

六爻『觀』字，並同。」〔註1861〕又《說文·見部》「觀」下段注云：「宷諦之視也。《穀梁傳》曰：常事曰視，非常曰觀。凡以我諦視物曰觀，使人得以諦視我亦曰觀。猶之以我見人、使人見我皆曰視。一義之轉移，本無二音也，而學者強爲分別，乃使《周易》一卦而平去錯出，支離殆不可讀，不亦固哉。」〔註1862〕由此，觀之平聲義爲以我視物，觀之去聲義爲爲物所觀。段氏以爲學者強爲分別而使觀卦音讀支離，良是。「示也」者，亦即使人觀我之義也。《爾雅·釋言》：「觀，示也。」〔註1863〕《左傳·襄公十一年》「觀兵於南門」杜預注：「觀，示也。」〔註1864〕按，此處「觀」之讀音歷來眾說紛紜，《周易章句證異·卷一》：「觀，馬融、虞翻、王弼讀平聲，孔穎達、李鼎祚、朱震、項安世、王宗傳、吳澄、俞琰同。項、吳並云：卦內惟『觀天下』之『觀』去聲。鄭玄、王肅、徐邈讀去聲，陸德明、胡瑗、程子、蘇軾、朱子、鄭剛中、馮椅、趙汝楳、龍仁夫同。王肅惟『大觀』平聲。徐云：惟『觀天下』之『觀』平聲，按〈王宗傳〉引徐云惟此一字去聲。程子並去聲。朱子卦名去聲，六爻皆平聲，自上示下曰觀去聲，自下觀上曰觀平聲。趙云：惟卦名及『大觀』去聲，餘並平聲。龍云：並去聲，兩音无此例。按鄭氏云：艮爲宮闕，以觀字爲天子宗廟之象，故程《傳》有樓觀之說。趙汝楳云：不音觀瞻之觀而音觀闚之觀。蘇軾、鄭剛中、馮椅俱同此說。謹案《周易述義》正取宮廟之象。毛奇齡曰：古無四聲，後人分平去者，非。」〔註1865〕又《羣經音辨·卷六》：「觀，視也，古完切。謂視口觀，古玩切，《禮》大觀、童觀。」〔註1866〕《羣經音辨》蓋以平聲觀爲動詞，去聲觀爲名詞。

〔註1861〕〔宋〕朱熹撰：《周易本義》（四書五經本），北京：中國書店，據世界書局本景印，1985年版，第21頁。

〔註1862〕〔清〕段玉裁撰：《說文解字注》，上海：上海古籍出版社，景印嘉慶二十年經韻樓本，1988年版，第408頁。

〔註1863〕〔晉〕郭璞注，〔宋〕邢昺疏：《爾雅注疏》，北京：中華書局景印阮刻本，1980年版，第15頁。

〔註1864〕〔晉〕杜預注，〔唐〕孔穎達等正義：《春秋左傳正義》，北京：中華書局景印阮刻本，1980年版，第248頁。

〔註1865〕〔清〕翟均廉撰：《周易章句證異》，臺灣：商務印書館，景印文淵閣四庫全書本第53冊，1983年版，第689～690頁。

〔註1866〕〔宋〕賈昌朝撰：《羣經音辨》（叢書集成初編語文學類第1208冊），上海：商務印書館，景印畿輔叢書本，1939年版，第141頁。按，「禮」當是「易」之譌。

盥丨 音管。

【疏】所在經文爲「盥而不薦」。〔註1867〕盥《廣韻》二讀,一爲古玩切,見換合一去山。一爲古滿切,見緩合一上山。音異義同。《釋文》音與《廣韻》上聲同。

而不薦丨 王又作「𪊽」,同,牋練反。王肅本作「而觀薦」。〔註1868〕

【疏】王又作「𪊽」者,「王」當是「本」字之譌,當從寫本、宋本改。「𪊽」從𪊽從豕,當爲「𪊽」之異體,以其增義符豕故也。然「𪊽」未見字書,字書中唯有「𪊽」字,《龍龕手鑒・鹿部》:「𪊽、𪊽,在見反。」〔註1869〕按,从鹿乃从𪊽之譌也。又「𪊽」可假借爲「薦」,朱駿聲《說文通訓定聲》:「𪊽,叚借爲薦。」〔註1870〕此「𪊽」假借爲「薦」也。薦《廣韻》作甸切,精霰開四去山。《釋文》音同。王肅本作「而觀薦」者,此處正義本、集解本皆作「觀盥而不薦」,王注云:「宗廟之可觀者,莫盛於盥也。至薦簡略,不足復觀,故觀盥而不觀薦也。」〔註1871〕《釋文》王肅作「而觀薦」者,依《彙校》有不同版本,宋本作「觀盥而觀薦」,《仲氏易》同,毛氏於〈象〉「觀盥而不薦」下云:「王肅本作『觀』,今按爻中皆『觀薦』之文,則『不』字本『觀』字之誤。惜別無他証,且本文不可易耳。」〔註1872〕雅雨本作「觀盥而不觀薦」,《周易述》從之,則義亦與「觀盥而不薦」同也。按此處「觀盥而不薦」歷來句讀亦歧,《周易章句證異・卷一》:「胡瑗、蘇軾、張子、程子、朱子、呂祖謙諸儒俱作『觀』句,『盥而不薦』句。廉案:胡、

〔註1867〕 〔魏〕王弼、韓康伯注,〔唐〕孔穎達等正義:《周易正義》,北京:中華書局景印阮刻本,1980 年版,第 24 頁。

〔註1868〕 《經典釋文彙校》:「寫本、宋本『王又』作『本又』,十行本、閩監本、雅雨本同。(汲古本與明監本同,故不更出。)『觀薦』上雅雨本有『不』字,宋本與此本同。」見黃焯撰:《經典釋文彙校》,北京:中華書局,1980 年版,第 13 頁。

〔註1869〕 〔遼〕僧行均撰:《龍龕手鑑》(四部叢刊續編經部),上海:商務印書館,景印上海涵芬樓景印江安傅氏雙鑑樓藏宋刊本,卷三,第 58 頁。

〔註1870〕 〔清〕朱駿聲撰:《說文通訓定聲》(續四庫經部小學類第 220~221 冊),上海:上海古籍出版社,景印道光二十八年刻本,2002 年版,第 220 冊,第 600 頁。

〔註1871〕 〔魏〕王弼、韓康伯注,〔唐〕孔穎達等正義:《周易正義》,北京:中華書局景印阮刻本,1980 年版,第 24 頁。

〔註1872〕 〔清〕毛奇齡撰:《仲氏易》(皇清經解本),上海:上海書店,景印清經解本第一冊,1988 年版,第 510 頁。

程、張諸儒解與馬、虞同，與朱子異。謹案：《周易述義》『盥而不薦』句，郭京作『觀亨，觀盥而不盥薦』，云脫『觀亨』二字。廉案：《易舉正》無此字。」〔註1873〕

顒| 魚恭反。

【疏】所在經文爲「有孚顒若」。〔註1874〕顒《廣韻》魚容切，疑鍾合三平通。《釋文》音同。

足復| 扶又反。

【疏】所在注文爲「不足復觀」。〔註1875〕參看〈蒙〉「則復」條。

既灌| 官喚反。

【疏】所在注文爲「禘自既灌而往者」。〔註1876〕灌《廣韻》古玩切，見換合一去山。《釋文》音同。

不忒| 吐得反。〔註1877〕

【疏】所在經文爲「觀天之神道，而四時不忒」。〔註1878〕忒《廣韻》他德切，透德開一入曾。《釋文》音同。

神道設教| 一本作「以神道設教」。

【疏】所在經文爲「聖人以神道設教，而天下服矣。」〔註1879〕《周易章句證異・卷三》：「晁說之曰：古本無『以』字。呂祖謙曰：今本有『以』字。

〔註1873〕〔清〕翟均廉撰：《周易章句證異》，臺灣：商務印書館，景印文淵閣四庫全書本第53冊，1983年版，第690頁。
〔註1874〕〔魏〕王弼、韓康伯注，〔唐〕孔穎達等正義：《周易正義》，北京：中華書局景印阮刻本，1980年版，第24頁。
〔註1875〕〔魏〕王弼、韓康伯注，〔唐〕孔穎達等正義：《周易正義》，北京：中華書局景印阮刻本，1980年版，第24頁。
〔註1876〕〔魏〕王弼、韓康伯注，〔唐〕孔穎達等正義：《周易正義》，北京：中華書局景印阮刻本，1980年版，第24頁。
〔註1877〕《經典釋文彙校》：「寫本『吐』作『他』。」見黃焯撰：《經典釋文彙校》，北京：中華書局，1980年版，第13頁。
〔註1878〕〔魏〕王弼、韓康伯注，〔唐〕孔穎達等正義：《周易正義》，北京：中華書局景印阮刻本，1980年版，第24頁。
〔註1879〕〔魏〕王弼、韓康伯注，〔唐〕孔穎達等正義：《周易正義》，北京：中華書局景印阮刻本，1980年版，第24頁。

惠棟去『以』字。」〔註1880〕

省方 | 悉井反。

【疏】所在經文爲「先王以省方觀民設教」。〔註1881〕省視之省《廣韻》息井切，心靜開三上梗。《釋文》音同。

童觀 | 馬云：童，猶獨也。鄭云：稚也。

【疏】所在經文爲「童觀，小人无咎，君子吝。」〔註1882〕馬云「童，猶獨也」者，《玉篇·辛部》：「童，獨也。」〔註1883〕《廣韻·東韻》：「童，童獨也，言童子未有室家也。」〔註1884〕由此，馬訓童爲獨，亦即童獨、童稚之義也。鄭云「稚也」者，《公羊傳·定公十五年》「三卜之運也」徐彥疏引《易·蒙》鄭氏云：「人幼稚曰童。」〔註1885〕孔疏：「唯如童稚之子而觀之」〔註1886〕，訓同。

最遠 | 袁万反。

【疏】所在經文爲「而最遠德美」。〔註1887〕參看〈乾〉「放遠」條。

朝美 | 直遙反。

【疏】朝廷之朝《廣韻》直遙切，澄宵開三平效。《釋文》音同。孔疏

〔註1880〕〔清〕瞿均廉撰：《周易章句證異》，臺灣：商務印書館，景印文淵閣四庫全書本第53冊，1983年版，第740頁。

〔註1881〕〔魏〕王弼、韓康伯注，〔唐〕孔穎達等正義：《周易正義》，北京：中華書局景印阮刻本，1980年版，第24頁。

〔註1882〕〔魏〕王弼、韓康伯注，〔唐〕孔穎達等正義：《周易正義》，北京：中華書局景印阮刻本，1980年版，第24頁。

〔註1883〕〔梁〕顧野王撰：《宋本玉篇》，北京：中國書店，景印張氏澤存堂本，1983年版，第527～528頁。

〔註1884〕〔宋〕陳彭年，丘雍撰：《宋本廣韻》，南京：江蘇教育出版社，景印南宋巾箱本，2008年版，第4頁。

〔註1885〕〔漢〕何休注，〔唐〕徐彥疏：《春秋公羊傳注疏》，北京：中華書局景印阮刻本，1980年版，第149頁。

〔註1886〕〔魏〕王弼、韓康伯注，〔唐〕孔穎達等正義：《周易正義》，北京：中華書局景印阮刻本，1980年版，第24頁。

〔註1887〕〔魏〕王弼、韓康伯注，〔唐〕孔穎達等正義：《周易正義》，北京：中華書局景印阮刻本，1980年版，第24頁。阮元《校勘記》：「岳本、閩監、毛本『德』作『朝』是也。」參看〔魏〕王弼、韓康伯注，〔唐〕孔穎達等正義：《周易正義》，北京：中華書局景印阮刻本，1980年版，第32頁。

曰:「處於觀時而最遠朝廷之美觀」。〔註 1888〕孔氏所見本經文與《釋文》同。

所鑒| 古暫反。下同。

【疏】所在注文爲「无所鑒見」。〔註 1889〕鑒《廣韻》格懺切,見鑑開二去咸。《釋文》古暫反,上字見紐,下字闞韻開口一等。考乎《釋文》,見紐闞韻開口一等字至《廣韻》時入見紐鑑韻開口二等。如鑑,《廣韻》格懺切,《禮記・郊特牲》|陰鑑」《釋文》:「古暫反」。〔註 1890〕監,《廣韻》格懺切,《書・太甲上》「監」《釋文》:「工暫反」。〔註 1891〕皆是也。

趣| 促裕反。

【疏】所在注文注疏本爲「巽順而已」。〔註 1892〕阮元《校勘記》云:「岳本、閩監、毛本『巽』作『趣』,《釋文》出『趣』字,疏云『趣』在順從而已,作『巽』非。」〔註 1893〕阮說是。趣《廣韻》二讀:趣馬倉苟切,清厚開上流。趣向七句切,清遇合三去遇。《釋文》音同《廣韻》去聲,則此處訓爲趣向、意向。

闚| 苦規反。本亦作「窺」。〔註 1894〕

【疏】所在經文爲「闚觀,利女貞。」〔註 1895〕闚《廣韻》去隨切,溪支合重紐四平止。《釋文》音同。本亦作「窺」者,闚、窺,異體字。《說文・

〔註 1888〕〔魏〕王弼、韓康伯注,〔唐〕孔穎達等正義:《周易正義》,北京:中華書局景印阮刻本,1980 年版,第 24 頁。
〔註 1889〕〔魏〕王弼、韓康伯注,〔唐〕孔穎達等正義:《周易正義》,北京:中華書局景印阮刻本,1980 年版,第 24 頁。
〔註 1890〕〔唐〕陸德明撰:《經典釋文》,北京:中華書局,景印徐乾學通志堂刻本,1983 年版,第 185 頁。
〔註 1891〕〔唐〕陸德明撰:《經典釋文》,北京:中華書局,景印徐乾學通志堂刻本,1983 年版,第 42 頁。
〔註 1892〕〔魏〕王弼、韓康伯注,〔唐〕孔穎達等正義:《周易正義》,北京:中華書局景印阮刻本,1980 年版,第 24 頁。
〔註 1893〕〔魏〕王弼、韓康伯注,〔唐〕孔穎達等正義:《周易正義》,北京:中華書局景印阮刻本,1980 年版,第 32 頁。
〔註 1894〕《經典釋文彙校》:「『苦』,各本皆同。盧本誤作『古』。」見黃焯撰:《經典釋文彙校》,北京:中華書局,1980 年版,第 13 頁。
〔註 1895〕〔魏〕王弼、韓康伯注,〔唐〕孔穎達等正義:《周易正義》,北京:中華書局景印阮刻本,1980 年版,第 24 頁。

門部》王筠《句讀》：「闚，與窺同。」〔註 1896〕《韓非子・喻老》「不闚於牖」王先謙《集解》引畢沅《考異》云：「蓋穴中竊視曰窺，門中竊視曰闚。」〔註 1897〕是二字皆有窺視之義，故典籍多通，《公羊傳・成公二年》「踊于楅而闚客」陸德明《釋文》：「闚，本又作窺。」〔註 1898〕范甯〈穀梁傳序〉「可得而闚也」陸德明《釋文》：「闚，本又作窺。」〔註 1899〕

者狹| 戶夾反。〔註 1900〕

【疏】所在注文爲「所見者狹」。〔註 1901〕狹《廣韻》侯夾切，匣洽開二入咸。《釋文》音同。《經典釋文彙校》云宋本「戶」作「下」，音同。

象曰闚觀女貞| 一本有「利」字。〔註 1902〕

【疏】今本多作「闚觀女貞」。

不比| 毗志反。

【疏】所在注文爲「近不比尊」。〔註 1903〕參看〈比〉「比」條。

觀國之光| 如字，或音官喚反。〔註 1904〕

〔註 1896〕〔清〕王筠撰：《說文解字句讀》（續四庫經部小學類第 216～219 冊），上海：上海古籍出版社，景印道光庚戌刊本，2002 年版，第 218 冊，第 652 頁。

〔註 1897〕〔清〕王先謙集解：《韓非子集解》，上海：上海書店，景印諸子集成本，1986 年版，第 122 頁。

〔註 1898〕〔唐〕陸德明撰：《經典釋文》，北京：中華書局，景印徐乾學通志堂刻本，1983 年版，第 317 頁。

〔註 1899〕〔唐〕陸德明撰：《經典釋文》，北京：中華書局，景印徐乾學通志堂刻本，1983 年版，第 325 頁。

〔註 1900〕《經典釋文彙校》：「『戶』，寫本、十行本、閩監本同。宋本作『下』。」見黃焯撰：《經典釋文彙校》，北京：中華書局，1980 年版，第 13 頁。

〔註 1901〕〔魏〕王弼、韓康伯注，〔唐〕孔穎達等正義：《周易正義》，北京：中華書局景印阮刻本，1980 年版，第 24 頁。

〔註 1902〕《經典釋文彙校》：「寫本『一本』二字作『或』，他如『本又』、『本一』之類，亦多作『或』，後不更出。」見黃焯撰：《經典釋文彙校》，北京：中華書局，1980 年版，第 13 頁。

〔註 1903〕〔魏〕王弼、韓康伯注，〔唐〕孔穎達等正義：《周易正義》，北京：中華書局景印阮刻本，1980 年版，第 24 頁。

〔註 1904〕《經典釋文彙校》：「錢大昕《十駕齋養新錄》云：陸氏於此兼收平、去兩音，於『中正以觀天下』云：徐唯此一字作官音，是『童觀』、『闚觀』、『觀我生』、『觀其生』、『觀國之光』徐仙民並讀去聲矣。六爻皆以卦名取義，平則皆平，去則皆去，豈有兩讀之理。」見黃焯撰：《經典釋文彙校》，北京：中華書局，

【疏】觀之異讀，參看本卦卦名下所引《周易章句證異》文。按前人多讀「觀國之光」如字者，如程頤《伊川易傳・卷二》云：「觀莫明於近五，以剛陽中正，居尊位，聖賢之君也。四切近之，觀見其道，故云觀國之光，觀見國之盛德光輝也。」〔註1905〕而讀去聲者，如徐氏。其義不傳，殆訓「觀國之光」爲陳示國之光華也。

最近│ 附近之近。

【疏】所在注文爲「最近至尊」。〔註1906〕參看〈乾〉「近乎」條。

居近│ 如字。

【疏】所在注文爲「居近得位」。〔註1907〕中古「近」有三讀，義亦有別：訓爲不遠、迫、庶幾，其謹切，羣隱開三上臻，見《廣韻》；訓爲附近，巨靳切，羣焮開三去臻，見《廣韻》；訓爲已也、辭也，居吏切，見志開三去止，見《集韻》。此處「如字」者，讀如《廣韻》其謹切，不遠也。

德見│ 賢遍反。

【疏】所在注文爲「故君子德見，乃得『无咎』。」〔註1908〕參看〈乾〉「見龍」條。

平易│ 以豉反。

【疏】所在注文爲「不爲平易」。〔註1909〕易《廣韻》二讀，難易音以豉切，以寘開三去止。變易音羊益切，以昔開三入梗。《羣經音辨・卷四》：「易，平也，羊至切。易，變也，羊益切。」〔註1910〕平易之易《釋文》音同《廣韻》

1980 年版，第 13 頁。

〔註1905〕〔宋〕程頤撰：《伊川易傳》（叢書集成三編哲學類第 9 冊），臺灣：新文豐出版公司，景印中華書局聚珍倣宋版印二程全書本，1997 年版，第 96 頁。

〔註1906〕〔魏〕王弼、韓康伯注，〔唐〕孔穎達等正義：《周易正義》，北京：中華書局景印阮刻本，1980 年版，第 24 頁。

〔註1907〕〔魏〕王弼、韓康伯注，〔唐〕孔穎達等正義：《周易正義》，北京：中華書局景印阮刻本，1980 年版，第 24 頁。

〔註1908〕〔魏〕王弼、韓康伯注，〔唐〕孔穎達等正義：《周易正義》，北京：中華書局景印阮刻本，1980 年版，第 24 頁。

〔註1909〕〔魏〕王弼、韓康伯注，〔唐〕孔穎達等正義：《周易正義》，北京：中華書局景印阮刻本，1980 年版，第 25 頁。

〔註1910〕〔宋〕賈昌朝撰：《羣經音辨》（叢書集成初編語文學類第 1208 冊），上海：

去聲。參看〈屯〉「以易」條。

盡夫觀盛、故觀至、大觀在上｜ 王肅音官。
【疏】觀之異讀，參看本卦卦名下所引《周易章句證異》文。

以觀天下｜ 徐唯此一字作官音。
【疏】觀之異讀，參看本卦卦名下所引《周易章句證異》文。

觀盥而不薦、觀之為道、而以觀感、風行地上觀、處於觀時、君子處大觀之時、處大觀之時、大觀廣鑒｜ 亦音官。
【疏】觀之異讀，參看本卦卦名下所引《周易章句證異》文。

居觀之時、為觀之主、觀之盛也｜ 從「盡夫觀」以下並官喚反，餘不出者並音官。〔註 1911〕
【疏】現將《釋文》所引諸家「觀」之異讀，整理列表如下：（僅出諸家經文音切，經文同者及王注音切皆省不錄，經文音切未明者，依其王注音切定。）

	觀盥而不薦	大觀在上	以觀天下	下觀而化也	觀天之神道	風行地上觀	觀民設教	童觀	闚觀	觀我生	觀國之光	觀其生
陸德明	去亦平	去亦平	去	去	去	去	去	去	去	去	平或去	去
王　肅	去	平	去	去	去	去	去	去	去	去	去	去
徐　邈	去	去	平	去	去	去	去	去	去	去	去	去

由此可見，諸家讀音各異。其於觀之釋義恐有細別，惜無從稽考。錢大昕《十駕齋養新錄》云：「六爻皆以卦名取義，平則皆平，去則皆去，豈有兩讀之理。」〔註 1912〕良是。

　　　　商務印書館，景印畿輔叢書本，1939 年版，第 89 頁。
〔註 1911〕《經典釋文彙校》：「寫本『並』作『悉』。」見黃焯撰：《經典釋文彙校》，
　　　　北京：中華書局，1980 年版，第 13 頁。
〔註 1912〕〔清〕錢大昕撰：《十駕齋養新錄》（續四庫子部雜家類第 1151 冊），上海：
　　　　上海古籍出版社，景印清嘉慶間刻本，2002 年版，第 103 頁。